古老的知識在向我們招手，
嶄新的見解引領我們的想像

一直很佩服日本人對學問的老實態度。哪怕是被各地主流社會視為「个人流」的神秘手與神話故事，臺灣市面上豐富的日本翻譯書籍都一再地說明今日已做為文化輸出國的日本，仍然保留著他們一貫務實求知的謙遜態度。

《創作者的異次元宇宙學》一書不僅羅列了宗教歷史、神話傳說、文字符號等常見的神祕學知識，更包含軍事組織，以及數學、自然科學等類別，真可謂洋洋大觀，令人目不暇給。使我驚訝的不僅是這些豐富的知識，更是對其文化底醞縈繞不去的佩服與反省。這樣的作品何以在國內的環境裡生不了根？使我們必須長年仰賴對日本作品的翻譯？在本書這樣燦爛的文化花朵得以綻放之前，我相信日本國內必定有許多文化的先驅，熱切且系統地譯介各領域的一手資料，才讓這本字典式的神祕學知識大全能夠現身。

那麼，究竟什麼是神祕學呢？要言之，神祕學有兩個面向。第一，它指的是在追求神聖與完整的過程中所得到的神祕體驗。第二，指的是在體驗中窺見和洞悉到的宇宙架構。它並不是自然科學，其所仰賴的不是實驗設計與肉眼，而是對大自然、日月星辰、及對內心浩瀚蒼穹的體悟與觀察。在這樣的過程裡，人與外境實為一體，彼此不分。歷史不斷推進，許多哲試著將這些經驗條理化，從而漸漸產生了宗教、命理、哲學、化學、天文、物理等學科。可嘆的是，物我兩分的結果固然促進了物質領域的發展，但也離神聖及完整越來越遠。學習神祕學並非出於什麼功利的目的，因為它既不保證收穫，也不明示答案。真理總是秘不可傳的，這點我們在許多煉金術乃至道家、與禪宗的文獻裡都可以發現類似的記載。

有幸得到出版社的邀約能夠事先一覽這本傑出的作品，在審閱的時候心中其實帶著一絲遺憾和羞愧。遺憾的是自己未能更深更好地幫國內的神祕學領域打下更好的基礎，羞愧的是面對這樣海量的資料，在本書面前我個人充其量也不過像位初學者，僅能針對幾個比較熟悉的領域做出修正的意見。

心理學的幾個專有名詞，諸如宣洩、人格面具、以及解離性身分障礙症，其中有錯誤或太過簡省的我試著加以修正與補充；神話領域裡的諸神姓名，國內已有譯本的則從之（如呂建忠教授翻譯的《吉爾伽美什神史詩》，若有偏離國人熟悉用法者則改之。此外，日語慣將四元素稱為火地風水，本有意將之改為國人常用的火土風水，但思前想後的結果，仍決定保留日語特色。其他在生命樹或希伯來文中的幾個小錯誤此處不再提。審閱的目的無非希望讀者能夠在此書裡學到正確的知識及讀到符合國情的名詞。物理學的篇章另有專人審稿，我相信讀者們一定能感受到出版本書的用心。

不論你是否聽過神祕學，都可以從這本架構完整，內容詳實的書裡得到許多趣味。古老的知識在向我們招手，嶄新的見解引領我們的想像。泡上一杯好茶，我讀著這本書，神遊在漫漫的時間長河裡，一任自然。

愛智者

前言

　　小說、漫畫、電玩、動漫、輕小說等，這些肩負酷日本形象的二次元多媒體，具有特殊的趣味性。

　　那些作品看似以萌系為主流，有時甚至被揶揄帶有「中二病」的世界觀。但仔細鑑賞時，在娛樂性外表的背後，其實是可以從各式各樣的領域再拉出原始的出處，透過熟知的來龍去脈就能更理解故事的架構。

　　舉例來說，電玩《Fate》系列中所出現的世界知名英雄或偉人，有些是頗偏執狂熱的人物，再加上交錯複雜的人際關係，譜出極具深度的故事。另外，動漫《少女與戰車》中對戰車的細膩描寫，不僅是軍事迷，就連過去對此不感興趣的人也深陷對戰車的喜愛。

　　以這些作品作為二次元世界的入口，藉以研究原出處、專業知識、專業用語、歷史等，也是時下的潮流。

　　引用那些「新創專有名詞」的元素塑造出作品的世界觀，是日本二次元文化媒體過去以來擅長的手法，絕非創新。像是動漫《新世紀福音戰士》的〈死海古卷〉、動漫《機動戰士鋼彈》的宇宙殖民地，在作品公開以前，不過是「新創專有名詞」。但是，隨著作品暢銷，逐漸成為耳熟能詳的語彙。透過自己喜

愛的作品，理解原始出處與意義，原本是再自然不過的事，可是由於作品是二次元文化媒體，因此人們常會忽略而過。

再加上，如今二次元世界的作品為數眾多，選擇繁多，不曾看過《新世紀福音戰士》的人不在少數，想必也沒機會認識何謂〈死海古卷〉。

基於此，本書介紹各領域的專有名詞，讓身為現代二次元文化的愛好者，得以從中理解且兼具最低限度的專業知識。

並且將這些專業用語分為宗教、神話、軍事、科學、神祕學等領域，讓讀者在遇到不懂的用語時可以輕鬆查詢。

希望透過本書，
大家都可以成為知識豐富的
真正阿宅。

創作者的
異次元宇宙學

目 錄

每頁的閱讀方式

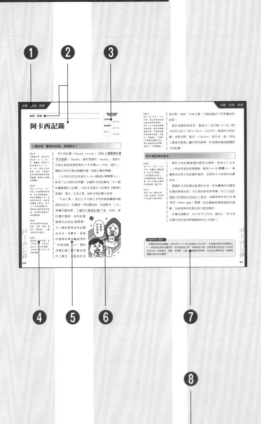

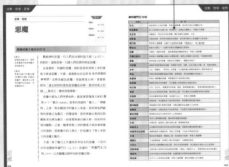

❶ 每章標題

各章的標題。

❷ 分類&項目名

【分類】

補充說明項目所屬的領域。

【項目名】

嚴選二次元世界的世界設定、用語或創意等的原出處。從最基本的常識，到近年頗引為話題的用語等。

❸ 關　聯

與項目具有某關聯者，或是解說時也提及的用語等。

❹ 注　釋

補充說明解說文裡出現的專門用語。尤其非一般性的專業用語，皆有注釋。

❺ 解　說

主要是介紹該項目的基本概要，提及專業用語時會附上注釋。

❻ 插　圖

各項目的插圖，有時也以插圖說明解釋。

❼ 小專欄

像是解說的補充，或是介紹解說中未提到的其他相關事件等。

❽ 圖　解

以表、圖或插圖等方式說明其用語或領域相關的要素。或是解說文裡未能詳細介紹的部分。

宗教、哲學、思想

Religion · Philosophy · Thought

哲學、思想

阿卡西記錄

人類因循「靈魂的記錄」展開歷史？

【注1】
在佛教世界，認為宇宙是由地、水、火、風、空、識構成。原是古印度思想的三大（火、水、地），再加入其他要素。之後，又經過印度思想家與佛教徒的教學論議，最後納入佛教思想體系。

【注2】
西元1831年生～1891年歿。為神智學的提倡者，設立神智學教會。曾是英國靈媒大衛・湯格拉斯的助手，因而習得靈媒之專長。西元1873年成為美國公民，是神祕主義作家與思想家，並在兩年後創設了神智學協會。

【注3】
統合這世間所有宗教、思想、哲學、科學、藝術於一個真理下，以導向普世性的真理。

【注4】
認為善行招來幸福，惡行招來不幸。前世的行為決定了今世的境遇，今世的行為又決定了來世的境遇。

阿卡西記錄（Akashic records），是指<u>人類靈魂的運作之記錄</u>。「Akashic」源於梵語的「akasha」，意指古印度宗教或思想哲學的**六大元素**【注1】中的「虛空」。據說它的存在無法眼觀目視，卻能以聲音辨識。

十九世紀布拉瓦茨基夫人【注2】創始的**神智學**【注3】，採用了古印度的世界觀，定義阿卡西記錄為「全人類的靈魂運作之記錄」。布拉瓦茨基夫人的著作《機密的教義》，提出「生命之書」為阿卡西記錄之原型。

「生命之書」，是以七大天使之子的言語或靈魂等創造的里匹卡（記錄者）所記錄而成，在星際光「乙太」架構的園地裡，<u>人類的行動被記錄下來</u>，形成一座壯麗的畫廊。這些記錄應對的法則是**因果律**，全人類因循著這些記錄而存在。其概念，是基於佛教的業或輪迴等的「**因果報應**」【注4】。類似這樣記錄人類行動或事件之概念，也散見於其

也寫著你的事喔

記錄

真的嗎？

他宗教，因此「生命之書」可說是統合了所有概念的結果。

基於這個初始原型，魯道夫・史代納【注5】在《阿卡西年代記》（西元1904～1908年）提倡阿卡西記錄，並將其與「虛空」（Akashic）結合在一起。再加上魯道夫熱衷心靈世界的探尋，於是開始嘗試閱覽阿卡西記錄。

阿卡西記錄的普及

與阿卡西記錄接通的最有名事例，是西元十九至二十世紀的預言家愛德格・凱西【注6】的解讀【注7】，他獲得來自阿卡西記錄的資訊，並得知不少疾病的治療法等。

透過阿卡西記錄也能預知未來，因為靈魂的記錄是依循因果律法則，可以預知而有所準備，但又不同於超能力的預知未來或占卜算命。美國等地所流行的新時代（New age）思想，由於積極倡導愛德格的催眠，也使得東洋思想在西方普及開來。

其實這個概念，在日本早已存在。換言之，阿卡西記錄也等於是因果報應說的出口再進口。

【注6】
西元1877年生～1945年歿。美國的心靈診療師，被支持者稱為「二十世紀最偉大的奇人」。可透過催眠進行疾病治療，留下記錄的治療案件甚至高達一萬四千件。

【注7】
經他人進入催眠狀態，由第三者提問，再從阿卡西記錄引出資料訊息。

何謂新時代運動？

所謂的新時代紀運動，始於西元1970年代後期至1980年代，是美國新興的思潮運動之一。崇尚超自然與心靈思想，批判現有的文明、科學或政治等，並探尋真正自由且人性化的生存方式。前世療法、瑜伽、手療學、水晶、輪迴轉世信仰等，也是由此開始普及。解讀或通靈也是其中的案例。

阿卡西記錄

哲學、思想

阿基里斯與烏龜

運動競賽的矛盾

【注1】
希臘神話的英雄，也是荷馬史詩《伊利亞德》的主角。

【注2】
西元前五世紀的古希臘哲學家。師事亞里士多德，是埃利亞學派的成員。以辯證法與「芝諾悖論」而聞名於世，對日後的哲學家起了莫大影響。

【注3】
在看似正確的前提之下，經推論，得出令人難以接受的結論。

　　阿基里斯【注1】與烏龜，是古希臘哲學家芝諾【注2】為守護其學說而提出的**悖論**【注3】之一。其概要如下：

　　某次，阿基里斯與烏龜賽跑。因為阿基里斯速度較快，於是讓步烏龜，讓烏龜的起跑點設在較前（A點）。比賽開始後，阿基里斯跑到A點時，烏龜已前進到B點。等到阿基里斯抵達B點，烏龜又前進到C點。然後阿基里斯來到C點……，也就是說阿基里斯永遠追不上烏龜。當然依據現實情況，速度快的阿基里斯終究會迎頭追上烏龜，但若僅就文脈看來，芝諾似乎是正確的。阿基里斯與烏龜的故事，正是「運動不可能」的四大悖論之一，另外還有「二分法」、「飛矢不動」、「遊行隊伍」。

　　基本上都是類似的內容，也是在否定有限的時間或距離中存在著無限的要素。

阿基里斯與烏龜

阿基里斯真的追不上烏龜嗎？

【注4】
遵從一定規則排列的數字列，稱為數列，其數列的各數字是以「＋」連結，形成諸如1＋2＋3＋4。

【注5】
某數值近似無限值，舉例來說0.9999⋯⋯的9是無限連續的數列，於是收斂為1。

針對阿基里斯與烏龜的悖論，有諸多反論，但主要還是以代入數字的數學推論為主。

舉例來說，若阿基里斯的速度是烏龜的10倍，烏龜的起跑位置設定在阿基里斯的1m前。阿基里斯來到烏龜的起跑位置時，烏龜前進了0.01m。等到阿基里斯再抵達此處時，烏龜又前進了0.01m。終於烏龜的位置是1.11111⋯⋯時，則變成1的無限循環數字。但是，不可能是超過1.2、1.12等的數字。換言之，阿基里斯會追過烏龜。總結而言，無限的次數、數字，其合計不是無限，而是有限。這即是運用數學的級數【注4】或收斂【注5】之概念，所提出的反論。

另外，還有其他的反論認為這並**不是悖論**，是芝諾無視阿基里斯追過烏龜的分界點，僅把阿基里斯緊追烏龜在後的過程分割為無限。如果錄影阿基里斯與烏龜的賽跑過程，即能慢速重現阿基里斯追上烏龜。或是，也有的反論強辯認為標示出烏龜所在的位置，不等於是實質性的「點」，因此可以創造出無限的通過點。這些反論，皆是先設定某個前提，藉以採用對自說有利的解釋，所以關於阿基里斯與烏龜，目前尚未出現無懈可擊的反論。

> **飛矢不動**
>
> 是另一個著名的悖論。飛射中的箭，在看見的某瞬間是靜止不動的。縱使是其他的瞬間，也是靜止不動。所謂的時間既然是瞬間的連續，那麼箭並沒有飛射，而是處於靜止不動。這就所謂的飛矢不動悖論。針對此提出的反論，則是由微分算出瞬間的箭之速度。

阿基里斯與烏龜

哲學、思想

惡魔

關聯

■ 彼列
　　　　➡ P.079

■ 別西卜
　　　　➡ P.081

■ 路西法
　　　　➡ P.101

惡魔或魔王撒旦的衍生

【注1】
被視為地獄之王，等同於是墮落天使或惡靈之首的路西法。

【注2】
是歐洲盛行的魔法書《所羅門之鑰》記載的惡魔們，據說是古以色列所羅門王的差使，而後遭到封印。

聽候神的差遣，引人們走向善的是天使（p.65）。相對的，盡做惡事，引誘人們犯罪的則是惡魔。

在基督教，所謂的惡魔，指的是那些背叛上帝的墮落天使或惡靈。不過，基督教也否定許多**古代宗教的神明們**，並將其視為惡魔。再說得直白些，基督教認為「過去信仰的那些是惡魔而非神，要信仰真正的神。」換言之，應改信基督教。

惡魔中最為人們所熟知的，就是掌管墮落天使的撒旦【注1】。「撒旦=satan」是希伯來語的「敵人」、「障礙物」之意，對在艱困中的猶太人來說，那些與他們敵對的都稱之為撒旦。同樣道理，那些與猶太教持反對觀點者也稱為撒旦，而基督教源自猶太教，因而持有相同觀點。之後，隨著背叛上帝的墮落天使故事與撒旦的連結，促使撒旦的人格化，於是誕生了與上帝對立的惡魔王撒旦。

不過，除了撒旦之外還有許多知名的惡魔，下頁列出的是聽候所羅門王（p.55）差遣的「所羅門王72柱」【注2】，以及驅魔法師所知的惡魔位階。

惡魔

■所羅門王72柱

惡魔名	解　說
巴力	是統領東方之地的惡魔，率領66個軍團。原本是卡納什的豐饒之神。
阿加雷斯	為23名地獄大公爵之首，統領東方。他跨坐在鱷魚上，手腕佇立著鷹。
瓦沙克	知曉過去、現在或未來的惡魔。關於其爵位或樣貌，不詳。
加麥基	又稱加米基。與死者有著強烈的連結，被召喚時會以小馬或驢子之姿出現。
瑪巴斯	是率領36個軍團，以獅子之姿現身的惡魔。可變身為人，具工藝知識。
華拉法	地獄大公爵之一。以獅子或混合各種動物之姿現身。
亞蒙	又稱為「地獄的侯爵」，擁有最強韌的體魄與意志。率領40個軍團。
巴爾巴斯托	是率領30個軍團的地獄大公爵兼伯爵。通常以狩獵者之姿出現，可與動物溝通。
派蒙	統領地獄之西的惡魔。是撒旦的忠實僕人，僅聽從其指示。
布耶爾	知曉所有藥草藥效的惡魔。有著獅子的頭、身軀，以及五條山羊腿，是「地獄的總裁」。
古辛	又名「哥賽因」、「哥所因」的惡魔。可以讓對魔法師懷有敵意的人轉而親善友好。
西迪	有著豹頭與獅鷲獸翅膀的惡魔，掌管情慾，具召喚裸體女性的能力。
貝雷特	率領80個軍團的惡魔，常騎著氣色不佳的馬匹現身。
勒萊耶	模樣是穿綠衣的狩獵者，可以讓敵人的負傷無法治癒且惡化。
埃力格	又名「亞必戈」，模樣是手持長槍、奏板，高舉旗幟的騎士，具掌控戰場局勢的能力。
桀派	以士兵之姿現身的惡魔，掌控男女之愛，可以讓某女性滿懷對某男性的愛意。
布提斯	是以蛇樣貌現身的惡魔，為地獄大公之一，率領26個軍團。
巴欽	有著蛇尾，常坐騎氣色不佳的馬匹現身，是惡魔中最和藹可親的。
塞列歐斯	是能讓男女萌生愛意的惡魔，以騎坐鱷魚的凶猛戰士之姿現身。
普爾森	有著獅頭，並騎坐氣色不佳的熊現身，可以賜予作曲與演奏樂器的能力。
摩拉克斯	原是居住約旦河以東的亞門人之邪神摩洛。
因波斯	率領36個軍團的惡魔，獅身卻有著鵝的頭與腳。
艾尼	有著蛇頭、貓頭與人頭的地獄公爵，騎著毒蛇現身。
納貝流士	以希臘神話的刻耳柏洛斯為原型的惡魔，具重振名譽或愛情的魔力。
格雷希亞拉波斯	模樣是擁有大翅膀的狗，是殺人的惡魔，又名為卡喀里諾拉斯。
布涅	龍身卻有著貓頭、鷲頭與人頭。是地獄的大侯爵，率領30個軍團。
羅諾比	又名維羅諾威，除傳授人類外語知識外，也精通妖術語。
比利士	是率領26個軍團的地獄公爵，與紅色有強烈關連，常以騎坐紅馬的士兵之姿現身。
亞斯塔錄	以腓尼基人崇拜的女神為原型的惡魔，又稱為「地獄的大公」，具看穿過去或未來的魔力。
佛紐司	以海洋鬼怪之姿現身的惡魔，能讓對魔法師懷有的敵意轉為好感。
佛拉斯	以平凡人之姿現身的惡魔，率領29個軍團，猶如地獄騎士的大總裁。

惡
魔

惡魔名	解　說
阿斯莫斯	源自古波斯之神的惡魔。擅長數學或機械工學。
概布	與派蒙一同統領地獄之西，是「地獄的貴公子」，率領60個軍團。
佛爾佛爾	有著鹿頭與多爪的蝙蝠翅膀，是可以引發閃電的地獄伯爵。
馬可西亞斯	是率領30個軍團的地獄大侯爵，模樣是口吐火焰、帶有翅膀的狼。
斯托剌	以烏鴉或貓頭鷹之姿現身的惡魔。熟知植物或寶石的知識。
菲尼克斯	以不死鳥之姿現身的惡魔。擅長文藝或詩詞，曾以天籟之聲歌詠神。
哈帕斯	以鴿子或鶴之姿現身的惡魔。不同於其外表，司掌戰爭之事。
瑪帕斯	具建築或建設力的惡魔，模樣猶如烏鴉般的巨大黑鳥。
勞姆	以黑鳥之姿現身的地獄大伯爵，能破壞都市，也破壞人們的地位或名聲。
佛卡洛	是率領30個軍團的地獄將軍。召喚此惡魔的人目的在於陷害船隻沉沒或某人溺死。
威沛	以人魚之姿現身的地獄公爵，可令船沉沒或讓人溺死。
斯伯奈克	有著獅頭，並騎著氣色不佳的馬現身，是地獄的大侯爵，率領50個軍團。
沙克斯	以鳥之姿現身的惡魔。可以奪去召喚者的敵人之視力或聽力。
拜恩	以手握毒蛇的獅子之姿現身，可以讓魔法師知道其他魔法師的真正名字。
比夫龍	是率領26個軍團的地獄伯爵，模樣不明，精通博物學。
化勒	以駱駝或騎著駱駝之姿現身的地獄公爵，率領30個軍團。
哈艮地	以長有翅膀的牛之姿現身，是地獄的大總裁，具有將水變葡萄酒、劣金屬變黃金的魔力。
克羅賽爾	是罕見以天使之姿現身的惡魔，可以賜予召喚者所有的科學知識。
佛爾卡斯	是殘忍的惡魔。驅使殺過人的人類為奴隸，也又因博學而被稱為「地獄的老師」。
巴拉姆	擁有牡牛、牡羊、人類的頭，並騎著熊現身的惡魔，手腕停佇著老鷹。
安洛先	是有著如火焰的雙眼與紅色獅頭的惡魔，可以賜予召喚者天文學或占星術。
藺因	是率領30個軍團的地獄統領，以斑鶇之姿現身，且能言善道。
毛莫	具召喚死者之靈的魔力，以獅鷲或威嚴的人類之姿現身。
歐若博司	以馬之姿現身的惡魔，可以賜予召喚者威嚴、人望與看穿謊言的能力
格莫瑞	是所羅門王72柱中唯一以女性之姿現身的惡魔，又名為「吉蒙里」。
歐賽	以豹或騎著豹之姿現身，司掌變身與幻術，可以改變人的樣貌。
亞米	若召喚者以生命作為交換，即賜予占星術等所有知識。
歐里亞斯	是率領30個軍團的地獄大公爵，手握兩尾蛇，並以蛇尾獅身之姿現身。
瓦布拉	以帶有獅鷲翅膀的獅身之姿現身的惡魔，可協助提升魔法師的哲學或技術。
撒共	又名撒共姆，以帶有獅鷲翅膀的馬身之姿現身，精通煉金術。
瓦拉克	是掌管爬蟲類的惡魔，以騎著雙頭龍的天使之姿現身。
安托土	以騎著狼的烏鴉或有著貓頭鷹頭的天使之姿現身，可以消除人們之間的不愉快。

惡魔

惡魔名	解　說
佛勞洛斯	魔法師為對抗其他魔法師時召喚的惡魔，以豹之姿現身。
安德雷斐斯	以孔雀之姿現身的地獄侯爵，可賜予召喚者幾何學或代數等數學知識。
錫蒙力	騎著黑馬現身的惡魔，可賜予人類勇猛之心，以及告知遺失物的所在地。
安度西亞斯	以獨角獸之姿現身的地獄公爵，具音樂家性格，其出現宛若伴隨著一群看不見的樂團。
彼列	保有美麗天使之姿的墮落天使，據說他敗壞了所多瑪與娥摩拉兩座城市。
單卡拉比	以星形之姿現身的惡魔，可以賜予召喚者鳥形的使魔。
系爾	騎著有翅膀的馬，以長髮男子之姿現身的惡魔，除樣貌外，其他不詳。
但他林	以無數張男女臉龐之姿現身，可賜予召喚者神祕領域的知識或他人故意隱瞞的知識。
安杜馬利烏士	以手握蛇的人類之姿現身，具有讓被竊的物品歸還原主，並查明偷竊者底細的魔力。

■惡魔的位階

關於惡魔的位階有諸多說法，在此介紹的是賽巴斯欽・米卡艾利斯的說法。此人活躍於西元十七世紀，是著名的驅魔法師，他參考驅魔儀式的修女之說詞，在其著作記載了這些位階。

	過去的位階	惡魔的名稱	對抗的聖人
上級三隊	熾天使	路西法	施洗約翰
		別西卜	聖方濟各
		利維坦	使徒彼得
		阿斯蒙蒂斯	施洗約翰
	智天使	巴貝雷特	巴拿巴
	座天使	亞斯達洛	巴薩羅繆
		貝魯尼涅	聖伯納
		格雷希爾	聖多明尼哥
		索內依隆	聖斯德望
中級三隊	主天使	歐力特	聖馬汀
		羅斯塔爾	聖巴西爾
	能天使	卡雷歐	聖文森
		卡爾尼賓	使徒約翰
	權天使	帕里爾	聖伯納
下級三隊	力天使	貝里亞斯	寶拉的聖方濟各
	大天使	歐里菲爾	聖羅倫斯
	天使	魯巴爾	不明

惡
魔

宗教

啟示

關聯

■路西法
➡ P.101

■末日預言
～震撼世界的預言～
➡ P.355

預言者代為傳遞上帝的啟示

【注1】
《舊約聖經》中的一書，由巴比倫帝國的俘虜、猶太族但以執筆書寫。內容有歷史的記述，也有預言的部分，尤其提及末日、以及末日情景。算是《啟示錄》之前的啟示文學，也帶給《啟示錄》諸多影響。

所謂啟示，是指猶太教或基督教被上帝挑選出來的人們，由上帝授予他們超越凡人所能理解的心境或神旨。「Apocalypse」的語源來自希臘語的「暴露、揭開」。

記載啟示的文類，又稱為「啟示文學」。一般來說，自古以來與基督教或猶太教相關的書寫，甚至是聖經，都屬於啟示，也被歸納為啟示文學的範疇，廣義來說，也包含預言書或記錄啟示者。

啟示文學記載的是自然界法則或諸神的祕密，過去以來，被視為啟示的文獻多半涉及預言或世界末日。以《啟示錄》為例，記載了世界末日，另外《舊約聖經》的《但以理書》【注1】或《以賽亞書》也同樣記載了世界末日。

也由於《啟示錄》，導致啟示予人世界末日的印象，也成為天啟文學的最主要題材。《啟示錄》是十二門徒中的約

翰受到上帝的啟示，將見聞事記錄下來。全書共22篇章，第4章至第22章描述的皆是世界末日景象。

約翰所見到的光景，以及最後的審判

【注2】
出現於《啟示錄》的四名騎士。於七個被封印的書卷中，從最先解開封印的四卷裡，躍然而出。他們分別統治人間的四分之一，並握有生殺大權。

　　那麼，約翰所見的未來又是如何呢？以下簡略說明。

　　上帝坐在天之王座，旁邊圍繞著二十四名長老與四匹生物。上帝手持七個被封印的書卷。由七隻角、七個眼睛的小羊解開封印，然後出現四名騎士【注2】，顯示各種災厄席捲人間。待第七個封印解開時，七名天使現身，祂們各手持喇叭，每吹響一支喇叭，人間即蒙受災害。最後七名天使將裝盛上帝憤怒的碗注入人間，世界瀕臨毀滅。而且，上帝與惡魔軍隊對決，撒旦遭擊敗，遭受封印一千年。終於救世主降臨，信上帝者得以復活，同時天降火焰，開啟了「最後的審判」。在最後的審判中，名字未被寫於《生命冊》者將去到地獄，而有名字者則得以進入天國。

　　這即是《啟示錄》的大致內容，就故事而言並非完整成熟，不過架構出各種令人遐想的場景。

關於人類的末日

　　除了《啟示錄》外，還有諸多關於世界末日的預言。近年來，包含已證實不準的預言在內，例如諾斯特拉達姆士的預言也曾風靡一時。又如耳語不斷的西元2012年世界末日說，大家恐怕還記憶猶新吧！該說源自馬雅文明，其配合時間週期循環，可算出一個時代的結束。若將馬雅曆換算為西曆，西元2012年即是區隔，因而導致西元2012年地球滅亡說甚囂塵上。

啟示

哲學、思想

關聯

■阿卡西記錄
→ P.010

因果律

徹底掌握萬物法則的惡魔存在嗎？

【注1】
西元前384年生～西元前322年歿。古希臘的哲學家，被視為西洋最偉大的哲學家之一，也研究自然，被譽為「萬學之祖」。

【注2】
西元1711年生～1776年歿。蘇格蘭的哲學家，奠定英國經驗主義哲學，著有《人性論》等著作。

　　所謂的「因果」，是指某事件會引來或衍生其他事件，彼此是相連結的，「因果律」指的即是事出必有因，並遵循此法則。人類經常抱持因果律的前提思考諸事，此概念可說不問東方或西方，也不問昔今，常見於哲學、宗教或科學等領域。

　　在西洋哲學裡，亞里斯多德【注1】認為萬物存在的原因可歸類為四種類（四因說），大衛・休謨【注2】把因果比喻為「空間上的接近、時間上的連續之情況下，發生兩事件時，人們想像兩者有著必然的結合關係。」另一方面，古典物理學主張「只要徹底限制現狀，往後的狀態也是固定的」，來到近代機械論逐漸抬頭，因果律更加備受重視。狹義相對論認為「無超越光速的物體」，所謂原因與結果，即是建立在以因果律為前提的時間裡。

　　因果律左右著事物的觀念，其實似乎是容易理解也受大眾所接受的，

因
果
律

【注3】
西元 1749 年生～1827
年歿。法國的數學家。
為執行北極點至子午線
精密長度測量，制定
了長度單位「公尺」的
定義基礎，另外，在函
數解析學方面發現了拉
普拉斯變換等。

【注4】
源自於丹麥的首都哥本
哈根的波耳研究所，為
量子力學的解釋之一。
試圖解釋各種不同的狀
態都屬於未知的狀態，
隨著觀測者實際觀測，
收縮波動函僅數，已決
定物體被觀測的狀態。
儘管仍涉及觀測者的資
質、波動函數收縮速度
超越光速等諸多問題。
另外，也不追究波動函
數收縮的原因。

其中最著名的是「拉普拉斯的惡魔」。這是法國數學家皮耶-西蒙・拉普拉斯【注3】主張的某超越性存在，他在其著作裡如此表示，「如能在瞬間明白所有物質的力學狀態與力量，如果存在著這個知性，它能解析過去以來的數據，那麼對這個知性來說，不確實之事物等於零，它的眼睛可以看透無論是未來或過去的一切。」而這個知性就是惡魔，如果它真實存在，並運用在古典物理學，即能徹底預測未來。

不過，數年後量子力學登場，原則上正確知道量子的位置與運動量，根本是不可能的，頓時就連拉普拉斯的惡魔也無法預測未來了。隨著技術的日新月異，也有人企圖打造帶有拉普拉斯的惡魔特質之電腦，但計算速度不若實際的快速，因此終究僅能存在想像中。

基於這樣的現狀，西元二十世紀以後，因果律概念逐漸式微，像是哥本哈根詮釋【注4】不追究原因的立場也變成主流。

古典物學等其實不熱衷嚴密的證明，因為那畢竟是在人類主控的範疇內，條件仍是有所限制的。所以當然無法以科學數據證明因果律，也因此，因果律最終只能成立在近似的理論裡。

何謂「世界五分鐘前假設說」

也許世界是在五分鐘之前才創造出來，這個假設說是為思考知識為何物所設立的哲學問題。如果這個世界在五分鐘以前的記憶都是被植入的假記憶，那麼世界也許從五分鐘前才開啟序幕。換言之，兩個事件引起的現象之關聯性，理論上並不能僅從必然切入。因果律，於是變成以無意識為前提而思考的「假設性」問題。

因果律

宗教、思想

陰陽師

～陰陽道的世界～

原本是指具有特殊技術的國家公務員？

【注1】
陰陽說認為，森羅萬象皆是由陰與陽這兩種相對的「氣」所形成的。自然界的一切都是源自於「木、火、土、金、水」這五種元素，彼此交互影響，萬物因而有了變化、循環，即是五行說。結合以上兩種理論，即是陰陽五行說。

【注2】
發源於古代中國，是判斷都市或建築物優劣的參考依據。現在多歸類為算命或居家風水等，但在過去必須具備地形、天文、氣流等專業知識，算是一種專業的環境學。

【注3】
日本的律令制時代的機構之一，歸屬中務省。從事陰陽道、曆道、天文道、漏刻（水時鐘）等四項公務。

【注4】
在律令制下，歸屬於宮內省的機構，負責醫療或調藥。

　　提到陰陽師，許多人立刻聯想到驅逐鬼或惡靈的驅魔士或具靈異體質者。其實這樣的聯想，既正確也不正確。所謂的陰陽師，是指融會貫通傳承自中國古代的陰陽五行說【注1】、道教或密教（P.91）之思想，並擅長其衍生的曆學、占卜、風水【注2】、法術等知識或技術者。當時的大和朝廷還設立陰陽寮【注3】，將他們納入政府組織。換言之，所謂的陰陽師是擁有陰陽道為主的知識或技術者，隸屬陰陽寮，是為國家服務的官員。另外，設立陰陽寮的當時，法術的部分則由「典藥寮」【注4】負責，陰陽師則是曆學、風水方面的專家。

　　來到平安時代，情況有些改變，人們認為天災或疫情等是死者或怨靈所致，企圖鎮魂以擺脫災禍。此觀念又稱為「御靈信仰」，隨著普及，原本負責法術的典藥寮遭廢止，更強化了陰陽寮的法術、宗教之色彩。此時又正好出現賀茂忠行或安倍晴明等傑出者，陰陽師遂邁入最興盛的時期。不過，隨著武家至上的時代來臨，朝廷失去權力，自此不再重視陰陽寮。來到明治時代，被視為陰陽道最基本的曆學，逐漸被西曆取代，也象徵陰陽師勢力的衰退。

■陰陽寮的職員

陰陽頭	陰陽寮的長官，當氣象、天文、曆數發生異變時，負責密書稟告。之後由安倍、賀茂兩家族世襲擔任。
陰陽師	觀看卜筮（古代中國的占卜）或土地的地相，是專門研判凶吉的技術職務。
陰陽博士	負責教育稱為陰陽生的學生們，屬於技術兼教育職務。
天文博士	觀察天文，一有異變即密書上奏，同時也負責教育稱為天文生的學生們，屬於技術兼教育職務。
曆博士	製作曆法，並編輯與管理，同時也負責教育曆生，屬於技術兼教育的職務。
漏刻博士	負責時刻管理的技術者，也設計、管理漏刻（水時鐘）。
守辰丁	又稱為時守。負責觀看漏刻（水時鐘），敲打鐘鼓報時。
得業生	從學生中選出2、3名，是在天文、陰陽、曆博士底下學習各道的學生。

■著名的陰陽師

賀茂忠行　出現的文獻：《朝野群載》、《今昔物語集》

是安倍晴明的老師，也是活躍於奈良時代的陰陽師役小角之後代。專精陰陽道等學問，尤其是占卜備受醍醐天皇讚賞，深受天皇的信賴。司長陰陽寮的天文、曆、陰陽等所有職務，確立賀茂家族在陰陽道的地位。同時也是優異的教育專家，培育出兒子賀茂保憲、安倍晴明的優秀陰陽師。

賀茂保憲　出現的文獻：《今昔物語集》

賀茂忠行的兒子，是陰陽道的專家。擔任多任的陰陽頭。尤其專精曆道，留有著作《曆林》，對曆道的發展極具貢獻。是平安時代中期最具代表的陰陽師。《今昔物語集》描述，他在修行陰陽道之前，即能見到鬼。與安倍晴明屬於同世代的陰陽師，雖未如安倍的名聲，卻是奠定陰陽家賀茂家族基礎的人物。

安倍晴明　出現的文獻：《大鏡》、《今昔物語》、《宇治拾遺物語》、《十訓抄》、《平家物語》

賀茂忠行的弟子，平安時代最具代表性的陰陽師。精通陰陽道、天文道等知識，同時還是歷代罕見的法術專家。其經歷逐漸被傳說化，甚至衍生諸多傳說故事，例如被宴請去龍宮，或可以驅使十二神將的式神。因其實力與功績，獲得極高的官位。自此，鎌倉時代至明治時代的陰陽寮皆視安倍氏（土御門家）為祖先。

蘆屋道滿　出現的文獻：《古事談》、《宇治拾遺物語》、《十訓抄》、《峯相記》

活躍於平安時代的陰陽家，有別於賀茂或安倍氏，屬播磨流派的民間陰陽師。與安倍晴明為同一時代，深受藤原顯光的重用，而藤原顯光又是與安倍晴明交好的藤原道長之政敵。也因此，與安倍晴明是敵對關係，因而諸多文獻可見到兩人的對決之傳說。據說安倍識破蘆屋道滿的咒術，使道滿遭流放到播磨。

陰陽師 ～陰陽道的世界～

魔法、魔幻

陰陽道

關聯

■ 陰陽師
〜陰陽道的世界〜
➡ P.022

占卜並化解災厄或吉凶的技術

【注1】
陰陽說認為，森羅萬象皆由陰與陽這兩種相對的「氣」所形成。自然界的一切都源自「木、火、土、金、水」的五種元素，彼此交互影響，萬物因而有了變化、循環，即是五行說。結合以上兩種理論，即是陰陽五行說。

【注2】
日本的律令制時代的機構之一，歸屬於中務省。從事陰陽道、曆道、天文道、漏刻（水時鐘）等四項公務。

陰陽道是以**陰陽五行說**【注1】為基礎，觀察事物以占卜災厄或吉凶，並予以化解之技術。源於古代中國，於西元五、六世紀傳至日本。並在日本朝廷成立了依據陰陽道執行咒術、占術、曆法的陰陽寮【注2】，奠定了日本陰陽道的基盤。

陰陽道源始於中國的陰陽說與五行說，隨著時間演進，兩者思想融合，遂誕生了陰陽五行說。而後又融入天文、氣象知識，形成獨特的咒術、占術或曆學。提到陰陽道，不禁令人聯想到拿著御札操使著不可思議法術的日本版魔法師，但其實不僅如此，陰陽五行說還以獨特的理論或道理解釋自然現象，反而更近似現在的自然科學研究者或學者。

歸屬於國家機構的陰陽道，吸取了神道或佛教等的要素，更加延伸發展，來到平安時代，又納入咒術的技術。當時惡靈、妖怪或作法等迷信流行蔓延，只要天

陰
陽
道

變地異或疫病發生，人們立刻認為是惡靈或作法，因而求諸陰陽道的力量以抗衡。

陰陽道的法術是何種模樣

【注3】
在陰陽道，玉女是天界的官吏之一，是侍奉神仙的女神。

【注4】
以中國道教為基礎的咒法。一邊唱誦咒語，一邊行特殊步法，以祛除妖氣。基本的步法是循著北斗七星蜿蜒前行。另外，也有單腳或描繪圖形的步法。

陰陽道的法術有多種，基本上有除厄、反閇、護身、式神。

除厄是將厄穢轉移到紙或木材做成的人偶或衣物上，然後放諸水流，以除去災病或咒語的法術。反閇是施法術時保護自己的咒法，向玉女【注3】稟告目的，然後一邊唱誦咒語一邊執行禹步【注4】。護身是反閇的簡略版，手執刀劍，唱誦咒語，讓法力轉移到刀劍上，然後斬斷咒符，嚇走妖氣保護自身。式神則猶如是陰陽道的代名詞，藉由咒力，陰陽師可以驅使鬼或精靈。

式神聽命於陰陽師，施用於詛咒等，而其中又以陰陽師之冠的安倍晴明最擅長此術。陰陽師操弄的式神中，以「十二天將」或「十二月將」最為人所知，他們是存於陰陽師道具六壬栻盤的神靈，除此之外，陰陽師也會驅使管狐、犬神等動物靈。

當然，陰陽道還有諸多的咒法或法術，如前述由於多方納取神道、道教、佛教等各種的要素，也使得其法術更加豐富且多元。

陰陽師裡的巨星

提到陰陽道，不能不提及的就是安倍晴明。身為知名的天才型陰陽師，因而流傳著許多傳說，例如幫助可以看見鬼的藏人少將解除咒語，並還諸施咒的陰陽師；或是不靠手之力，即擊潰蛙等。儘管有些是後世的穿鑿附會，不過西元993年（正曆4年）的實際記錄，安倍為一条天皇祈禱消除急病，西元1004年（寬弘元年）則在日正當中祈雨，果真天降甘霖。這些都足以證明其實力。

陰陽道

宗 教

關聯

■耶和華
➡ P.095

該隱與亞伯

人類最初始的兄弟之恩怨情仇與殺人事件

【注1】
該隱被放逐時，擔心他遭人傷害。於是上帝送給該隱一個印號，凡是殺害該隱的人必遭到7倍的復仇，又稱為「該隱的印記」。這也是上帝為守護該隱的慈悲。不過後來，該隱的印記不再被視為上帝的慈悲或祝福，反而變成弒弟之罪的刻印，甚至衍生詛咒的說法。文獻中並未描述該印記的形狀。

出現在《舊約聖經》的《創世紀》第四章的兄弟該隱與亞伯，他們是被上帝逐出伊甸園的**亞當與夏娃**的孩子，也是**人類最初始的孩子**。

根據《創世紀》，身為長兄的該隱以農耕維生，弟弟亞伯以牧羊維生，他們將自己生產的作物獻給耶和華。耶和華僅在乎亞伯的獻品，卻無視該隱。該隱為此震怒，將亞伯帶到荒野並殺害。耶和華追究亞伯的下落，該隱撒謊：「我不知道，我又不是他的侍衛。」但是，亞伯的血流滿大地，向耶和華訴說自己的冤屈，終於讓真相大白。由於此罪，該隱被詛咒兼施以即使耕作也無法收穫的印記【注1】，且遭耶和華放逐。

而後，該隱遷移伊甸園以東的挪得，在那裡建造屬於自己的城市。他的子孫飼養家畜、或成為音樂家、鐵匠，從此成為「人類」文明的發祥地。

發送

該隱與亞伯

宗教、思想

天主教與新教

～基督教宗派與組織～

關聯

■聖人歷、典禮歷
　～基督教的紀念日～
　　　　　→ P.047

分裂與對立的歷史

【注1】
西元1483年生～西元1546年歿。西元十六世紀的德國宗教改革者，主張聖經為基督教的唯一權威。

【注2】
認為基督教傳遞的福音才能拯救世人，而這也是新教思想的砥柱。

　　天主教（Catholic）源自希臘語，藉以表達教會的普遍性。一般來說，擁有世界十二億人以上信徒的最大教派是基督教，而這裡所指的是以羅馬教宗為主的基督教之羅馬天主教會。

　　相對的，**新教**是指**馬丁路德**【注1】的宗教改革後，脫離羅馬天主教會以「福音主義」【注2】為理念的基督教諸教派。與羅馬天主教會不同的是，不是總括新教的組織，而是由各教派在新教體制內各自營運。其實，基督教的教派也不僅分為此兩者，另外還有東方正教會或英國國教會等，在漫長的歷史中反覆上演著教派分離或獨立。

　　曾是渺小宗教的基督教，終於發展形成羅馬帝國的國教。不過隨著羅馬帝國的東西分裂，以羅馬為中心的教會也分裂為西方教會與君士坦丁堡的東方教會。西方教會與羅馬天主教關係緊密，東方教會則傾向東方正教會。而後又從羅馬天主教會分裂出新教或英國國教會。這演變的期間歷經三十年之久，不免衍生教派對立引發的戰爭。

天主教與新教　～基督教宗派與組織～

■基督教分裂的概略

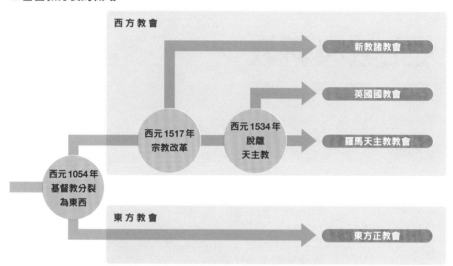

西 方 教 會

新教諸教會

英國國教會

羅馬天主教教會

西元1517年
宗教改革

西元1534年
脫離
天主教

西元1054年
基督教分裂
為東西

東 方 教 會

東方正教會

■基督教各教派的特色

新教諸教會

以福音主義為主的基督教教派。認為聖經是唯一權威，反對教會或各自組織形成的權威。至於聖經的解釋依
憑各人良心，教會的運作較為民主化。由於德國是宗教改革發祥地，信徒多分布在北歐、美國或加拿大。

路德教會（路德派）／改革派教會（慈運理派、浸禮派、喀爾文派、長老派）／復臨派／
貴格會／循道宗／聖潔會／五旬宗／救世軍／門諾教派等。

英國國教會

西元十六世紀成立於英格蘭的基督教教會。英格蘭原屬天主教教會，但因英王亨利八世的離婚問題與當時的
教宗形成對立，最後脫離了天主教教會。由於是基於政治因素而獨立，典禮等仍多依循天主教。

英國國教會／威爾斯聖公會／蘇格蘭聖公會／愛爾蘭聖公會／加拿大聖公會／美國聖公會／
墨西哥聖公會／日本聖公會／澳洲聖公會等。

羅馬天主教教會

以羅馬教宗為主的基督教最大教派。信仰洗禮、聖體等的七祕跡（P.38）、聖母瑪利亞或聖者等。並由羅馬
教宗廳統治梵諦岡，強調教會的權威，是以羅馬教宗為首的龐大宗教組織。

羅馬天主教教會／東方典禮天主教教會／天主教派系各修道會（方濟會／道明會／
耶穌會／巴黎外方教會／聖本篤會／熙篤會／奧斯丁會／慈幼會等）。

東方正教會

基督教三大教會之一。以俄羅斯、中東、東歐為中心的十五個獨立教會組成。興盛於東羅馬帝國時期，於西
元1054年脫離天主教教會。認為歸屬於教會的一切都是機密且神祕，與天主教會有著顯著的不同。

君士坦丁堡及普世正統基督教會／希臘正教會／俄羅斯正教會／塞爾維亞正教會／
喬治亞正教會／保加利亞正教會／日本正教會等。

天主教與新教～基督教宗派與組織～

惡魔、天使

加百列

關聯

■ 天使
→ P.065

■ 米迦勒
→ P.089

■ 拉斐爾
→ P.097

傳遞上帝旨意的信差

【注1】
天使中的最高位階，司長天使軍團。也受基督教、猶太教所信仰。

【注2】
是《新約聖經》的四部福音書之一。內容方面，基本上與另三部馬太、馬可、約翰福音書相通。

【注3】
在《舊約聖經》中，此書被天主教或正教會視為正典，新教則將其視為外典或偽典。

　　與大天使米迦勒同是被記載在《舊約聖經》的天使。其名有「上帝之人」、「上帝是強大」之意。英國詩人約翰・密爾頓的《失樂園》，將其與米迦勒、拉斐爾等同列為熾天使（Seraphim）【注1】。

　　加百列的主要任務是，向被上帝選中的人宣告上帝的旨意。最有名的就是向聖母瑪利亞預告耶穌降生。《新約聖經》中最具文學性且歷史價值的《路加福音》【注2】，描寫了加百列告知處女瑪利亞懷孕，並將胎內之子取名耶穌，而且是日後的救世主。

　　提到天使，一般人立刻聯想帶有翅膀的男性模樣，但加百列多半被描繪為女性。理由之一是基於前述的告知場面，天使必須進入處女瑪利亞的房間，當時的猶太社會，男性不允許進入處女的房間。再者，根據《舊約聖經》的《多俾亞傳》【注3】，加百列坐在上帝的左側，依循猶太人的習慣，左側是一家之主的妻子或女兒的座位，因而推測加百列是女性，不過終究是推測，無法論定。

加百列

宗教、思想

九字護身法

關聯

■陰陽道
　　　→ P.024

■密教
　　　→ P.091

■忍者
　　　→ P.247

傳送神聖波動，驅逐妖氣的密教祕密儀法

【注1】
為實現密教真理的一種方法。修行者與本尊一體化，以達成佛等的效果。護摩祈禱或曼荼羅等，也是一種的密教祕密儀法。

【注2】
菩薩進入最高境界之際，其他的佛以智水注入菩薩的頭頂，代表認同菩薩已來到最高之位，因而稱為灌頂。

【注3】
以梵字（P.280）的「阿字」為冥想對象的冥想法。觀佛以感知，是修法的主軸。

　　是指經常出現於動漫等的「**臨兵鬥者皆陣列在前**」之咒語。又稱為九字，是可以**驅逐妖氣的一種日本獨特技法**。

　　九字護身法原是日本密教的修行法，為的是迎接本尊聖眾，必須清淨場地驅逐邪氣，以形成結界的「成身辟除護身法」。但在歷史洪流裡，此儀法卻被以錯誤的形式流傳開來，發展演變為道教的「臨兵鬥者皆陣列在前」或與陰陽道等的結合，也就是現今所看到的形式。

　　九字中的「**印契**」，依隨宗派各有差異，又以右頁的兩種最為有名。現在的密教兩者皆用，陰陽道或修驗道則採用**早九字護身法**。由於簡便，也是武士或忍者用來集中精神或除厄的儀法。

　　不過，九字原屬於密教修法【注1】，必須**灌頂**【注2】後授予戒律或資格，才得以正式傳授。另外，在施以護身法前，正統儀式中還有「**阿字觀**」【注3】的冥想。一般人若僅是有樣學樣，反而容易遭邪入侵。今日世俗之人也熟知九字的儀法，但還是應避免隨意操弄。

九字護身法

■切紙九字護身法

切紙九字護身法，主要用於佛教或密教、依隨宗門或使用者，動作等略有不同。每個手印都其有效果，以臨為始依序完成印契。

① 臨　普賢三摩耶印

左右手指交疊，伸出食指碰觸。佛寺是毘沙門天。

② 兵　大金剛輪印

左右手指交疊，伸出食指，然後繞過中指。佛寺是十一面觀音。

③ 鬥　外獅子印

左右手的中指與食指相互交纏，然後收起，而其他的三指，則左右立起觸碰。佛寺是如意輪觀音。

④ 者　內獅子印

左右手的中指各自交纏無名指，再伸出食指相互碰觸。佛寺是不動明王。

⑤ 皆　外縛印

左右手指交疊，手指朝外，右手的大拇指置於最外側。佛寺是愛染明王。

⑥ 陣　內縛印

左右手指交疊，手指朝內，左手的大拇指置於內側。佛寺是聖觀音。

⑦ 裂　智拳印

僅豎起左手食指，以右手握之，左手的另外四指交握，右手的大拇指朝內側。佛寺是阿彌陀如來。

⑧ 在　日輪印

左右手的大拇指與食指指尖碰觸，其餘的手指伸直。佛寺是彌勒菩薩。

⑨ 前　隱形印

左手握拳，放在右手上。佛寺是文殊菩薩。

■早九字護身法

早九字護身法，主要用於陰陽道或修驗道。首先由慣用手做出刀印，其餘的手指猶如掛在腰際的刀鞘，握住刀印。依拔刀的要領拿出刀印，然後如圖示，在空中比劃出九條線繪出格子狀。結束時再將刀印收入刀鞘，解除手印。

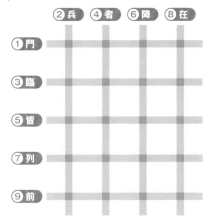

② 兵　④ 者　⑥ 降　⑧ 在

① 鬥
③ 臨
⑤ 皆
⑦ 列
⑨ 前

做出刀印

刀印收納於刀鞘

九字護身法

宗教、思想

五行思想

～相生相剋的世界～

關聯

■陰陽師
　～陰陽道的世界～
　　　　→ P.022

■陰陽道
　　　　→ P.024

■煉金術
　　　　→ P.372

由木火土金水構成，是源自中國的思想概念

【注1】
備受古希臘或伊斯蘭文化圈尊崇的自然哲學概念。人類史上第一位哲學家泰勒斯開始探尋萬物的根源＝世界的始源，因此從火、空氣、水、土等衍生出諸多思想概念。恩培多克勒認為，透過這四大元素的結合、分離因而形成了森羅萬象。

　　不論哪個時代或地域，自古以來人們常依循各種抽象性的根源思索解讀存在於自然界的萬物。

　　舉例來說在西方，古希臘的恩培多克勒認為萬物由四大元素【注1】（P.372）所構成，來到東方則是中國的五行思想，也認為世界是由木、火、土、金、水所構成。

　　西元前1030年～221年的周朝，即開啟了此思想之概念。同時期，也有了萬物皆衍生自陰與陽的「陰陽說」，兩者思想的結合，又發展出「陰陽五行說」的理論體系。

　　陰陽思想認為，「陽」＝主動的、攻擊的、激動的，「陰」＝被動的、防衛的、平靜的兩種相對狀態，而且各自會朝向另一方形成循環。

　　另一方面，五行思想認為五行也不侷限於萬象中，而是以各種樣態呈現，也適用於時間或空間方面。各自的相關關係可歸納為相生、相剋，並配置或應用於萬象中。諸多的陰陽道占卜術，其實皆衍生於陰陽五行的概念。

五行思想　～陰陽道的世界～

■五行相關圖

相剋顯示彼此的強弱關係，並顯示循環後的五極關係。另一方面，相生是隨著循環各自發生的流程。相剋的思想出現於春秋戰國時代，相生則是前漢時代。

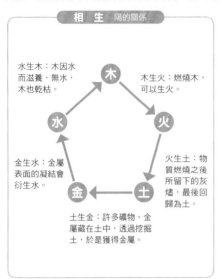

相　生　陽的關係

水生木：木因水而滋養，無水，木也乾枯。

木生火：燃燒木，可以生火。

金生水：金屬表面的凝結會衍生水。

火生土：物質燃燒之後所留下的灰燼，最後回歸為土。

土生金：許多礦物、金屬藏在土中，透過挖掘土，於是獲得金屬。

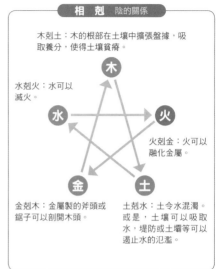

相　剋　陰的關係

木剋土：木的根部在土壤中擴張盤據，吸取養分，使得土壤貧瘠。

水剋火：水可以滅火。

火剋金：火可以融化金屬。

金剋木：金屬製的斧頭或鋸子可以剖開木頭。

土剋水：土令水混濁。或是，土壤可以吸取水，堤防或土壩等可以遏止水的氾濫。

■萬物中的五行

自然萬物的樣態也以五行之樣貌呈現，因而可以歸屬於五行，下面即是其中的案例。

	木	火	土	金	水
五色	青（綠）	紅	黃	白	黑（玄）
五方	東	南	中	西	北
五時	春	夏	立秋（土用）	秋	冬
五星	歲星（木星）	螢惑（火星）	填星（土星）	太白（金星）	辰星（水星）
五常	仁	禮	信	義	智
五臟	肝	心（心包）	脾	肺	腎
五情	喜	樂	憎	怒	哀
五味	酸	苦	甘	辛	鹹（辣）
五穀	胡麻	麥	米	黍	大豆
五獸	青龍	朱雀	黃龍	白虎	玄武

■象徵永恆循環的「太極圖」

在中國美術、陰陽道、道教經常可見「太極圖」，是源於中國的陰陽思想。白色是陽，黑色是陰，整個白色的部分象徵「陽之陽」，黑色則是「陰之陰」，白色部分裡的黑點是「陽之陰」，黑色部分的白點是「陰之陽」。陰中有陽，陽中有陰，兩者不斷翻轉，處於永恆的循環。而這也是世界的一種象徵，自古即備受中國重視。

五行思想 ～陰陽道的世界～

宗教、思想

五常（仁義禮智信）

孔子教導的五項道德

【注1】
君臣、父子、夫婦間最重要的是德，若再加上兄弟、友人，則是「五倫」。

【注2】
是五常的前身，之後由前漢的董仲舒加上「信」，即為五常。

　　春秋時代的中國思想家孔子所孕育的「儒教」，論說的就是仁、義、禮、智、信五道德，又稱為五常。與五常同等重要的是「三綱」（君臣、父子、夫婦）【注1】，合稱為「三綱五常」。

　　不過有人認為關於三綱，並不是出自孔子的教義，而是始於法家，依據文獻，最早出現在法家的《韓非子》，然而目前尚無定論。

　　再者，本來的五常，其實僅有仁義禮智的「四德」【注2】，而後加入信，才稱為五常。自古即有所謂「五行」的五項道德，與五常一樣的仁、義、禮、智，「信」則變成了「聖」。

　　五德中，孔子最重視的是仁、義、禮、智、信中的「仁」。記載孔子與其弟子們之言論的《論語》提到，「夫仁者，己欲立而立人，己欲達而達人。」告誡弟子們，所謂的「仁」是自覺自身的欲求後才能同理他人的想望。

五常（仁義禮智信）

■儒教道德「五常」

仁	孔子說是對他人的同理、體貼。 由於屢屢出現於《論語》，備受孔子的重視。
義	帶有遵循秩序之意。不被自己的願望或欲望困住，完成應該做的事。 與仁同樣備受孔子重視。
禮	為維持良好人際關係，尤其是上與下的關係，應相互尊重。 仁是一種心態，相對的，禮則是仁的表現。
智	為做出正確判斷，必須累積知識，因此，不要受限於某個觀點， 應保持柔軟的思考。
信	所謂的信，也有「誠」之意，不虛偽地保有仁義禮智。 一旦仁義禮智俱全，自然會湧現出信。

COLUMN

儒教提倡的道德，因國家不同而有不同的解讀

　　在日本，提到儒教的道德，基本上就是五常。不過，在台灣則是「四維八德」，也就是仁、義、禮、智、忠、信、孝、悌的八德，禮、義、廉、恥是維持家國之四維，同時也是中小學的校訓。

　　法家的《管子》一書，如此解讀四維，「四維張，則君令行。……四維不張，國乃滅亡。」、「何謂四維？一曰禮、二曰義、三曰廉、四曰恥。」

　　扼要地說就是，身為統治者面對下為者時，必須擁有四德，否則命令終究無法順利傳達，終將面臨國家存亡。

　　有人認為與三綱四德不同，所謂的四維八德似乎比較像是對上位者的告誡，不過既然是思想觀點，在何種場合面對什麼樣的人物，應提出哪個說法，終究是個人的選擇。

五常（仁義禮智信）

哲學、思想

蝴蝶夢

百思不解的問題，就順其自然吧

【注1】
活躍於西元前300年代的中國思想家。本名莊周，被視為是道教的始祖，關於其身分來歷不詳，因而更增添神化的色彩。

　　蝴蝶夢是來自中國思想家莊子【注1】的親身體驗，內容如下。

　　「有一天，我夢見自己變成了蝴蝶。正當隨心所欲自由飛翔時，渾然不知自己就是莊周（莊子）。醒來後，儘管自己還是莊周，卻已無法分辨究竟是莊周在夢中變成了蝴蝶？還是蝴蝶在夢中變成了莊周？莊周與蝴蝶必然有所區別不同，但兩者皆是自己卻也是不變的事實。所謂事物的變化，也正是如此。」

　　換言之，莊子並不拘泥自己是莊周還是蝴蝶，不變的是兩者都存在著所謂自我的本質。

　　再換句話說，「自己究竟是莊周還是蝴蝶？都已無所謂了，皆是自己，不受制於形體，即是生而順其自然。」

　　如此隨遇而安，就是莊子所說的「自然無為」。

飛飛飛～♪

老師！現在是在摸仿莊子嗎？

都無所謂了！

蝴蝶夢

所謂的世界，其實紛擾不安

【注2】
西元 1596 年生～1650
年歿。是法國的哲學
家、數學家。被視為近
代哲學之父。不過近
年，近代歐洲思想引發
的諸多問題，也讓笛卡
兒備受批判，認為與其
脫離不了關係。

【注3】
僅靠思考，推論在某種
情況下基於理論所導出
的現象。

思考關於「存在」這件事，又以西方的哲學家居多，例如西元十七世紀的法國哲學家勒內・笛卡兒【注2】，他認為要去發掘任何人皆堅信不移的事實，然後找出足以證明的邏輯，藉由這個方法即能說明解釋所有的現象。在哲學上，此理論又稱為懷疑論或懷疑主義，是排除所有的曖昧不明之方法，也除去長久以來學問、常識，乃至自我的感覺中的混沌曖昧。最後達成的結論，即是著名的「我思故我在」。

但是，蝴蝶夢說的是現實與夢境是無區別的，似乎比較接近「缸中之腦」。也就是把大腦放在充滿培養液的水缸中，然後連結電腦，當大腦感覺正常，且一切傳導正常無誤時，大腦是否會認為自己是缸中的腦？這是美國哲學家希拉蕊・懷特哈爾・普特南提出的思考實驗【注3】。

儘管實際不可能辦到，但若能徹底重現現實世界或感覺，缸中的腦其實是無法區別現實環境與假想環境，或是說，究竟是現實環境或假想環境，對腦來說一點也不重要。由此可知，現實的世界往往憑藉的是起伏不定的情緒或感覺。所以回歸到蝴蝶夢的理論上，也許就是一切順其自然。

容易被矇騙的大腦

人類的大腦其實易被誘發錯覺，科學博物館或某些主題公園皆設置了這類誘導大腦產生錯覺的設施。舉例來說，東京科學技術館的「漩渦筒」，是繪有漩渦的大型筒狀的通道，走在裡面會感覺身體欲傾倒。那是視覺錯亂了感覺統合所造成，所以人的感覺並不可靠，由此即能清楚說明。

蝴蝶夢

宗教、思想

聖事

關聯

■天主教與新教
～基督教宗派與組織～
➡ P.027

■聖人歷、典禮歷
～基督教的紀念日～
➡ P.047

通過儀式了解神祕，經由耶穌得到上帝的恩寵

【注1】
因宗教改革而從天主教分裂出來的教派。在分裂的過程又衍生出諸多教派，這些教派皆被視為新教（但不是屬於一個團體組織）。所謂的宗教改革主張將聖經視為唯一的依據，由於獲得對社會體制不滿的農民等大眾支持，因而改革成功。

聖事，象徵著上帝的恩寵，主要是指那些抽象的，將肉眼不能看見的上帝之恩寵化為可視化的儀式。

在天主教，就是洗禮、堅信禮、聖餐、告解、病者塗油、神職受任禮、婚禮。新教則更加簡化，以《新約聖經》為依歸，僅有洗禮與聖餐為聖事。而新教【注1】簡化聖事的理由，是為了將庶民的活動轉化為儀式，以延續既有的意義並彰顯上帝的神聖。

其他的主要教派中，東方正教與天主教一樣，將以上七項列為聖事。英國聖公會則傾向新教的作法，僅有兩項。《新約聖經》認為耶穌基督本身即是聖事，以耶穌之名進行的儀式皆視為上帝的恩寵，因此對聖事才會出現意見上的分歧。

同樣是「兩項」派的聖公會，並未將其他五項的聖事完全排除在外。原本這些聖事是為了理解教義，加深信仰，提升道德感，沒想到最後竟流於形式方面的爭議。

聖事

■天主教的聖事

基督教各教派對於聖事的分類不一。在天主教，認為聖事是指，「耶穌基督所規定的，為了領受上帝恩寵的諸多儀式。」關於天主教的聖事分為以下七項，婚禮也列入其中，所謂的夫妻不能僅是遷入戶籍，必須舉辦人生中的特別儀式。許多女性嚮往教堂的婚禮，但是在天主教，僅有信徒才能享有聖事的教堂婚禮。

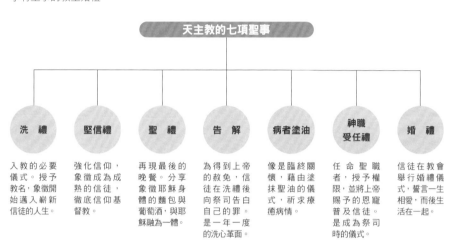

天主教的七項聖事

洗禮	堅信禮	聖禮	告解	病者塗油	神職受任禮	婚禮
入教的必要儀式。授予教名，象徵開始邁入嶄新信徒的人生。	強化信仰，象徵成為成熟的信徒，徹底信仰基督教。	再現最後的晚餐。分享象徵耶穌身體的麵包與葡萄酒，與耶穌融為一體。	為得到上帝的赦免，信徒在洗禮後向祭司告白自己的罪。是一年一度的洗心革面。	像是臨終關懷，藉由塗抹聖油的儀式，祈求療癒病情。	任命聖職者，授予權限，並將上帝賜予的恩寵普及信徒。是成為祭司時的儀式。	信徒在教會舉行婚禮儀式，誓言一生相愛，而後生活在一起。

COLUMN

具體實踐七項聖事，對社會生活具有何種意義？

關於七項聖事，在此以天主教徒為例介紹説明。洗禮的起源更早於基督教，施洗約翰以「重新悔改」為誓，施以洗禮。耶穌接受約翰的洗禮，象徵悔改，但耶穌死後洗禮的意義有所不同了。現在，洗禮在於體驗耶穌的死與再生，也是成為教徒的儀式。堅信禮則是透過持續的洗禮，以確認信仰的堅誠。與洗禮具相似的意義，不過在於信教後作為強化信仰心的證明。聖禮，是指領取（飲食）象徵聖體的麵包與葡萄酒。告解，是向聖職者告白罪行，以求赦免淨化。神職受任禮，是成為聖職者的儀式。婚禮，當然就是結婚的儀式。病者塗油，本來也稱終油，是末期病患的最終醫療，不過現在帶有療癒疾病的意義，「平時」也執行此儀式。

總而言之，透過儀式體悟神賜予的奇蹟之同時，無論是就此自覺是共同體之一員，或藉此督促就職或結婚的領悟，或關懷病人或臨終者的具社會意義之行為，都讓人感受到宗教肩負起社會基礎面的功能。

聖事

惡魔、天使

沙利葉

關聯

■天使
➡ P.065

■邪惡之眼
～世界的邪惡之眼傳說～
➡ P.118

令凝視者不幸的邪惡之眼

【注1】
天使的位階。神學家偽迪奧尼修斯的著作《天階體系》提到，這是最上位的階級。

【注2】
寫於西元前一～二世紀左右，是衣索比亞正統台瓦西多教會的《舊約聖經》之一。

沙利葉屬熾天使【注1】、大天使，負責監視天使有無背叛上帝，有決定犯罪的天使之命運。同時，可以引導人類的靈魂去到天堂或地獄，另有一說認為他會威脅拒絕死亡的人，取走其靈魂，因而也被視為恐怖的象徵。

提到沙利葉的魔力，最有名的就是對凝視者施以詛咒的「邪惡之眼」，又可稱為邪眼或魔眼等，經常出現在近年的創作作品，想必許多讀者都看過。事實上，基督教社會是相信邪惡之眼的存在，據說寫有沙利葉之名的護符，可以抵擋其他邪眼的入侵，具驅魔之法力。

如此帶有濃厚不祥色彩的沙利葉，在《舊約聖經》的偽典《多俾亞傳》【注2】是以司長月亮運轉的天使出現。這個沙利葉知曉月亮不欲人知的祕密，並將祕密告知人類，因而遭興師問罪，被貼上背叛上帝的標籤，最後主動離開天界。

何謂藍色邪眼？

過去，中東或歐洲南部流傳著「藍色瞳孔是邪眼」之說法。當然，並非這些擁有藍色瞳孔的人具有詛咒的法力，而是對天生褐色瞳孔的中東、南美人來說，與自己不同的白種人的藍色瞳孔，令他們害怕而衍生這樣的傳說。看來將未知事物視為詛咒或怪物等，並列為恐懼、敵對的對象，似乎是人類的天性。

沙利葉

宗教、思想

釋迦十大弟子

關聯

■佛（如來、菩薩、
明王、天部）
～佛教的尊格～
➡ P.083

擁有特殊才能的十位弟子

【注1】
印度自古以來的獨特身分階級制度，近似日本士農工商之階級區別，但差別待遇更加嚴峻。西元1950年憲法規定廢止，然而直到現今種姓制度依舊根深蒂固在印度社會之中，甚至引發殘忍的殺人或暴行事件，即使就業也仍深受種姓階級的影響。

在釋迦千萬難計的弟子中，又可列出最優秀的十名，稱為十大弟子。釋迦不贊同種姓制度，然而十大弟子有八名是種姓制度【注1】中最高階的婆羅門（司教）與第二階的剎帝利名（貴族、士族），其餘兩名是第三階吠舍（平民）的須菩提，以及最末階首陀羅（奴隸）的優波離。莫非這是為維持團體，所以喜捨的額度也影響了信仰？還是身分階級較低者終究難以修得與他人同等的學問？想來想去，似乎優波離仍擺脫不了不平等的待遇……。

十大弟子各有其特殊才能，而且皆是該領域的翹首，因而受得讚美，而那些讚美也成為他們的別名。例如擅於言辭的富樓那彌多羅尼子，即意味「說法第一」。當然也因為他們擅用其能力，才得以讓佛教普及各地。哪些人是十大弟子，依隨教典各有不同的說法，初期大乘法典的《維摩經》列出的是舍利佛、摩訶目犍連、摩訶迦葉、須菩提、富樓那彌多羅尼子、摩訶迦旃延、阿那律、優波離、羅睺羅、阿難陀。

釋迦十大弟子

■十大弟子的擅長項目

名字 （中文）	巴利語發音 梵語	別 名	簡 歷
舍利佛	Sāriputta Śāriputra	智慧第一	為弟子中的翹首，是學問與德行皆優的弟子，故別名「智慧第一」，擅於對民眾講法，是釋迦心中的第一名。
摩訶目犍連	Moggallāna Maudgalyāyana	神通第一	與舍利佛是自幼的好友，兩人皆努力宣揚佛法，並積極成立教團。是釋迦說法時的左右手，具神通力，因而別名「神通第一」。目連救母的故事，就是他的神通力感受到母親在地獄受苦，進而有了法會供養。
摩訶迦葉	Mahakassapa Mahākāśyapa	頭陀第一	擁有不亂、清廉潔白之心，因而是「頭陀第一」。所謂的頭陀，是指不執著衣食住之修行，在禁慾苦行修行上無人能出其右。
須菩提	Subhūti Subhūti	解空第一	曾是神童的須菩提，因太過聰明而傲慢，但遇到釋迦，無爭辯即皈依佛法，故稱為「無諍第一」。之後他甚至達到頓悟，而來到「解空」境界。
富樓那 彌多羅尼子	Punna Pūrna	說法第一	猶如現代的知名政治家，擅於雄辯，能以平易近人的方式闡述艱澀的教義，故名為「說法第一」。
摩訶迦旃延	Mahā-kaccāna Mahā-katyāyāna	論議第一	擅於辯論，經常出面與宗教信仰者展開對話，可說是擅於國會論戰。
阿那律	Anuruddha Aniruddha	天眼第一	悔恨聽佛法時打瞌睡而立志不眠不休的修行，由於不聽從釋迦與醫生的勸戒，最後失明，但也因此開了天眼（可以洞見真相的心靈之眼），故名「天眼第一」。
優波離	Upāli Upāli	持律第一	曾是種姓制度最底層首陀羅的優波離，原是理髮師，出家後守戒律並悟道，被尊稱為「持律第一」。
羅睺羅	Rāhula Rāhula	密行第一	是釋迦出家前的獨生子，由於曾因釋迦是親生父親而流於怠慢，因而被訓誡，從此勤加修行而不怠惰，故名「密行第一」。
阿難陀	Ānanda Ānanda	多聞第一	是弟子中最常聽聞釋迦說法，且能一字一句無誤正確記憶者，故被稱為「多聞第一」。

COLUMN

位於釋迦的佛教之延長線上的大乘佛教

　　夢野久作的小說《腦髓地獄》中有首獨創的詩歌：「越過修羅、畜生或餓鬼道，咚地掉落眼前的就是地獄。」這也正是大乘佛教的世界觀。在反覆人世、阿修羅、畜生、惡鬼、地獄的輪迴轉世中，斬斷欲望，積善行，不僅能打開智慧，若再加上徹底的信仰，即能前往淨土。

　　所謂的淨土，也就是天國。只要發願，並相信必能得救而抵達極樂淨土，在當時的確是嶄新的宗教觀。而且淨土的對面，佛正禪坐，可說是清楚易懂又具動畫畫面的宇宙世界觀，簡直彷若RPG的世界。

　　與初期為求道而歷經艱苦修行的佛教相較下，大乘佛教的世界更為寬廣，也能拯救更多原本被棄之不顧的人，於是因而獲得眾多信徒的信仰。不過，在佛滅56億7千萬年後彌勒再現的漫長浩瀚故事中，似乎也嗅到現代中二病的跡象。

宗教、思想

十二使徒

～新約聖經的世界～

關聯

■聖人歷、典禮歷
　～基督教的紀念日～
　➡ P.047

為傳教不惜犧牲生命的門徒們

【注1】
這裡的鑰匙，不是真正的鑰匙，而是耶穌基督付交予教會的權能。

【注2】
羅馬帝國的第五代皇帝尼祿·克勞狄烏斯·凱薩·奧古斯都·日耳曼尼庫斯。把羅馬的大火災歸咎於基督教徒，施予彈壓、迫害。

　　所謂的十二使徒是指隨侍在耶穌基督身邊的十二位門徒，依序是彼得、安得烈、雅各、約翰、腓力、巴多羅買、多馬、馬太、亞勒腓的兒子雅各、達太、西門、加略人猶大。他們不僅隨侍耶穌基督，在耶穌死後，還成立了早期的基督教教會，並且各自宣揚教義於世界各地。當時，基督教的勢力尚微弱，難以被世人接受，隨著十二使徒的不斷傳教，也為基督教的發展帶來莫大的影響。在傳教時他們遭受無情的迫害，最後幾乎都死於傳教的道途上。

　　舉例來說，耶穌基督的大弟子彼得，因取得基督賜予的天國之鑰匙【注1】，而成為第一任的教宗，卻遭羅馬皇帝尼祿【注2】的迫害，最後處以逆十字架之刑。另外，巴多羅買在印度傳教時，被視為邪教，據說遭受活生生剝皮的酷刑。唯一壽終正寢的是約翰。腓利則遭受丟石之刑，多馬被刺槍刺死，達太被斬首，亞勒腓的兒子雅各被棍棒打死。因為當時權力者感覺地位備受威脅，遂將其處以刑責，也讓人深感當時傳教的危險，更強烈感受到十二使徒的傳教使命感。

十二使徒 ～新約聖經的世界～

■十二使徒的簡歷

使　徒	簡　歷
彼得	本名西門，原是加利利湖畔的漁夫。是耶穌的第一位弟子，被授予天國之鑰匙，成為第一任教宗。
安得烈	是加利利湖畔的漁夫彼得之弟。在希臘傳教時，激怒總督，被施以X字型十字架刑。
西庇太的兒子雅各	又稱為大雅各，是加利利湖畔的漁夫、耶穌的表弟，原本性情暴躁，在耶路撒冷遭斬首。
約翰	大雅各的弟弟，也是漁夫。耶穌死後，照顧聖母瑪利亞，並持續在耶路撒冷傳道。據說他書寫了日後著名的《啟示錄》。
腓力	出生於以色列的伯賽大，與巴多羅買一同成為耶穌的弟子，被信仰大蛇的祭司們施以丟石之刑而死。
巴多羅買（拿但業）	出生於婚禮之村的迦拿，本名拿但業。在印度傳教時，被處以活生生剝皮之刑。
多馬	是個生性懷疑的人，據說他起初不願意相信耶穌復活。耶穌死後他到印度傳教，被婆羅門教徒以刺槍刺死。
馬太	本名利未。是當時最受人嫌惡的稅吏。書寫《馬太福音》後，於衣索比亞或波斯殉教。
亞勒腓的兒子雅各	傳說是耶穌的遠房親戚，是耶路撒冷的第一位主教，在耶路撒冷時被從屋頂推落，並以棍棒打死。
達太	是聖母瑪利亞的妹妹之子，又稱為小雅各，與西門一同前往波斯傳教，遭刺槍刺傷，而後被斬首。
奮銳黨的西門	是嚴守摩西戒律的奮銳黨之一員。在波斯傳教時，因遭魔法師怨恨，被施以鋸刑。
加略人猶大	擔任奮銳黨的會計，為了30枚銀幣而背叛耶穌。最後悔恨，上吊自殺。
馬提亞	若將背叛的加略人猶大摒除在外，取而代之的就是馬提亞。

■達文西的《最後晚餐》的十二使徒

左起是巴多羅買（拿但業）、亞勒腓的兒子雅各、安得烈、猶大、彼得、約翰。中央是耶穌基督，然後由左至右依序是多馬、西庇太的兒子雅各、腓力、馬太、達太、奮銳黨的西門。

宗教、思想

關聯

■聖槍
➡ P. 103

聖痕（聖傷）

是奇蹟？強烈暗示？重現耶穌的受難

【注1】
為確認在各各他之丘遭十字架刑的耶穌基督是否已死，士兵以刺槍刺穿耶穌的側腹。在旁的士兵，被耶穌的血濺入眼睛，竟恢復了視力。據說該刺槍落入誰的手中，即能百戰百勝，一旦失去了即死。現存的刺槍，真偽已難辨。

所謂的Stigmata，有多重意義，其中之一是指聖痕，也就是在基督教徒身上、或被刻下的傷痕。這些傷痕不是幻覺，有時還會伴隨實際出血的症狀。

但也不是單純的受傷，其發生情況足以令人聯想到耶穌基督受難，換言之，這個傷痕讓人感到猶如耶穌受難的再現，就可以被視為聖痕。對基督教信徒來說，聖痕是一種重要的象徵，教會也有嚴格的認定標準。有些人甚至為了聖痕，不惜刻意傷害自己。

聖痕的必備要件之一，就是具有重現意義。耶穌被釘上十字架時所受的傷，包含頭纏荊棘冠的傷、背負沉重十字架後背部的傷、被釘子貫穿雙手雙腳的傷、被聖槍【注1】刺穿腹部的傷（共五處）。辨別聖痕真假的方式，則是檢視這些部位有無傷痕。

若不是偽造，或許真是奇蹟，也或是強烈的自我暗示連帶地讓精神狀態影響到身體組織。堪稱超自然現象的聖痕，信與不信則完全取決於觀者。

聖痕（聖傷）

■基督教的聖痕部位

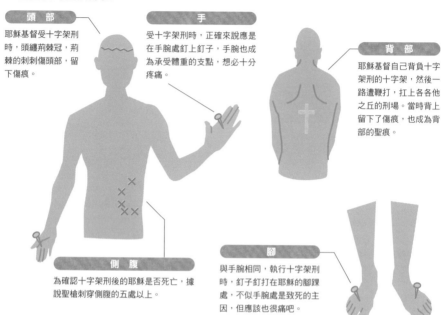

頭 部

耶穌基督受十字架刑時，頭纏荊棘冠，荊棘的刺刺傷頭部，留下傷痕。

手

受十字架刑時，正確來說應是在手腕處釘上釘子，手腕也成為承受體重的支點，想必十分疼痛。

背 部

耶穌基督自己背負十字架刑的十字架，然後一路遭鞭打，扛上各各他之丘的刑場。當時背上留下了傷痕，也成為背部的聖痕。

側 腹

為確認十字架刑後的耶穌是否死亡，據說聖槍刺穿側腹的五處以上。

腳

與手腕相同，執行十字架刑時，釘子釘打在耶穌的腳踝處，不似手腕處是致死的主因，但應該也很痛吧。

COLUMN

來自世界各地的關於聖痕之超自然現象

在以百為計量的聖痕報告案例中，歷史上最有名的是聖方濟各。西元十三世紀，他在義大利的山區祈禱時，突然被空中閃耀光芒的熾天使（P.65）弄出傷痕，待他回過神來，手上已有聖痕。由於不是單純的傷痕，而是重現耶穌基督受傷的部位，也留下如同十字架刑的釘痕。這些實在難以造假，不過關於聖痕的記錄，多半約是這類的典型案例。近年的報告是西元二十世紀名為德雷絲‧紐曼的女性，她因祈禱治癒了怪病，之後即反覆定期在耶穌負傷處出現出血現象。這些傷雖不至致命，但治癒後又再度出現，如此反覆數十年，據說期間她除了攝取聖體的麵包與葡萄酒外，未食其他飲食。此外，包含「秋田的聖母瑪利亞※」在內，世界各地也傳出聖母瑪利亞流血，或是見到聖母瑪利亞或天使而出現聖痕、治癒病情的報告。

莫非這世界的確存在奇蹟？

聖痕（聖傷）

※秋田的聖母瑪利亞：位於秋田縣的在俗修道會「聖體奉仕會」，在西元 1975～1981 年期間，聖母瑪利亞像共流了 101 回的眼淚。

宗教、思想

聖人歷、典禮歷

～基督教的紀念日～

關聯

■天主教與新教
～基督教宗派與組織～
➡ P.027

聖人的紀念日共 365 天

【注1】
原本與基督教徒無關，是源於古凱爾特的祭典日，之後為紀念所有的聖人與殉教者，於是納入成為「諸聖節」（萬聖節）的前夜祭典。

【注2】
基督教認為耶穌基督背負著人們的罪刑被釘上十字架。

　　日本一年之中，有各種的慶典節日，其中的2月14日情人節，12月25日的聖誕節，以及近來漸為人知的萬聖節【注1】，都是外來的節日，而這些節日的共通之處就是，源於基督教的紀念日。

　　基督教採用的月曆與一般不同，是「教會曆」，制定了包含節日在內的禮拜、日課等聖務。教會曆的一年，起始於聖誕節四週前的週日，是一年中最重要的紀念耶穌基督受難【注2】與復活的復活節期間，以及日本也熱衷參與的耶穌誕生日的聖誕節。

　　基督教也有聖人的紀念日，一年365天幾乎每天都是某個人的紀念日。只要自己的名字與聖人相同或有關，即能慶祝聖人的紀念日，也因此，基督教一年之中，必然在某地有某人正在慶祝紀念。

聖人歷、典禮歷 ～基督教的紀念日～

■天主教的主要紀念日與典禮

紀念日	時　期	內　容
神之母 聖母瑪利亞	1月1日	聖母瑪利亞懷孕之日。
顯現節	1月6日	慶祝主的顯現。
謝肉節	進入四旬齋前的節日	在禁慾前狂歡，以事先徹底發洩壓力。
四旬齋	自復活節的46日前開始 是準備期間	仿效在荒野生活的耶穌，度過禁慾的時間。預定在復活節受洗的人，這段時間可做好準備。
棕枝主日	復活節前的週日	紀念耶穌進入耶路撒冷的日子。
聖週	復活節前的一週	為憶起耶穌的受難與死亡而舉行儀式，又稱為受難週。
復活節	春分後最初滿月的下個週日	慶祝耶穌復活的紀念日。
升天節	復活節的40日後	慶祝紀念耶穌升天。
聖母瑪利亞的升天節	8月15日	聖母升天的日子。
萬聖夜	10月31日	萬聖節的前夜祭典。
萬聖節	11月1日	紀念所有的聖人，又稱為諸聖節。
待降節	最接近11月30日的 週日至12月24日為止	聖誕節前的準備期間，又稱為將降期。
聖路濟亞	12月13日	聖路濟亞的紀念日。
聖誕節	12月25日	慶祝主誕生的日子。

COLUMN

關於被視為聖人的人們與守護聖人

　　所謂的聖人，是那些被認定生前對信仰忠實，並且徹底體現基督教教義的人。其中有許多是殉教者，尤其是基督教遭受迫害期間，為貫徹信仰而犧牲性命的人們。他們在那樣的苦難下，依舊不捨棄信仰，如此強烈的信仰之心，因而被視為聖人。有些人認為他們是凡人與神之間的橋梁，除了不崇敬聖人的新教諸派，這些聖人皆是天主教、正教會或聖公會等崇敬的對象。

　　由於其所屬的特定地域、職業或從事的活動，因而也被人們視為可以保護他們的「守護聖人」。例如，來日本傳教的聖方濟・沙勿略，是日本與航海者們的守護聖人；抹大拉的瑪麗亞是娼妓或受刑人的守護聖人。一年之中，365天都可以找到聖人的紀念日，因此每天都有其守護聖人。關於各聖人的守護，往往與其生前的行為或殉教之際的逸事有關，為此也衍生「聖人的○○日不可以從事××」之習慣風俗。

聖人歷、典禮歷～基督教的紀念日～

宗 教

聖杯

關 聯

■天主教與新教
　～基督教宗派與組織～
　　　　➡ P.027
■圓桌騎士
　～亞瑟王傳說～
　　　　➡ P.124
■聖殿騎士團
　　　　➡ P.242

聖杯傳說的真偽？

【注1】
耶穌基督在被處刑的前夜，與十二使徒共進晚餐。席間，耶穌基督預言祂將遭到背叛。

【注2】
是指關於英國亞瑟王的諸多傳說，以西元五世紀末擊退撒克遜人的英雄亞瑟為主角。原典不限於一種，不過皆以威爾斯人的《馬比諾吉昂》（P.175）、蒙茅斯的傑佛里之著作《不列顛諸王史》的亞瑟王傳說為核心。最廣為現代一般大眾所知的，是中世紀後期托馬斯·馬洛禮等人之著作，故事以騎士為主軸，諸如亞瑟王成為歐洲之王的故事、聚集在亞瑟王皇宮的圓桌騎士的故事、圓桌騎士尋找聖杯的故事、亞瑟王的死與其王國崩解的故事等。

　　耶穌基督或聖人的遺物、遺骸都稱為聖物，其中最有名且留下諸多傳說或逸事的是聖杯。所謂的聖杯，指的是耶穌在最後的晚餐【注1】使用的杯子，據說耶穌受難時祂的血流進聖杯。所以那不是一般的杯子，是可以引發復活、再生、不死、豐饒等奇蹟之杯。

　　關於聖杯的傳說被納入中世紀歐洲不朽的亞瑟王傳說【注2】中，因而廣為世人所知。聖杯傳說的概要內容如下：

　　聖杯傳給了耶穌弟子約翰，而後由約翰的子孫守護保存。由於聖杯的守護者必須聖潔，但某任守護者不慎，聖杯因而下落不明。而後，聖杯曾短暫出現在亞瑟王與圓桌騎士【注3】面前，讓他們窺見奇蹟。為此，圓桌騎士展開尋找聖杯的探險之旅。中途，半數的騎士們皆喪命，最後加拉哈德、珀西瓦里、鮑斯三人發現，獲得聖杯。

聖杯

【注3】
在亞瑟王傳說中追隨亞
瑟王的騎士，不過國王
與騎士們之間無上與下
之區別，座位猶如圓形
的桌子排列開來，因而
稱為圓桌騎士。據說圓
桌騎士共十二名，但依
不同的傳說，人數也有
所差異。

另外，與聖杯息息相關的還有**聖殿騎士團**。第一次十字軍東征後，為守護前往聖地的朝聖者，於是出現了聖殿騎士團。他們以聖地為據點，因而有人認為最後他們取得聖杯，並且是聖杯的守護者。

西元1187年，聖地耶路撒冷落入伊斯蘭勢力，聖殿騎士團也失去了據點。據說當時，聖殿騎士團祕密運出聖杯，保存在某個安全的地方。現在許多人還相信這個說法，因而頻頻出現於小說或電影等。

消失的聖杯去了哪裡？

【注4】
西元十二～十三世紀，
於南法或北義大利一帶
的基督教中的一派。視
現代為惡，厲行禁慾、
苦行的生活。與當時腐
敗的天主教教會形成對
比，因而逐漸擴大勢
力。不過，被法國國王
與教皇視為威脅，聯合
十字軍對其展開鎮壓。

真正的聖杯究竟在哪裡，其實眾說紛紜。相信亞瑟王傳說的人，認為聖杯被帶到英國的蘇格蘭。另有一說認為，被聖殿騎士團帶去美洲大陸，也有人認為純淨教派【注4】奪走了聖杯，並隱藏在庇里牛斯山。義大利的聖洛倫索大教堂，西班牙的瓦倫西亞大教堂、紐約的大都會美術館皆收藏著聖杯，不過真偽難辨。還有一說是，聖杯＝繼承耶穌基督血脈的人，這個說法更被拍成了電影。其實，若為了尋找聖杯，應該從定義何謂聖杯開始。

聖物的價值

　　自古代至中世紀，聖物不僅是信仰物，也是教會或國家提升權威的象徵物。十字軍東征之際，許多聖物從中東被帶入歐洲。頓時成為高價買賣的物品，於是又引進更多所謂的聖物，其中不乏偽品，也因而讓聖物的真偽從此難辨。

聖
杯

宗教

生命樹

關聯

■ 塔羅牌
　　➡ P.258

■ 魔法陣
　　➡ P.366

古猶太的神祕、祕術的深意!?

【注1】
在《舊約聖經》的《創世紀》，是伊甸園裡的樹，食下它的果實即能擁有永恆的生命。

【注2】
是希伯來語的「接納」、「傳承」，蘊含著猶太教獨特的宇宙觀、末日論、彌賽亞論所展開的神祕主義思想。

　　所謂的**生命樹**【注1】，是古猶太教的神祕主義思想「**卡巴拉**」【注2】所使用的圖形。這個圖象徵著支配宇宙的法則、神的世界或人的世界之構造，可說蘊含著卡巴拉的深意。生命之樹由10個質點，以及相互連結的22條路徑組成，描繪出伸出枝幹的樹。而且，每個質點都有其意義與象徵物，路徑也各有名稱。同時，路徑的名稱又與塔羅牌相呼應，也被納入西洋魔法中。

　　再者，生命樹分為左、右、正中央的三個區塊，分別是「**峻嚴之柱**」、「**慈悲之柱**」、「**中央之柱**」，象徵著人、世界的平衡。然後上下又可分為四個區塊，由上至下分別是「原型的世界」、「創造的世界」、「形成的世界」、「物質的世界」，象徵從神的世界來到人的世界之階段。整體的構圖、構圖的要素，皆屬有機質且是有意義的配置。既是一種的地圖，也是表格，也是魔法陣。

　　其深奧及完成度，令人倍覺神祕，直至今日仍運用於占卜或神祕學等。

生命樹

■生命樹各質點的意義

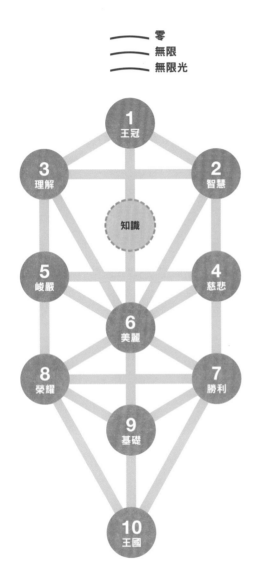

```
───── 零
───── 無限
───── 無限光
```

① 王冠

王冠的質點。司長思想或創造。是生命的源泉。司長的顏色是白色，寶石是鑽石，行星是冥王星，守護天使是梅塔特隆。

② 智慧

智慧的質點。象徵男性原理。司長的顏色是灰色，寶石是土耳其石，行星是海王星、天王星，守護天使是拉契爾。

③ 理解

理解的質點。象徵性原理。司長的顏色是黑色，寶石是珍珠，金屬是鉛，行星是土星，守護天使是查夫澤爾。

④ 慈悲

慈悲的質點。象徵神聖的愛。司長的顏色是藍色，寶石藍寶石，金屬是錫，行星是木星，守護天使是薩基爾。

⑤ 峻嚴

峻嚴的質點。象徵神的力量。司長的顏色是紅色，寶石是紅寶石，金屬是鐵，行星是火星，守護天使是嘉麥爾。

⑥ 美麗

美麗的質點，生命樹的中心。司長的顏色是黃色，金屬是金，行星是太陽，守護天使是米迦勒。

⑦ 勝利

勝利的質點。象徵豐饒。司長的顏色是綠色，寶石是綠寶石，金屬是銅，行星是金星，守護天使是漢尼爾。

⑧ 榮耀

榮耀的質點。司長的顏色是橘色，金屬是水銀，行星是水星，守護天使是拉斐爾。

⑨ 基礎

基礎的質點。代表靈魂與肉體間的星界。司長的顏色是紫色，金屬是銀，行星是月亮，守護天使是加百列。

⑩ 王國

王國的質點。象徵物質界。司長的顏色是檸檬色、橄欖色、紅褐色、黑色，寶石是水晶，行星是地球，守護天使是聖德芬。

零／無限／無限光

從零衍生無限，再衍生出無限光，因而啟動創造世界。

知識

知識的質點。行星是天王星，與其他的質點不同，隱藏在生命樹的深淵處。其中也隱含「領悟、察覺、神的真義」之意。

生命樹

■生命樹的三柱

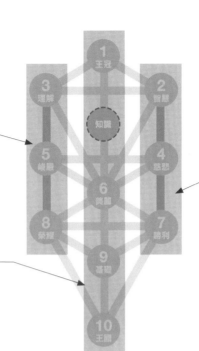

峻嚴之柱
（女性的、被動的）

由左側的「理解」、「峻嚴」、「榮耀」三質點串連的柱，稱為峻嚴之柱。儘管有著男性化的名稱，其實象徵女性、被動的力量，帶來平衡。

慈悲之柱
（男性的、主動著）

由右側的「智慧」、「慈悲」、「勝利」三質點串連的慈悲之柱。儘管有著女性化的名稱，其實象徵男性、主動的力量，帶來平衡。

中央之柱
（意識的次元、擴大）

由「王冠」、「美麗」、「基礎」、「王國」四質點串連的中央之柱，又稱為均衡之柱，象徵帶來安定，以維持三柱之平衡。

生命樹的四個區塊

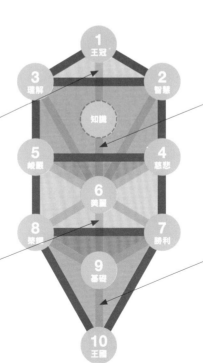

原型的世界

由第1、2、3質點所圍出的部分，相當於創造世界之初的部分。是神創造出的理想人類原型「神人」，其所在的「完整的世界」。

創造的世界

由第2、4、6、5、3質點所圍出的部分。是大天使司長下的世界，由完整的神人分裂無數個靈魂，衍出具個性的個人與他者。

形成的世界

由第4、7、9、8、5質點所圍出的部分。是天使司長下的世界，分裂的靈魂也具有性別，伊甸園存在於這個領域。

物質世界

由第7、10、8質點所圍出的部分。此領域是具有靈魂與肉體與情緒的「人類」的世界。同時也存在著「惡魔」，祂們與人們共存在此領域。

生命樹

■生命樹各路徑與相對應的塔羅牌

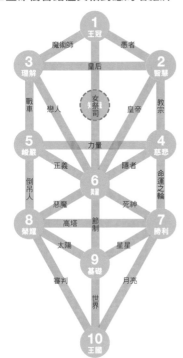

■ 15號的路徑 Ayin

連結「美麗」與「榮耀」的路徑。對應的文字是「O」，塔羅牌大牌的「惡魔」。

■ 16號的路徑 Pe

連結「勝利」與「榮耀」的路徑。對應的文字是「Ph及P」，塔羅牌大牌的「高塔」。

■ 17號的路徑 Tsade

連結「勝利」與「基礎」的路徑。對應的文字是「Tz」，塔羅牌大牌的「星星」。

■ 18號的路徑 Coph

連結「勝利」與「王國」的路徑。對應的文字是「Q」，塔羅牌大牌的「月亮」。

■ 19號的路徑 Resh

連結「榮耀」與「基礎」的路徑。對應的文字是「R」，塔羅牌大牌的「太陽」。

■ 20號的路徑 Shin

連結「榮耀」與「王國」的路徑。對應的文字是「Sh」，塔羅牌大牌的「審判」。

■ 21號的路徑 Tau

連結「基礎」與「王國」的路徑。對應的文字是「Th」，塔羅牌大牌的「世界」。

■ 0號的路徑 Aleph

連結「王冠」與「智慧」的路徑。對應的文字是「A」，塔羅牌大牌的「愚者」。

■ 1號的路徑 Beth

連結「王冠」與「理解」的路徑。對應的文字是「B」，塔羅牌大牌的「魔術師」。

■ 2號的路徑 Gimel

連結「王冠」與「美麗」的路徑。對應的文字是「G」，塔羅牌大牌的「女祭司」。

■ 3號的路徑 Daleth

連結「智慧」與「理解」的路徑。對應的文字是「D」，塔羅牌大牌的「皇后」。

■ 4號的路徑 He

連結「智慧」與「美麗」的路徑。對應的文字是「H」，塔羅牌大牌的「皇帝」。

■ 5號的路徑 Vau

連結「智慧」與「慈悲」的路徑。對應的文字是「V」，塔羅牌大牌的「教宗」。

■ 6號的路徑 Zain

連結「理解」與「美麗」的路徑。對應的文字是「Z」，塔羅牌大牌的「戀人」。

■ 7號的路徑 Cheth

連結「理解」與「峻嚴」的路徑。對應的文字是「Ch」，塔羅牌大牌的「戰車」。

■ 8號的路徑 Teth

連結「峻嚴」與「慈悲」的路徑。對應的文字是「T」，塔羅牌大牌的「力量」。

■ 9號的路徑 Yod

連結「慈悲」與「美麗」的路徑。對應的文字是「I與Y」，塔羅牌大牌的「隱者」。

■ 10號的路徑 Caph

連結「慈悲」與「勝利」的路徑。對應的文字是「K」，塔羅牌大牌的「命運之輪」。

■ 11號的路徑 Lamed

連結「峻嚴」與「美麗」的路徑。對應的文字是「L」，塔羅牌大牌的「正義」。

■ 12號的路徑 Mem

連結「峻嚴」與「榮耀」的路徑。對應的文字是「M」，塔羅牌大牌的「倒吊人」。

■ 13號的路徑 Nun

連結「美麗」與「勝利」的路徑。對應的文字是「N」，塔羅牌大牌的「死神」。

■ 14號的路徑 Sameck

連結「美麗」與「基礎」的路徑。對應的文字是「S」，塔羅牌大牌的「節制」。

生命樹

神話、傳說

所羅門王

關聯

■惡魔　　➡ P.014

■彼列　　➡ P.079

■米迦勒　➡ P.089

神賜予智慧的以色列王

【注1】
得到智慧的所羅門王又以明智的裁判而聞名。其中最為人所知的故事就是，兩個女人爭說都是嬰孩的母親。所羅門王遂提議將嬰孩剖為兩半，讓她們各得一半。其中的一名女人欣然同意，另一個則哀求不要剖開孩子，願意讓給對方。所羅門王知道那位哀求的女人才是嬰孩真正的母親，立即將嬰孩還給了她。

【注2】
建於猶太教的朝聖中心地，是壯麗的聖殿。所羅門王時代尚還不具規模，隨著三次增改，終於變成雄偉的聖殿。

　　所羅門王是出現於《舊約聖經》的古以色列王，也是擴大以色列王國版圖的賢者。以智者聞名的所羅門王，留給後世許多的逸事傳說。其中最為人所知的就是——神賜予了他智慧。

　　有一天，神出現在所羅門王的夢中，願意實現所羅門王的一個願望。所羅門王祈求智慧【注1】，神聽了很滿意，歡喜地賜予他智慧。得到神賜予的智慧，所羅門王得以睿智地治理國家。

　　擅用神給予的智慧，所羅門王積極確定制度、開發技術，讓國家走向盛世。同時，他不以武力入侵他國，而是與他國結盟，共謀共存之道。為此許多國家頻頻派遣使者前來拜訪，希望得到所羅門王的協助。

　　所羅門王並在猶太教聖地耶路撒冷建造了耶路撒冷聖殿【注2】。儘管耶路撒冷聖殿而後反覆增建，不過打造基礎的

所羅門王

則是所羅門王，直到今日仍是猶太教的象徵建築物。

完成諸多豐功偉業的所羅門王，一如傳說是以智慧治國的偉大國王，他的故事不僅流傳於猶太教世界，更為世人所傳頌。

在超自然世界也非常有名的所羅門王

所羅門王在《舊約聖經》裡是人人所知的智者，在超自然的神祕世界裡也非常有名。原因是，他在建造耶路撒冷聖殿時，大天使米迦勒賜予所羅門王戒指，供他驅使天使與惡魔。傳說中，所羅門王驅使了72位惡魔，才得以完成聖殿的建設。

這個故事記載於魔法書《所羅門之鑰》中，據推測作者應該就是所羅門王。全書共五章，處處可見所羅門王的事蹟，同時還有如何召喚、驅使惡魔的方法。就現代看來，頗類似所羅門王的英勇傳。而書中的72位惡魔，又稱為所羅門72柱，與所羅門王同樣在超自然神祕世界頗負盛名。

72柱的惡魔完成聖殿後，所羅門王恐懼其威力，遂將他們封印在位於巴比倫尼亞的湖裡。不過，據說後來人們不小心解開了封印，於是惡魔們返回原居地。僅有一位大惡魔彼列潛入偶像，以神諭者的身分留在人世間。

所羅門王

魔法、魔幻

使魔

關聯

■惡魔
⇒ P.014

■陰陽道
⇒ P.024

隨各種魔法以供差遣的使魔們

【注1】
經常出現於西歐民間傳說的不死之王，以人類的血為食，被吸血的人則轉變為同類。

　　古今中外，最常出現於傳說或故事，並且幫助主角的就是使魔們。提到使魔，多數人立刻聯想到的是魔女的黑貓吧。這些使魔多半是動物或精靈，有時也會是人的模樣。驅使他們的方法很多，以下介紹幾個例子。

　　最普遍的還是受魔法師召喚，然後成為接受命令的使魔，召喚惡魔也列入其中。魔法師召喚出精靈、惡魔或魔物等，再依隨魔法師的目的展開行動。一旦達成目的即消失，比起具永續性的使魔，這些配合目的出現的使魔魔力更強。

　　另外，還有將自己的法力挪至對方身上，使對方變成使魔，例如魔女的使魔即是如此。因為將自身的魔法賜予貓，於是貓可以說話，乃至施展魔法。頗類似吸血鬼【注1】，因吸血而成為同類。

　　隨著魔法之不同，有時也能暫時差遣動物或魔物，通常用於傳達或偵探等目的，此際與其說是差遣，更近似操控，無須顧及對方的智慧或情緒。

使魔

日本的使魔

【注2】
西元921生～西元1005
年殁。平安時代日本最
知名的陰陽師，備受當
時的天皇及藤原氏等權
力者之重用。

【注3】
混合了日本山岳信仰與
神道的一種宗教。稱為
山伏的修行者們，在深
山修行以頓悟。

【注4】
在奈良時代創立修驗道
的法術者。擁有卓越的
法力，以操控兩鬼（前
鬼、後鬼）而聞名。

以上介紹的使魔，多半是西洋的傳說。那麼，日本是否也有所謂的使魔呢？

在日本，眾人皆知的安倍晴明【注2】，效法自古以來傳承的陰陽道。式神是陰陽道的法術之一，將靈或神依附在替代品（紙或人偶等）上，然後施法操控，以降伏治退妖怪或鬼魂。在陰陽師的魔幻故事經常出現紙幻化的鳥或獸，任供差遣，稱之為式禮，也是式神的一種。由於屬於轉移法力，所以不一定絕對服從，但就差遣操控的層面來說，的確也屬於使魔。

另外，也有些妖怪願意借法力給人，最有名的是日本中部地方流傳的管狐，受飯綱使的施法術者管理差遣。而修驗道【注3】的開山始祖役小角【注4】收服的前鬼、後鬼，也可列入使魔。

魔女的使魔為何是黑貓？

最不足為奇的使魔代表應該是魔女的黑貓。為何魔女予人的印象是跟前跟後的黑貓，簡單來說，因為都是黑色的，若再直白地說，黑色更利於在陰暗處活動，當然是身著黑衣的魔女之最佳拍檔。直至現在，魔女的使魔＝黑貓已成不變的定律。

使
魔

哲學、思想

泰修斯之船

經過不斷的修復後，還是原來的嗎？

【注1】
出現於希臘神話的雅典國王。以擊退牛頭人的冒險故事，或是參與亞果號船探險隊等的傳說而聞名。

【注2】
西元46年左右生～西元127年歿。是古羅馬帝國的希臘人著作家。著有傳記、古希臘人與古羅馬人比對的《比較列傳》、論述政治與宗教與哲學等的《倫理論集》等諸多書籍。

【注3】
論理學用語，意味著弔詭、詭局、矛盾等。

　　雅典人為保存泰修斯【注1】從克里特島歸還的船，逐漸將腐朽的木材換成新木材，使那艘船歷久彌新。

　　羅馬帝國的著作家普魯塔克【注2】藉這個傳說拋出了問題，「當某物體的整體構成要素被置換時，還能說是原來的那個物體嗎？」換句話說，「使用那些新物件所架構出的船，還依然是泰修斯之船嗎？」這也是所謂的「泰修斯之船」悖論【注3】。

　　為此，也出現諸多解答。①內在的構成要素改變，但設計等本質不變，所以是原來的泰修斯之船。②因為船本身還是屬於較低階類型的零件之集合體，並未變成較高階類型的零件之集合體。③因為定義「相同」的要素不同，儘管質量上是相同的船，數值上則是不同的。

　　以上皆不能說是正確答案，完全在於自我認知上的差異。

零件全都更換了，所以是不同的船。

那是我的吧？

名字竟然…！

威修斯2號

哲學、思想

哲學殭屍

無意識的人，是殭屍呢？還是人？

【注1】
西元1966年左右生～。
澳洲的哲學家，提出哲
學殭屍或現象判斷之悖
論，是心靈哲學領域的
主導者之一。

【注2】
認為這個世界的所有皆
是物理性的，所有的科
學終將導向物理學。

【注3】
認為事物的根源是物質
或物理現象，所有的心
靈或精神層面只不過是
腦髓之作用。

　哲學殭屍是哲學家大衛・查爾默斯【注1】提出的虛擬生物，「包含腦神經細胞的狀態在內，所有可觀測的物理狀態皆與一般人類無異，但並不具有意識。」在哲學性的理論之下，藉「哲學殭屍存在與否」，以思考關於心靈的存在。採用殭屍論為論述，最有名的案例是用於批判物理主義【注2】。

　人類的世界存在著意識與感受性，但是，物理主義或唯物論【注3】認為，意識或精神層面皆不過是腦部的作用，即使無意識，人類依然得以生活下去。換言之，我們的世界等同我們所見的，是屬於物理性的，主張肯定關於意識或感覺為事實的世界並不成立（僅有哲學殭屍的世界＝殭屍世界）。但是，我們人類擁有意識或主觀的體驗，現實有時無關於物理性的事實。由此可論證，物理主義或唯物論的偏頗。

　當然針對此，物理主義者也提出反證，在此就不多加論述。總而言之，哲學殭屍除了議論到關於人類如何看待「心靈」外，也可說是一種幽默的表達。

神話、傳說

關聯

■ 八大地獄
➡ P. 074

■ 輪迴轉世
➡ P. 100

天國與地獄

～世界的那一世‧這一世～

世界各地的死後世界

【注1】
是指尚未受近代科學文明影響的少數民族。在那樣的社會結構下，人們為確保日日的食糧，因此必須與他人合作妥協，全體為了整體的生存不遺餘力。儘管多少還是有爭執，但也無多餘心思於爭奪上，大體而言算是平和的社會。

迴避死亡，是生物共通的本能。然而，大腦尤其發達且進化的人類，隨著想像力，逐漸對「死亡」抱持恐懼，於是開始追尋生存的意義。由此，也必然思考與想像所謂「死後的世界」。

任憑想像，世界各地的人們發展出各文化獨特的死後世界。關於死後世界，古代以前約莫有幾個共通之處。第一，死後世界，與人們活著的時候大同小異。第二，存在著死後世界的物體、入口、地下、大海或山上等，其模樣仍近似我們身處之地。換言之，在文明不若現代發達的那個時代，死亡反而是一種貼近生活的存在。

另一重點則是，舉凡誕生偉大文明或宗教的地域，自古即有「天堂」與「地獄」的概念，其他地域則無。近代以來，隨著文明進入未開發部落【注1】，各種物質流入的結果，也導致諸多爭奪紛爭。

看來「好人上天堂，壞人下地獄」的思考模式，是文明發達與物質無虞下的結果，隨著人們倫理道德的淪喪，迫於無奈之下而衍生的想像。

天國與地獄 ～世界的那一世‧這一世～

■世界各地的死後世界

　　關於死後的世界，在此概略介紹世界各地的情況。古希臘與印度的共通之處是，皆有輪迴轉世的概念，並且認為不幸者才會落入輪迴。而古代中國與西伯利亞的鄂溫克族，皆認為人死後有兩個魂魄。所以身處不同地域的人們，竟衍生出相同的世界觀，的確頗人尋味。

祆教 （古波斯）	死者的魂魄飄盪在屍體周圍三天後，必須接受審判。忠實的信徒、擁有正確行為者、使用正確言語者、抱持正念者會去到各自專屬的天堂。相反的，惡者則墮入各自專屬的地獄。生前善行與惡行兼具者，則去到中間地帶的留置天。
畢達哥拉斯的 輪迴轉世 （古希臘）	原本所有的靈魂都會回到故鄉的天堂，但隨著無知的毀壞，靈魂會被囚禁在肉體以作為懲罰。為此，必須在生時以哲學淨化靈魂，才得以返回天堂，否則靈魂則會轉世為人、動物、魚等，而且無止盡，直到靈魂淨化為止。
古凱爾特人 （歐洲）	死後世界存在現實世界，像是地下或某個海上的孤島。基本上是幸福且安詳的地方，有富足的食物與酒，然而時間是靜止的，所以不會衰老也沒有病痛。諸神或妖精也住在那裡，當死者被投入魔法鍋中，即又復活。
婆羅門教的 奧義書哲學 （古印度）	得以從輪迴轉世中解脫才是最善之道。一般人死後火葬，變成煙飄到天際，歷經父祖的世界、虛空、月亮、霧，然後變成雨降落地上。再化為稻或麥，人類吃下後轉化為精液，進入子宮轉世投胎。而偉大的人物，化為煙後歷經太陽、月亮、閃電，進入婆羅門，從此斬斷輪迴。
鄂溫克族 （俄羅斯的 西伯利亞地方）	人類擁有個人的魂魄與血脈連繫的魂魄。死後，個人的魂魄順著神話河往下去到下方的世界，抵達血脈親族死者們生活的地方，而後再往更下方的世界前行，直到魂飛魄散。而血脈連繫的魂魄變成鳥，去到上方的世界，停歇在神話木上，數年後轉世返回人間。
古代中國	「魂」司長人類的精神，「魄」司長人類的肉體，魂進入牌位生活一段時間後，升天成為神。魄則住在地下，與自然共生共滅。另外還有個說法，可以湧出地下水的低窪處，即是死者居住的黃泉。
古代的日本	死後的世界分為三個。一是天照大御神掌管的高天原，是諸神的故鄉，是天照大御神的子孫，也就是皇室的人死後之去處。二是，其他人死後去的是幽暗不淨的黃泉。所謂的黃泉，應該在地下。最後一個是海的對岸，名為常世國。
夏威夷	玻里尼西亞地域的人們相信，死者從生長著神聖木的極高絕壁啟程出發旅行。貴族才能去天空的冥界，那裡的生活與人世間無異。一般人則去到罪人的冥界，女神將死者的魂魄丟入大鍋燒毀。
斐濟	死者的魂魄，去到與現世相同的冥界。但想要在冥界幸福生活，仍有條件。凡是耳朵未穿洞者、未刺青的女性、戰爭時未能殺敵的男性皆將受差別待遇，而妻子未殉死或單身的男性則無法進入冥界。
阿茲特克 （古墨西哥）	死者去到名為米克特蘭的陰暗潮濕地。這個冥界分為九層，期間必須遭遇崖崩、鱷魚等危險生物、或是對抗惡魔，才能持續前進。不過遭雷擊斃、或是實踐阿茲特克神話的文化神與農耕神之教義者，可以去到專屬的天堂。

■佛教的須彌山世界

佛教認為所有的生物都必歷經不斷的轉世。轉世去處又分為天道、畜生道、阿修羅道、餓鬼道、地獄道，包含此六道的世界，稱為須彌山世界。最理想的狀態是脫離輪迴轉世。

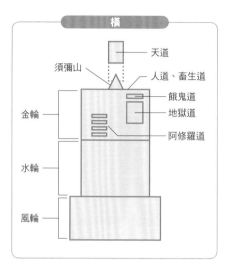

橫

天道
須彌山
人道、畜生道
餓鬼道
地獄道
金輪
阿修羅道
水輪
風輪

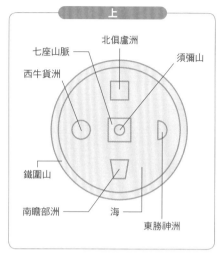

上

北俱盧洲
七座山脈
西牛貨洲
須彌山
鐵圍山
南瞻部洲
海
東勝神洲

■地獄道（八大地獄）→參照P.74

等活	因無明殺害生物者將落入此，體悟彼此相互殘殺的痛苦。
黑繩	犯下竊盜罪行者將落入此，以熾熱的鐵繩細綁，而後斬首。
眾合	犯下淫亂罪行者將落入此，上針山或遭烹煮。
叫喚	迫使他人飲酒者將落入此，遭遇被烹煮、燒烤或油煎。
大叫喚	說謊者將落入此，體驗超越前列地獄10倍以上的痛苦。
焦熱	汙衊佛教教義者將落入此，遭千刀萬剮後燒烤。
大焦熱	汙衊貞女或尼姑等聖者將落入此，死亡的三天前即會感受到痛苦。
阿鼻／無間	殺害父母或聖者將落入此。遭遇的痛苦，令大焦熱地獄簡直猶若天堂。

※落入各地獄的條件，即是落入前地獄的罪行加上目前所處地獄的罪行。

COLUMN

未能履行義務者無法去到天堂

在基督教或佛教等宗教誕生前，去到天堂或地獄的資格條件是取決於是否能履行社會賦予的義務。尤以戰爭期間更顯重要，在北歐神話（P.185）中戰死的戰士可以去到神的世界。

阿茲特克的戰死戰士也可以去到天堂。在斐濟的冥界，不能殺敵的男性將受到差別待遇。由此看來，為守護社會團體，與侵入的敵人戰鬥是男性應盡的社會義務。

天國與地獄 ～世界的那一世‧這一世～

■古埃及的死後世界

死後人的心智與魂魄乘坐太陽神的船，在白天渡過尼羅河往西行，入夜後來到冥界杜阿特。這裡分為12個領域，由各神司長，死者一路上必須歷經惡靈或怪物的糾纏，才能抵達奧西里斯的領域，下船後再接受審判。

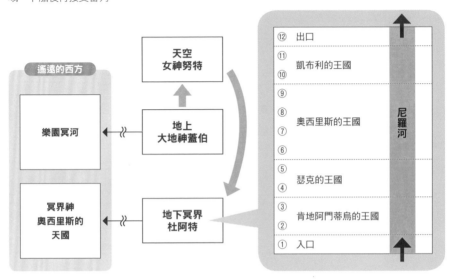

■奧西里斯法庭的審判

在奧西里斯的領域，靈魂必須接受審判。在奧西里斯的法庭，奧西里斯坐在王座上，前面放置真理天秤。

死者抵達後，死者的心臟被放入卡諾卜罈，與女神瑪特的羽毛一同放置天秤，由阿努比斯神計量。瑪特是司長真理的女神，她的羽毛是真理的象徵。

天秤平衡時，死者可以前往奧西里斯的王國，若死者是太陽神的信者，則繼續前往太陽神天國的旅程。但是，天秤失衡即表示生前做過壞事，死者的心臟將交給魔物，無法再復活。這些結果皆由托特神記錄下來。

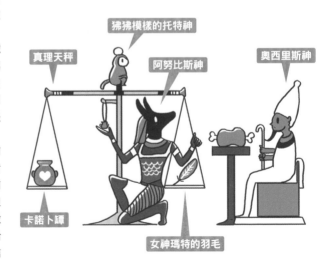

宗教、思想

天使

關聯

■加百列　➡ P.029

■沙利葉　➡ P.040

■米迦勒　➡ P.089

依階級分派任務的天使們

【注1】
猶太教或基督教相關的文書中，近似聖經的正典，但因重要性不若正典，而被被排除在外。

【注2】
在猶太教或基督教，不包含在聖經的正典或外典內的相關文書。

　　自古以來，世界各地即存在著「神之差使」的概念。在日本，奈良的鹿即是春日大社的「神使」。在猶太教、基督教、伊斯蘭教，天使象徵神的差使。

　　天使中，又以出現於聖經的米迦勒、拉斐爾或加百列最為人所知，然而其實還有諸多的天使。稱為外典【注1】或偽典【注2】的書籍記載了那些天使的名字，以及天使的階級。換言之，天使們並不是無差別的存在，而是隨著所屬的階級，肩負不同任務。

　　基督教的天使階級，是引用自古希臘神學家偽迪奧尼修斯的歸納總結。天使們分為上級、中級、下級三個位階，每個位階又區分出三個等級。依隨天使們所擁有的能力，分屬各等級，天使們擁有比自己低下的天使所持有的能力，但卻不具備比自己上位的天使之能力。

　　下頁中，將一一介紹天使的位階、任務，以及主要的天使們。

天使

■天使的種類

位 階	天使的種類	概　要	統率的天使
上級三隊	熾天使 （Seraphim）	最接近神的天使。擁有6片翅膀、16張晶瑩閃耀的臉，注視著四方的每個面向，與智天使一起歌頌讚美上帝之歌。	薩菲爾、亞豪爾、梅塔特隆、米迦勒、墮落前的撒旦
	智天使 （Cherubim）	擁有6片翅膀、前後無數個眼睛。與熾天使一同讚頌上帝，並守護伊甸園。	月之天使、力克比爾、雷霆聖殿、拉斐爾、加百列、沙法爾
	座天使 （Thrones）	猶如車輪般，並擁有無數個眼睛的天使。是上帝的戰車，由座天使操控。依隨萬物法則，以確保宇宙的協調。	猶菲勒、刻刻帝、亞夫結、月之天使
中級三隊	主天使 （Dominions）	管理運籌天使們的任務，並決定地上戰爭的結果，有時會騎乘令人聯想到火焰的赤馬出現在戰場上。	薩基爾、穆利爾、薩拉凱爾、哈修馬爾
	力天使 （Virtues）	為地上帶來奇蹟，給予勇氣、優美、果決。人類可以從力天使身上得到力量，與真實的敵人對抗。	巴比爾、米迦勒、彼列、拉斐爾、拉結爾、墮落前的撒旦
	能天使 （Powers）	對抗破壞人世的惡靈，聽從主天使的命令，並守護力天使執行上帝的旨意。	夏彌爾、拉斐爾、薩麥爾（墮落前的撒旦）
下級三隊	權天使 （Principalities）	監視地上的國家與都市的天使。征服他國或為確保自國之權力時，會釋出力量相助。	亞納爾、基路伯、尼斯洛克、雷克爾
	大天使 （Archangels）	肩負神與人類之間的連繫。參與與地獄軍隊而戰的戰爭，也是地上偉大人物的守護天使。	米迦勒、雷霆聖殿、拉斐爾、烏列爾、沙利葉、拉貴爾
	天使 （Angels）	一般而言的「天使」，即是此階級的天使們。默默守護每個人的守護天使即屬於此階級，他們將祈禱傳送給上帝，守護人們不受惡的誘惑。	加百列、凱列爾、阿德納基爾、富雷格

天
使

■主要的天使們

米迦勒	是希伯來語的「與神相似者」、「同等於神」之意，不僅是基督教或猶太教，也是伊斯蘭教的重要天使。 打倒變身為紅龍的撒旦，因而聞名。原來司長力天使與大天使。但有一説認為「還包含熾天使」，故有時也將其列入其中。
加百列	與米迦勒、拉菲爾出現在《舊約聖經》，關於其傳説多與預言或天啟有關，猶如「神的信差」，並告知聖母瑪利亞懷了耶穌，因而出現在諸多宗教名畫中。 在伊斯蘭教中，為穆罕默德帶來神的啟示，被視為最高階的天使。
拉斐爾	名字帶有「神之藥」的意思，是療癒天使。在《多俾亞傳》記載他協助年輕旅人的故事，因而也被視為朝聖者或年輕人的守護天使，也是他告誡亞當與夏娃。 在階級上，除了上頁所列的身分外，也司長熾天使或主天使。
烏列爾	與米迦勒、加百列、拉斐爾並列為「四大天使」，既是大天使，也是熾天使或智天使。是嚴格執行處罰罪人下地獄的天使。在《創世紀》中，也是毀滅索多瑪和蛾摩拉兩座城市的天使之一。
沙利葉	與沙拉基耶爾是同一天使。在與黑暗之子一戰中，是善的這一方之領導者之一，施予人類戰士真實的武器，並成為戰爭的指揮官。 當是沙拉基耶爾時，司長最下級的拯救天使，並主持審判的會議。
沙法爾	名字帶有「神的密探」之意。是司長智天使的一員。在戰役中，與薩基爾一同輔佐米迦勒。 另外在《諾亞方舟》（P.73），在預言大洪水之際，負責教育新人類始祖諾亞，是肩負重大任務的天使。
薩菲爾	被視為熾天使之首，臉龐是天使樣貌，身體卻是鷲。是巨大且華麗的天使，閃耀著閃電與星星般的光芒，而且頭戴猶如世界般大的藍寶石王冠。 除了照顧其他的熾天使，也負責教導歌頌榮耀上帝的歌曲。
雷霆聖殿	司長智天使。全身散發著火焰與閃電，所到之處皆有地震與雷聲。 統率智天使的雷霆聖殿，隨著歌頌讚美曲，其美麗與榮光也更加絢爛。據説其頭頂隨時準備著上帝的王座。

天使

※P.068 接續

拉貴爾	有「監視天界者」之稱，負責監視天使的一言一行，以避免出現墮落天使。此外，隨身攜帶上帝賜予的角笛。這個角笛頻頻出現於《啟示錄》，是象徵「世界末日的號角」，發出吹鳴聲時，即表示地上將有大災難。
拉結爾	在猶太教是司長座天使的天使。名字帶有「神的神祕」、「神祕的天使」之意，肩負守護宇宙的神祕之任務。 傳說他把宇宙的祕密記載在《拉結爾之書》。
梅塔特隆	在猶太教是繼神之後最具威信與力量的天使，又稱為「小耶和華」。是擁有36對翅膀，以及無數個眼睛的巨大炎柱，支撐著物質世界，同時也將猶太人的祈禱傳遞給神。不過，人類的善行是他的活力，一旦惡行之人增多時，其力量就會減弱。
聖德芬	與梅塔特隆是雙胞胎兄弟。將人們的祈禱編成花冠，戴在神的頭上。傳說他可以決定出生嬰孩的性別，予人溫柔慈愛的印象。 也與米迦勒一同對抗撒旦，展開永無止盡的戰爭。
伊林＆瓜地須	伊林這個名字帶有「守護者」之意，瓜地須則是「神聖者」之意，是雙胞胎的天使。在天上的法庭擔任最高階的審判長，位階比梅塔特隆還高。平時之任務是不斷歌頌讚美神的歌曲。
薩麥爾	原本是諾斯底主義之神，是如同撒旦的天使。名字有「看不見的神」之意，對諾斯底主義而言，象徵著無知（盲目）的惡。 會從肚臍延伸出一根長髮，飛翔於天際，只要長髮不遭到損壞，即能保持勢力。
伊斯拉菲爾	名字有「燃燒者」之意，在伊斯蘭教是司長復活的天使，儘管其名未出現在《可蘭經》，但在伊斯蘭教圈頗負盛名。 曾三年期間擔任預言家穆罕默德的教師，在最後審判日則擔任吹奏角笛的任務。傳說當時宇宙災難四起，他與其他天使們一同滅亡。
亞茲拉爾	伊斯蘭教中最重要的四大天使之一，司長死亡。與拉斐爾不同，擁有七萬隻腳與四萬對翅膀。 原是天使中體型最為龐大的，但為了讓死亡的信仰者得以從生命解脫出來，因而外表看來令人舒服愉快。

天使

宗教、思想

七宗罪
~基督教的世界~

關聯

■ 惡魔
➡ P.014

■ 天主教與新教
~基督教宗派與組織~
➡ P.027

■ 聖人曆、典禮曆
~基督教的紀念日~
➡ P.047

讓人走向罪惡的七個要素

【注1】
是指對上帝的三美德，以及稱為基本美德的四德。對上帝的三美德，分別為相信上帝啟示的信德、持續希望獲得神救贖的望德、為了神而愛上帝、自己與鄰人的愛德。而基本美德是自古存在的，也就是謙虛、正義、節制、勇氣之四德。

所謂的「七宗罪」，是基督教認為引誘人們犯下罪行的**行為**、**情緒或欲望**等，又稱為「**七原罪**」。並無記載於聖經，而是以教義講述。

一般來說，依嚴重程度依序是傲慢、忌妒、憤怒、怠惰、貪婪、暴食、色慾。但丁《神曲》的煉獄山也是相同的排列結構，因此推斷，是西元十三世紀後期才衍生的概念。

在基督教，人們不斷乞求上帝的救贖或神愛世人等，因而非常重視七美德【注1】。這牽涉到基督教的世界觀或末日觀，信徒們為求最終去到天堂而精進美德。

但縱使不斷積善，只要惹上壞事，即喪失意義。獎勵「七美德」固然是引導人們向善，然而「七宗罪」則像鞭子在後鞭策人們時時注意，不要偏離善道。再者，七宗罪也分別與惡魔有關，請參照下頁的表格。

許多人以為七宗罪是犯罪的罪，其實是指容易導致犯下罪行的習慣或習性。簡單而言，指的是犯罪動機的根源，而不是犯罪本身。

七宗罪　～基督教的世界～

■七宗罪一覽

七宗罪與惡魔產生連結，是因為人類犯下罪行皆源於惡魔刺激欲望。這樣的連結概念並不是始於基督教教會，其實歐洲許多的魔法書也經常引用。

罪　源	主要理由	對應的惡魔
傲慢 （pride）	任何人都不喜歡傲慢者，就連上帝也嫌棄。傲慢者輕視他人，無法承認別人比自己優秀，最後，極可能衍生對上帝的不信任。	路西法
忌妒 （envy）	忌妒的情緒，有時像個「可怕的怪物」。一觸即發，似乎再無機會脫離改善。況且，見他人不幸而竊喜，有違上帝的旨意。	利維坦
憤怒 （wrath）	憤怒會擾亂精神，不僅自己，也擴及身邊周遭的人陷入痛苦。那種一旦湧起即難以壓抑的強烈情緒，甚至可能做出傷害他人之事，而這正是上帝最不願樂見的。	撒旦
怠惰 （sloth）	怠惰奪去人的活力。失去活力的人，也同時喪失對外界的關心，不再對外釋出善意。最後陷入絕望，甚至誤以為遭到上帝的背棄，而不再信仰上帝。	貝爾芬格
貪婪 （greed）	這裡所指的欲望，主要是針對金錢或財富。任憑欲望驅使的人，不顧名譽、禮儀或羞恥，就連上帝的旨意也選擇漠視。聖經的十誡，即禁止無明的貪慾。	瑪門
暴食 （gluttony）	暴飲暴食，讓人忘記了自身與上帝的存在。此外，肥胖造成行動不便，於是陷入怠惰的深淵。	別西卜
色慾 （lust）	性慾是生物的本能，但強烈的衝動與毫無節制的色慾，卻讓身體衰弱或走向犯罪。當然也不是要斬斷一切的性愛，而應以過度為戒。	阿斯墨德

※對應的惡魔，是參照德國惡魔學者彼得・賓斯菲爾德之著作。

COLUMN

《神曲》精彩描寫出基督教徒想像中的冥界

義大利詩人但丁，在史詩《神曲》描寫了冥界的景象。此作品被譽為是描寫基督教死後世界的傑作。

在《神曲》中，但丁以自己為主角，以一個禮拜的時間從地獄去到煉獄與天堂。但丁去到位於耶路撒冷的地下，沿著分為九層的缽狀地獄往下行，終於抵達惡魔大王所在的最底層。

而後，但丁沿著細窄的隧道往地球的反方向前去，在那裡攀登了如同七宗罪的環道所架構的煉獄山。之後又來到區分為十階層的天堂，接觸到至高神祕的存在後，才結束旅程。

詳細描寫出旅程中遭遇各場所的《神曲》，與基督教徒們所想像的死後世界完全吻合，因而獲得極高的評價。

七宗罪～基督教的世界～

■天主教的死後與末日

自古以來基督教徒認為善良正直的人會去到天堂，而罪孽深重者則下地獄。不過，所謂的天堂僅適用於基督教徒吧。畢竟在基督教出現前，世界即存在著偉大的人物，非基督教徒中也有諸多行善美好的人物。同時，多數既不是大善人也不是大惡人的這些人，又該去到何處呢？為此，基督教提出了解答，受洗前即死去的嬰兒或非教徒的善者，去到的是邊獄或可以洗淨罪的煉獄，那是等待末日來臨的臨時居所。

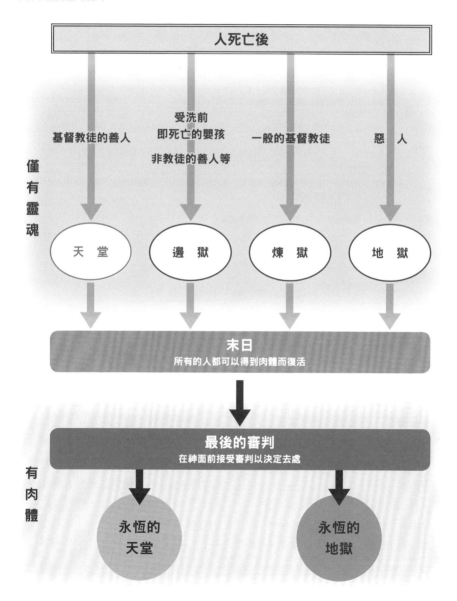

人死亡後

基督教徒的善人　　受洗前即死亡的嬰孩　非教徒的善人等　　一般的基督教徒　　惡　人

僅有靈魂

天　堂　　邊　獄　　煉　獄　　地　獄

末日
所有的人都可以得到肉體而復活

最後的審判
在神面前接受審判以決定去處

有肉體

永恆的天堂　　永恆的地獄

■上帝創造天地的景象

基督教認為，人類是依照上帝的模樣所創造。最初的人類亞當背棄了上帝，食下智慧的果實，於是被逐出伊甸園。亞當的世代子孫依舊是「神之子」，也依然與亞當一樣具犯下罪行的性格。因此，基督教認為唯有遵從耶穌的教義，才是「正確地活著」。在此介紹，上帝創造人時也創造了天地之景象。

第1天	上帝先創造了天與地。不過，大地混沌，深淵一片黑暗，上帝的靈覆蓋在水面上。因此，上帝命令「要有光」，就有了光，上帝分開了光明與黑暗，命名光明為「晝」，黑暗為「夜」。
第2天	上帝創造了天空，命令「在眾水之間要有穹蒼，把水上下分開。」於穹蒼為「天」。
第3天	上帝命令「天空下面的水要匯集在一處，好使大地出現。」出現的大地為「陸」，匯集的水為「海」。同時，陸地生長出草、五穀、結實的樹木等。
第4天	上帝創造了兩大光體（太陽與月亮），大的光體司長白晝，小的光體司長黑夜，並添上了星星。
第5天	上帝命令「水裡要繁殖多種植物，天空要有各種飛鳥。」創造了棲息於水的所有動物與所有的鳥，並給予祝福。
第6天	上帝對著大地，命令其繁殖家畜等獸類，等到完成後上帝才創造仿似祂的人類，使其管理所有生物，環顧一切，深感滿足。
第7天	森羅萬象皆完整，上帝停止了工作，得以歇息。

COLUMN

七宗罪如何隨時代變遷與共？

前面已介紹了眾所皆知的七宗罪之排序。西元1958年日本發行的天主教教義書《公教要理》，依序列出傲慢、貪婪、邪淫、忌妒、暴食、憤怒。七宗罪，據說原應是八個罪惡之源，隨著時代的變遷，罪源之順序或許也反映出社會背景的變化。

天主教最高權威的羅馬教宗廳，於西元2008年公布了最新的七宗罪，此舉並不是否定原先的七宗罪，而是另外增添新的項目，其內容包含改造基因之行為、進行人體實驗、汙染環境、對社會做出不公不義之行為、使人迫於貧困之行為、過度富裕、濫用藥物。

公布新的項目之主旨在於，以前的內容多偏向個人，希望藉此向教徒們傳遞出另一層面的審思。嶄新的七宗罪偏向社會議題，也算是正視社會現象。

七宗罪　～基督教的世界～

宗 教

諾亞方舟

關 聯

■ 吉爾伽美什
➡ P. 134

抵抗大洪水的巨大船隻

【注1】
方舟的大小，長約300腕尺，寬50腕尺，高30腕尺。1腕尺約是44.5cm，換言之，船全長約133m，寬約22m，高約13m。

【注2】
位於現在土耳其共和國的東邊，是座標高5156m的山。曾是亞美尼亞人居住地的中心，因此也被視為亞美尼亞人的象徵。

【注3】
史詩中收集了關於古美索不達米亞傳說中的吉爾伽美什國王相關的故事。在西元前2600年期間，吉爾伽美什是蘇美爾都市國家的烏魯克國王。

　　諾亞方舟是《舊約聖經》的《創世紀》裡有關大洪水的故事，指的是一艘巨大的船隻。

　　地上的惡人增多，為此憂傷的上帝決定以洪水消滅人間，並將此決定告訴信仰虔誠的老人諾亞，命其製作巨大的方舟。諾亞深信不疑，歷經漫長歲月終於完成巨大的方舟【注1】。諾亞的家人與所有的動物上船，洪水席捲而來。這樣持續四十天，直到地上所有生物皆毀滅，洪水才終於退去。然後，諾亞放出鳥，鴿子帶回了橄欖的果實，於是知道附近有陸地。諾亞在亞拉臘山【注2】下船，其家人與動物都回到陸地上。諾亞設置祭壇開始祈禱，上帝出現，要求不可重蹈覆轍，並在天空架起彩虹。

　　古美索不達米亞的《吉爾伽美什史詩》【注3】也有類似的故事。因此，有人認為《舊約聖經》裡的這個故事是仿自該內容。

宗教、思想

八大地獄

關聯

■天國與地獄
～世界的那一世・
這一世～
➡ P.061

依罪行流放相對應的地獄

【注1】
原是古印度的世界觀，其世界以這座高聳的山為中心展開。須彌山被七座同心狀的山脈所包圍，第一座山脈的外圍，其東西南北方向皆有州土。

【注2】
須彌山以南的土地瞻武州。在佛教世界，這裡是人類的世界。

　　八大地獄，是出現在佛教教義裡的地獄景象。死後，人渡過三途河，歷經閻魔等魔王的共七次裁判後，以決定來世。若罪孽太深，終究墮入地獄。

　　地獄分為八個，依隨死者的罪，去到相對應的地獄。並依據罪孽之輕重，在各地獄所受的苦難也各不同。

　　地獄是以「須彌山」【注1】為主的世界，位於名為瞻部州【注2】的土地地下5萬公里深處。不是橫向延展，而是縱向連接為八層。由上至下分別是等活地獄、黑繩地獄、眾合地獄、叫喚地獄、大叫喚地獄、焦熱地獄、大焦熱地獄、阿鼻地獄／無間地獄，相對應的罪或所受的責罰都不相同。另外，每下一層地獄，所受的痛苦都是之前的10倍，換言之，來到最後阿鼻地獄等於增加到千倍。

　　除了這八層的地獄外，各層還有東西南北的門，門的另一頭還有其他的地獄。那是為了因應不斷增加的罪行，因而衍生的相對應的地獄。比起地上更加浩瀚無盡，甚至有超過百種的地獄，也形同人類的罪孽之深重。

八大地獄

■八大地獄的細節

等活地獄

相對應罪行：殺生

犯下殺生之罪者墮入的地獄。據說好爭鬥者或因叛亂而死者，也是墮入此。在這裡，即使不是出於自願，也必須不斷爭鬥至死。死後又變成獄卒（鬼），繼續不斷相互砍殺，不斷地死去又不斷地活過來，因而稱為等活地獄。

黑繩地獄

相對應罪行：殺生、竊盜

犯下殺生加上竊盜的罪行者墮入的地獄。在這裡，會以黑繩（沾染墨汁的繩子）在身體畫出格紋，然後獄卒取釜或鋸子沿線裁切身體。除此之外，或處以入鍋裡水煮或以熱鐵炙燒的刑罰。

眾合地獄

相對應罪行：殺生、竊盜、邪淫

反覆的邪淫之罪再加上先前的罪行者所墮入的地獄。這裡的植物，葉片猶如刀刃；這裡的樹木，猶如美人的誘惑之姿。一旦靠近準備攀登而上即血流如注。攀登而上，女人即消失，旋即女人又到了樹下，罪人流著血往樹下而去。

叫喚地獄

相對應罪行：殺生、竊盜、邪淫、飲酒

先前的罪行再加上飲酒之罪者墮入的地獄。在這裡被迫奔跑在炙熱的鐵上，或被放到熱鍋裡煮。再被迫張開嘴，然後放入燒得火熱的銅，五臟焦燒。接著，眼睛噴出火焰、穿著紅衣的巨大獄卒追著罪人，射箭凌虐。

大叫喚地獄

相對應罪行：殺生、竊盜、邪淫、飲酒、妄語

先前的罪行再加上說謊之罪者墮入的地獄。來到這裡的罪人，從頭到腳不斷受火燒之苦。而後，獄卒不斷拔去罪人的眼睛與舌，讓罪人飽嚐反覆且永無休止的痛苦。

焦熱地獄

相對應罪行：殺生、竊盜、邪淫、飲酒、妄語、邪見

先前的罪行再加上邪見（無視因果的錯誤思考或行動）之罪者墮入的地獄。被炙熱的鐵棒毆打，或被以鐵串串起，放到地獄劫火燒烤。那些猶如大豆般的焦獄地獄之火，來到地上足以燒盡整片大地。

大焦熱地獄

相對應罪行：殺生、竊盜、邪淫、飲酒、妄語、邪見、犯持戒人

先前的罪行再加上侵犯僧尼或孩童之罪者墮入的地獄。在這裡會見識到駭人的地獄景象，恐懼深植人心。然後被流放到獄熱海，持續不斷被燃燒。受到火焰之刃、剝皮之苦或注入熱鐵的刑罰。

阿鼻地獄／無間地獄

相對應罪行：殺生、竊盜、邪淫、飲酒、妄語、邪見、犯持戒人、殺害父母或阿羅漢

先前的罪行再加上殺害雙親或聖者之罪者墮入的地獄。來到最下層需要費盡兩千年的時間，而且承受較以往一千倍的苦痛。受盡拔舌、打釘、口吐毒液或火焰的蟲與蛇之騷擾。這些苦痛毫不間斷，與其相較下，過去所歷經的地獄，如今宛如夢境般不足掛齒。

八大地獄

宗 教

世界末日的善惡大決戰

三大宗教所描繪的世界末日

　　猶太教、基督教、伊斯蘭教三大宗教，也是通稱的亞伯拉罕宗教，儘管內容相異，卻有共通之處。那就是世界末日說的世界末日善惡大決戰。既是造成世界毀滅的善惡大決戰，人類也等於是誘發戰爭的致因。總而言之，諸多宗教所描繪的世界末日，皆稱善惡大決戰（Armageddon）。

　　在基督教聖經裡，近末日時，善的勢力（基督教勢力）與惡的勢力（非基督教勢力）相互抗爭，閃電不斷，土崩地裂，巨大的隕石墜落，世界走向末日。這一切現象皆是Armageddon，善與惡的戰爭也是Armageddon。繼善惡的抗爭後，耶穌基督降臨，拯救信仰基督教的善者，由他們再創理想之國。

　　由於這個末日說非常強調拯救信仰者，因而也常被異端宗教挪為他用。不過，世界末日善惡大對決僅是聖經裡的一個故事，並非是末日的預言。

轟隆隆

所謂的 Armageddon，其實是地名？

【注1】
古埃及所使用的一種文字，特別使用於碑文。特徵是猶如繪畫。

【注2】
西元1503年生～西元1566年歿，是實際存在於法國的人物。擅於占星術，留下許多預言。曾預言西元1999年恐怖大王降臨，被後世解釋為世界末日預言，日本也曾掀起諾斯特拉達姆士風潮。

解析聖經，會發現其實Armageddon（哈米吉多頓）不僅是世界末日的現象，也有一說認為是迎向末日的地名。論到底，哈米吉多頓既是末日現象，也是地名。一如米吉多丘陵象徵著末日之地，哈米吉多頓與米吉多丘陵則是終點之意。

米吉多丘陵的確存在於耶路撒冷，在古代是重要的所在，因而屢屢引發大型戰爭。尤其埃及法老王所篆刻的象形文字【注1】（P.276），稱此地為「海之路」，更記錄下其重要性。同時，在羅馬帝國時代，也被視為重要的戰略路徑。因此，許多人認為米吉多丘陵＝哈米吉多頓。

《啟示錄》第16章記載，「耶穌基督將軍對勢力集中在哈米吉多頓」。在此，哈米吉多頓象徵著現象與土地，也基於某種便利性，從此泛指世界末日。

另一說認為，哈米吉多頓是足以令生物滅絕的大飢荒。不過，聖經裡並未具體記載，故不能視為一般論。著名的諾斯特拉達姆士【注2】預言也被視為世界末日的善惡大決戰，不過那是他藉占星術占卜的結果，與聖經記載的末日不同，僅能做為參考之用。

世界末日的善惡大決戰

宗教

關聯

■喰種
➡ P.138

巫毒教

被迫勞動者所衍生的法術與信仰

【注1】
殭屍粉末裡，混合了蜥蜴、蟾蜍、蒸餾酒、癢豆、河豚毒素以及其他的毒物等，精製而成。據說喝下後，活生生的人會變成殭屍。

西元十六～十九世紀，來自非洲各地的黑人被集中在海地，被迫像奴隸般從事嚴苛的勞動工作。於是這些黑人們採納各宗教要素，創立了巫毒教。**巫毒**（Voodoo）的名稱源自西非豐族的精靈（Vodun），故豐族被視為最初的信仰者。

巫毒教被視為宗教，但其未有教義或教典，也無認可的宗教組織。因此，比較像是民間信仰。巫毒教的祭司，宛若可以施法治療受傷或疾病的醫生，同時也活躍於政治領域。美國的新紐奧良，巫毒教的信仰至今仍根深蒂固，也相當是巫毒教擴散的發源地。

巫毒教使用育化殭屍的**殭屍粉末**【注1】，它可以讓活生生的人變成殭屍，此目的是為了懲罰人類。因為，此信仰認為人死後會昇華變成精靈，或是重生。但是變成殭屍，則無法變成精靈或重生。這個懲罰比死亡還恐怖，有些地區會讓死者喝下毒藥或斬首，以防止死後被殭屍化。

巫
毒
教

惡魔、天使

彼列

關聯

■惡魔
　　　　➡ P.014

■所羅門王
　　　　➡ P.055

■路西法
　　　　➡ P.101

喜好惡德的無賴貴公子

【注1】
書裡記載著如何召喚所羅門王72柱的方法，以及驅使惡魔的方法。

【注2】
不列入猶太教或基督教的正典《舊約聖經》或外典的文書。

　　繼惡魔路西法後的墮落天使。在魔法書《惡靈之書》【注1】，被列入所羅門王72柱的惡魔之一。在希伯來語中是「無價值」、「無益」之意。外表美麗優雅，令人以為是高貴的紳士，其實擁有擅長虛偽與詐術的醜陋靈魂。

　　彼列的所作所為，被記載在舊約偽典《十二族長遺訓》【注2】。巧言令色的接近古以色列的猶太國王瑪拿西，然後寄身於其魂魄，做出諸多反猶太教的惡行。例如恢復宗教禁止的偶像崇拜、殺害傳遞上帝旨意的預言者以賽亞、迫害猶太教徒、混亂荒廢王國等。彼列做的壞事還不僅止於此，他還去到死海附近的所多瑪與娥摩拉兩座城市，蔓延散布一切的惡。

　　然而這一切的作為，都憑是藉著彼列的善辯與巧言，以及優雅且動聽的言語，迷惑煽動著聽者。

　　西元十四世紀出版的《彼列之書》，主角彼列針對耶穌基督提出訴訟。彼列的主張如下頁。

菁英

彼列

以巧妙的話術控告耶穌

【注3】
活躍於西元前十三世紀古以色列的宗教與政治指導者。

【注4】
出現於《舊約聖經》的〈創世紀〉，拯救埃及免於飢餓的人物。

「名為耶穌者，不當干預地獄的權利，強奪地獄、海洋、大地及棲息大地的所有生物之支配權。」以當時的一般認知而言，天堂是上帝的領域，地獄或地上屬於惡魔支配的領域。但耶穌以信仰讓地上的人們覺醒，彼列認為此舉入侵所屬領域。

審判當日，上帝命令慣於與惡魔打交道的魔法師，所羅門王為法官，並要求摩西【注3】作為辯護，初審原本一切皆對彼列有利，但是終究敗訴，他又立刻提出再審。

而後，埃及法老王代理約瑟夫【注4】為議長，羅馬皇帝奧古斯都、哲學家亞里斯多德、預言家耶利米、預言家以賽亞等成員為陪審團，最後終於做出判決。基本上，耶穌無罪，不過彼列獲得應有的權益。

所謂的權益即是，「對於那些最後審判日終於墮入地獄者，惡魔擁有行使權威之權利」。換言之，在限定範圍內，認同惡魔們的領域支配權。

提防小心華麗的容貌!?

　　英國詩人約翰・彌爾頓的史詩《失樂園》，彼列被描寫成「失去天寵，然而即使是端麗的天使也無能出其右。與生俱來的威嚴，讓他看來如此高貴、勇敢，但這一切不過是虛偽的裝飾。」說明了儘管擁有外在的美麗，內在卻無比的醜惡。換言之，美麗的事物總是帶著刺的。

彼列

惡魔、天使

別西卜

關聯

■惡魔
　　　　➡ P.014

■路西法
　　　　➡ P.101

■奧林匹斯十二大神
　～希臘神話的諸神～
　　　　➡ P.128

從神銳變為惡魔

【注1】
自古即居住於該土地、
地方的神。

　是繼地獄之王路西法後的大惡魔，自西元前十三世紀以前即存在，位居地獄惡魔的指揮官之地位。與「惡魔附身」相關，因而廣為人知，據說他為了讓人類信仰惡魔，遂騷動聖職人員的性欲望，或促使彼此衍生忌妒或爭執。

　其名的希伯來語有「蒼蠅王」或「糞山之神」之意，因此多半把他描繪為巨大的蒼蠅。原本他是「高處之神」，是耶路撒冷的迦南或地中海東岸的腓尼基一帶信仰的神，屬於司長豐饒的土地神【注1】，據說能守護神聖的食物，是「殺蒼蠅的神」。

　但基督教流傳世界各地後，高處之神即被猶太人視為邪教之神，遂喚其為蒼蠅之王，以示諷刺、汙辱之意。

臭

別西卜

企圖囚禁宿敵耶穌

【注2】
收納於《新約聖經》的四部福音書之一，基本上，與另外三部《馬太福音》、《約翰福音》、《馬可福音》內容大致相通。

【注3】
未被納入聖經正典的文書。內容記載了耶穌遭處刑的來龍去脈，以及死後造訪冥界。

【注4】
希臘神話裡面的冥府之神，在《新約聖經》則是死者前去的地方。

　　與別西卜淵源頗深者，其一即是耶穌基督。在《馬太福音》或《路加福音》【注2】記載，耶穌以神力為病人治病時，有人懷疑「是否假借別西卜的力量」。對此耶穌提出反駁，「假設我是惡魔，那麼我怎麼可能消滅（治療）引發病症的同伴。」

　　在《新約聖經外典》【注3】之一的《尼哥底母福音》記載，別西卜企圖將耶穌囚禁在冥界。

　　唆使猶太人、成功處刑神之子耶穌的別西卜，拜託冥界之神黑帝斯【注4】，「在耶穌造訪冥府之際，把祂永遠囚禁。」對惡魔來說，耶穌可是天敵中的天敵。因此對別西卜而言，得以把耶穌囚禁冥界簡直是一償宿願。但是，死後仍不失威嚴的「榮光之王」耶穌在造訪冥府，瞬間粉碎了冥府的大門，他身上的光照亮了所有的陰暗。所有囚禁在冥府的死者都獲得了解放，別西卜的企圖徹底失敗。

　　而且耶穌告訴黑帝斯，「我等著別西卜造訪冥府之際被囚禁」，隨即離開冥界，最後反而是別西卜被囚禁在冥界。

別西卜的姿態之變遷

　　以巨大蒼蠅形象而聞名的別西卜，在義大利詩人但丁的筆下則是肩上有三個頭，臉部的正面與左右各自不同顏色，並長有雞冠與蝙蝠雙翼。除了惡魔或怪物的樣貌外，英國詩人約翰・彌爾頓的史詩《失樂園》，把他描繪為深思遠慮的王者，或許是為了彰顯他，曾經是人們信仰的對象。

別
西
卜

宗教、思想

佛（如來、菩薩、明王、天部）

~佛教的尊格~

關聯

■ 密教
➡ P.091

■ 梵字
➡ P.280

肩負不同任務的各種佛

與基督教或伊斯蘭教同列為「世界三大宗教」的佛教，發祥於印度，而後傳遞至中國或朝鮮，最後也去到日本。當時的日本，認為森林或山巒等自然萬物，或是劍、鏡等用品皆是神，僅存在著信仰的文化。因此，當以人類姿態呈現的「佛像」出現時，著實讓當時的日本人備受衝擊。

變成佛像而被信仰的佛，在佛教猶如指導者的存在，這些佛像統稱為「尊格」，各有其個性或任務，而且還區分為多個階層。

首先是「如來部」，祂們君臨佛世界的最頂端，以其身體呈現真理。之後的「菩薩部」是梵語「菩提薩埵」之簡略，帶有「以求如來悟道」或「具備成為如來之資格」之意。極端說來，就是未來的如來。接著是「天部」，是指被佛教納入的婆羅門教或印度教之諸神，等於是如來或菩薩的輔佐。最後是「明王部」，祂們是佛世界的軍隊，抵抗惡者以守護佛世界，並盡力引導愚昧的眾生悟道。雖皆稱之為佛，其實隨著階級有著大不相同的任務。

佛（如來、菩薩、明王、天部）~佛教的尊格~

■佛的組織圖

　佛世界的組織圖。以如來部為首，以下是菩薩部、明王部，以及守護祂們的天部。另外，還有有別於祂們、各自獨立的「垂迹部」或「羅漢」。垂迹部祭祀的是日本自古信仰的神，以及由人成佛的諸神。羅漢是指修行者達到的最高境界，釋迦或其弟子們皆屬於此。

■佛的一覽表

<table>
<tr><th colspan="3">名　稱</th><th>概　要</th></tr>
<tr><td rowspan="9">如來部</td><td colspan="2">釋迦如來</td><td>佛中唯一在歷史上存在的人物，又稱為喬達摩・悉達多，是北印度釋迦族的王子。</td></tr>
<tr><td colspan="2">藥師如來</td><td>相對於西方極樂淨土教主的阿彌陀如來，藥師如來是東方淨琉璃世界教主。</td></tr>
<tr><td colspan="2">毘盧遮那如來</td><td>將佛教教義予以神格化的。如果沒有毘盧遮那佛，即無佛法的存在。</td></tr>
<tr><td rowspan="6">五智如來</td><td>大日如來</td><td>將宇宙真理神格化的根本尊，原是日本神話中的太陽女神天照大御神。</td></tr>
<tr><td>阿閦如來</td><td>取自梵語的諧音，原是「不動」之意，故又稱為不動如來。</td></tr>
<tr><td>寶生如來</td><td>是梵語，有「衍自寶石」之意，也被視為衍生出財寶。</td></tr>
<tr><td>無量壽（阿彌陀）如來</td><td>「無量」的梵語發音是阿須陀，故也稱為「無量壽佛」、「無量光佛」。</td></tr>
<tr><td>不空成就如來</td><td>有一說認為不空成就如來是釋迦如來，詳情不明，是五智如來中力量最弱者。</td></tr>
<tr><td rowspan="15">菩薩部</td><td colspan="2">彌勒菩薩</td><td>代替釋迦如來為世人說法，因而獲得眾人的信仰。</td></tr>
<tr><td colspan="2">觀音菩薩</td><td>呼喚其名號，即能成就呼喚者的願望，因而贏得諸多信眾。</td></tr>
<tr><td colspan="2">不空羂索觀音</td><td>此名號是梵語的諧音，有「相信此菩薩即能實現願望」之意。</td></tr>
<tr><td rowspan="6">六觀音</td><td>聖觀音</td><td>由觀音菩薩衍生的另一尊菩薩，目的在拯救輪迴於六道的人們，負責地獄界。</td></tr>
<tr><td>十一面觀音</td><td>由觀音菩薩衍生的佛。如其名擁有十一張臉，每個表情與象徵皆不同。</td></tr>
<tr><td>千手觀音</td><td>由觀音菩薩衍生的佛。以千手而聞名，每個手的掌心都有眼睛。</td></tr>
<tr><td>如意輪觀音</td><td>持如意珠寶與法輪，以拯救眾生脫離苦痛，且隨心所欲實現願望。</td></tr>
<tr><td>馬頭觀音</td><td>印度教主神毗濕奴的化身，以斬斷眾生苦惱為使命。</td></tr>
<tr><td>准胝觀音</td><td>斬除眾生悟道前的種種障礙，以救濟為目的。</td></tr>
<tr><td colspan="2">文殊菩薩</td><td>身為服侍佛，是跟隨在釋迦如來身邊的菩薩。</td></tr>
<tr><td colspan="2">普賢菩薩</td><td>也是釋迦如來的服侍佛，文殊菩薩司長智慧，普賢菩薩則司長修行。</td></tr>
</table>

佛（如來、菩薩、明王、天部）～佛教的尊格～

名　稱		概　要
菩薩部	虛空藏菩薩	持有無量法寶，並得以自由自在驅使，施予眾生幸福。
	日光菩薩	散發千光照亮天下，消滅生死或世界的陰暗，是太陽的象徵。
	月光菩薩	相較於日光菩薩，則是象徵月亮的菩薩。其姿態與日光菩薩呈左右對稱。
	勢至菩薩	與觀音菩薩同是阿彌陀如來的服侍佛。如來的右側是勢至菩薩，觀音菩薩則立於如來左側，共稱阿彌陀三尊。
	地藏菩薩	釋尊（釋迦）入滅後，在彌勒菩薩以如來之姿來到世間時，無佛的世界是由地藏菩薩引導眾生。
明王部	五大明王	不動明王	不日如來的化身，讓未皈依佛教的人產生畏懼之心，直到願意臣服悟道。
		降三世明王	以不動明王為主的五大明王之一。其梵語名稱有「降伏三個世界」之意。
		軍荼利明王	五大明王之一，有一說認為是虛空藏菩薩的化身，具息災延命之法力。
		大威德明王	文殊菩薩的親族，化身為明王，自古以來是賜予戰鬥勝利的神明。
		金剛夜叉明王	以妨礙救濟眾生的阻礙者為敵，盡全力排除。
	烏樞沙摩明王	可以取代金剛夜叉明王而列為五大明王，是古代廁所的守護神。
	愛染明王	梵語名有愛慾之意，勸戒眾生從愛慾的執著中開悟。
	大元帥明王	懷才不遇而死的將軍變成了夜叉，而後皈依佛教，變成大元帥明王。
	孔雀明王	被稱為「孔雀佛母」的女性尊格，以慈祥菩薩之姿現身。
	六字明王	是六觀音的集合體。明王多半帶有憤怒的神情，但與孔雀明王一樣，神情祥和。
天部	梵天	是古印度婆羅門教（印度教）的創造之神的化身。
	帝釋天	是印度教的神明因陀羅之化身，在印度教時代，隨著時間其地位逐漸下滑。
	四天王	持國天	守護東方的四天王之一，具治國之能力，成就國泰民安。
		增長天	守護南方的四天王之一，可衍生不盡的寶物，因而得以讓商販生意興榮。
		廣目天	守護西方的四天王之一，廣望眾生，並給予無量的壽命，是保佑無病息災的佛。
		多聞天	守護北方的四天王之一，見聞眾知識，具獲得或衍生財寶之神力，是授予信眾寶的佛。
	毘沙門天	別名多聞天。是能帶來財寶與財富，並為消滅惡者而戰的神明，故擁有眾多信眾。
	辯才天	除了是守護藝術或音樂的神明外，也是施予財寶、生意興隆的「辯財天」。
	吉祥天	向其祈禱即能實現願望，原本擁有眾多信者，但隨著辯才天的人氣上漲，逐漸褪去了光彩。
	大黑天	向其祈禱，每戰必勝，自古以來即是人們信仰的戰鬥之神。
	深沙大將	是唐代玄奘去到印度取經時，從流沙現身守護玄奘的天部。
	歡喜天	原是印度教裡排除困難、聚集福德的神。

佛（如來、菩薩、明王、天部）～佛教的尊格～

名　稱			概　要
	荼吉尼天		是印度神話裡的神明之化身。原是食人肉的夜叉，受到大日如來的感化而變成善神。
	技藝天		據推測是印度教的舞蹈家之神，包含其出身等，諸多成謎。
	羅剎天		是印度教裡的鬼神，服侍四天王之一的多聞天。
	韋馱天		為了追捕盜取釋迦遺骨的鬼剎，一躍登上標高1280萬km的高山。
天部	八部眾	天	從印度神話納入佛教的諸神之總稱，又稱為「五部淨」。
		龍	神格化的蛇，司長水邊與降雨。
		夜叉	凶暴的鬼，有時是以豐滿裸女之姿現身的森林之神，服侍毘沙門天。
		乾闥婆	跟隨帝釋天，演奏音樂。據說不食肉酒，只聞燃香。
		阿修羅	六道之一的阿修羅道之主，被視為與天為敵的戰鬥之神。
		迦樓羅	神格化的鷲，是印度神話的神明之騎乘物，據說是文殊菩薩的化身。
		緊那羅	以半人半獸之姿現身的歌舞神，服侍帝釋天或毘沙門天，與乾闥婆同樣演奏音樂。
		摩睺羅伽	與龍一樣，是神格化的蛇，是樂神，服侍帝釋天。
	摩利支天		神格化的光或陽焰，帶有誰也看不見、捕捉不到的特性。
	仁王		是佛教寺院大門或須彌壇左右的的一對尊神，抵抗外敵守護佛法。
	鬼子母神		原是食人之子的惡鬼，受釋迦如來教誨，從此成為安產與育兒的守護神。
	閻魔王		原是引導死者到冥界的神，不知從何時開始變成裁判死者之罪的地獄之王。
迹部·羅漢／其他	僧形八幡神		原是地方信仰的神，是日本諸神中最早被賜予菩薩稱號者。
	藏王權限		融合了釋迦如來、千手觀音、彌勒菩薩三尊（三密之佛），以一體之佛現世。
	山王權限		山岳信仰與日吉大社的神道與佛教融合為一，而後稱為山王權限，是比叡山延曆寺的守護神。
	熊野權限		包含熊野大宮大社、熊野速玉大社、熊野那智大社三社，也稱為「熊野三所權限」。
	青面金剛		原是散布疫病的鬼神，被納入佛教後，成為服侍帝釋天的侍神。
	金毘羅大權限		藥師如來的親族，也是十二神將之一，是與水有淵源的神，因而被視為航海守護神。
	牛頭天王		京都府京都市東山區祇園町的八坂神社的祭神，也被視為建速須佐之男命。
	三寶荒神		在神道與佛教合一前，是修驗道的神，守護佛、法、僧三寶。
	愛宕權限		是神道與佛教合一前，山岳信仰與修驗道的神，也被視為伊邪那美。
	東照大權限		藥師如來以德川家康之姿現身於世，故其死後被賜予東照大權限之神號。
	十六羅漢		釋迦的弟子中，凡是為了保護佛教徒者皆稱為十六羅漢。
	十大弟子		釋迦的弟子中，尤其優秀者為十大弟子，連同釋迦如來像，祂們也隨侍在旁。

佛（如來、菩薩、明王、天部）～佛教的尊格～

魔法、奇幻

瑪那

美拉尼西亞的超自然力量

【注1】
位於澳洲的北至東北方的島嶼之總稱。有黑色諸島之意。

【注2】
西元1938年生～。美國的小說家，擅長硬科幻的小說。代表著作有《圓環世界》、《魔法消失了》，描寫瑪那是一種消耗性資源。

　　所謂的瑪那，主要是美拉尼西亞【注1】或玻里尼西亞的宗教信仰概念，相信**超自然力量**的存在。瑪那寄居在人類或物等的所有物體。同時，瑪那並非固定的形體，可以由人去到人、由物去到物、由人去到物等的自由移動，人們相信生病的人被施予瑪那即能治癒，若注入道具即可提升其性能。「當一族之酋長得以勝任其任務，其實是瑪那的功勞。」由於瑪那的寄宿才得以時而表現魅力或號召力。瑪那不僅是一種單純的力量，還包含種種的要素。

　　此概念，在英國的傳教士柯德林頓的著作《美拉尼西亞人》等提及到，被視為理解世界諸宗教的超自然力量之重要途徑，也對超自然學會產生莫大的影響。

　　科幻小說家拉瑞・尼文【注2】也將此概念放入小說，並擴及到西方世界。他在西元1969年出版的奇幻小說《魔法消

失了》，描繪瑪那是為了使用魔法時的必要有限資源。換言之，以RPG使用魔法時必然消耗MP，這也是瑪那初次被定義與使用。蔚為話題後，許多奇幻小說或電玩也出現類似的定義或設定。

起始於拉瑞・尼文的瑪那概念，之後也蔓延到日本。最初是誰率先使用，已不得而知，不過也由於這個詞彙，日本因而誕生了諸多的作品。

日本的奇幻RPG的瑪那

瑪那在日本廣為人知的一大原因是，SNE集團【注3】的水野良【注4】的小說《羅德斯島戰記》，或與其擁有同樣世界觀的《刀劍神域RPG》。

在尚無輕小說分類的時代，《羅德斯島戰記》被視為劍與魔法的奇幻小說，備受讀者喜愛。在此作品中，魔法師消耗體內的瑪那以使用魔法，在施展魔法時必詠頌咒語：「萬能的瑪那啊……」，因而讓瑪那一詞令人印象深刻。日本發行的角色扮演RPG【注5】中，據說最受歡迎的是《刀劍神域RPG》，其中即使用了瑪那的概念，更有助於此詞彙的流行。

【注3】
安田均率領的電動遊戲設計集團。著手設計《羅德斯島戰記》、《刀劍神域》等系列的電玩，發明且促使以戲劇的腳本方式呈現角色扮演RPG。

【注4】
西元1963年生～。是小說家，也是電玩設計師。代表作有《羅德斯島戰記》系列與《魔法戰士李維》系列。曾是SNE集團的創始成員之一，如今已獨立創業。

【注5】
角色扮演電玩的簡稱，遊戲中穿插著玩家與遊戲主持人的對話，或是擲骰子以進行遊戲。

另一種的瑪那

《舊約聖經》的〈出埃及記〉第16章出現的食物，也稱為瑪那。是霜凍後殘留下來的物體，像是白且薄的威化餅，味道甜美且營養價值高。僅是憑藉聖經的記載，實在難以知曉是什麼樣的食物，不過以色列人吃了這個，才得以延壽40年。從這點看來，的確是擁有超自然力量的食物。

瑪那

惡魔、天使

米迦勒

關聯

■天使
　　➡ P.065

■世界末日善惡大決戰
　　➡ P.076

■路西法
　　➡ P.101

將惡魔撒旦逐出天界的天使

【注1】
四大天使指的是，米迦勒、加百列、拉斐爾、烏列爾。

【注2】
關於天使的階級，是根據西元五世紀神學家記載的《天階序論》。由上而下依序是熾天使、智天使、座天使、主天使、力天使、能天使、權天使、大天使、天使。每3個階級又依序分為上級3對、中級3隊、下級3隊。

【注3】
稱為路西法的地獄之王。原是天使，因背叛上帝而墮入地獄，成為統率惡魔之王。

　　米迦勒是侍奉上帝的天使之一，其名在希伯來語是「與上帝相似者」或「與上帝同等者」之意。不僅是基督教，也是猶太教或伊斯蘭教的最偉大天使。

　　又以「天使長米迦勒」之名，最廣為眾人所知。因此，米迦勒既是天使們之首，也是「四大天使」【注1】，「七大天使」之首，同時也肩負「天使軍團長」或「樂園守護者」之任務。儘管如此，米迦勒僅能統率大天使與力天使。大天使列屬於九個天使階級【注2】中的第八階級，而力天使也不過是第五階級。米迦勒屬於大天使，所以其階級並不算高階。

　　那麼，為何米迦勒得以司長天使們呢？其實，是來自於他與惡魔撒旦【注3】對決之戰績。根據《新約聖經》的《啟示錄》中，米迦勒率領上帝的軍團與惡魔對抗，不僅擊潰敵軍，還將紅龍推落天界。

　　教堂的彩繪玻璃等，經常可見持劍打倒紅龍的天

耶

米迦勒
大人

米迦勒

使，就是在述說這個故事。而那隻紅龍即是撒旦的化身，米迦勒將撒旦逐出天界的功績，也讓他獲得諸多的特別待遇。

在天使階級中屬於最高階的是熾天使，米迦勒雖不是熾天使，但其名聲或任務絕不在其下，因而也有人認為「米迦勒就是熾天使」。

備受庶民喜愛的米迦勒

在教會權力高漲的中世紀歐洲，與惡魔對抗的米迦勒非常受歡迎。事實上，歐洲各地都有稱為米迦勒的教堂或教會等。其中最有名的，就是建於法國聖米迦勒山的修道院。

西元708年，米迦勒現身於阿佛朗甚教區的主教奧貝爾面前，命令他興建教堂。之後，諾曼第公爵查理一世又興建了修道院，而後不斷增建，遂成為目前的規模。

除此之外，還有名為「米迦勒節」的節日，且流傳至今，可見米迦勒是多麼受歡迎。

米
迦
勒

米迦勒源起於巴比倫神話？

據説米迦勒是建立新巴比倫帝國的加爾底亞人信仰的神，而後隨著基督教擴張的過程，其他宗教的神逐漸被視為上帝的僕人或惡魔。巴比倫神話是以洪水傳説等為起始，這點與《舊約聖經》相同，或許是這個緣故，米迦勒被納入基督教，並且成為侍奉上帝的天使。

宗教、思想

密教

關聯

■佛（如來、菩薩、明王、天部）
～佛教的尊格～
→ P.083

■梵字
→ P.280

以上師傳弟子之形式傳承的佛教教義

【注1】
是指佛教裡無祕密，教義可以廣為流傳。

【注2】
被視為佛的語言，在與佛訴說心願時為傳達其內容所使用。

【注3】
分為息災法、增益法、調伏法等多種形式。

　　所謂的密教，即是「祕密佛教」之簡稱，與向一般大眾宣傳教義的「顯教」【注1】不同，是由上師傳授給弟子，屬於私密的傳承。

　　密教認為，「大日如來」是宇宙真理的佛格化，所以無法藉由人類的語言或文字說法，於是衍生身口意的三密瑜伽之行法。也就是以手結印，以口詠頌真言【注2】，以心觀想本尊。

　　在密教，悟得教義的上師稱為「阿闍梨」。由阿闍梨傳授阿闍梨祕法，稱為「師資相承」，將此脈絡之系譜記錄下來的稱為《相承譜》，由於此關係比親子血緣還深切，故也稱為《血脈譜》。

　　為了請求神賜予利益，密教也舉行祈禱，最廣為人知的是「護摩」【注3】。是源自古印度的婆羅門教，將火供品投入火裡以供養的儀式，得以燒盡煩惱或惡業。方法是，先設立護摩壇，在爐裡起火燃燒護摩木，然後將供品投入火中以供養本尊（大日如來），祈求主得以成就願望。

密教

■佛

密教中，對佛所說的語言稱為「真言」。例如，「南無嘛庫・薩瑪達婆達南・帕庫」或「嗡・帕查拉達多・潘」等真言，在面對不同的佛也各自不同，因此，在此列舉介紹幾尊較知名的佛的對應真言。

佛	真言
釋迦如來	南無嘛庫・薩瑪達婆達南・帕庫
藥師如來	嗡・可羅可羅・沙達里・瑪多烏吉・索哇卡
大日如來	嗡・帕查拉達多・潘
	南無嘛庫・薩瑪達婆達南・阿比拉烏康
無量壽（阿彌陀）如來	嗡・阿彌利塔帝齋・卡拉・烏
彌勒菩薩	嗡・瑪塔達雷雅・索哇卡
聖觀音	嗡・阿羅利基亞・索哇卡
十一面觀音	嗡・羅凱吉巴拉・基利
千手觀音	嗡・帕薩拉達爾曼・基利
如意輪觀音	嗡・帕拉達哈多梅烏姆
文殊菩薩	嗡・阿拉哈夏・諾烏
普賢菩薩	嗡・勝瑪雅渣多潘
	嗡・帕喳拉由塞・索哇卡
虛空藏菩薩	嗡・帕薩拉・阿拉俾諾瓦・嗡
勢至菩薩	嗡・薩・喳・扎薩哇・索哇卡
日光菩薩	嗡・羅波息達・索哇卡
月光菩薩	嗡・勝達拉・哈拉帕耶・索哇卡
地藏菩薩	嗡・卡卡卡・不勝瑪耶・索哇卡
不動明王	南無嘛庫・薩瑪達帕札拉但・康
降三世明王	嗡・索帕・尼索帕・烏・帕喳拉・烏帕達
軍荼利名王	嗡・阿米利蒂・烏・帕達
大威德明王	嗡・席奇利基亞拉・羅・哈烏康・索哇卡
金剛夜叉明王	嗡・帕札拉雅基西亞・烏
愛染明王	嗡・瑪卡拉架・巴佐羅烏徐尼謝・帕喳拉薩多巴・謝庫・烏・帕庫
烏樞沙摩明王	嗡・雪利・瑪利・瑪瑪利・瑪利・雪利・索哇卡
大元帥明王	達利茲・達波利茲・那拉波利茲夏基梅・夏基梅・達拉拉勝達・歐耶比・索哇卡
孔雀明王	嗡・瑪由・拉・奇拉帝・索哇卡
帝釋天	南無嘛庫・勝瑪達波達南・因達拉亞・索哇卡
毘沙門天	南無嘛庫・勝瑪達波達南・貝席拉瑪達耶・索哇卡
大黑天	嗡・瑪卡迦拉耶・索哇卡
辯才天	嗡・索拉索巴帝耶・索哇卡
吉祥天	嗡・瑪拉希利耶・索哇卡
歡喜天	嗡・奇力克・吉克・烏・索哇卡
荼吉尼天	南無嘛庫・勝瑪達波達南・基利卡・索哇卡
摩利支天	嗡・瑪利希耶・索哇卡
鬼子母神	嗡・多多瑪利迦基帝・索哇卡
閻魔王	嗡・耶瑪拉迦・烏估拉皮烈・阿葛夏・索哇卡
自在天	嗡・瑪凱西帕拉耶・索哇卡

宗教、思想

手印

關聯

■佛（如來、菩薩、明王、天部）
～佛教的尊格～
➡ P.083

■梵字
➡ P.280

以雙手呈現的姿勢，表達出亞洲佛像的深意

【注1】
發祥於古印度的獨特修行法。藉保持各種體勢，一邊調整呼吸以達到身心合一，以求所謂的悟道。又可細分為哈達瑜伽或曼陀瑜伽等各種類。隨著新世紀運動的崛起，瑜伽也流傳到美國，而後加上塑身概念又獨自衍生出強力瑜伽或熱瑜伽。

　　仔細觀察佛像等，會發現有幾種頗相似的手勢，這些稱為「手印」、「印相」，是藉由雙手的姿勢，傳達出意涵。

　　佛教的佛像或印度教的諸神，都有固定的手印，若能了解手印的教義意涵，自然能理解佛像所蘊藏的訊息或種類等。最具代表性的手印，可參照P.94。

　　日本的佛像也有所謂的「釋迦根本五印」，分別為①說法印（轉法輪印）、②施無畏印、③與願印、④禪定印（定印）、⑤降魔印（觸地印）等五種，是源自釋迦冥想時或說法時的姿勢。

　　不僅是佛像或諸神，源自印度的「瑜伽」【注1】，也是一種的修行法，同樣也使用手印。傳統的哈達瑜伽認為，手印是吸取宇宙能量的重要技法之一。

　　另外，觀察佛像時，從姿勢、坐姿、法器等，其實都有其含意，若能仔細研究，即能發現其中的深奧與趣味。

手印

■手印

施無畏印

根本五印之一，右手手掌朝前，象徵去除所有的恐懼，使人們安詳。

觸地印

根本五印之一，又稱為降魔印。右手的食指觸地，象徵不動搖的菩薩心。

轉法輪印

根本五印之一，又稱為說法印。雙手舉至胸前的高度，拇指與其他手指做出輪狀，象徵解開法輪。

禪定印

又稱為定印。兩手手掌朝上，手指平伸，雙手重疊右手在上，置於膝上，表達出深沉冥想的狀態。

與願印

根本五印之一。手掌朝下，指尖平伸，象徵所有願望皆可實現。

合十

蓮華合掌。雙手手掌交合在心臟的位置，是印度自古以來的敬禮法，表達出敬畏之意。

討論手印

傳遞意思或交談的手印。右手的手掌高舉至肩膀的高度，拇指與食指觸碰，做出輪狀。

金剛哞迦羅印

右手持金剛杖，左手持金剛鈴，雙手交叉在胸前的位置。象徵調伏內外一切的魔。

■座法

丁字立

憤怒尊系佛像為消除傲慢心或煩惱而做出的姿勢。

金剛座

或也稱結跏趺坐、吉祥座。象徵已開悟的姿勢，如來、菩薩的一般座法。

遊戲座

現在準備起身拯救的姿勢，綠度母、莎爾瓦蒂等的座法。

賢座

以兜率天修行時的姿勢。是彌勒菩薩獨特的座法。

輪王座

要起身拯救的姿勢，如意輪觀音即採這個座法。

展右勢

象徵「煩惱即菩薩」，是呈現佛教真理的姿勢。守護尊等採這個姿勢。

展左勢

與展右勢同樣是表現出佛教真理的姿勢。

手印

神

耶和華

關聯

■諾亞方舟
➡ P. 073

■莉莉斯
➡ P. 099

■巴別塔
➡ P. 163

猶太、基督、伊斯蘭的根源

【注1】
亞當的第一任妻子，離開亞當後生下惡魔的孩子。不過，在中世紀的文獻中，才出現了莉莉斯是亞當第一任妻子的記載。根據美索不達米亞的傳說，莉莉斯是夜晚的妖怪。

　　出現於《舊約聖經》，是世界萬物的創造之主，也是全知全能的神。寫成「YHWH」、「YHVH」等，因此希伯來語的這四個子音，被稱為「神聖四文字」。猶太人覺得直呼耶和華是不敬的，故改稱「吾主」。天主教也避諱直呼神之名，故稱為「主」。另外，有時也會故意把YHWH標上「adonai」的母音記號，讀成「Jehovah」。

　　耶和華是創造天地的神，據說他花了六天的時間不眠不休造出世界，終於得以一天休息，這也是禮拜日為安息日的由來。而後，耶和華造出與自己相仿的亞當與其妻莉莉斯【注1】，也是最初的人類。莉莉斯離開亞當，變成了惡魔，於是耶和華取了亞當的肋骨創造夏娃。讓他們居住在伊甸園，可是他們不聽從戒言，吃下智慧的果實，激怒了耶和華，被逐出伊甸園。而後，在地上生活的亞當

耶
和
華

【注2】
出自《舊約聖經》的城市名，引發神的大怒，遂遭硫磺之火毀滅。

【注3】
古以色列人，是猶太教的領導者。在埃及過著不自由生活的摩西，看到同胞猶太人遭受虐待，遂率領猶太人出埃及前往迦南地，然而在他就要抵達約定地時卻離開人世了。

【注4】
是基督教的基本原理之一，是以羅馬天主教會為主的教義。西元四世紀引發基督究竟是神還是人的爭議，經過無數的宗教會議討論後，西元381年的君士坦丁堡公會議，認定神與基督與精靈是同性同等，確立了三位一體的教義。

的子孫又做出壞事，於是耶和華引發大洪水，讓人類滅亡。此故事出自著名的「諾亞方舟」。

在人類建造巴別塔時，耶和華又阻撓，並混亂人類共通的語言。索多瑪和蛾摩拉【注2】兩座城市的人們墮落之際，耶和華從天降下硫磺與火焰，毀滅整座城市。然而祂也有慈悲的一面，摩西【注3】率領同胞逃出埃及時，祂出手相救了。

基督教與伊斯蘭教的關係

猶太教的神耶和華，與基督教、伊斯蘭教的神皆相同。原本基督教就屬於猶太教基督派。根據基督教的三位一體【注4】說，預言者的基督與耶和華，同等於相同的存在，也就是同一個神。因此，與猶太教的耶和華不太一樣。

來到伊斯蘭教，不稱耶和華，而是「阿拉」。預言者是穆罕默德，不似基督教是同一個的存在。無庸置疑，阿拉是唯一且絕對的神。

但無論是哪一個神，基本上都是耶和華，然而猶太教、基督教卻不願意彼此認同。公認現在這三個宗教的神皆屬同一個的，僅有伊斯蘭教。為此，爭奪聖地耶路撒冷的戰爭不斷，針對各宗教的教義，至今仍處於對立狀態。

耶和華的造天地

耶和華造天地，第一天在混沌幽暗中創造了光明，於是有了白天與黑夜。第二天創造天空，第三天創造大地，衍生了海洋，於是有了植物。第四天創造了太陽與月亮與星星。第五天創造了魚與鳥。第六天先造出野獸與家畜，然後創造出人類。第七天休息。不過阿拉是不需要休息的，因此並無第七天的休息日。

耶和華

惡魔、天使

拉斐爾

關聯

■加百列
　　　　➡ P.029

■天使
　　　　➡ P.065

■米迦勒
　　　　➡ P.089

擁有治癒力的拉斐爾

【注1】
屬於傳統猶太教的祕密主義，是由上師傳給弟子的口傳教義。

【注2】
卡巴拉中，圖解宇宙構成的象徵圖騰。由10個質點（神流經的容器）與其連繫的通道構成，循環著神聖的能量。

【注3】
希伯來人的族長，屢屢接受到來自神或天使們的旨意。其名經常出現於《創世紀》或外典。

【注4】
亞伯拉罕的孫子，與天使搏鬥獲勝後，獲得了祝福與療癒。

　　拉斐爾與米迦勒、加百列同列為知名的天使。在階級上，與米迦勒同屬於大天使，根據天使階級的制定，依序分為熾天使、智天使、主天使、能天使與大天使五個階級。

　　拉斐爾是眾所皆知的療癒天使，自古以來就與治癒象徵的蛇畫上等號。所以住在人世間的人類，將身體的健康交託給拉斐爾，在基督教的眾天使中，他彷彿是人們最親近的友人。事實上，拉斐爾之名是源自希伯來語的「rapha」，有治療者或醫生之意。

　　在猶太教的卡巴拉【注1】，拉菲爾肩負著治癒大地的任務，因此也是生命樹【注2】的質點（P.51）之一。

　　另外，他也是造訪亞伯拉罕【注3】的三位天使之一。據說雅各【注4】與天使搏鬥時弄傷了腿，拉斐爾治癒了那傷腿。據說，遇見拉斐爾也等於受到祝福或疾病將獲得療癒，天主教的傳說裡記載著許多

痛痛都不見了～

哇啊！

拉斐爾

這樣的案例。例如西元十八世紀的修女瑪麗亞‧福蘭西斯罹患疾病，拉斐爾現身告訴她：「我會為你治癒你的病。」她果然從此康復。

《多俾亞傳》的拉斐爾

【注5】
記載於西元前二世紀左右的外典。全篇是托彼特與其兒子多俾亞的相關故事，並記載著天使的療癒事跡。呈現的方式採托彼特為第一人稱，記載拉斐爾如何協助其家人。

關於拉斐爾的文獻，又以天主教的外典《多俾亞傳》【注5】最為有名。

堪稱模範信徒的托彼特，某次因燕子的糞落入眼睛而失明，絕望之際向上帝祈求死去。就在此時，另一處被惡魔附身的撒辣，在新婚之夜發生了丈夫被謀殺的事件。

上帝聽聞撒辣的雙親與托彼特的禱告，為了拯救他們而派遣拉斐爾前去。拉斐爾遂化身為親戚的孩子，伴隨聽從父親托彼特之命令的多俾亞，一同啟程前往瑪待亞。途中捕獲了大魚，他要多俾亞取下大魚的內臟，因為魚的心臟與肝臟可以驅魔，膽囊則可以治癒眼疾。

多俾亞的旅程即將結束之際，拉斐爾提議他娶撒辣為妻，並告知驅魔的方法。之後，多俾亞帶著撒辣回到故鄉，拉斐爾又協助多俾亞治癒父親的眼疾。恢復視力的托彼特深表感謝，此時拉斐爾才宣告自己是天使，並要托彼特父子終身讚美上帝，隨即離去。

由於這個故事，拉斐爾也被視為旅途平安的天使，同時也因為如此，拉斐爾出現於繪畫時常攜帶著手杖與魚。

拉斐爾

惡魔、天使

莉莉斯

關聯

■惡魔
➡ P.014

■耶和華
➡ P.095

誓言報復上帝的夜之魔女

【注1】
寫於西元八～十一世紀的聖經，記載塔木德英雄故事的中世紀文獻。作者不詳。

莉莉斯是夜夜擄殺嬰兒的女惡魔。關於其由來多不確定，但有一說認為她是從**女神**淪為**惡魔**。過去曾是女性掌權的社會，非常重視夜晚或月亮等「陰性」能量，因而莉莉斯被視為女神。但是，直到以白晝或太陽等為主的猶太、基督教出現，逐漸傾向父權制度社會，於是莉莉斯被迫成為了惡魔。

另有一說，在人類創始之際，莉莉斯是亞當的愛妻，更早於夏娃。根據《便西拉的字母》【注1】，莉莉斯不配合丈夫亞當的男上女下之性行為，逃離天界，與多位惡魔發生關係，並生下惡魔的孩子。且無視上帝要她返家的命令，終於被詛咒「每天會死去100名的子孫。」她為向上帝復仇，化身殺嬰孩或生產婦女的惡魔。

如此的復仇似乎合情合理，但對那些不幸被捲入其中的人類來說，未免也太無辜了。

呀啊 ♥

小孩看起來好好吃喔 ♥

莉莉斯

哲學、思想

輪迴轉世

關聯

■天國與地獄
～世界的那一世・
這一世～
➡ P.061

巡迴六個世界，不斷重生轉化

【注1】
分為天界、人界、修羅界、畜生界、餓鬼界、地獄界等六個世界。

　　原本「輪迴」與「轉世」，是各自獨立的詞彙，不過兩者的含意其實有相互重疊的部分，因而經常連結合併使用。意味著「生命的死去不代表結束，而是重生轉化為另一種樣貌的存在。」這個觀念，的確通行於世界。

　　人類認為今世是多苦難的世界，而劃分為六個的世界又稱為六道【注1】。所謂的輪迴轉世，指的是不斷轉世重生於六個世界，部分的宗教認為可以脫離六道，也就是去到極樂淨土，即能從輪迴轉世的循環中解脫。

　　另外，據說靈魂具有記錄生前記憶的能力，即使轉世重生，依舊保有前世的記憶。但是，明確的案例極少數，仍屬於神祕學的範疇。不過，那些記得前世的人，可以說出只有當事者才知道的事或證詞，也讓人無法全盤否定這個說法。

　　輪迴轉世的概念究竟是真或假，終究難以證明，有人認為是宗教團體為了獲得信徒而衍生出來的說詞。目的在鞏固宗教，因為宗教的領導者終有一天會死去，既然具有神力的領導者都會消失，自然信徒也就會散去。輪迴轉世的概念，主張的是領導者的「永恆」，以阻止信徒的減少。

惡魔、天使

路西法

關聯

■ 惡魔
　　　➡ P.014

■ 天使
　　　➡ P.065

■ 米迦勒
　　　➡ P.089

從天堂墮落的最強大惡魔

【注1】
天使的位階之一，神學家偽迪奧尼修斯的著作《天階體系》提到，這是最上位的階級。

　　拉丁語的路西法，意味著「運送光明者」或「黎明之子」，而希伯來語是「閃耀黎明光輝之子」之意，如此帶有光明的形象實在難以與惡魔聯想在一起。原本，路西法是大天使米迦勒的兄弟，也在天使中具極重要之領導地位。他的位階是上級中的首位，甚至高過熾天使【注1】。

　　路西法不僅有能，容貌秀麗，背上有12片翅膀，整體呈現神聖且美麗的光輝。由於深得上帝的信賴，被允許坐在上帝的右側，也促使許多天使崇拜路西法，並跟隨其後。

　　某日路西法想著，自己的存在已等同上帝，不滿自己不過是上帝的差遣，於是召集跟隨自己的天使們叛變。路西法率領的反叛天使軍團，以及米迦勒率領的天使軍團展開大規模的戰役。根據英國詩人約翰·密爾頓的《失樂園》之描述，戰役中跟

天堂
無聊透了——

路西法

隨路西法的天使，佔了整體的3分之1。

在這場擴及整個天堂的壯烈戰爭，最後毫不留餘地粉碎了路西法的野心。並將他永遠逐出天堂，墮入地上。墜落時，地面承受不住路西法落下的重力而鑿出個大洞，據說從此成為了地獄。

墮天使的路西法追隨惡魔，由於天生的領導魅力，讓祂從此高居統御地獄的地位。傲慢的他，其野心至今仍不減，依舊虎視眈眈在地獄的底層企圖謀奪上帝的王座。

誘使亞當與夏娃背叛上帝的禁令

【注2】
是猶太教、基督教的聖典。由從創造天地的神話說起，也記載了亞當與夏娃被逐出樂園的始末、諾亞方舟、巴別塔等故事。

《舊約聖經》的《創世紀》【注2】記載了最初的人類亞當與夏娃。他們居住在伊甸園，最後卻遭驅逐。原因就出在路西法。

遵從上帝的命令，跟隨侍奉亞當與夏娃的路西法，不滿自己必須聽從比自己低下的人類之指示，同時也察覺上帝偏愛人類更甚於天使。

於是路西法化身為蛇，接近亞當與夏娃，誘使兩人吃下位於伊甸園中央的「禁斷的果實」。由於上帝嚴禁此事，所以兩人等於背叛了上帝。

而後兩人被上帝逐出樂園，並詛咒其與其子孫必須承受「痛苦」或「死亡」等磨難。這樣的結果對人類抱持強烈恨意的路西法而言，也許正是最心滿意足的復仇吧。

路西法

宗教、思想

聖槍

關　聯

■ 聖痕（聖傷）
➡ P.045

■ 聖杯
➡ P.049

■ 圓桌騎士
〜亞瑟王傳說〜
➡ P.124

與耶穌基督有關的聖槍

【注1】
西元742年生〜西元814年歿。又名查理大帝，是法蘭克王國的國王，遠征合併了義大利、德國、西班牙等各地。最後終於統一西歐，自稱是西羅馬帝國皇帝。但東羅馬帝國不承認他的皇位。

【注2】
西元272年生〜西元337年歿。是第一任的羅馬皇帝。統一分化的羅馬帝國，積極推行專制君主化。同時承認基督教，並補助傳教於歐洲各地，為了建立教會的威信，開始收集基督聖物。

【注3】
指的是耶穌基督或聖人的遺物、遺骸。從古代至中世紀，一直都是信徒的信仰物。十字軍東征之際，許多聖物被帶入歐洲本土。

　　所謂的聖槍，又名朗基奴斯的矛槍，據說是這支矛槍奪去被施以十字架酷刑的耶穌基督之性命。其實不然，當時是為確認耶穌基督是否死去，才以矛槍刺向側腹。關於名字的由來，最具說服力的是當時持矛槍的古羅馬士兵之名。

　　關於此矛槍的傳說中最有名的是，持有者即擁有掌控世界的權力。相反的，失去此槍時，持有者也將滅亡。西羅馬的查理曼大帝【注1】因擁有此槍，而在數場戰役中獲勝，但此槍遺失不久後，聽說隨即死亡。

　　聖槍被視為聖物，是受到初任羅馬帝國的君士坦丁大帝【注2】的影響。在他執政羅馬帝國期間，承認基督教的存在，為了傳教與建立基督教的權威，收集了包裹基督遺體的聖布、十字架、聖杯等聖物【注3】。

　　聖槍也衍生了諸多傳說，其中最有名的是結合了亞瑟王傳說，因而也更加鞏固了其神祕性。傳

聖槍

說中，聖槍與聖杯一同出現在圓桌騎士們的面前。據說直到世界末日為止，其刀尖都沾染著血。為了將聖槍帶入傳說中，遂添加了凱爾特神話（P.114）中受詛咒的武器，於是衍生這樣的故事內容。

聖槍的去向

【注4】

位於維也納舊市街中心的宮殿。直到西元1918年，都是哈布斯堡王朝、神聖羅馬帝國皇帝、奧匈帝國皇帝的居城。現在是博物館與奧地利共和國總統的官邸等。

【注5】

位於土耳其的南部，是近敘利亞邊界的都市安塔加之古稱。西元前300年左右，塞琉古王朝的塞琉古一世將此地建設為首都。日後成為繼耶路撒冷之後，基督教會的初期中心地。

關於聖槍的去向眾說紛紜，又以君士坦丁大帝在收集聖物之際，也取得聖槍之說最為眾人所採納。從此歷代神聖羅馬帝國皇帝繼承聖槍，拿破崙戰爭時期，從德國移至維也納，由哈布斯堡家族管理。現在依舊展示於霍夫堡宮殿【注4】。不過，據說第二次世界大戰時希特勒欲搶奪聖槍，遂祕密從南美運到南極。

除了君士坦丁大帝擁有聖槍的傳說外，據說是第一次十字軍東征在安塔基亞【注5】發現了聖槍。在激戰中某位賢者在地下找到聖槍。擁有聖槍的十字軍，因而戰勝阿拉伯軍隊。然而，此說恐怕是當時為提升士兵士氣而捏造的。不過，第一次十字軍東征隨著奪回耶路撒冷，也開啟聖物崇拜的風氣。因此，包含聖槍在內的聖物非常繁多，當中當然也有真偽難辨之物，並且還出現了多支的聖槍。現在，霍夫堡宮殿或亞美尼亞的埃奇米阿津主教座堂皆展有聖槍。另外，歐洲的幾處教堂也宣稱保有聖槍的刀尖。

聖槍

神話、傳說

Mythology · Folklore

武器

埃癸斯

關聯

- 雅典娜 ➡ P.110
- 宙斯 ➡ P.154

女神雅典娜的攻防兼具之強力護盾

【注1】
擁有強大破壞力的宙斯的武器，據說其外型猶如閃電。

【注2】
曾經是人類，因為不慎惹怒雅典娜，而被變成妖怪。

【注3】
希臘神話中，僅次於希拉克勒斯的知名英雄，他們的父親都是最高的神宙斯。

希臘神話主神宙斯贈送給女兒雅典娜的護盾——埃癸斯，鍛冶製作的是獨眼巨人一族的火神赫菲斯托斯，蘊藏著驅逐壞事的神奇法力。

其防禦力驚人，就連宙斯最大強的武器「雷霆」【注1】也不能傷其一根寒毛。而且，加上梅杜莎【注2】的頭，更使其性能增強。當時英雄珀爾修斯【注3】欲治退怪物梅杜莎，但直視梅杜莎的後果是石化，雅典娜遂把表面猶如鏡面的青銅盾借給他。不必直視梅杜莎的珀爾修斯終於斬下其頭顱，為了向雅典娜致意，他獻上梅杜莎的首級。雅典娜便將具有石化魔力的梅杜莎頭顱鑲入埃癸斯。

原本已經擁有罕見防禦力的埃癸斯，再加上使敵人石化的魔力，從此變成攻防兼具的至高武器。

來進來！

別鬧了

埃
癸
斯

神話、傳說

阿瓦隆

■圓桌騎士
　〜亞瑟王傳說〜
　　　➡ P. 124

結滿美麗蘋果的傳說樂園

【注1】
是歐洲自古即存在的傳說或故事。內容描寫，亞瑟王與圓桌騎士的壯烈戰役與冒險。

【注2】
出現在斷劍的亞瑟王之面前，賜予他嶄新的戰劍。也稱為湖夫人。推測並非一個人的名字，而是複數人物的總稱。

【注3】
推測在格拉斯頓伯里修道院挖掘出的，是亞瑟王與關妮薇王妃的遺骸，因此格拉斯頓伯里即是阿瓦隆。

　　流傳世界各地的《亞瑟王傳說》【注1】，其故事的終點就是傳說之島阿瓦隆。根據傳說，阿瓦隆是湖泊與岩石構成的島嶼，平坦處有著青鬱茂盛的牧草地或平原，並且生長著能結出各種果實的樹木。天氣始終平穩舒服，當然無雨也無雪，更無暴風。

　　《亞瑟王傳說》裡，與篡奪王位叛亂的莫德雷德而戰的亞瑟王身負重傷，為了得到永恆的休息，聽從湖中妖女【注2】，來到阿瓦隆。

　　關於此島的地點諸說紛紜，其中最有名的是格拉斯頓伯里之說【注3】。西元1191年，格拉斯頓伯里修道院管理的建築物遭遇火災，事後整理時發現鉛製的十字架，並刻著「有名的亞瑟王長眠阿瓦隆」，而且還發現兩具遺骸，推測是亞瑟王與其妻關妮薇王妃。

阿瓦隆

幻獸、妖怪

亞人

關聯

■惡魔
　　　➡ P.014

■杜拉漢
　　　➡ P.156

■外星人
　　　➡ P.346

乍看像人類卻不是人類，彷若人類

【注1】
引發人類無法理解的現象，或擁有不可思議之力量的怪物。在日本獨特的民間信仰中，認為萬物皆有神，世間存在著八百萬個神的思想根深蒂固，一旦出現不可理解現象時，則推給妖怪。因此，有時神可以變成妖怪，而妖怪也等於是神。

　　所謂的亞人，是形體近似人類，但又與人類有著迥異特徵的生物，也稱為「Demi-Human」。縱使與人類迥然不同，但其特徵也是各式各樣，有些僅出現在神話或傳說裡，經對照後，相符合的範疇其實是很寬廣，但若依概略系統整理，主要可以分為以下幾種：

　　①乍看像人類，但眼睛只有一個（獨眼巨人）、身體異常巨大（巨神）、手臂有三隻以上（赫卡通克瑞斯）、擁有邪眼（巴羅爾）等，屬於身體特徵獨特的類型。

　　②狼人、人魚、肯陶洛斯、米諾陶諾斯或哈耳庇厄等，屬於半獸半人的類型。

　　③外觀與人類無異，但其實是人造人、外星人或妖怪【注1】，或有時是半神半人、天使、惡魔等，總之也是不屬於人類的類型。

　　這其中還有所謂的「怪物」、「生物」之說，難以與亞人做出明確的區別。不過，基本上只要保有最低限度的人類之原型者，皆可稱為亞人。在學術用語上，近似人類卻不是人類的生物，通常稱為「異人」，亞人常用於在動漫或漫畫等的創作世界。

亞人

■主要的亞人種類

基於 P.108 的分類，列舉出幾種被稱為亞人的案例，依序如下。不過所謂的亞人並非專門用語，也無明確定義，基本上是指「不列屬人類，但又擁有諸多與人類共通的部分」。

	過去的階級	惡魔的名稱
身體具奇異特徵	阿爾戈斯	出現於希臘神話的巨人，女神希拉的忠實部下。身體有百隻眼睛，交替輪流閉目休息，讓阿爾戈斯得以永不休息的工作。討伐過薩梯與艾奇德娜。
	精靈	出現於北歐民間傳說的妖精。在北歐神話中，被視為司長自然或豐饒的神。受小說《魔戒》的影響，從此被認為是尖耳且擅長射箭的高手。
	巨神	出現於希臘神話的巨人族之總稱。與生俱來的閃耀盔甲包覆其身，手持長槍。是為報復奧林匹斯神族而生，擁有神祇無法毀滅的不死性與怪力。
	獨眼巨人	是擁有鍛冶技術的獨眼巨人。是烏拉諾斯與蓋亞所生的三兄弟，被囚禁在地獄時宙斯相救，為報答，遂為宙斯製造雷霆。
	矮人	出現於《魔戒》，是矮小卻頑健的種族。原本是北歐神話的妖精，起源於侏儒。他們居住在洞窟，是優秀的工匠，製作永恆之槍與雷霆戰鎚。
	巴羅爾	出現在凱爾特神話，是率領弗摩爾族的魔神。擁有耐受各種武器的強健身體，其左眼具以視線殺死敵人的魔力。這隻魔眼平時是閉著，戰鬥時才睜開。
	百臂巨人	出現於希臘神話的三巨人，擁有 100 條手臂與 50 個頭。被囚禁在地獄的塔爾塔洛斯時，宙斯出手相救，因而參與對抗泰達南神族的戰役。無數的手臂可以不斷投擲岩石，協助戰勝。
半獸半人	狼男	半狼半人、是可以變身狼的獸人，也稱為狼人。在民間傳說中，他們是荒廢森林或農田的惡棍，來到中世紀的基督教世界則被視為惡魔。
	肯陶洛斯	脖子以下是馬，上部是人類的獸人。基本上性別是男性，個性粗暴，飲酒作樂無度。不過，希臘神話的半人半馬・凱隆則是賢者。
	斯芬克斯	原是擁有法老王的頭與獅身的埃及神獸，肩負守護神殿與國王墳墓之責。在希臘神話，則變成當人類猜不出謎底則吃人的怪物。
	哈耳庇厄	擁有女性的臉與胸部，羽翼（手臂）與下半身則仿似猛禽類的鳥，是希臘神話的妖怪。在神話中是姊妹結伴出現的精靈，在史詩中是啃食惡臭屍肉的不吉祥怪物。
	人魚	上半身是女性的人類，下半身是魚。各地皆有其傳說，共通處為上半身是金髮美麗女子，坐在岩石上梳髮。關於其特質，有的認為其具駭人之魔力，有的則認為其善良友好。
	米諾陶諾斯	牛頭配上健碩男性身體的希臘神話怪物。克里特島的米諾斯國王，將這個怪物關閉在代達羅斯建造的迷宮裡，每 9 年獻上少男少女各 7 名作為祭品。
	梅杜莎	希臘神話的怪物，有著蛇的頭髮，肌膚覆有猶如青銅的鱗，直視其瞳孔即遭石化。原是戈爾貢三姊妹中最美麗的，因惹怒了雅典娜，遂被變成怪物。
異種族	仿生人	外觀貌似人類的機器人。基本上，因人工智慧得以自動活動的都是仿生人（android）。而女性型，則稱為機娘（gynoid）。
	吸血鬼	源於東歐羅馬尼亞傳說的吸血鬼。白晝長眠於棺木，入夜後活動，會突襲睡覺中的人類，吸血直到對方死亡。被吸血鬼吸血致死的人，也會變成吸血鬼。
	鬼	頭頂長有牛角，筋骨隆起且具有怪力的妖怪。原本所有的靈皆是鬼，但隨著妖怪的細分化，特別是指具暴力特質的。
	小灰人	棲息於地球以外的智慧生命體，是外星人的一種。灰色的肌膚，上揚的黑色眼睛，碩大的頭，幾乎不帶肌肉的纖細身體。自西元 1970 年代始有發現，截至目前已出現甚多的目擊案例。
	殭屍	原是巫毒教施法者施法所衍生的怪物。以殭屍粉施予屍體，死者的靈魂遭到封印，施法者即可驅使其成為奴隸。在電影中，則被塑造為活著的屍體。
	霍爾蒙克斯	由煉金術師創造出的人工生命。身體大小約是收納在燒瓶或玻璃瓶的程度，而且僅能存活在被製造出的容器裡。天生具有各種知識，也能說人類的語言。

亞人

神

雅典娜

關聯

■埃癸斯
➡ P.106

■奧林匹斯十二神
〜希臘神話的諸神〜
➡ P.128

■宙斯
➡ P.154

從宙斯的頭誕生出來的守護女神

【注1】
指的是居住在奧林匹斯山的十二位神。基本上是宙斯、希拉、雅典娜、阿波羅、阿芙蘿黛蒂、阿瑞斯、阿耳忒密斯、狄米特、赫菲斯托斯、赫密斯、波賽頓、荷斯堤雅。有時還會加上戴奧尼索斯或黑帝斯等等。

【注2】
希臘共和國的首都雅典之前身，其中心地有帕德嫩神殿。

【注3】
由於直視梅杜莎的眼睛則會遭到石化，為了讓珀爾修斯不看到梅杜莎的眼睛，雅典娜把表面如鏡的盾借給他。最後，珀爾修斯得以治退梅杜莎。又有一說認為，雅典娜借給珀爾修斯的盾是埃癸斯。

是至高之神宙斯與智慧女神墨提斯結合生下的女神，也是奧林匹斯十二神【注1】的一柱，是司長智慧、藝術、工藝、戰略之神。諸神的誕生方式詭異，雅典娜也是其中的代表。

宙斯聽從預言，認為墨提斯所生的孩子會威脅到他的地位，為消滅懷孕的墨提斯，遂將她吞下。宙斯以為可以斷絕禍源，沒想到自此深受頭痛之苦。最後難耐痛苦，命令兒子赫菲斯托斯把頭割下，結果頭內出現身穿盔甲的雅典娜。而且，當時她已長大成人。

繼承雙親血脈的雅典娜，的確是勇猛且聰明的女性。她與也是奧林匹斯十二神中的波賽頓爭奪雅典城【注2】的守護權，終究贏得勝利。驕傲的梅杜莎說：「我的頭髮比雅典娜漂亮。」她就施法讓梅杜莎的頭髮變成蛇。英雄珀爾修斯治退梅杜莎之際，雅典娜則將盾【注3】借給他。由此可看出雅典娜不認輸的一面。

蹦出

雅典娜

蔓延希臘全國的雅典娜信仰

【注4】
帕德嫩有「處女」之意。

【注5】
是指小且高的山丘，是城鎮的象徵，過去也是都市的防衛據點，因而建設城壘。

　　希臘全國有眾多信仰或崇拜雅典娜的人們。雅典娜與宙斯的兒子赫菲斯托斯生下厄里克托尼俄斯，由雅典娜獨自扶養長大，他也是雅典娜的信仰者。成為雅典王的他以象徵雅典娜的橄欖樹製作雅典娜雕像，並積極推動舉辦**泛雅典娜節**的盛大慶典。該祭典規模盛大，分為四年一次的大慶典與每年一次的小慶典，皆在7～8月間，為期四天。慶典中，由市長或長老們帶領騎馬隊、奏樂隊等，浩浩蕩蕩遊行到帕德嫩神殿【注4】。

　　由於雅典娜是希臘人崇拜的對象，各地的高城【注5】紛紛建設神殿，又以位於雅典娜高城的**帕德嫩神殿**最為有名。那裡祭祀著帶來勝利的女神雅典娜、帶來健康的女神雅典娜、守護城鎮的女神雅典娜……各種的女神雅典娜。

　　身為雅典城守護者與智慧女神的雅典娜，也許是希臘神話諸神中最為人們所愛戴的。

女神雅典娜的真面目

　　與諸多戰役有關的雅典娜，其實並非好戰之士。她都是為守護和平與秩序而戰，目的在自衛、保護雅典城。另外，身為智慧女神的她，也傳授各種知識給人們，教導紡織車或風帆的製作方法。再者，她是處女之神，但不仇男，遇到有英雄氣魄的男性，仍不遺餘力相救。

雅典娜

神

天照大御神

司長太陽，照耀大地的女神

【注1】
諸神居住的世界，而人類居住的地上則稱葦原中國。

【注2】
稗田阿禮、大安萬侶所編纂的日本最古老之歷史書。西元712年（和銅5年）獻給元明天皇。記載了從開天闢地至推古天皇時代的神話與傳說。

【注3】
奈良時代編纂的日本歷史書。與《古事記》不同，其成立的經緯不明，記載了神代至持統天皇時代。

【注4】
開天闢地之際顯現的12柱7代諸神之一，是男神。與伊邪那美命結為夫婦，並產下日本國土與萬物皆神的諸神。

【注5】
開天闢地之際顯現的12柱7代的女神。與伊邪那岐命結為夫妻，生下日本國土與諸神。但是，在生產火神的火之迦具土神時遭燒傷而亡。與伊邪那岐命在黃

天照大御神是君臨八百萬諸神，高天原【注1】的主宰之神。其名有「照亮天際＝明亮的天際」之意，也稱為**太陽神**。同時，也是日本皇室的祖神，祭祀於伊勢神宮。

根據《古事記》【注2】或《日本書紀》【注3】記載，天照大御神為女性，有時也會顯露出男性的一面，因而也有人認為是男性。至於為何會有男性的一面，其實是在與建速須佐之男命對決時所顯露出來的。

伊邪那岐命【注4】去到黃泉之國會見亡妻伊邪那美命【注5】，回程在河邊洗去汙穢【注6】之際生下天照大御神。當時，從他的左眼生出天照大御神，右眼生出月讀命，鼻子生出須佐之男命，其後分別統治高天原、夜世界、海世界。不過，須佐之男命告訴伊邪那岐命：「想去伊邪那美命所在的黃泉之國。」因此惹怒了伊邪那岐命，而遭到流放。

之後，為了見姊姊天照大御神，須佐之男命面向高天原而去，由於氣勢逼人，害得天照大御神以為他要奪取高天原。於是天照大御神全副武裝，配戴弓箭，梳髮為男子模樣，是為因應如此粗暴的須佐之男命，彰顯出毫不退縮的主宰之神威嚴。

果然是女神的天岩戶神話

另一個傳說，則徹底流露天照大御神女性的一面，即是著名的「天岩戶神話」。

在高天原胡作非為的須佐之男命，是天照大御神的弟弟，但也因為他，害得部下為之喪命，動怒的天照大御神遂躲進天岩戶【注7】不願出來。結果世界陷入幽暗，不斷發生險惡之事。煩惱到不知所措的諸神，只得去找智慧之神思金神商議，研擬對策。

諸神來到岩戶前送進勾玉與八咫鏡，又要天宇受賣命開始跳舞。以為發生何事的天照大御神打開岩戶的隙縫，天宇受賣命即對她說：「比您更尊貴的神明誕生了。」天照大御神以為八咫鏡中映照的自己就是那尊貴的神明，遂想看個清楚，不知不覺打開了岩戶，隨即被諸神拉了出來。

因弟弟須佐之男命不聽勸誡，隨即任性躲進岩戶不願出來的她，果然顯出女神可愛的一面。

【注6】以水清洗身體，洗去罪惡與髒汙。

泉之國再見面後，即變成黃泉之國的大神。

【注7】出現於日本神話的岩石洞窟。

與須佐之男命的誓約

所謂的誓約，是為證明自己的清白，所以須佐之男命與天照大御神以占卜論勝負。須佐之男命送給天照大御神的十拳劍，誕生出宗像三女神。而天照大御神送給須佐之男命的勾玉，則誕生出5柱的神。結果是須佐之男命勝利。不過，神話故事的部分曖昧不清，所以勝利的理由也不清不楚。

天照大御神

神話、傳說

阿爾斯特傳說

～凱爾特神話的英雄傳～

關聯

■圖桌騎士
～亞瑟王傳說～
➡ P.124

構成凱爾特神話的主題之一

【注1】
愛爾蘭、威爾斯的傳說故事，內容各自不同，因而分別稱為愛爾蘭神話、威爾斯神話。

【注2】
是指愛爾蘭北部、以阿爾斯特為主要背景的複數故事。

【注3】
以女神達奴為始祖的愛爾蘭諸神，是達南神族的太陽神。

【注4】
也就是阿爾斯特傳說中的〈奪牛長征記〉，描寫阿爾斯特與康諾特兩國長達七年的戰爭。

【注5】
國王或英雄會對自己施予魔法束縛，庫丘林的禁忌是「不吃狗肉」、「不拒絕布施」等，後來打破禁忌，因而喪命。

凱爾特神話【注1】是總結了英國的愛爾蘭與威爾斯的傳說。阿爾斯特傳說（阿爾斯特故事）【注2】則是凱爾特神話的一部分，經常被引用於電玩或動漫等虛構作品中。

阿爾斯特傳說包含各種大大小小的故事，不過最主要還是描寫阿爾斯特的英雄庫丘林。

庫丘林是光之神魯格【注3】，與阿爾斯特國王康納爾的妹妹黛克泰爾所生的孩子，本名瑟坦特。幼年時誤殺了鐵匠庫林的看門狗，於是自願擔任庫林的看門狗，改名為「庫丘林」（庫林的獵犬）。

庫丘林登場的故事包含①遇見影之國的女王斯卡哈，②與影之國的女戰士歐芙之戰，③與康諾特國女王梅芙之戰【注4】，④與兒子康萊的父子對決，⑤打破禁忌【注5】的庫丘林之結局等。其中又以③最為有名，康諾特國的女王梅芙與其丈夫艾利為了爭議誰的財產較多，因而引發阿爾斯特與康諾特兩國的戰爭，故事中描寫庫丘林在戰場的英勇事蹟。

阿爾斯特傳說除了庫丘林，還有許多極具特色的人物，下頁就介紹主要的人物。

阿爾斯特傳說 ～凱爾特神話的英雄傳～

■凱爾特神話（阿爾斯特傳說）的主要人物

名　字	簡　歷
庫丘林	猶如阿爾斯特傳說中的主人翁，是半神半人的英雄。由於繼承了神的血脈，據說可以變身為異形。在影之國遇見斯卡哈，拜她為師，得到具有魔法的千棘刺之槍。歸屬紅枝騎士團，在《奪牛長征記》一人對戰愛爾蘭的四個王國。在與梅芙之戰中，由於打破禁忌，最終命喪戰場。
康納爾	是優秀且受人民愛戴的阿爾斯特國王。既英勇且聰明，同時也是頑強的戰士。具預言之能力，預言庫丘林的兒子康萊來到阿爾斯特時，將帶來災難。
弗格斯	庫丘林的養父。可以操使刀身如彩虹的魔劍卡拉德波加。曾經是阿爾斯特的國王，為了成為戰士，遂將王位讓給康納爾。是足以匹擬700人氣力的壯大男子，一餐可吃下鹿、豬、牛各7頭，並喝下7樽的酒。性慾強，僅有他的妻子女神費迪絲與情婦梅芙能滿足他。
佛迪亞德	是庫丘林的摯友，一同拜斯卡哈為師。阿爾斯特與康諾特兩國之戰期間，他率康諾特人參戰。在梅芙的命令下，與庫丘林交手，最後戰敗喪命。
斯卡哈	統治影之國（有一說認為是赫布里底群島的天空島）的女王，是戰士也是預言者。其名字有「影子」之意。是傳授庫丘林武術的老師，也是她教導庫丘林跳躍技法與如何使用千棘刺之槍。斯卡哈有兩個兒子與一個女兒烏莎哈，而後在影之國嫁給了庫丘林。
歐芙	影之國的女戰士，與斯卡哈為爭奪土地而戰，期間也與庫丘林交手。戰敗的歐芙成為庫丘林的情婦，為他生下孩子，並相互許下三個約定。
康萊	庫丘林與歐芙所生的孩子。庫丘林遵從國王的指令：「不得讓康萊踏進阿爾斯特」，不惜與康萊對戰，最後庫丘林殺死對方贏得勝利，卻得知康萊是自己兒子，因而悲憤後悔不已。
梅芙	康諾特的女王，其名字有「陶醉」之意，為了讓國土繁榮興盛，與多名男性發生關係。康納爾或弗格斯都是她的情夫。她可以自己驅使戰車，指揮軍隊，具好戰性格。另外，她也非常頑強，在與阿爾斯特之戰役敗給庫丘林，她為了復仇不斷研擬對策，終於讓庫丘林命喪戰場。
紅枝騎士團	經常出現於阿爾斯特傳說的戰士集團，猶如現在為保護國家的軍隊。康納爾在位期間，擁有庫丘林或弗格斯等多位一流的戰士。

愛爾蘭神話的其他英雄

在愛爾蘭神話中，除上述介紹的人物之外，還有許多的英雄，例如芬恩或迪奧姆德。他們歸屬奧費納騎士團，皆是武術高強的戰士，為守護愛爾蘭，甚至與侵略者或怪物對戰，氣勢完全不輸給庫丘林。

阿爾斯特傳說 ～凱爾特神話的英雄傳～

武器

阿提米斯的弓箭

關聯

■奧林帕斯十二大神
～希臘神話的諸神～
➡ P.128

■宙斯
➡ P.154

手握弓箭且喜愛狩獵的月之女神

【注1】
樂朵是提坦神族的科俄斯與芙伯的女兒。樂朵的妹妹阿斯忒里亞拒絕了宙斯的求愛，憤怒的宙斯遂將她變成海中的小島。據説樂朵就是躲到這個島上生產。

提到希臘神話中的射箭高手，最先想到的就是**月之女神阿耳忒密斯**。她的弓箭是強大的武器，百發百中。關於這個弓箭有個傳説故事，不過在此之前，還是先説説弓箭的主人阿耳忒密斯吧。

阿耳忒密斯是太陽神阿波羅的雙胞胎妹妹，是**象徵狩獵與純真的女神**。她的父親是至高無上的宙斯，母親是樂朵【注1】。在生產雙胞胎時，由於宙斯妻子希拉忌妒，百般阻撓。在那般驚險下，樂朵終於還是平安生下孩子，不過其實是阿耳忒密斯比阿波羅早出生，她被生下後立即擔任母親的助產士。因此，基於這個神話，阿耳忒密斯也被視為**孕婦的守護神**。

阿耳忒密斯**以嫌惡男性而聞名，因為她曾在宙斯面前立下守貞潔的誓言**，同時她也禁止自己的部下沉迷戀愛，破壞規矩者即變為熊，並遭流放。另外，獵人阿克泰翁因目

射擊♥

阿提米斯的弓箭

睹她裸身沐浴，阿耳忒密斯憤怒之下遂把他變成鹿，使其遭自己的獵犬四分五裂。

如此殘忍的阿耳忒密斯，卻非常守護家人，例如巨人提提俄斯對母親樂朵施暴時，她聯合阿波羅擊退了對方。

月之女神引以為傲的無比武器

司長狩獵的女神阿耳忒密斯所持有的強大弓箭，曾引發以下的悲劇。

在父親宙斯面前誓言貞潔的阿耳忒密斯，曾經一度心儀某個男性，那就是海神波賽頓的兒子歐里昂。他有強勁的臂力，手持棍棒即能步行荒山野外，是希臘數一數二的獵人。阿耳忒密斯與歐里昂愈來愈親近，大家開始盛傳他們將要結婚的流言。但是，阿波羅不允許誓言貞潔的妹妹愛上別的男人，企圖破壞兩人的關係。

某次歐里昂在海邊，阿波羅故意放出毒蠍，然後要歐里昂趕緊往海裡避難。待歐里昂走遠到肉眼幾乎看不見之處，阿波羅喚來阿耳忒密斯，指著猶如沙點渺小的歐里昂問她：「你可以射中遠方的那個獵物嗎？」阿耳忒密斯隨即拉弓射擊，果然準確射中殺死了歐里昂。知道真相後懊悔不已的阿耳忒密斯，乞求讓歐里昂復活，但宙斯不許，遂將歐里昂化為星座【注2】以撫慰阿耳忒密斯。

沒想到射擊命中率百分之百且向來以自己為傲的阿耳忒密斯，卻以她的弓箭引來懊悔與永遠難以彌補的後果。

阿提米斯的弓箭

神話、傳說

邪惡之眼

～世界的邪惡之眼傳說～

關聯

■ 沙利葉
　　　　➡ P.040

■ 怪蛇蜥蜴
　　　　➡ P.160

一眼就能引來災難的詛咒眼神

【注1】
美索不達米亞文明誕生的文學作品，西元十九世紀在亞述遺跡發現。史詩的主角吉爾伽美什（P.134），是西元前2600年左右實際存在的蘇美王朝國王。故事描寫人類的國王與女神結合生下了半神的英雄吉爾伽美什，擊退各種怪物或以永恆的生命展開探險的冒險事蹟。

　　與他人連結的相關行為中，最容易意識到的應該是「注視」或「被注視」吧。因此，自古以來人類認為眼睛是寄宿著神奇力量的器官。而邪惡之眼，也是基於此概念衍生的民間傳說之一。

　　邪惡之眼又稱為「邪視」、「邪眼」，透過充滿著惡意的眼神凝視，達到詛咒對方的能力。此概念衍生的時間古遠，在西元前2000年左右世界最古老的《吉爾伽美什史詩》【注1】，即留下了關於邪惡之眼的記載。另外，希臘神話或羅馬神話，《聖經》或《可蘭經》這類的傳說、也出現與邪惡之眼有關的故事。

　　人們相信除了使用妖術的魔女或巫婆，舉凡聖職人員、死刑執行者、妓女等特殊地位的人也擁有這樣的能力。再者，不僅是人類，蛇、狼等動物或天使、惡魔等虛擬人物也具有邪惡之眼。

　　由於出現在諸多的神話或傳說故事中，現代的創作作品也從中獲得靈感，因此塑造出許多擁有邪惡之眼的角色。

■世界各語言的「邪惡之眼」

標　記	語　言	標　記	語　言
evil eye	英語	szemverés	匈牙利語
boser blick	德語	deochiu	羅馬尼亞語
mauvais oeil	法語	oculus fascinus	拉丁語
cronachadt	高盧語	baskania	希臘語
malocchio	義大利語	ania bisha	敘利亞語
gittadura	塞普勒斯島	Ayin - haraah	希伯來語
mal de ojo	西班牙語	En Ra	塔木德（收錄記載了摩西口述的律法書籍）
ondt øye	挪威語	ghorum caksuh	梵語
onda ögat	瑞典語	najar	印度古吉拉特語
počarič	斯洛伐克語	ad - gir	蘇美語

■邪惡之眼的主要傳說故事

名　稱	傳說故事
梅杜莎	出現於希臘神話的怪物。原是美麗的女神，因惹怒雅典娜，被變成蛇髮的駭人模樣，眼睛綻放怪異光芒，凝視者都會遭到石化。
怪蛇蜥蜴	出現於歐洲傳說故事的怪物。與牠的視線交會，對方會立即死亡，若以武器攻擊牠，牠體內的劇毒會經由武器殺死對方。可說是無處不散發死亡氣息。
雞身蛇尾怪物	模樣是有著蛇的尾巴與4隻腳的雞，具有邪眼，與其視線交會即能讓對方石化，其吐出的氣息可以誘發疫病。與怪蛇蜥蜴頗相似，經常被視為同類。
巴羅爾	出現於凱爾特神話的巨人族弗伏摩爾之王。又稱為「邪眼的巴羅爾」，只要睨視，即能殺死諸神。所以平時眼睛是閉著，戰鬥時則由部下掀開眼皮。
沙利葉	基督教的大天使，被認為是邪眼的始祖，被其注視，之後即不能動彈或隨即死亡。據說寫下沙利葉之名的護符，具有防護被其他邪眼攻擊的效果。
猿田彥	出現於日本神話的神，容貌像有著大鼻子的猿猴，據說他的眼睛閃耀猶如強大力量的鏡子。從其外觀特徵，有人認為天狗傳說即是以其為範本。

邪惡之眼 〜世界的邪惡之眼傳說〜

119

神話、傳說

銜尾蛇

關聯

■ 輪迴轉世
➡ P.100

以龍象徵循環不已的宇宙定律

【注1】
西元前4700年至西元前2900年左右的中國新石器時代文化。位於現在中國河北省至內蒙古自治區，此文化以農業為主，但也從事狩獵或畜牧。

　　回歸土地的屍體變成養分，蒸發昇華為大氣，化為雨水降落滋潤土地的作物，然後成為生物的食糧。如此的循環構造也可說是宇宙的安排，在佛教稱為輪迴轉世。在古希臘時代，將此概念化為圖形，也就是銜尾蛇。

　　吞噬著自己尾巴的龍或蛇之虛幻圖騰，其實充滿象徵意義，並且是跨越了時代或地域，透過圓環＝銜尾蛇表現其意涵。無論是北歐神話中被放逐於大海，於是吞噬自己尾巴長成巨大的巨蛇耶夢加德；或是紅山文化[注1]墳墓發現的圓環狀龍之工藝品，抑或是古埃及圍繞守護太陽神的蛇等。不難發現地球上各地域皆有這樣的共通性，以循環、連鎖或圍繞的形式訴求安定性。

　　在化學領域上，波昂大學的凱庫勒解釋苯的結構即是一種銜尾蛇。他因為夢見蛇咬住自己的尾巴，聯想到苯的6個碳原子（C）結合成環狀。當時他提出是三處單結合與三處雙重結合的交互替換結構，現在則知道結合時所需的 π 電波分布在C上，因而形成圓環狀。銜尾蛇帶來的啟發，也許還可運用在日後的種種發明上。

銜尾蛇

■銜尾蛇的圖騰

　　無腳的蛇銜住自己的尾巴，形成圓環狀，也是表現完整的象徵。即使來到現代，物理學家村山齊在思考關於宇宙，也同樣聯想的是銜尾蛇。同時它也被運用在苯的結構，周圍聯繫著6個六角形，形成更大的六角形蔻。再聯繫圍繞下去，又變成石墨或奈米碳管。隨著六角形的增加圍繞，可以製造出強度更強且更安定的工業用素材。凱庫勒的發現，的確造福了現代的製造技術。

銜尾蛇	類似的圖（苯的分子結構）

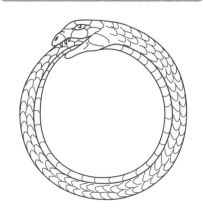

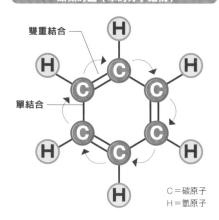

雙重結合

單結合

C＝碳原子
H＝氫原子

COLUMN

堪稱近代偉大的發明竟與昏昏欲睡有關!?

　　凱庫勒教授究竟有沒有夢見銜尾蛇，終究是不可考。但在凱庫勒教授生活的西元1800年代，銜尾蛇是已知的象徵，由此獲得靈感，進而衍生解析苯的構造，實在不無可能。

　　假設教授做的夢是虛構的，苯的構造與銜尾蛇的圓環相似，不過是後來的穿鑿附會，但以銜尾蛇的圓環解釋苯的構造，並發表了「凱庫勒結構」終究是事實。畢竟得以從眾所皆知的銜尾蛇圖騰，想像不單

僅侷限於圓環上，進而發展到化學上的證明，的確是值得讚許之事。由於碳原子的環狀結合之發現，最後甚至有了富勒烯或奈米碳等管偉大的發明。

　　據說，凱庫勒的這個夢境有過兩次，一次是在馬車行進中，一次是書寫停筆前的打瞌睡。換言之，若他真的是夢見了靈感，看來腦中必須時時思索著研究，最後在昏昏欲睡中即能獲得夢的啟示。

銜尾蛇

武器

王者之劍

關聯

■圓桌騎士
～亞瑟王傳說～
➡ P.124

■聖劍、魔劍
➡ P.152

以聖劍而聞名的亞瑟王之愛劍

【注1】
是不列顛國王烏瑟王的兒子，出生後就交給魔法師梅林扶養，於是從皇族淪為平民。不過之後，與圓桌騎士結盟，並取得王者之劍，成為留名的傳說故事之英雄。

【注2】
出現於中世紀傳說的知名魔法師。擁有預知能力，是亞瑟王的建言者。

是率領圓桌武士而戰的亞瑟王【注1】的愛劍。知名度極高，是西洋武器中最著名的劍之一。

這把劍是由精靈國度阿瓦隆的居民打造而成，據說具有特別的護持。另外，劍鞘的神聖力量得以讓擁有此劍者的傷口癒合。亞瑟王取得此劍後，擊退了侵略祖國不列顛的愛爾蘭人或日耳曼人等強敵。

那麼，亞瑟王究竟是如何獲得此神劍？根據《亞瑟王傳說》的描述如下：

亞瑟原是不列顛的國王的兒子，但出生不久即從皇族淪為平民。在他15歲時命運出現了轉折。某日，他在不列顛倒的教會發現大岩石上插著一把不可思議的劍，傳言能拔出石中劍者即是不列顛的國王，長久以來許多騎士前來挑戰，終不得其果。沒想到，亞瑟輕鬆拔出了劍。

因此成為國王，為守護不列顛而戰。不過，某次戰役中折斷了劍，

圓桌之夜 圓桌騎士 拜見！！

只有劍像樣…

椅子

魔法師梅林【注2】出手救了身陷險境的亞瑟王。後來徘徊湖畔的亞瑟王遇見了湖中仙女，交給他一把劍，也就是王者之劍。

其實有兩把王者之劍？

【注3】
以拉丁語書寫的不列顛偽史書。描寫凱薩大帝率領的羅馬共和國軍侵攻不列顛尼亞。由於內容是虛構的，因而並不同等於歷史書。

如果湖中仙女拿出的是王者之劍，那麼插在大岩石的劍又是什麼？西元十三世紀的散文故事《梅林傳》，提到亞瑟從大岩石拔出的劍為「Escalibor」，是王者之劍（Excalibur）的別稱，換言之，世界上存在著兩把神劍。

另外，寫於西元十二世紀的《不列顛列王傳》【注3】，記載著亞瑟王的劍是「Caliburnus」，指的是從大岩石拔出的劍，而湖中仙女交給亞瑟的劍，則是重新打造斷掉的Caliburnus。因此，王者之劍（Excalibur）意味著「重新打造的Caliburnus」。

諸多故事描寫關於亞瑟王的傳說，而且流傳各個時代，甚至以不同的語言書寫，因此究竟哪個說法為真，已難以判斷。唯一可確定的是，因為亞瑟王擁有此劍，才能打贏無數場戰役而凌駕他人之上，從此昇華為傳說。

據說亞瑟王死後，他忠實的屬下貝德維爾將王者之劍歸還給湖中仙女。不過，諸多的故事內容不盡相同，真偽已難辨。

王者之劍

傳說、傳說

圓桌騎士

～亞瑟王傳說～

關聯

■ 聖杯
➡ P.049

■ 阿瓦隆
➡ P.107

■ 王者之劍
➡ P.122

猶如國王手足的傳說騎士們

【注1】
據說是西元五～六世紀的不列顛國王，成功擊退了撒克遜人的侵略。

【注2】
西元十五世紀的英格蘭人。總結整合片斷傳說下來的亞瑟王故事，寫下長篇的《亞瑟之死》，描寫亞瑟王的誕生直到死亡。

　　在描寫騎士們練武、戰役或戀愛等主題的騎士故事系列中，最為有名的文學作品要算是《亞瑟王傳說》。故事內容是不列顛傳說中的國王亞瑟【注1】，以及與他並肩作戰或冒險的騎士們。

　　由於歸納了歐洲古代傳說、民間傳說或口述等故事，起初並沒有所謂的文本。西元十五世紀托馬斯・馬洛禮【注2】總結了諸多逸話，寫下《亞瑟之死》，算是亞瑟王系列故事的代表作。

　　在亞瑟王系列故事中，圓桌騎士指的是隨侍亞瑟王的騎士們。亞瑟王居住的卡美洛城堡放置著巨大的圓桌，亞瑟與騎士們經常坐圍圓桌商議，因而得其名。根據不同的文獻，圓桌騎士的人數也不盡相同，《亞瑟之死》的騎士多達300人，而且還出現許多陌生的騎士。一般而言，約有10～15名左右是有名字的。由於是圓桌，因此無上下位之區別，圓桌象徵平等，也就是說騎士們的身分是同等的。另外，得以坐上圓桌也顯示擁有優異的功績，畢竟席次有限，因此「圓桌騎士」也意味著菁英。

圓桌騎士 ～亞瑟王傳說～

■亞瑟王與主要的圓桌騎士們

名 字	關於人物的評價
亞瑟	不列顛國王烏瑟王的兒子。由於拔出可以證明是不列顛國王的石中劍，因此成為國王。率領圓桌騎士們統一不列顛，之後因王妃的偷情，造成騎士團的分裂。亞瑟在內戰中受傷身亡。
藍斯洛特	是班國王的兒子，由湖中仙女的精靈養育長大。是圓桌騎士中最英勇的一位，堪稱是武術品格兼備的完美騎士。因與亞瑟王的王妃關妮維私通，引發騎士團的分裂，也造成國家的崩解。
高文爵士	亞瑟同母異父姊姊的兒子。是圓桌騎士中最勇猛的戰士，深受亞瑟的信賴。日升至正午期間，可以發揮出比平時強大3倍的力量。
凱伊芳	亞瑟的義兄（也有的文獻寫的是義弟）。他在古老的傳說中，因擁有強大的魔力，即使身負不可治療的重傷仍可不休息持續作戰9天。在中世紀以後的故事，則變成少根筋的好人。
特里斯丹	康瓦爾國王的外甥。曾與藍斯洛特騎馬競賽。原是其他傳說故事的人物，後來被納入亞瑟王故事系列，因此他的部分有時會出現前後難以整合的情況。
貝德維爾	負責亞瑟王的飲食。在古老的傳說中，他以單手的力量即可擊敗多名騎士，是不屈不饒的騎士。不過在中世紀以後的故事，並未顯得特別英勇。亞瑟王死後，他負責將王者之劍歸還給湖中仙女（精靈）。
亞格拉賓	高文爵士的弟弟。懷疑藍斯洛特與王妃私通，遭到藍斯洛特的反擊而遭殺害。被視為人品卑劣的騎士，不過可能是因與受歡迎的藍斯洛特敵對，才獲得如此的評價。
格西雷斯	高文爵士的弟弟，猶如哥哥的隨從。關妮薇王妃與藍斯洛特私通而即將遭處刑之際，與弟弟加雷斯守住刑場，但藍斯洛特為救出關妮薇，誤殺了格西雷斯。
加雷斯	高文爵士的弟弟，是個純真且英勇的年輕騎士，深受高文爵士與藍斯洛特的喜愛。與哥哥格西雷斯駐守關妮薇的刑場時，遭藍斯洛特的誤殺。據說兩兄弟非常尊敬藍斯洛特，所以並無拿出武器對抗。
迪拿單	雖然不特別的英勇，卻是機靈又富幽默感的騎士，深獲貴婦人們的喜愛。與特里斯丹尤其友好，兩人攜手留下許多冒險的故事。
莫德雷德	是亞瑟與同母異父姊姊生下的孩子。魔法師梅林預言他會滅亡國家。長大後的莫德雷德企圖趁亞瑟不在時謀反，導致亞瑟遭受致命之傷，而他自己也遭討伐。
加拉哈德	據說是藍斯洛特的兒子，為了成為圓桌騎士，突破重重的試煉，因而被稱為「最偉大的騎士」。之後成功完成找尋聖杯的任務。擁有純潔的靈魂，因而獲得上帝寵召。
鮑斯	與加拉哈德、波西法爾一同展開尋找聖杯，並成功達成任務。當藍斯洛特與亞瑟王對立之際，他選擇站在藍斯洛特這邊，並出擊致使亞瑟王落馬。
波西法爾	是圓桌騎士一員的貝里諾亞的兒子。也是擲槍的高手，可以擊中空中飛翔的鳥。與加拉哈德、鮑斯完成找尋聖杯的任務，但不久即追隨加拉哈德，蒙主恩召。

圓桌騎士～亞瑟王傳說～

神

奧丁

關聯

■諸神的黃昏
~北歐神話的世界與諸神~
➡ P. 185

■洛基
➡ P. 192

■女武神
➡ P. 194

北歐神話的單眼主神

【注1】
是日耳曼民族傳承的神話。挪威或丹麥等基督教滲入了較遲的北歐地區，留下諸多的傳說故事，統稱北歐神話。

【注2】
北歐神話的故事背景分為天上、地上與地下三部分，而貫穿這三層的是巨大的世界樹。天上有阿薩神族的阿斯加特、華納神族的華納海姆、光之精靈的亞爾夫海姆。地上分為人類居住的中庭、巨人的約頓海姆、火焰巨人的穆斯貝爾海姆、侏儒的斯瓦塔爾海姆。地下是霜之國尼福爾海姆、死之國海姆冥界，一共有9個國度。

【注3】
日耳曼民族所使用的文字。在動漫或小說中予人神祕的印象，不過是日常用的文字。

　　奧丁是司長魔法、智慧、戰爭與死亡的北歐神話【注1】中的主神。是神話諸神最年長者，與妻子佛麗嘉生下巴德爾，與巨人族生下索爾，可說是眾神之父。

　　外型是蓄著灰色鬍鬚、獨眼的老人，戴著有帽沿的帽子，披著藍色的斗篷，居住在位於阿斯嘉特的英靈殿，從王座可以觀看到全世界。

　　奧丁為求擁有魔法，將自己的一隻眼睛獻給巨人密米爾，得以飲下世界樹【注2】根部的智慧泉——密米爾泉水。另外，奧丁發現了盧恩文字【注3】（P.284），因而被稱為智慧之神，不過當時他是以茅插刺身體，並上吊在世界樹長達9天，身為神卻盡做些荒誕之事。

　　從這些軼事中，也不難看出過去人們，視知識為寶物。

　　與奧丁有關的故事，最為人所知的是具法力的永恆之槍。這把槍是取世界樹的樹木為握柄，刀尖刻上盧恩文字，投擲向敵人

腳纏住，不能走了。

奧丁

後必然會自動返回。另外，奧丁還有八隻腳的坐騎馬斯雷普尼爾，這個名字有「滑行者」之意。這匹馬不僅能在陸地奔跑，還能去到天際、海洋或是冥界。

預見諸神的黃昏依舊無法改變命運

【注4】
諸神與敵對者展開的最後戰爭。當時從此無夏季，一年到頭是寒冷的冬季，持續了三年。奧丁率領諸神的軍隊與敵對的洛基或霜巨人族發生激戰，最後雙方皆滅亡。擁有預知能力的奧丁雖然知道自己將遭受巨狼芬尼爾的吞噬，以及諸神的結局，終難以逆轉命運。世界隨著火焰巨人史爾特爾燃燒殆盡，不過最後浮現出嶄新的陸地。存活的數位神祇與人類，就此開創了新世界。

好奇心旺盛的奧丁，不斷追求魔法與知識的精進，終於擁有預知能力。他看到了最後戰爭諸神黃昏【注4】，眾神滅亡。從此，他命令思維與記憶兩隻烏鴉去蒐集世界的訊息，自己則坐在王座監視世界。另外，他也派遣女武神們去到人間，召集勇敢戰死的戰士靈魂，因此奧丁也被視為司長戰爭與死亡之神。

為了諸神黃昏所做出種種準備的奧丁，終究無法改變命運。戰爭的紊亂造成天變地動，引發與諸神對立的巨人族展開攻擊。奧丁率先與巨人族而戰，但連同坐騎斯雷普尼爾隨即遭巨狼芬尼爾吞噬。最後就連得以預知一切的奧丁，也難以翻轉既定的命運。

奧丁召集的狂戰士們

奧丁召集的戰士們又稱為「英靈戰士」。最後戰役時，他們猶如野蠻瘋狂的狗或狼般，不配戴盔甲即赴戰場，不知恐懼也不知痛苦，呈現「狂戰士」的興奮狀態。在奇幻小說或RPG等經常出現這類的狂戰士，其實是源自奧丁的英靈戰士。

奧丁

神話、傳說

奧林匹斯十二神

~希臘神話的諸神~

關聯

■雅典娜　➡ P.110

■宙斯　　➡ P.154

■海克力士　➡ P.173

以主神宙斯為首的尊貴神族

【注1】
以蓋亞與烏拉諾斯為祖先的神族。第一任國王是烏拉諾斯，第二任是克羅洛斯。當時烏拉諾斯懷疑自己的孩子們企圖謀奪皇位，於是對孩子們施以各種的殘酷折磨，沒想到最後遭到孩子們的反抗逆謀。

　　所謂的奧林匹斯十二神，是指出現希臘神話中以宙斯為首的神族。既是十二神，換言之也是十二柱，由於黑帝斯、荷斯堤雅或戴奧尼索斯也在文獻內，有時不只十二神，而是十四神。

　　他們皆擁有特別的能力、蘊藏著稀有的才能，在諸神的世界擔負核心的角色。不過，原本擔任這項重責的是泰坦神族【注1】諸神。

　　泰坦神族是由原始混沌卡歐斯誕生的大地母神蓋亞、天神烏拉諾斯為首的神族，本來是他們統治世界。但是，烏拉諾斯敗給自己的兒子克羅諾斯，而克羅諾斯又敗給自己的兒子宙斯，最後由宙斯掌管世界。由於彼此的父親或祖父相異，因此神族歷史持續直到神話的終了。

　　握有世界霸權的宙斯，與烏拉諾斯或克羅諾斯一樣，他們與女神或人們結合，生下許多孩子。在宙斯諸多的孩子中最優秀者留下諸多功績，所以與其他諸神並稱奧林匹斯十二神。

　　下頁將介紹包含奧林匹斯十二神在內的希臘神話諸神，以及其簡歷。

■出現於希臘神話的主要諸神

名　字	簡　歷
雅典娜	宙斯與智慧之神墨堤斯所生的孩子。生下時已長大成人，司長智慧、藝術、工藝、戰術，深受人們信仰。
阿芙蘿黛蒂	司長性愛與繁殖的女神。有一說認為她是宙斯與狄俄涅的孩子，又有一說認為她誕生自烏拉諾斯的陽具。
阿波羅	宙斯與樂朵的孩子，與阿耳忒密斯是雙胞胎。是司長醫療之神，同時也是傳遞父親宙斯旨意的預言之神。
阿耳忒密斯	宙斯與樂朵的孩子，是司長狩獵與貞潔的女神。傳說她協助自己的母親樂朵生產，因此也是孕婦們的守護神。
阿瑞斯	象徵戰爭殘酷之神，他的雙親是宙斯與希拉，極度好戰，常顯露出殘酷無情的一面，與其他神祇相較下，難以獲得人們的敬仰。
烏拉諾斯	司長大地之母蓋亞生出的天空，因為把自己的孩子囚禁在大地深處，引發蓋亞的憤怒，之後敗給了與蓋亞所生的克羅諾斯。
厄洛斯	司長戀愛與性愛之神。關於其身世也有諸多傳說，有一說認為是原始混沌之神卡歐斯創造出來的，還有一說認為是阿瑞斯與阿芙蘿黛蒂的孩子。
蓋亞	是卡歐斯誕生的大地女神，另外還誕生了烏拉諾斯、獨眼巨人或百臂巨人。此外，她也創造了大海與山巒。
卡歐斯	出現於神話的原始神，據說誕生了蓋亞、塔爾塔洛斯、厄洛斯。卡歐斯僅出現在神話最初，因而諸多不明。
克羅諾斯	烏拉諾斯與蓋亞的孩子，並篡奪了父親的王位。由於可以令大地生產出豐碩的果實，因而被視為農耕之神。
宙斯	位居希臘神話諸神的最上位，是率領奧林匹斯十二神的主神，在兄弟波賽頓與黑帝斯等的協助下，篡奪父親克羅諾斯的王位。
戴奧尼索斯	是宙斯與人類塞墨勒的孩子。其名字有「誕生二次者」之意。據說是他教導人們種植葡萄與釀製葡萄酒。
狄米特	是蓋亞的女兒瑞亞女神與克羅諾斯的孩子，被視為穀物母神。之後又與其兄弟宙斯交媾，生下波瑟芬。
黑帝斯	克羅諾斯與瑞亞的孩子，相當於宙斯與波賽頓的哥哥。與宙斯等三人抽籤平分世界，遂成為統治冥界的冥王。
普羅米修斯	傳授人類使用火，被視為人類的守護者。是泰坦神族的智者，很早就察覺同胞的落敗，因而轉向奧林匹斯神族。
荷斯堤雅	是克羅諾斯與瑞亞的孩子，被視為爐灶女神與家庭的守護神。由於站在守護家庭主婦們的這一邊，因而深受女性的信仰。
赫菲斯托斯	司長鍛冶的神，諸神所持有的武器或防護用具幾乎由他所製造。有一說認為他是宙斯與希拉的孩子，另有一說認為他是希拉獨自生下的孩子。
希拉	司長婚姻的神，是宙斯的姊姊也是他的妻子。與淫亂的宙斯不同，她終身忠誠於自己的丈夫，被認為是極度忠貞的女性。
海克力士	是宙斯與人類阿爾克墨涅所生的半人半神男性。在經歷完成十二項任務後喪命，被宙斯召入天庭，終於成為神。
波瑟芬	宙斯與狄米特的女兒，是黑帝斯的妻子，冥府的王妃。起初討厭丈夫黑帝斯，後來才逐漸打開心房，最後卻因丈夫的外遇而被激怒。
赫密斯	是旅行者、行商人、強盜的守護神。在神話中他常是諸神的傳話者。父親是宙斯，母親是邁亞。儘管是宙斯愛人所生的孩子，卻深受希拉的疼愛。
波賽頓	宙斯的手足，是司長大海的神。在奧林匹斯十二神的地位僅次於宙斯。與妻子安菲特里忒生下人魚女兒崔坦與巨人兒子艾倫比亞。
墨堤斯	是蓋亞與烏拉諾斯的孩子歐開諾斯、忒堤斯所生的孩子，之後成為宙斯的愛人，產下奧林匹斯十二神的雅典娜。
樂朵	阿耳忒密斯與阿波羅的母親。因希拉的阻撓，開始尋找生產的安全地，路途中也衍生了種種的傳說故事。

※紅字是奧林匹斯十二神。通常納入的是雅典娜、阿芙蘿黛蒂、阿波羅、阿耳忒密斯、阿瑞斯、宙斯、狄米特、荷斯堤雅、赫菲斯托斯、希拉、赫密斯、波賽頓。

奧林匹斯十二神～希臘神話的諸神～

■希臘神話　諸神系譜

神話中最初登場的是原始神卡歐斯，有他誕生大地女神蓋亞、地獄的塔爾塔洛斯、厄洛斯。

奧林匹斯十二神 〜希臘神話的諸神〜

卡歐斯

厄洛斯

蓋亞 ─ 婚姻 ─ 烏拉諾斯

其他的泰坦神族

歐開諾斯 ─ 婚姻 ─ 忒堤斯

科俄斯 ─ 婚姻 ─ 福柏

克利俄斯

伊阿珀托斯 ─ 婚姻 ─ 克琉美娜

歐律諾墨　墨堤斯　堤堤絲

勒托　阿斯忒里亞

阿德雷斯　墨諾堤歐斯　普羅米修斯　厄比墨透斯

奧林匹斯十二神 波賽頓 ─ 婚姻 ─ 安菲特里忒

黑帝斯

奧林匹斯十二神 荷斯堤雅

奧林匹斯十二神 狄米特

奧林匹斯十二神 宙斯 ─ 婚姻 ─ 赫拉 奧林匹斯十二神

崔坦　艾倫比亞

奧林匹斯十二神 阿瑞斯　艾莉西雅　赫伯

■宙斯的情婦與孩子們

在這裡列舉的家族表僅是與宙斯發生關係的「部分」女性，以及她們的孩子們。

關於赫菲斯托斯的出生，傳說是希拉為報復丈夫宙斯不斷的外遇，決定自己產下比宙斯愛人所生的孩子更優秀的孩子。

奧林匹斯十二神 〜希臘神話的諸神〜

幻獸、妖怪

奇美拉

關聯

■宙斯
➡ P.154

■帕格薩斯
➡ P.172

出現於希臘神話的複合生物

【注1】
荷馬的史詩，主要是描述特洛伊戰爭。

【注2】
厄克德娜的上半身是美麗的女性，下半身則是蛇。與堤豐生下了奇美拉、刻耳柏洛斯、俄耳托斯、許德拉、龍女、派亞等。泰坦戰役中堤豐戰敗，被封印在愛特納山。厄克德娜又與兒子俄耳托斯再婚，生下了遭斯芬克斯、海克力士消滅的涅墨亞獅子與拉冬。

奇美拉是出現於希臘神話的怪物。身體是獅子，背上長著山羊的頭，尾巴則是蛇的頭。有關其外貌眾說紛紜，總而言之就是**多種生物的結合體**。模樣猙獰，口吐火焰，腳程速度快，擁有怪異力量。普遍說來，奇美拉是雌性，那是因為豢養它的阿米索達羅斯經常喚它「女兒」。

據說奇美拉最初出現在古希臘詩人荷馬的《伊利亞特》【注1】，文中記載著「身體的前部是獅子，中間是山羊，後部是蛇，不屬於人類而是神族。」事實上，奇美拉的雙親是巨人族的堤豐與厄克德娜【注2】。堤豐與至高無上的神宙斯一樣，繼承了烏拉諾斯與蓋亞的血緣，換言之兩人是親戚關係。照此脈絡，堤豐的孩子奇美拉當然也列入神族。

奇美拉棲息於呂基亞的火山地帶，專門做些侵襲人們的壞事。憂心的國王遂派遣英雄伯勒

還不死心...

那是我的情書!!

奇美拉

洛豐討伐奇美拉。由於他有天馬帕格薩斯，可以在天空飛翔，順利攻擊了不能飛的奇美拉，但它也不甘示弱吐出火焰對戰。最後因刺槍刀尖帶有鉛，在火焰的燃燒下融化流入奇美拉的口中，窒息而死。於是，神話裡樣貌最奇特的怪物終於遭到消滅。

奇美拉帶有複數的含意？

奇美拉也被放進基督教教義中，在中世紀的動物寓意譚，被描繪為「淫慾」或「惡魔」等。另外，奇美拉有時也用來引申意指「女性」。西元十二世紀的詩人馬爾波特以奇美拉做為評鑑娼妓或女性的標準，他如此描述，「儘管有著優雅的打扮，只要張開獅子的口，愛慾的火焰即吞噬了男性們。」因此，屬於複數生物綜合體的奇美拉，其多貌性也用來隱喻那些「外表可愛清純，實際充滿算計」狡猾、表裡不一的女性。

同時，奇美拉也象徵「愛情」，因為獅子「對戀愛對象抱持強烈衝動」，山羊是「成就穩定的愛情」，蛇則代表「失望或悔恨」。再者，其奇妙的外觀，據說也意味著「不易理解的夢」。

追溯奇美拉的起源

奇美拉棲息的呂基亞火山地帶，據說山頂有獅子，山腰有山羊，山腳下有蛇。由此看來，所謂的奇美拉，也許是將火山予以怪物化的結果。在歷史傳說中，經常將風土以生物呈現，而且多半描繪為駭人的樣貌，說不定這正是奇美拉之說的起源。

奇美拉

關聯

吉爾伽美什

獲得良友而從暴君成為英明君主

【注1】
《吉爾伽美什史詩》是美索不達米亞神話中最受歡迎，最長的故事。

【注2】
司長豐饒的女神，又稱為「寧胡爾薩克」或「寧多」。在天神的命令下，造出了恩奇杜。

吉爾伽美什是美索不達米亞神話《吉爾伽美什史詩》【注1】的主角，以西元前2600年的烏魯克第一王朝的國王為故事藍本。原本是罔顧百姓的暴君，之後蛻變優秀的統治者，王朝歷久長達近126年。至於銳變的契機，是他獲得了良友。

吉爾伽美什是女神寧蓀與人類的孩子，因而帶有三分之二的神之血統，所以是半神半人。具備了強韌體魄與罕見臂力的吉爾伽美什，年輕時仗勢自己傲人的能力，是百般折磨百姓的暴君。受不了痛苦的百姓求助於神，於是女神阿茹茹【注2】以黏土造出恩奇杜戰士，讓吉爾伽美什與他相遇。

吉爾伽美什接受恩奇杜的挑戰，不過恩奇杜終究是神之作，不可能會輸給吉爾伽美什。兩人的對決持續良久，一直分不出勝負，最後，吉爾伽美什因而領悟了自己並非絕對的存在，

我是烏龜！

從此學會謙虛，並與恩奇杜和解，兩人後來成為終生的摯友。

神創造的野人恩奇杜

為了讓暴君吉爾伽美什懂得謙虛，神以黏土造出野人恩奇杜。起初他全身是毛，智能僅有動物的程度，並與野獸們奔馳荒野。帶領恩奇杜走向吉爾伽美什，則是一位女性。

某個認識恩奇杜的獵人，有一天帶了一名娼妓到恩奇杜面前。恩奇杜深受魅惑，一連七天六夜與那女人做愛。最後回歸人類的正氣，動物們開始避開他。某次他在追逐動物時，察覺自己的腳力衰退。原來是做愛發洩了他過剩的精力，使他頓失野性，從野人變為人類。轉變後的恩奇杜在那女人的慈惠下前往烏魯克，然後與吉爾伽美什展開對峙，最後變成摯友。

之後，兩人歷經種種冒險，甚至殺害天牛【注3】而遭到諸神的懲罰，決定賜予恩奇杜病死的結局。此時，恩奇杜開始詛咒讓他變為人類的那個娼妓，太陽神夏瑪旭訓斥：「你是因為她，才能得到吉爾伽美什這個朋友啊。」聽聞此，恩奇杜想起兩人共同冒險的日子，終於安息。為了弔念他的死，據說吉爾伽美什的悲鳴聲響徹了全國。

吉爾伽美什

武 器

草薙劍

關 聯

■天照大御神
➡ P.112

■三種神器
➡ P.144

■須佐之男命
➡ P.150

建速須佐之男命取得的天叢雲劍

【注1】
在出雲國，肥之河（斐伊川）上游的鳥髮，當地出沒的怪物，有8個頭，8條尾巴，8個低谷，8個高峰，據說體型十分巨大，每年一次去到鎮上吃食年輕女孩。

又稱草薙劍的天叢雲劍，是三種神器之一。曾經偷看過此劍的僧侶說，長約2尺8寸（85cm），劍身像似菖蒲的葉子。

草薙劍，原名是天叢雲劍，其由來得從建速須佐之男命如何取得此劍說起。粗暴性格的建速須佐之男命被逐出高天原，流落到人世的葦原中國。來到出雲的建速須佐之男命，消滅了敗亂當地的八俣遠呂智【注1】。

當時建速須佐之男命灌醉八俣遠呂智，趁他睡著之際以拳劍斬斷，但劍彷彿撞擊到硬物，竟斷裂了。建速須佐之男命覺得不可思議，察看八俣遠呂智的尾巴，從那裡竟冒出一把劍。因為八俣遠呂智的頭上總是罩著雲，故將此劍命名為天叢雲劍，並獻給天照大御神。從此，此劍變成神之物。

天照大御神又將此劍傳給她的孫子，也就是統治地上的邇邇藝命，於是草薙劍再度回歸人

痛快！

世間，與八咫鏡一同保存皇宮。

之後宮中的天叢雲劍又移到伊勢神宮，並隨著倭建命的東征【注2】，在駿河的草原遭遇火攻。他取出天叢雲劍斬斷附近的草，火燃燒那些草，他才得以順著火勢逃走。從那之後，倭建命即稱天叢雲劍為斬草的「草薙劍」。

不過也有一說認為是取自諧音，草的日語諧音是「臭的」，薙的日語諧音有「蛇」的含意，意指來自凶猛蛇體內的劍，故名為草薙劍。

無論外觀或安置處皆不明的草薙劍

據說草薙劍現在保存於熱田神宮，但有人認為那是偽品，所以正確的安置處眾說紛紜。

有一說認為，在滅亡平家的壇之浦之役，已隨平時子【注3】沉入海底。另外還有一說，人們以為宮中儀式所使用的草薙劍是複製品，其實是真品。或也有傳言，為了保護草薙劍不受空襲，第二次世界大戰期間被放入櫃子裡到處遷移。既然劍實際存在，終究是能辨別真假，問題是根本少有人親眼看過該劍。

如此撲朔迷離的草薙劍，根據推測應該是鐵製的劍。在青銅器為主的時代，鐵製劍堪稱神劍。不過畢竟只是推測。儘管日本的草薙劍如此知名，且長存於人們的心中，事實上卻是把充滿謎團的劍。

【注2】
倭建命對東國十二道展開鎮壓。東征成功，但在歸途，倭建命於尾張病倒。初代的武神天皇也展開過東征，稱之為神武東征。

【注3】
西元1126年生～西元1185年歿。是平清盛的正室，平清盛死後，平時子成為了平家的精神支柱。但是，壇之浦之役戰敗，她抱著安德天皇投海自殺。

草薙劍

幻獸、妖怪

喰種

關聯

■亞人
➡ P.108

■克蘇魯神話
➡ P.289

在電玩是活屍，在傳說故事是惡靈

【注1】
無靈魂的活屍，被稱之為「鬼怪」、「活死人」的怪物。

【注2】
集結阿拉伯半島盛傳的民間故事的《一千零一夜》（或也稱《天方夜譚》），故事中出現多位喰種。其中有類似日本妖怪「兩嘴女」的怪物，與人類結婚後因被知道真實身分，遂突襲人類。

　　喰種是一種怪物，屬於曾經死掉的屍體或靈魂怪物化的活屍（不死之身）【注1】。依據創作作品的不同，特徵也不同，不過大多擁有「紅色的眼睛」、「怪獸般銳利的牙齒與爪子」，無體毛。喰種喜食屍體，常徘徊墳場或戰場物色作為食糧的屍體，故也稱為「食屍鬼」。有時，喰種也被描寫成突襲活人的猙獰模樣。

　　近年的創作作品，尤其常見此特質的喰種。原本，喰種是伊朗或伊拉克等中東地區自古流傳的魔物【注2】，不是活屍，而是一種「精靈」。不過「喜食人肉」的特性，與後來的創作作品無太大差異。男性喰種有濃厚體毛，膚色黑，手腳尖如驢子的蹄，樣貌醜陋；女性喰種與男性截然不同，異常美麗，也不同於創作作品裡的怪物化喰種。傳說故事中的喰種，具變身能力，可以化為鬣狗或人類，混入人類社會，目的是捕食獵物。而且，喰種會利用其美色引誘男人，待來到人煙稀少處再吃掉對方，可說是具有智慧的魔物。

　　另一方面，民間傳說也出現「喰種養育人類的孩子」的故事，被喰種養育長大的女孩後來還變成王妃。從這類的故事看來，喰種也並非皆與人類為敵。

喰種

而後在中東地區擴展的伊斯蘭教，其傳說中也出現喰種，不過是以此比喻盜賊或詐欺等的壞人。

近年創作作品中的喰種

【注3】
順著遊戲規則，玩家一邊對話一邊進行電玩遊戲的「角色扮演RPG」之始祖，以奇幻世界為主題，對之後的諸創作品帶來莫大的影響。

《克蘇魯神話》確立了近年喰種的形象，而對奇幻作品帶來莫大影響的則是角色扮演RPG《神龍傳奇》（《D&D》）【注3】。《克蘇魯神話》裡的喰種，有著「像犬類的頭」與「像橡膠般具彈性的皮膚」，類似亞人，並蓄著蹄似的腳與鉤爪。居住在都市的地下道，喜食屍體，有時會襲擊人類。說話聲音急促，有時彷彿在哭。另外，被喰種扶養長大的人類，也會變成喰種。

再者，最初將喰種定義為「活屍怪物」的作品是《神龍傳奇》。在作品中的特徵是，記得人肉味道的人類死後變成了喰種，為了啃食屍肉，於是襲擊人類，樣貌也延續了傳說故事的形象。遭喰種攻擊會出現麻痺（或生病）現象，此特性也經常出現於其他創作作品中。

吸血鬼＝殭屍？

　　如同喰種，創作作品與傳說故事的形象截然不同的，還有吸血鬼。原本流傳於東歐的吸血鬼，是「被埋葬的屍體，起身襲擊人類」，與現在的殭屍無異。來到西元十九世紀問世的小說，則變成「喜食人類血液的貴族」，並且從此成為經典。

喰種

武 器

千棘刺之槍

關聯

■阿爾斯特傳說
➡ P.114

■轟擊五星
➡ P.167

「以腳投擲」的魔槍

【注1】
凱特爾神話中最具實力的半神半人英雄。平時是美男子，一旦激動，就會變成「冒出七個瞳孔」、「手腳有七根指頭」的異形。

【注2】
從刺去的方向，逆向延伸出棘刺狀物。形狀像是捕魚用的魚叉或魚鉤，被鉤住後就難以掙脫。

【注3】
影之國的女王，也是庫丘林的老師。庫丘林在她的指導下展開嚴酷的訓練，除了極高的跳躍技法外，還傳授千棘刺之槍的技法，以及種種的心法。

【注4】
突起或有凹槽的棒狀機器，以此牽引矛槍的握柄處，然後利用機器射擊矛槍。

千棘刺之槍，是構成凱爾特神話的諸多故事中的《阿爾斯特傳說》，其中最強的英雄**庫丘林**【注1】所擁有的矛槍。關於外觀描述的資料稀少，不過據說是以海中怪物的骨頭製成，因此非常重。另外，有資料指出刀尖帶著「鉤子」【注2】，形狀應該猶如現在的魚叉吧。原是女戰士斯卡哈【注3】所有，之後傳給徒弟庫丘林，並成為他鍾愛的武器。

神話裡的千棘刺之槍，是把具魔法的武器。以此槍刺殺敵人，對方的體內會綻開30處的傷口，所以一刺就能讓敵人身負重傷。若以擲槍方式使用，發射出去的千棘刺之槍會射出無數的刺箭，一次擊退敵軍團。不過，投擲時採「以腳趾夾住千棘刺之槍，再以腿之力踢出。」換言之，必須像足球的射門。若以手投擲矛槍時，通常會使用射擊器【注4】，所以的確是非比尋常的投擲方式。

由於是極強大的武器，

庫丘林平時使用的是一般的劍或槍，只有在遭遇強敵或面臨眾多敵軍之必要時刻才會拿出它。千棘刺之槍如此特別，因而也涉及使用者的才能，同時遭受千棘刺之槍攻擊也必死無疑。換言之，這把魔槍擁有一擊斃命的殺傷力。

千棘刺之槍有詛咒之能力？

【注5】
凱爾特神話的英雄皆設下對自己的「制約」。嚴守禁忌才能得到諸神的祝福，觸犯了，則將遭受莫大災難。庫丘林設下的禁忌有「不吃狗肉」、「不違逆詩人的忠言」、「不得拒絕與比自己身分低賤者共餐」。由於他中了敵人的圈套，誤食狗肉，結果半身麻痺。

庫丘林以千棘刺之槍擊潰諸多強敵，其中也包含他生命最重要的人。也就是在影之國接受訓練時的**摯友佛迪亞德**，以及**不曾謀面的兒子康萊**。無論是何場戰役，都非庫丘林所願，但他為了侍奉的君主，也為了身為戰士的責任，終究還是以千棘刺之槍奪走摯愛的性命。摯友與兒子都死在自己的手中，想必庫丘林心中是複雜難以言喻。

最後，這把魔槍甚至奪走了他的性命。他誤中敵國女王梅芙的陰謀，觸犯自己的禁忌【注5】，千棘刺之槍遭敵人奪走，終被自己的愛槍貫穿而死。故事中並未提及千棘刺之槍具有詛咒之魔力，不過由此看來，似乎也具備讓擁有者走向毀滅之命運的力量。

僅能在「水中」使用？

在解說千棘刺之槍的資料中，出現「僅能在水中使用」的說明。事實上，包含擁有千棘刺之槍的庫丘林之喪命處，千棘刺之槍出現的場所皆是海中或淺灘等近海處。活動受限，而必須在水中使用，的確是非常不可思議的武器，也許與採用海中怪物的骨頭製成有關。

千棘刺之槍

幻獸、妖怪

刻耳柏洛斯

關聯

■奧林匹斯十二神
　〜希臘神話的諸神〜
　　　　　　➡ P.128

■奇美拉
　　　　　　➡ P.132

■海克力士
　　　　　　➡ P.173

冥界入口的看門犬

【注1】
希臘神話的冥界之神，為奧林匹斯十二神其中的一柱。

【注2】
最後海克力士制伏了格律翁、俄耳托斯與刻耳柏洛斯。

　　以前住家養狗常是為了守護防盜，如今這樣的看門犬已經很少見了。不過，看門犬也屢屢出現於神話故事裡。希臘神話，冥界入口的刻耳柏洛斯，應該是神話世界裡最知名的看門犬。由於其知名度，舉凡創作作品裡提及的重要入口，都會出現這樣看守的怪物。

　　刻耳柏洛斯是堤豐與厄克德娜生下的怪物孩子，特徵是「3個頭」、「尾巴是蛇」、「口吐火焰」。但是，來到西元前七百世紀的希臘詩人赫希俄德的《神譜》，刻耳柏洛斯變成50個頭，而且還會發出敲擊青銅的聲音。

　　身為統治冥界的黑帝斯【注1】的忠實看門犬，刻耳柏洛斯的工作是監視守衛冥界入口。儘管對死者是友善的，但凡是企圖逃脫冥界者、未經許可企圖進入冥界者，皆毫不寬容地殘酷啃食。再者，由於有3個頭，所以可以輪流睡覺休息，以保持不間斷監視，任誰都難以從牠的眼前溜走。

看起來好好吃喔

那個危險的口水‼

刻耳柏洛斯還有個雙頭犬的兄弟**俄耳托斯**【注2】，牠是怪物格律翁飼養的牛群看守犬。

意外？被擊敗的刻耳柏洛斯

【注3】
強大有力的英雄。在女神希拉的陰謀下，殺死了自己的妻子，為贖罪而挑戰十二項任務。

【注4】
位於現在土耳其西北方的特洛伊與希臘間的戰爭。諸神也加入戰爭，並分為特洛伊派與希臘派，最後希臘派勝利，特洛伊遭到滅亡。

刻耳柏洛斯這般優秀的看門犬，在希臘神話的英雄**海克力士**【注3】面前卻無用武之地。海克力士為了贖罪，挑戰十二項任務，最後的試煉就是活捉刻耳柏洛斯。統治冥界的黑帝斯列出「不得使用武器」的條件，海克力士依約定未使用武器，卻使用了魔力讓刻耳柏洛斯屈服。隨著海克力士來到地上的刻耳柏洛斯，被陽光驚嚇得吠叫不已，傳說牠飛濺出的口沫帶有猛毒，因而誕生名為毛茛的植物。

在神話裡，因機智或神的幫助擊敗刻耳柏洛斯的人物也不在少數。首先，是詩人且豎琴高手的奧菲斯，他將愛妻從冥界帶返人間時，就是彈奏豎琴迷惑了刻耳柏洛斯。另外，特洛伊戰爭【注4】的英雄伊尼亞斯，在女巫的指示下讓刻耳柏洛斯吃下有催眠劑的餅乾；或是，與愛神厄羅斯結婚的賽姬，為挽回丈夫的愛，不惜前往冥界，以麵包討好刻耳柏洛斯。

狗與地獄的關係

如同刻耳柏洛斯，某些地域把狗與「地獄」、「死亡」連結在一起。冰島等北歐地域流傳的神話，也出現「加姆」的看門犬，與刻耳柏洛斯一樣，也守護冥界的大門。另外，埃及神話的阿努比斯、中美阿茲特克神話的修洛托魯，也都是擁有狗的頭部，司長死亡與冥界的神。

刻耳柏洛斯

神話、傳說

三種神器

關聯

■ 草薙劍
　　　　➡ P. 136

■ 須佐之男命
　　　　➡ P. 150

■ 三貴神、神世七代
　～日本神話的諸神～
　　　　➡ P. 177

自神話時代流傳的三項至寶

【注1】
這類象徵王權的寶物，英語稱為「regalia」。

【注2】
皇帝所使用的印鑑。日本也耳熟能詳的「三國鼎立」時代，袁術甚至自稱擁有玉璽而自立為皇帝。

【注3】
是一把「銳利且清澈的劍」。沙烏地阿拉伯官方宗教的伊斯蘭教「瓦哈比派」之始祖瓦哈比，當時勢力延伸到阿拉伯半島時，將此劍賜予建立沙烏地阿拉伯國的「沙烏地家族」以示為結盟的證據。

　　代表日本的天皇家族，為證明其天皇的正統血脈傳承，世代繼承著「草薙劍」（別名天叢雲劍）、「八咫鏡」（別名真經津鏡）、「八尺瓊曲玉」三件寶物。其起源得回溯到神話時代，天照大御神的孫子邇邇藝命，為統治地上而降臨人間，「天孫降臨」之際，天照大御神賜予了天皇家這些寶物。

　　這些寶物被認為真實存在，草薙劍保管於愛知縣名古屋的熱田神宮，八咫鏡在三重縣伊勢市的伊勢神宮，八尺瓊曲玉在皇居。有人認為其中的草薙劍與八咫鏡，其實是複製品，而皇居也有劍與鏡的複製品，視為神像般留存安置。關於這三種神器的取用需要非常小心，一般人根本不可能親眼目睹，就算儀式也不使用實物，而是複製品。

　　這類「象徵皇室權力的寶物」，不僅是日本，歐洲也有諸多「王冠」、「王杖」、「珠寶」等象徵王權的繼承寶物【注1】。以前的中國，歷代王朝也以玉璽【注2】作為王權的證明。另外，中東的沙烏地阿拉伯，則以「聖劍」【注3】作為象徵王權的保護，並代代相傳。

■三種神器

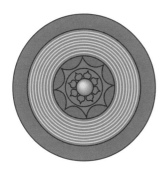

八咫鏡

八尺瓊曲玉

巨大的連環花紋鏡
昭和40年於福岡縣平原古蹟出土的連環花紋鏡，直徑約46.5cm，圓周約146cm，與八咫（1咫＝約18cm）的尺寸略同。因此，八咫鏡應該就是類似的鏡子。

綠色的大型勾玉
《魏志倭人傳》與《古事記》有諸多相同的描述。基於此，人們認為八尺瓊曲玉應類似新潟縣魚川市附近發現的翡翠大勾玉，也類似在《魏志倭人傳》出現的「孔青大勾玉」。

草薙劍

以鐵打造的劍
諸多成謎的草薙劍，據推測應是鐵製的劍。依見識過的人之證詞，竹節或握柄處如魚背骨，韓國也出土了類似的鐵製劍。

■關於神器的傳承或現在

神　器	傳承或軼事	關於神器的現在
草薙劍	草薙劍又稱為「天叢雲劍」。關於其典故，遭諸神驅逐的須佐之男命來到人間，受託擊退八俁遠呂智。於是他讓趁其酒醉之際，斬斷八俁遠呂智。雖成功斬斷尾巴，卻從那裡冒出一把劍。由於八俁遠呂智頭頂始終籠罩著雲，故須佐之男命名為「天叢雲劍」，並獻給神。	真品祭祀在愛知縣名古屋市熱田區的熱田神社，其複製品則祭祀於宮中三殿。西元668年此劍遭竊，犯人終於遭到逮捕，據說之後真品就保管於宮中。
八咫鏡	須佐之男在天界犯下諸多暴行，自責的天照大御神遂閉居岩戶。當時得以將她引誘而出的是八咫鏡。因為外面的諸神叫嚷：「這裡竟還有比妳優秀的神啊！」天照好奇打開門，竟看到一位神聖的女神。不知道鏡中映照的就是自己，她為了看個清楚，不知不覺走出岩戶。	八咫鏡是三種神器中最受重視的，現在祭祀於皇居內的宮中三殿。不過據說那是複製品，真品保管於三重縣伊勢市的伊勢神宮。
八尺瓊曲玉	八尺瓊曲玉是天照大御神隱身岩戶之際，與八咫鏡一併製作的。儘管與草薙劍、八咫鏡同列為神器，卻無令人印象深刻的相關故事。「八尺」，會聯想到大型的勾玉，不過也有人認為那指的不是尺寸，而是製作的數量。其實，與八尺瓊曲玉類似的勾玉在其他各處也曾發掘出土，所以並非空穴來風。	與其他的神器一樣，八尺瓊曲玉也祭祀在宮中三殿。據說劍在源平壇之浦之役沉入海中，但過曲玉連同箱子浮出了海面，故現在的的確為真品。

三種神器

神話、傳說

三清、四御

～中國道教的諸神～

關聯

■陰陽道
　　➡ P.024

■五行思想
　　➡ P.032

「無神話王國」衍生的民間信仰諸神

【注1】
以哲學思想家孔子為始祖的思想信仰。盛行於西元前的中國，影響之深如同官方宗教，西元1949年隨中華人民共和國之建國而受打壓，逐漸在中國境內衰退。

　　屬於四大文明之一的「黃河文明」發祥地中國，其實是「無神話王國」。關於其原因，有人認為是儒教【注1】屏除了諸民族信仰的神話，或也有人認為是出自現實主義的國民性，其實應該是諸多原因形成的結果。

　　不過，多民族共處的中國，每個民族皆有其獨自的信仰或宗教，其中的道教也是在這樣的民間信仰背景下衍生。並隨時代的推進，進而融入民間信仰、迷信、佛教、歷史偉人等，使得道教的宗教觀更為複雜且難以言說，不過現在仍深植台灣或東南亞的華語系社會。

　　道教所信仰的諸神如右記的名稱與系譜。被視為最重要的是納入「三清」、「四御」的諸神，尤其三清位居神界階級的最高位置，三神最高者是「元始天尊」。另外，道教的始祖是哲學思想家「老子」，神化後的名稱是太上老君，也在三清中。

　　再者，四御是在天界輔佐三清的諸神。其中，玉皇大帝統率所有的神或仙人，他會依據人間的人們之行為決定其命運，並擔負天界與人間聯繫之任務。

■中國神、道教神明的系譜

※眾説紛紜，所以選了其中的一個，如圖所示。

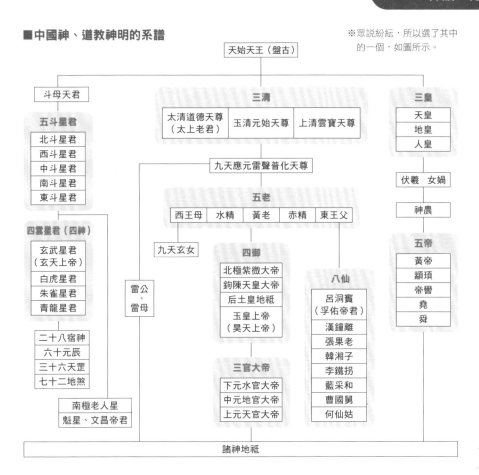

■道教、天界三十六天

　道教神話中，最初的「太上老君」誕生之同時，也創造三十六天界。無色界、色界、欲界是「三界」的修練世界，然後再依序上達上四天、三清境、大羅天。

大羅天		
三清境	清微天（玉清境）	
	禹余天（上清境）	
	大赤天（太清境）	
上四天	賈奕天	
	梵度天	
	玉隆天	
	常融天	
三界 無色界	秀樂禁上天	
	翰寵妙成天	
	淵通元洞天	
	皓庭霄天	

	無極雲誓天	
	上揲阮樂天	
	無思江由天	
	太黃翁重天	
	始黃孝芒天	
三界 色界	顯定極風天	
	太安皇崖天	
	元載孔昇天	
	太煥極瑤天	
	玄明恭慶天	
	觀明端靜天	
	虛明堂曜天	

	竺落皇茄天	
	曜明宗飄天	
色界	玄明恭華天	
	赤明和陽天	
	太極濛翳天	
	虛無平育天	
三界	七曜摩夷天	
	光明文舉天	
欲界	玄胎平育天	
	清明何童天	
	太明玉完天	
	太皇黃曾天	

三清、四御～中國道教的諸神～

神話、傳說

三大神
～印度教的諸神～

關聯

■手印
　　　　➡ P. 093

■三貴神、神世七代
　　～日本神話的諸神～
　　　　➡ P. 177

來自印度的強大三柱神

【注1】
毗濕努會化身英雄或動物等各種樣貌，以打倒敵對者或引領人們。

【注2】
象徵月亮或冥界的女神，據説獨立司長「過去、現在、未來」、「誕生、生、死」的三件事物，因而常被描繪擁有三個身體（又稱為「三相一體」）

【注3】
唯一的神是耶和華，以「父」（上帝）、「子」（基督）、「聖靈」（給予信仰者力量的仰望存在）三種姿態呈現，多數的教派皆支持此教義。

　　在印度廣為大眾信仰的印度教，是以梵天、毗濕努、濕婆「三大神」為主。一般而言，梵天創造宇宙，毗濕努維持宇宙，濕婆破壞壽命殆盡的宇宙，而宇宙即是以如此循環的形式存在，有時三神以婆羅門絕對之神的三種樣貌顯現，稱為「三神一體」。有時三大神也以一種姿態顯現，稱為婆羅門達塔特雷耶，也是雕刻、繪畫等常見的表現題材。

　　神力不相上下的三大神，擁有的信眾卻不盡相同。最多信仰者的是毗濕努與濕婆，祭祀梵天的寺院或信眾反而甚少，或許是因為梵天的存在較趨近抽象觀念，甚少出現於神話裡。相較之下，身為以各種化身【注1】顯現的毗濕努，或是隨著苦行或與女神性交以提升能力等深具人性的濕婆，最能贏得人們的虔誠信仰。

　　三大神肩負同一任務的型態，也見於世界各地，例如希臘神話的黑卡蒂【注2】，基督教的「三位一體」【注3】。

三大神 ～印度教的諸神～

■三大神的騎乘

　　印度神話裡位階高的諸神皆騎乘著神聖的動物，三大神的騎乘動物因而也成為人們的信仰對象。又以迦樓羅最受歡迎，甚至使用作為印尼或泰國的國徽。其他知名的還有，雷神因陀羅的騎乘大象愛羅婆多。

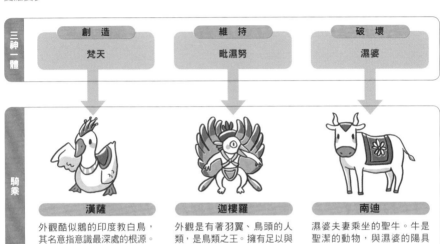

三神一體	創　造	維　持	破　壞
	梵天	毗濕努	濕婆

騎乘	漢薩	迦樓羅	南迪
	外觀酷似鵝的印度教白鳥，其名意指意識最深處的根源。	外觀是有著羽翼、鳥頭的人類，是鳥類之王。擁有足以與毗濕努相互決鬥的武勇之氣。	濕婆夫妻乘坐的聖牛。牛是聖潔的動物，與濕婆的陽具一同受人們信仰與祭祀。

■印度教主要之神、種族

名　稱	解　說
阿耆尼	司長火的神。將信眾奉獻的供品轉為火運送給神祇，算是人類與神之間的仲介者。
因陀羅	雷神，是大三大神之外，神話中重要的神祇。完成諸多偉業，其中之一是打倒妖怪佛栗多。
伐樓那	原是印度的最古老信仰且地位崇高之神，隨時代變遷，地位逐漸下滑，現在則被視為水之神。
烏莎斯	象徵曙光的女神。在太陽升起前，會以裸體之身出現於東方的天空，促使生物覺醒。
卡瑪	非常美麗的愛神。被他的箭射中，將陷入戀愛的迷惘中。
迦尼什	濕婆的兒子，是可以帶來財富的神，因而備受信仰。其特徵是象頭，據說是因激怒了父親濕婆，被斬首後，母親雪山女神為他接上象頭而復活。
辯才天女	梵天的妻子，是司長藝術、學問的女神。相當於日本七福神的「辯財天」。
難近母	身為女神卻有著好戰的性格，是濕婆的妻子，她有時騎著老虎或獅子直驅戰場，一人即能殲滅與濕婆敵對的阿斯拉神族。
婆蘇吉	是蛇或半人半蛇的「蛇神」。擁有又長又粗的軀體，為了製作諸神嚮往的不老不死神酒，他負責纏住曼陀羅山，以山攪拌乳海
雪山女神	濕婆的妻子，是既具溫柔性格的女神，同時另一個面相則是好戰的難近母。
吉祥天女	司長豐饒、幸運、美的女神，是毗濕努的妻子，手持蓮花，並坐在蓮花上。

三大神～印度教的諸神～

149

神

須佐之男命

從任性的孩子銳變為英雄之神

【注1】
是伊邪那岐命誕生的諸
神中最尊貴的3柱神，
另2柱是天照大御神與
月讀命。

【注2】
須佐之男命的兒子，或
是其子孫，與其他的神
一同富饒葦原中國。

【注3】
須佐之男命與天照大御
神以占卜論勝負，須佐
之男命的劍與天照大御
神的珠玉交換，碾碎之
際誕生了諸神。由此以
證明須佐之男命的清白。

　　須佐之男命是三貴神【注1】之1柱，父親伊邪那岐命從黃泉之國返回途中，在洗去穢氣時，從鼻子誕生了他。日本神話，是從三貴神的誕生說起，直到大國主【注2】創造國土，所以說須佐之男命是故事的男主角也不為過。

　　伊邪那岐命考慮將世界分為三等分，讓優秀的三個孩子掌管，並命令須佐之男命統治海原。但是他拒絕父親，一意想去母親所在的黃泉之國，激怒父親，遂遭驅逐。而這般不像神祇的行為，也是須佐之男命神話的開始。

　　須佐之男命在前往黃泉之國前，欲前往姊姊天照大御神統治的高天原。但是，天照大御神錯以為他欲進攻，於是武裝等候。須佐之男命為證明自己的清白，遂起了誓約【注3】，才獲准進入高天原。

　　但是，須佐之男命開始暴虐鬧事。或許是誓

須佐之男命

約的助長，讓他鬆懈顯露出原本粗暴的性格，不僅荒亂田地，玷汙神殿，任由地胡作非為。在他的戲謔下，天照大御神的屬下機織娘甚至喪命。心痛的太陽神天照大御神躲進了岩戶，世界瞬間陷入陰暗……陷入嚴峻的局勢。在諸神的巧思下，天照大御神終於走出岩戶，世界又恢復光明，而須佐之男命也被諸神趕出高天原。

成為強大英雄的須佐之男命

【注4】
稻田之女神。是8名姊妹中最小的一位，她的姊姊們都成為八俣遠呂智的祭品了。

　　被趕出高天原，來到地上葦原中國的須佐之男命，在此徹底改變了性格。他去到出雲（現在的島根縣），當地有8個頭的大蛇妖怪八俣遠呂智，櫛名田比賣【注4】將成為妖怪的祭品，於是須佐之男命拜見其父母，表示願意制服妖怪。

　　他準備了烈酒，讓八俣遠呂智喝醉，並且將櫛名田比賣變成髮梳，藏在髮中，伺機等待。果然，八俣遠呂智喝醉沉睡，須佐之男命立刻拔劍斬斷妖怪，成功殲滅。就在此時，八俣遠呂智的尾巴出現了草薙劍（P.136）。

　　而後，非常喜歡出雲的須佐之男命，與櫛名田比賣結為夫妻，建設宮殿，成為出雲的統治者。當時須佐之男命還詠頌了日本最初的和歌。

何謂八俣遠呂智

　　自古以來的日本，水與蛇有著極深的連結。水神經常以蛇之姿態出現，或是蛇有時也是水神的差使，而河川有時也以蛇做為比喻。所以，有人認為須佐之男命制服的八俣遠呂智，是河川被比喻為多頭蛇。自島根縣東部注入鳥取縣的斐伊川，自古以來就是多洪水氾濫的河川。據說人們遂將如此暴亂的河川妖怪化，這或許即是八俣遠呂智的由來。

須佐之男命

武 器

聖劍、魔劍

關聯

■ 王者之劍
　　　　➡ P.122

■ 草薙劍
　　　　➡ P.136

■ 烈焰之劍
　　　　➡ P.190

具神祕力量的劍

【注1】
那把劍出現在《魔戒》作者約翰‧羅納德‧魯埃爾‧托爾金之遺稿的《精靈寶鑽》。是以受詛咒的破鐵打造而成的劍，持有者圖林的親友或無辜者都死在這把劍下，就連圖林也被這把劍所殺。

【注2】
《永恆戰士》是英國作家邁克爾‧摩考克的魔幻小說。擁有這把劍的是主角艾爾瑞克。原本體弱多病的他，用此劍即可吸取被刺殺身亡的敵人之魂魄，藉此獲得能量，才能操弄此劍。

　　不問東西方，舉凡世界的神話傳說，總會出現具超自然力量或擁有神祕淵源的武器。就以王者之劍的「劍」來說，一直以來都是神話故事的主角或英雄必備的武器，就連創作作品也經常出現極具殺傷力的劍。

　　近年來，這些劍皆統稱為聖劍或魔劍。有「神的護持」、「神祕之由來」都屬於聖劍，而「帶有惡魔試煉等負面要素」、「對擁有者帶來某種負面效果」的則是魔劍，兩者並無明確之區別，有時即使無邪惡之由來或效果，依然可能被納入魔劍範疇。

　　綜觀神話傳說的世界，是由妖精鍛鍊製成的王者之劍、打倒巨龍的格拉墨皆屬神祕由來或效果的聖劍，反而少有具邪惡性質的魔劍。僅有極少數的例外，像是北歐神話的提爾鋒或達因斯萊瓦。

　　另一方面，來到創作作品，《精靈寶鑽》裡的安格拉赫爾劍【注1】或《永恆戰士》裡的興風者【注2】等，則是類似魔劍的魔劍。看來人們對魔劍的印象，多半是受到近年的創作作品之影響。

聖劍、魔劍

■世界的聖劍與魔劍

聖槍 （出處）《基督教世界的七勇士》	基督教的聖喬治是知名的「屠龍英雄」，他屠龍時使用的就是這把劍。並不是源於傳說故事，是隨西元十七世紀的創作故事才出現，可說是後人的穿鑿附會。
白色火槍 （傳說地域／出處）《瑪納斯》	出現於中亞吉爾吉斯族的史詩《瑪納斯》。英雄瑪納斯揮舞此劍時，刀身可以延伸，砍斬距離較遠的敵人，放置在草堆裡還能起火燃燒。
無毀的湖光 （出處）《罕普敦郡的畢維士》	出現於西元十四世紀的創作詩裡的名劍。詩中提到是圓桌騎士之一的藍斯洛特屠火龍所使用的劍。不過更久遠的傳說，並未提到關於藍斯洛特。
王者之劍 （傳說地域）英國	出於亞瑟王傳說的聖劍，是由湖中仙女鍛鍊製成，再交給亞瑟王。詳細可參照王者之劍。
卡拉德波加 （出處）凱爾特神話	凱爾特神話中英雄弗格斯的佩劍。據說擁有強大力量，一揮即斬斷三座小山丘的山頂。
干將、莫邪 （傳說地域）中國的傳說	所謂的干將、莫邪，是指春秋戰國時代干將、莫邪夫婦鍛製的劍。傳說干將製造此名劍時，爐灶溫度不足，遂剪去莫邪的頭髮丟入爐裡，溫度瞬間上升，終造出此名劍。
草薙劍 （傳說地域）日本神話	須佐之男命制服八俁遠呂智時，從其尾巴顯現的劍，詳細參照草薙劍。
格拉墨 （出處）北歐神話	北歐神話的英雄齊格飛持有的劍。原本是他父親齊格蒙所擁有，隨著他的死去斷成碎片。後來由齊格飛的養父重新鍛製，並取名格拉墨。齊格飛把此劍當成寶藏，並以此劍制服巨龍法夫納。
咎瓦尤斯 （出處）查理曼傳奇	法國皇帝查理曼大帝所擁有。據說刀身一天內可以閃耀三十種不同的光輝，把柄處甚至嵌入部分的聖槍。
達因斯萊瓦 （出處）北歐神話	是一把充滿魔力的劍，一旦出鞘，必須見人血，否則收不回鞘內。丹麥國王所擁有，他在交涉和平之際，制不住其魔性，終於拔劍，最後爆發戰爭。
提爾鋒 （出處）北歐神話	奧丁的後裔斯瓦弗爾拉梅王威脅侏儒製造的劍。侏儒於是詛咒「只要拔出此劍必死一人，第三次就是自我毀滅。」果然最後斯瓦弗爾拉梅王死於劍下。
杜蘭朵 （出處）查理曼傳奇	法國國王查理曼大帝的外甥，也是勇將羅蘭的愛劍。無論如何砍折、彎曲，都無損於刀刃。據說刀柄中一共置入四件的聖遺物。
拿各戒指 （出處）狄德雷克傳說	現在的德國附近傳說之英雄故事，主角狄德雷克所擁有的名劍。其銳利與堅固，令初次使用的狄德雷克讚不絕口。
布都御魂 （出處）日本神話	建御雷之男神平定葦原中國時所使用的靈劍。據說可以治退暴亂之神。另外，神武東征之際，身中敵人之毒而陷入危機時，劍的靈力治癒了毒性，終於擊敗敵軍。
應答者 （出處）凱爾特神話	可以貫穿任何盔甲的魔法之劍。海神瑪納諾交給光之神魯格。魯格與弗莫爾族的戰役中，就是持這把劍，最後他所屬的達奴神族贏得勝利。
赤原獵犬 （出處）《貝武夫》	英格蘭的溫佛特家族傳承的名劍。以血與毒塗抹刀刃鍛鍊而成。據說擁有此劍者，即能從戰場的各種災難中全身而退。英雄貝武夫以此劍對付水魔，可是最後卻完全無用武之地。
烈焰之劍 （出處）北收神話	在北歐神話，被稱為災難的魔障，據說是唯一可以殺死世界樹裡的雄難之武器。由狡猾的洛基打造而成，再交給女巨人辛瑪拉慎重封印保存。

聖劍、魔劍

神

宙斯

關聯

■奧林帕斯十二大神
　～希臘神話的諸神～
　　　　　➡ P.128

■海克力士
　　　　　➡ P.173

奧林帕斯十二大神的1柱

【注1】
烏拉諾斯與蓋亞所生的最小的孩子，他以「金剛石的鐮刀」為武器，斬斷烏拉諾斯的陽具，成為最高地位的神。同時，克羅諾斯也被視為「時間之神」。

【注2】
是希臘神話中自然或地形之精靈的總稱。全都是女性，有樹木的仙女，也有山谷的仙女。

　宙斯是**農耕之神克羅諾斯**【注1】與瑞亞的兒子。他是**奧林帕斯十二大神**，也是統治天界的全知全能之神。他具呼風喚雨之能力，可以喚來下雨或下雪，在戰鬥力上，以閃電作為武器。與其他諸神相較之下顯得相當優秀，最後奪取了父親的王位。

　原本統治世界的是宙斯的祖父天空之神烏拉諾斯。不過，他遭到親生兒子克羅諾斯閹割，被驅逐出王國，所以對克羅諾斯留下預言，「你將來也必定遭到自己的兒子篡奪王位。」害怕不已的克羅諾斯，遂吞噬自己的孩子們，以斷絕後患。克羅諾斯的妻子瑞亞難耐丈夫的殘忍，聽從大地之女神蓋亞的建議，以石頭替換第六個孩子。那孩子終於逃過災難，也就是後來統治天界的宙斯。他在克里特島由仙女【注2】們扶養長大，並從蓋亞處取得嘔吐劑讓克羅諾斯喝下，成功救出父親體內的兄弟黑帝

看看 是雷喔～

啊

【注3】
原本蓋亞鼓勵她的孩子們協助宙斯作戰，但最後宙斯把蓋亞的孩子們囚禁在地下世界。此事激怒了蓋亞，遂意圖推翻奧林帕斯神族。

斯與波賽頓。他們聯手向克羅諾斯宣戰，兩軍勢均力敵，戰爭持續不斷，不過最後宙斯的奧林帕斯神族獲勝，成為新的統治者。

　　由最具實力的宙斯統治天界，波賽頓統治海界，黑帝斯統治冥界，形成新的體制，然而此際原本協助宙斯的蓋亞起身反抗【注3】。諸神殺不死的巨靈不斷折磨諸神，但最後仍遭到宙斯制服，從此蓋亞不再反抗宙斯。

好色的宙斯

【注4】
宙斯與達娜厄所生的孩子，以制伏能石化人類的怪物梅杜莎而聞名。

　　身為奧林帕斯神族的首位之神，宙斯卻也是好色之徒。不顧正室希拉，無論是女神、仙女、人類，只要是他喜歡的皆占為己有，其中有的是在對方不知情之下，強暴而令對方懷孕。

　　正室希拉司長婚姻，當然難以容忍丈夫外遇的對象。儘管宙斯拼命保護愛人及其孩子們，但有時還是難逃希拉的迫害。因此，成為宙斯的愛人，也等於宣告走向不幸的未來。宙斯與愛人所生的孩子們也非常優秀，例如海克力士或珀爾修斯【注4】。

好色之徒不只有宙斯

　　希臘神話中，宙斯的好色頗為知名，但其實其他的神或英雄也不遑多讓。海神波賽頓就是不輸宙斯的好色之徒，因而誕生諸多孩子。另外，鍛冶之神赫菲斯托斯已擁有妻子阿芙蘿黛蒂，卻依然向雅典娜求婚，而遭拒絕。這些主要諸神中，似乎只有黑帝斯對妻子波瑟芬一往情深，以及傳令之神赫密斯絲毫不受女色誘惑。

宙斯

幻獸、妖怪

杜拉漢

臨死之際出現的無頭妖精

【注1】
杜拉漢的別名是「Gan ceann」，這是愛爾蘭語，有「無頭」之意。

　　杜拉漢是愛爾蘭流傳的妖精，是前來通知死亡的使者，因而是人們恐懼的對象。近來的創作作品將杜拉漢描繪為無頭騎士的怪物，或是死後又復活的「不死之怪物」，已與原來的模樣不盡相同。

　　傳說裡的杜拉漢【注1】與創作作品一樣，皆是無頭，頭被捧在腋下。然後騎乘無頭的馬，或由無頭馬牽引放置著棺材的「寂靜馬車」，當他突然現身街頭，停在某戶門口，即預言該戶人家將有亡者。此時若有人打開房門，杜拉漢會將一盆血潑向那個人。

　　另外也流傳，只要擊退杜拉漢即可挽救將死之人的性命，但具體的方法不得而知。或是，在路上遇見杜拉漢時也有避開他的方法。由於寂靜馬車無法在水上行走，因此只要避走在跨越河川的橋上，杜拉漢就不敢追來了。

　　再者，杜拉漢極度討厭被人看見，所以會追趕目

咦？
頭呢？

拿著了

睹者，據說當他揮動手上的鞭子，足以讓目睹者失明。因此，會對著開門者潑灑血液，或許也是討厭被看見自己的模樣吧。

哭著報死訊的妖精「班西」

【注2】
近年的創作作品，與杜拉漢一樣也被設定為「不死之怪物」。

流傳著杜拉漢的愛爾蘭，還有關於「班西」【注2】妖精的傳說故事。這位妖精竟也是「向人類宣告死訊」的妖精，既具有相同的特徵，又傳承自同一國，因此班西與杜拉漢似乎有著關連。

班西是有著紅色眼睛的女性，長髮，著綠衣披著灰色的斗篷，頭上罩著薄紗。此妖精通報死訊的方式是哭泣。她會在樹下哭泣，或邊拍手邊走邊哭泣，聽到她的哭聲，就知道有人將死。據說那哭泣聲會召喚所有的生物一同發出驚人的鳴叫聲，熟睡的人們都會被嚇醒。

也有傳說，認為班西是與「無頭馬牽引的棺木黑馬車一同出現」，由此似乎說明杜拉漢與班西可能是同一人物。

《沉睡谷傳說》的無頭騎士

小說《沉睡谷傳說》※也出現了像杜拉漢的怪物。那是獨立戰爭時被斬首而亡的騎士之幽靈，深夜騎著馬疾駛美國的沉睡谷。就無頭騎士與亡靈這些特徵看來，非常近似近年來創作品的杜拉漢形象，看來大家深受此小說的影響。

※收錄在美國作家華盛頓・歐文於西元1820年發表的短篇集《見聞札記》。此作品也翻拍為電影或電視影集。

杜拉漢

幻獸、妖怪

巨龍

關聯

■ 惡魔
➡ P.014

■ 怪蛇蜥蜴
➡ P.160

在西方屬於壞蛋角色的巨龍

【注1】
作家約翰・羅納德・魯埃爾・托爾金所寫的奇幻小說。

【注2】
平時就睡在牠收集的寶物之上，因此原本被視為弱點的柔軟腹部鑲入這些寶石，就會形成堅固的護盾。

　　奇幻創作作品中不可缺少的就是巨龍。其典型的樣貌，像是鱷魚或蜥蜴，並有著貌似蝙蝠的羽翼。具有防禦力的堅固鱗片、粗壯的手臂、尖銳的爪或牙都是攻擊時的武器，同時還能口吐火焰等，讓冒險者吃足苦頭，而且牠們多半比人類還聰明機智。

　　出現於《魔戒》【注1】的「史矛革」【注2】是守護寶物的巨龍，《神龍傳奇》也出現了諸多的巨龍，這些作品對近年的動漫等帶來莫大影響，進而衍生創造出更嶄新的巨龍。

　　不過，神話傳說世界中的巨龍，其實相當複雜也難以說明清楚。所謂的巨龍是「依據各民族或地域，將分布於地球的爬蟲類予以神格化或怪物化。」世界各地流傳的龍之傳說都可依此解釋說明。普遍來說，西方的龍貌似長有羽翼的蜥蜴，而日本或中國的龍則帶有蛇的軀體，至於其由來，東西方則完

【注3】
北歐神話的傳說。原本是侏儒，為爭奪黃金殺害兄弟，霸佔黃金，最後變成了巨龍。

全不同。

西方的巨龍，幾乎是與人類敵對，在多數的故事中皆扮演由神或英雄制服的壞蛋。《貝武夫》（P.170）裡的火龍，或是北歐傳說故事中英雄齊格飛制伏的法夫納【注3】，都是知名的「守護寶藏，被英雄制服的巨龍」。在基督教，巨龍甚至被視為惡魔，也衍生了諸多聖人制伏巨龍的傳說。另一方面，巨龍也是「強大」、「勇猛」的象徵，經常成為騎士或貴族的徽章圖騰，所以也不單純僅是「負面的存在」。

相像卻截然不同的東方龍

【注4】
背上有如鷹翅的龍。是龍中最高位者，可以操弄水。根據傳說，黃河就是應龍所造。

【注5】
又稱為「四海龍王」，大海分為東西南北，各有統治的龍王。如名稱，牠是統治東海的龍王，也是四海龍王之首。

東方的龍，源始於中國而後傳至日本及亞洲各地。一般說來，龍是神聖的，也被視為神的差使。中國皇帝的容顏稱為龍顏，姿態稱為龍影，寶座稱為龍座等，也作為皇帝的象徵。

在這樣的中國，其實也有些龍極具人性化。應龍【注4】與怪物大軍對戰，也因此身上帶有太多邪氣，無法回到天界。或是，出現於《西遊記》的東海龍王【注5】受到孫悟空的要脅，而把如意金箍棒交給孫悟空。由這些故事看來，完全不像是高高在上的龍應受到的待遇。

何謂「巨龍」？

雖說是巨龍，但模樣形態各式各樣。尤其西方更是多樣，俄羅斯等地流傳著爬蟲類與人類特徵結合的「龍人」。或是，神話傳說裡出現的「巨大的蛇」、「多頭蛇」，有時也被比喻為巨龍。對有些人來說，把其巨龍化也許是比較容易接受的事。所以究竟何謂巨龍，其實有時是因人而異的。

巨龍

幻獸、妖怪

關聯

■巨龍
➡ P.158

怪蛇蜥蜴

以石化與毒液威脅人類

【注1】
西元77年完成的共37卷之書籍。書中除了相信怪蛇蜥蜴是實際存在的生物外，還記述了礦物、地理學、天文學等各種知識，成為日後知識分子的愛書。

怪蛇蜥蜴，是將棲息於非洲利比亞東部的一種蜥蜴怪物化的結果。其名稱是源自希臘語的「君王」之意，據說是因為怪蛇蜥蜴的頭上有著如王冠的突起物。

記載關於此怪物的著名資料是，古羅馬學者老普林尼的《博物誌》【注1】。根據其描述，怪蛇蜥蜴是體長30cm以下的小型蜥蜴，頭上有著如王冠的印記，身體經常保持站立前進的姿勢。另外，體內懷有劇毒，有些人騎馬刺殺怪蛇蜥蜴，結果刺槍沾染上劇毒，最後人與馬都中毒身亡。除了劇毒之外，聽說牠還具有石化目睹者之魔力。的確牠噴吐出的毒液，可以殺死正在飛翔的鳥，或許正因如此，後世穿鑿附會認為牠具有魔力。

怪蛇蜥蜴留下諸多的故事，而且多半是凶惡的，甚至流傳怪蛇蜥蜴創造了沙漠。據說最初怪蛇蜥蜴棲息之地並非沙漠，但牠目睹的岩石都粉碎了，呼出的氣含有劇毒，因而讓草木枯竭，最後變成了沙漠。衍生這般的故事情節，也說明怪蛇蜥蜴是實際存在且令人害怕的生物。

怪蛇蜥蜴

幻獸、妖怪

巴哈姆特

關聯

■ 七宗罪
〜基督教的世界〜
➡ P.069

■ 利維坦
➡ P.189

不是巨龍而是魚!?

【注1】
又稱為阿拉伯之夜。收集了流傳於阿拉伯半島的故事，由名叫舍哈拉查德的女子每晚說一個故事。

　　最近，巴哈姆特以「強大的巨龍」而聞名。如此的設定是源自美國的角色扮演遊戲RPG《神龍傳奇》，巴哈姆特是閃耀著銀白色，口吐光芒的巨龍。近年的電玩，巴哈姆特也多以這樣的形象現身。

　　然而事實上，巴哈姆特原本並不是巨龍。牠是出現在猶太教《舊約聖經》或伊斯蘭教的妖怪。巴哈姆特是伊斯蘭教裡的稱呼，在《舊約聖經》則是地心巨獸。

　　伊斯蘭教裡的巴哈姆特，是生存在深不可探的海洋裡的巨大「魚類」。巨大的程度甚至超過了這個世界。伊斯蘭教認為，天使支撐著大地，岩山支撐著天使，巨大的牡牛支撐著岩山，巴哈姆特則支撐著牡牛。巴哈姆特底下還有支撐者，是由巨大的蛇支撐起所有的一切。

　　巴哈姆特也出現於阿拉伯故事的《一千零一夜》【注1】，根據故事描述，爾撒（耶穌基督）目睹巴哈姆特，因其模

啊！有蘋果

哇啊

大胃王

巴哈姆特

樣巨大飽受震驚而昏倒，昏迷三天終於醒來，然而巨大的巴哈姆特竟還未完全從眼前經過。據說牠綻放著讓人無法直視的光芒，關於這個特徵，《神龍傳奇》的確如實地呈現出巴哈姆特的模樣。

名稱不同卻是同樣的「地心巨獸」

【注2】
西元十九世紀法國的科蘭‧戴‧布蘭西針對惡魔、迷信等所著的書籍。書中內容雖欠缺考據，但在當時卻因內容充實而備受好評。甚至增印到第六刷，並附上M. L. Breton的插畫，深切影響後世對惡魔外觀的既定觀念。

　　如前述，猶太教或基督教教典的《舊約聖經》，巴哈姆特也稱為地心巨獸。與巴哈姆特不同的是，牠是棲息陸地的生物。是上帝創造的生物，擁有驚人的體型，有著如杉木的尾巴，金屬般的骨骼，巨大的腹部，貌似河馬或犀牛。原本與利維坦同是棲息於海洋的生物，但海水滿溢出來，上帝只得把牠歸到陸地。據說世界末日時，地心巨獸與利維坦對決，戰勝者可以吃下苟活的人類。

　　《舊約聖經》所描繪的地心巨獸，是巨大且性格溫厚的生物。不過隨著時代變遷，教義逐漸修正，地心巨獸竟變成了惡魔（P.104）。儘管性格依舊溫厚，但食慾大，一旦暴怒誰也無法阻止。在《地獄辭典》【注2】中，牠被描繪為象頭與凸肚。

巴哈姆特與地心巨獸

　　原本相同的巴哈姆特與地心巨獸，在創作作品中則是截然不同的生物。在奇幻創作作品中，巴哈姆特是強大的巨龍，而地心巨獸則是有著四隻角的怪獸。兩者可以同時出現，恐怕也只有在創作作品中了。

神話、傳說

關聯

■耶和華
➡ P.095

巴別塔

傲慢的人類建造通往神界的高塔

【注1】
此書中的巴別塔，是接續在諾亞方舟之後的第11章。

【注2】
諾亞的子孫之一，是古實的兒子。是獵人，也是都市的統治者。關於塔建造的目的，除了誇耀之外，也有一說是認為寧錄企圖進攻諸神的世界。

　　巴別塔是出現於《舊約聖經》的《創世紀》【注1】的高塔。這個塔由諾亞子孫寧錄【注2】與巴比倫人建造，地點在古美索不達米亞的巴比倫，目的是對神的挑戰與反抗。

　　根據《創世紀》，大洪水之後，諾亞的子孫不斷繁衍，他們捨石砌，採磚瓦建造建築物。由於擁有嶄新的技術，於是突發奇想要打造一座通往天庭的高塔，以炫耀自己的能力。他們的傲慢激怒了上帝，遂混亂原本全世界共通的語言。人類從此無法無礙溝通，合作體制隨之崩解，最終不能建造完成高塔。

　　因此，難以實踐的夢想或褻瀆上帝時，都會舉出巴別塔的故事。關於巴別塔這個名稱的語源，基於上帝混亂人類語言之原意，所以應該是出自希伯來語的「混亂」。

巴別塔

163

神話、傳說

潘朵拉的盒子

關聯

■ 奧林匹斯十二神
～希臘神話的諸神～
➡ P.128

■ 宙斯
➡ P.154

收納世界災厄的神祕盒子

【注1】
是火神，也是人類的守護神。他不忍見到人類害怕野獸或不敵嚴寒，遂從天界盜火，傳授給人類。也因為如此遭宙斯懲罰，三萬年期間不斷重複體驗活生生被大鷹啄食肝臟的痛苦。

潘朵拉的盒子是「收藏了這世間所有災難」的盒子。箱子名稱的由來，源自希臘神話的潘朵拉。她是諸神創造的第一位女性人類，諸神為報復人類，讓她帶著不可思議的箱子來到人間。

至於潘朵拉的誕生，是因為普羅米修斯【注1】從天界盜火，傳授給人類。宙斯為之震怒，於是命令諸神創造一名「女人」。赫菲斯托斯取泥巴捏造了「潘朵拉」，其他諸神也賦予她工作的能力、魅惑男人的魅力、狡猾的心。最後宙斯交給她一個神祕的盒子，並將潘朵拉送給普羅米修斯的弟弟厄比墨透斯。

厄比墨透斯不聽從哥哥的忠告：「不要接受宙斯的禮物」，執意與潘朵拉結婚。終於有一天，潘朵拉耐不住好奇心打開盒子，災難（疾病或犯罪等）散布人間。潘朵拉打開盒子之際，據說還有一物留在盒子裡，究竟是何物眾說紛紜，有人認為是不讓人類絕望才得以生存下去的「希望」。不過也有人認為，宙斯故意把災難之一的希望留在盒中，如此人類才能懷抱永難實現的希望活著。

潘朵拉的盒子

幻獸、妖怪

關聯

■不老不死傳說
　　　➡ P. 168

菲尼克斯

反覆重生的神祕之鳥

【注1】
西元前 485 生～西元前 420 年歿。古希臘的歷史學家。其著作《歷史》是基於希羅多德的所見所聞，有人認為也包含非事實的部分。

【注2】
古希臘的太陽神赫利俄斯之神殿，據說位在愛琴海的羅德斯島，現在是希臘的領地，不過根據希羅多德的記載，當時屬埃及的領地。

　　菲尼克斯在日本又稱為「火鳥」或「不死之鳥」，是不斷重生的奇幻生物。有人相信菲尼克斯是實際存在的生物，例如希臘歷史學家希羅多德【注1】在《歷史》提過。根據其描述，菲尼克斯的樣貌「有著金色與紅色的羽毛，像鷲」，其希臘語的名字帶有「紅紫色」之意。

　　菲尼克斯的壽命有五百年之久，死後又會有新的軀體，屍體則被運送到赫利俄斯神殿【注2】。平時人們不會輕易見到菲尼克斯，僅有此時人們才能看見。

　　來到羅馬時代，於西元一世紀問世的《博物誌》也提到菲尼克斯。據說牠的脖子周圍帶有金黃色羽毛，身體是紫色，尾巴是藍綠色，與《歷史》的描述不盡相同。關於重生的方式，則詳細記載著「死前牠會收集各種香料帶回巢穴，在骨髓裡蔓延的蛆中又長出羽毛，變成嶄新的菲尼克斯」。儘管方式怪誕，不過從死去的軀體誕生嶄新的軀體，卻與一般認知的

嗚嗚——

悲傷

呼

菲尼克斯溫泉

菲尼克斯

菲尼克斯相同。

同時期羅馬學者波尼烏斯・梅拉在《世界地理》提到,「近來的菲尼克斯,燒死在堆滿香木的薪柴上,從分解的身體流出液體,隨著凝固又生出嶄新的菲尼克斯。」此說法較接近現在我們所知的「浴火重生」。

從埃及到歐洲,再到基督教

據說菲尼克斯的原型,是埃及神話中的**貝努鳥**。此鳥帶有灰色摻雜著白色與藍綠色的羽毛,壽命長達五百年之久,據說即使燒死在樹中仍能復活,再度唱出美妙的歌聲。有人認為,貝努鳥的傳說後來傳至歐洲,於是衍生菲尼克斯。

隨著時代變遷,基督教流傳盛行歐洲,象徵菲尼克斯的復活之關鍵字,也從此沿用在基督教。因此,菲尼克斯也被視為基督復活的象徵,並廣泛運用在祈禱書、動物寓言、詩篇等。同時也是基督教的象徵物,祭壇或彩繪玻璃等教會裝飾上,經常可見到其蹤影。

菲尼克斯

> **菲尼克斯與鳳凰**
>
> 提到不死之鳥,想必有人連想到「帶有五色美麗的羽毛,與像孔雀般搖曳的長尾羽」,也就是中國的「鳳凰」。其是吉祥的傳說之鳥,僅食竹子的果實,並停靠在青桐的樹枝上。
>
> 另一方面,鳳凰的死則被視為不吉的前兆,並無菲尼克斯的「死後復活」之傳說。由此看來,兩者似乎是性質截然不同的幻獸。

武器

轟擊五星

關聯

■阿爾斯特傳說
～凱爾特神話的英雄傳～
➡ P.114

■千棘刺之槍
➡ P.140

■雷霆戰鎚
➡ P.181

必中必殺必贏的擲槍

【注1】
是達南神族的基恩,與敵人佛摩爾族巴羅爾的女兒伊瑟斯所生的孩子,可說是擁有複雜的家世背景。「巴羅爾終究會被自己的孫子所殺」,由於基恩知道這個預言,因而故意產下這個孩子。得知真相的巴羅爾企圖將魯格淹死,卻被海神瑪納諾救起,並收為養子,最後如預言殺死了巴羅爾。

【注2】
在日本諸多有關凱爾特神話的書籍中,多數都未言明魯格所持的槍之名稱。

【注3】
達南神族從四座城市所帶來的寶物,分別是轟擊五星、不敗之劍、魔法的大釜、命運之石。

英國的鄰國愛爾蘭流傳的凱爾特神話,描述的是比阿爾斯特傳說更早的時代,諸神一族的**達南神族**與巨人的**弗摩爾族**之激戰。在這場戰役中,諸神之王是持有稱之為「魔槍」、「閃光之槍」的**光之神魯格**【注1】。近年的創作作品,多半將他持有的那把槍命名為「**轟擊五星**」【注2】,因此本書也沿用此名。

在神話故事中,**轟擊五星**僅擁有兩種魔力,「百發百中」與「必贏得勝利」,簡直是人人夢想得到的武器。想必與弗摩爾族之戰,轟擊五星的確發揮了所長。其實轟擊五星是愛爾蘭的四祕寶【注3】之一,這些寶物據說都歸魯格所有。

魯格的別名是「長臂的魯格」,有人認為此名源於他為了投擲轟擊五星,因而助長了他使用投擲武器之能力。事實上,魯格還有另一件具有魔力的武器「**魔彈塔斯蘭**」,是投石時使用的彈丸,擅長遠距離的攻擊。傳說魯格擊敗宿敵巴羅爾,就是靠著魔彈塔斯蘭。

轟擊五星

神話、傳說

不老不死傳說

關聯

■三清、四御
　～中國道教的諸神～
　➡ P.146

■菲尼克斯
　➡ P.165

■煉金術
　➡ P.372

凡人類皆追尋的夢想

【注1】
為製作不老不死仙藥的必備仙術。其實使用的材料是類似水銀的有害物質，據說喝下完成的仙藥，等於喪命。

【注2】
在煉金術中，可以將鉛之類的金屬變化為「金」的神祕觸媒物質，有一說認為納吉是「不老長壽藥」的妙藥。

　　近年來，科學家發現似乎存在著可以返老還童的細胞，因而引發話題。不論身處哪個時代，人們始終追求著不老不死的夢想。以中國興起的道教為例，道教的道士們練就煉丹術【注1】，為的是製造可以不老不死的祕藥，從此成為仙人。另外，歐洲的煉金術師們不斷投入賢者之石【注2】的研究，其目的之一也是不老不死。在印度，煉金術也非常盛行，目的果然也是不老不死。關於不老不死的妙藥，也出現於神話故事，《吉爾伽美什史詩》的英雄吉爾伽美什（P.134）也為尋找不老不死之妙藥，而展開探尋之旅。

　　不過時至今日，人類依然找尋不到不老不死之妙藥。著名的中國秦始皇為了不老不死，聽信自稱取得祕方的術士們，結果吃下毒性強的祕藥，最後不是不老不死，而是早死。

　　在日本，雖不至於沉迷不老不死，不過傳說有位長命百歲的女性，名叫八尾比丘尼。據說她是吃了「人魚的肉」，因而活到800歲。當然，人魚似乎也僅存於傳說，所以想要不老不死，終究無法輕易辦到。

不老不死傳說

■《抱朴子》記載的金丹製作方法

為探尋不老不死的道士們，他們積極的製作祕藥，這些藥又稱為丹藥，甚至記載留下其製作的方法。在此介紹西元三世紀葛洪所著的《抱朴子》，記述了丹藥之源的金丹之作法。

歷時100天的齋戒，以準備※

提煉錫，打造寬6寸2分、厚1寸2分的板狀

混合紅鹽與鹼液，做成泥狀物，然後均等塗抹出1分的厚度

交疊置入紅土製的釜中

封口且不留空隙

以馬糞為燃料，溫燒30天

待釜中的物質呈灰狀，裡面會出現如豆子大小的金

把這些金收集起來，放入土製的甕，以炭火加熱

經10次的鍛鍊即完成

完成的金，即可作為不老不死之藥的金丹

※齋戒期間，必須遵守以下四點：
①以添加五香的熱水沐浴。
②保持身體的清淨。
③避免觸碰汙穢物。
④斷絕與世俗之人的交際。

COLUMN

不老不死的夢想終將實現？

英國劍橋大學研究員奧布里‧德格雷博士指出，「只要清除幾個課題，就能中止老化」。

德格雷博士，也是該校的資深生物醫學學者，同領域的研究學者們雖肯定他是非常優秀的學者，卻無法認同他的研究。某科學雜誌甚至舉辦推翻德格雷博士理論的比賽，獎金高達2萬美金，但是截至目前為止，依舊無人可以以科學理論證明其論點的錯誤。儘管老化的成因，不明之處依然頗多，但追根究底仍關乎於細胞不斷的細微損傷。過去的研究者認為老化是細胞或分子衰退的結果，是無法避免的自然現象。但是，德格雷博士認為「只要即早修復細胞所受到的損傷，即可以讓細胞永保健康，所以延緩老化並不是遙不可及的事。」

他提出只要克服了七個項目，大概約二十年左右即能完成延緩老化的技術或藥劑。看來，德格雷博士似乎可以創造出「不老不死之妙藥」了。

不老不死傳說

神話、傳說

■巨龍
➡ P.158

貝武夫

～史詩的世界～

帶給奇幻創作作品莫大影響的英雄故事

【注1】
棲息在城堡附近的沼澤，入夜後襲擊人類，是猶如巨人的怪物。

【注2】
有藏匿財寶的習性，由於人類想要偷取巨龍的寶物，因而惹怒巨龍攻擊人類。

【注3】
是著名的《魔戒》之作者約翰·羅納德·魯埃爾·托爾金，即是《貝武夫》研究學者，他的作品多少受到《貝武夫》之影響。

《貝武夫》是英國的古代傳說故事之一，是有關英雄貝武夫一生的故事。故事中第一部描寫年輕的貝武夫之事蹟，第二部則述說登上王位後年老的貝武夫。

第一部的故事背景是名為德內的王國（現在的丹麥）。瑞典的勇士貝武夫得知，該國國王深受怪獸格倫德爾【注1】所苦惱，於是出手相救。他打敗了格倫德爾與牠母親，德內的王國恢復和平。

第二部來到成為國王的貝武夫之晚年。他的王國在他的統治下始終和平，但某天突然出現噴火的巨龍【注2】襲擊民眾，他遂率領部下挑戰巨龍。好不容易來到巨龍棲息洞穴的國王，與巨龍展開決鬥，但開戰不久貝武夫即深受重傷。故事最後就在英雄之死，走向落幕。

《貝武夫》是現存的英國最古老之史詩。所謂的史詩，是自古以來以韻文形式述說神話、傳說或英雄傳的文體，存於世界各地。這些史詩不僅為多數人詠頌，也為後世創作故事【注3】帶來不少的影響。

貝武夫 ～史詩的世界～

■世界各地流傳的史詩

名　稱	地　域	成立時期	內　容
伊利亞特	希臘	西元前八世紀左右	以希臘神話的伊利亞特戰爭為題材，描寫開戰及之後十年間，直到英雄赫克托爾的死亡。
路濟塔尼亞人之歌	葡萄牙	西元1572年	葡萄牙詩人賈梅士所著。描寫大航海時代的葡萄牙如何進出海外。
奧德賽	希臘	西元前八世紀左右	被視為《伊利亞特》的續篇。描寫在特洛伊戰爭贏得勝利的奧德賽凱旋歸國，以及他兒子的旅程。
卡勒瓦拉	芬蘭	西元十九世紀左右	芬蘭醫生艾里阿斯·隆洛特的著作。總結了流傳在芬蘭的神話或民間傳承的故事。
吉爾伽美什史詩	美索不達米亞	西元前2000年左右	描寫美索不達米亞的傳說之國王吉爾伽美什（P.134），據說是人類現存最古老的史詩。
工作與時日	希臘	西元前700年左右	透過希臘神話，敘述唯有勞動，而且是充滿善行之勤務才能獲得財富。
諸王書	伊朗	西元1010年	波斯詩人菲爾多西所著。內容總結了古代波斯的神話、傳說與王國的歷史等。
尼伯龍根之歌	德國	西元十三世紀初期	描寫襲擊英雄齊格飛的悲劇，以及他的妻子克瑞姆希爾展開報復。與北歐神話屬同一起源。
摩訶婆羅多	印度	西元四世紀左右	描寫阿周天與黑天兩家族的戰爭，被視為印度教的重要聖典。
阿伊努史詩	日本（阿伊努族）	不明	是阿伊努族口耳相傳的傳承，敘述神話與英雄傳，並出現名為彭雅溫朋的英雄。
羅摩衍那	印度	西元三世紀左右	印度教之神毗濕奴的化身、英雄羅魔王子，與羅剎王羅波那之間的戰役。
羅蘭之歌	法國	西元十一世紀左右	描寫法國的勇將羅蘭參與的戰役，以西元778年爆發的隆塞斯瓦戰役為題材。

貝武夫 〜史詩的世界〜

幻獸、妖怪

帕格薩斯

關聯

■雅典娜
→ P.110

■奇美拉
→ P.132

■刻耳柏洛斯
→ P.142

從石化怪物衍生的雪白飛馬

【注1】
描繪為頭上有一隻角，但在神話裡並無角。由於這隻角，常與幻獸獨角獸混為一談。

【注2】
奧林匹斯十二神的1柱，詳細參照奧林匹斯十二神（P.128）。

【注3】
是宙斯與達娜厄所生的英雄。以磨成如鏡面光亮的盾與鐮刀做為武器，終於斬下了梅杜莎的首級。

【注4】
被視為海神克拉烏克斯的兒子，但也有一說認為是波賽頓的兒子。如果是這樣的話，那麼他與帕格薩斯就是同父異母的兄弟。

　　是出現於希臘神話的傳說怪獸，充滿靈氣的外觀，在日本擁有獨角獸的暱稱【注1】。有著碩大的羽翼，雪白的身體，整體洋溢神祕的氛圍，予人純真無邪的印象。不過在希臘神話中，牠的父親是海神波賽頓【注2】，母親是怪物梅杜莎。關於牠的誕生，有著以下的故事。

　　牠的母親梅杜莎與珀爾修斯【注3】對峙之際，正懷有身孕。最後珀爾修斯斬去梅杜莎的頭，在噴出的血中誕生了帕格薩斯。

　　回到故鄉的珀爾修斯，將帕格薩斯獻給雅典娜。珀爾修斯死後，英雄柏勒洛豐【注4】受命制伏奇美拉，他需要帕格薩斯的協助，故向雅典娜借用帕格薩斯。不會飛翔的奇美拉，面對飛翔的帕格薩斯，終於不敵而遭空中刺槍攻擊。

　　從此帕格薩斯成為英雄們的愛駒，並且屢立功績。想必是身為怪物卻被制伏的母親梅杜莎之亡魂，默默守護著牠吧！

帕格薩斯

神話、傳說

海克力士

關聯

■奧林匹斯十二神
　～希臘神話的諸神～
　　　　➡ P.128

■刻耳柏洛斯
　　　　➡ P.142

■宙斯
　　　　➡ P.154

希臘神話的最偉大英雄

【注1】
原本協助宙斯的大地之
母蓋亞所引發的戰爭。
起因是宙斯將蓋亞的孩
子們趕到地下的牢房，
蓋亞震怒，遂發動戰爭。

　　希臘神話出現了許多的英雄，其中又以海克力士最
為特別，他是神與人類的混血兒，而後還被納入奧林
匹斯十二神。換言之，也是希臘神話中最偉大的英雄。

　　他的雙親是最高之神宙斯與人類阿爾克墨涅。當時
宙斯率領的奧林匹斯諸神，與大地之母蓋亞的大軍處
於諸神大戰【注1】最如火如荼之際，蓋亞誕生了具有
「諸神殺不死」魔力的巨靈們，讓宙斯深感苦惱。因此
宙斯決定誕生一個「足以打敗巨靈的強大人類」，他選
中了邁錫尼王妃阿爾克墨涅，化身為她的丈夫安菲特律
翁，進入王妃的寢室與她做愛，於是誕生了海克力士。

　　儘管事出有因，但宙斯的背叛仍激怒妻子希拉。而且
海克力士之名，意味著
「女神希拉的榮耀」，簡直
是嘲諷。希拉極度厭惡海
克力士，終其一生迫害著
海克力士。

　　也許是繼承了最高之神
的基因，還是嬰孩的海克
力士即能徒手殺死希拉設

局陷害他的毒蛇。海克力士在母親阿爾克墨涅的期待下，成長、結婚並擁有了幸福的家庭。然而這一切卻無法長久，他在希拉的詛咒下發瘋，犯下殺害家人的罪行。

十二項偉業與英雄之死

【注2】
除了本文所介紹的，另外還有「捕獲刻律涅山的鹿」、「制伏厄律曼托斯山的野豬」、「清洗奧革阿斯的牛廄」、「殺死斯廷法利斯湖的怪鳥」、「制伏克里特的公牛」、「活捉狄俄墨德斯的四頭食人馬」、「奪取亞馬遜女王希波呂忒的腰帶」、「制伏各有6隻手腳與3個頭的牛、革律翁」、「摘取赫斯珀裡得斯的金蘋果」。

【注3】
擁有人類的上半身，以及馬的脖子至下半部，是半人半馬的怪獸。他企圖強暴德伊阿妮拉，遭海克力士以塗抹許德拉血液的箭射死。但他誘惑德伊阿妮拉，說自己的血液可以成為媚藥，隱瞞血液含有劇毒的事實。

殺死家人的海克力士為了贖罪，挑戰歐律斯透斯派給他的**十二項偉業**【注2】，諸如制伏涅墨亞森林的獅子、殺死擁有不死之身的毒蛇海德拉、活捉刻耳柏洛斯等，這些都是不可能的任務。

達成十二項偉業，終於恢復自由之身的海克力士與德伊阿妮拉結婚。而後，又與伊俄勒結婚。

但這竟是破滅的開始。海克力士與伊俄勒結婚之際，德伊阿妮拉以為自己遭到海克力士的厭惡，遂聽信涅索斯【注3】的謊言，以為他的血是媚藥，塗抹在海克力士的內衣上。然而那是含有劇毒的血液，海克力士痛苦不堪，終於走向火葬壇，全身著火燃燒。在轟然聲與巨雷下，海克力士死亡。不過他在宙斯的協助下，成為永生的諸神之一。

海克力士是射箭高手

提到海克力士，或許立刻讓人聯想到強壯的手臂，他可以徒手或持棍棒打敗眾多怪物。除此之外，海克力士在歐律托斯的教導下，習得精湛箭術。在諸神大戰中，他靠著弓箭不斷打敗巨靈，如宙斯所願，奧林匹斯諸神終於贏得勝利。

海克力士

神話、傳說

馬比諾吉昂

關聯
■阿爾斯特傳說
〜凱爾特神話的英雄傳〜
　　　　➡ P.114

■圓桌騎士
〜亞瑟王傳說〜
　　　　➡ P.124

漂洋過海而來的古凱爾特故事

【注1】
位於構成英國的不列顛島的西南部。英國是由「英格蘭」、「威爾斯」、「蘇格蘭」、「北愛爾蘭」所組成的王國。

　　所謂的《馬比諾吉昂》，是指《馬比諾吉》的四個故事，以及總結了口耳相傳的凱爾特傳說之故事集。過去的凱爾特人的故事是透過口耳相傳。來到西元十一世紀，威爾斯【注1】的修道士們開始書記，終於總結成《馬比諾吉昂》。之後透過翻譯，聞名世界。

　　《馬比諾吉昂》共收錄11篇故事，其中核心的四個故事，每個都以「就這樣結束了馬比諾吉的這段故事」為結尾，因而取其作為故事集的標題。

　　整本書由〈馬比諾吉的四個故事〉、〈卡穆林流傳的四個故事〉、〈宮廷的三個羅曼史〉等三部分構成，作品氛圍各不相同。〈馬比諾吉的四個故事〉屬於帶有幻想性、神話性、趣味性的英雄故事。〈卡穆林流傳的四個故事〉以民間傳說為主，並加入有名的亞瑟王傳說。〈宮廷的三個羅曼史〉是宮廷的羅曼史，亞瑟王也出現其中。總之，故事集

馬比諾吉昂

包含了神話的英雄傳、威爾斯的民間故事、愛情羅曼史，可說充滿了娛樂性。不僅具歷史資料的價值，同時也是值得一讀的作品。

關於〈馬比諾吉的四個故事〉的內容

〈馬比諾吉的四個故事〉是《馬比諾吉昂》中，評價最高的神話作品。這四個故事以威爾斯為背景，且相互影響。

第一個故事是〈戴伏德的王子皮威爾〉，描寫普里德里的雙親皮威爾之婚姻，直到普里德里的誕生，以及成為偉大繼承者的經緯。第二個故事是〈林瑞的女兒布蘭雯〉，描寫不列顛國王的妹妹布蘭雯，與愛爾蘭國王結婚，結果這場婚姻引發了不列顛與愛爾蘭的戰爭。接著是〈林瑞的兒子馬那懷登〉，描寫從戰場歸來的馬那懷登與普里德里的故事，普里德里與妻子瑪娜烏丹被深懷恨意的男子施了魔法，馬那懷登出手相救。最後是〈馬索伊努的兒子馬斯〉，描寫馬斯與弟弟的衝突，兩人和解後，一起守護繼承斯威，並報復背叛的新娘與第三者。

若以原文閱讀四個故事，的確會發現奇妙之處，以及難以理解的部分，不過由此也能窺見凱爾特神話的淵源，是相當具歷史價值的重要作品。

《馬比諾吉昂》的書名是誤譯？

原書的標題是《馬比諾吉》，但為何最後不是《馬比諾吉》，而變成《馬比諾吉昂》呢？其實是當時的書籍採「謄本」作業，文中一處誤用了「馬比諾吉昂」，而後翻譯英語時並未更改，便採用了「馬比諾吉昂」一詞出版。

馬比諾吉昂

神話、傳說

三貴神、神世七代

～日本神話的諸神～

關聯

■ 天照大御神
→ P.112

■ 三種神器
→ P.144

■ 須佐之男命
→ P.150

繽紛的日本神話中的諸神故事

【注1】
是集結各地民間故事、妖怪傳說等的總稱。最具代表性的是島根縣附近流傳的《出雲風土記》。不過《風土記》仍有許多失傳，只剩下片段的故事。

【注2】
日本神話中，在天地開闢之際出現了天之御中主神、高御產巢日神、神產巢日神、宇摩志阿斯訶備比古遲神、天之常立神等諸神。其中，最初出現的天之御中主神、高御產巢日神、神產巢日神，被稱為「進化的三神」。

【注3】
繼別天神出現的12柱神。首先是無性別的國之常立神、豐雲野神，而後是以伊邪那岐命與伊邪那美命為首的男女對稱之10柱諸神。

在時而描寫神的世界，時而描寫人類世界的日本神話中，日本人最耳熟能詳的是文獻《古事記》、《日本書記》。另外，《風土記》【注1】則是記述神話傳說的書籍。這些故事中都詳細記錄了諸多的神，以及與其有關的故事或日本建國的淵源等。

日本神話的序曲，以出現別天神【注2】神世七代【注3】的〈天地開闢的時代〉開始，然後是伊邪那岐命與伊邪那美命的日本列島創造的故事〈國的誕生〉，延續到天照大御神為首的〈三貴神的誕生〉。此時代所出現的諸神，詳細可參照P.180的表格。伊邪那岐命誕生了天照大御神、月讀命、建速須佐之男命的「三貴神」，並命令他們分別統治高天原、夜之世界、海原，但須佐之男命反抗，遂搞亂了原本的計畫。

在日本神話中，須佐之男命的子孫大國主之「建國」後，天照大御神率領高天原的諸神迫使大國主讓出統治王國（讓國），統治地上的支配權又回歸到天照大御神的手上，由其子孫降臨地上，並持續「天孫降臨」以打倒敵對部族等，從此其子孫成為初代天皇「神武天皇」。總而言之，《古事記》或《日本書記》即是透過神話傳說，同時敘述日本的歷史。

177

■日本神話　諸神系譜的部分

在此列出以伊邪那岐命與伊邪那美命為始，以及他們所衍生的諸神。

抽象化的諸神

- 大事忍男神
- 石土毘古神
- 石巢比賣神
- 大戶日別神
- 天之吹男神
- 大屋毘古神
- 風木津別之忍男神

與自然現象有關的諸神

- 大綿津見神
- 速秋津日子神 ── 婚姻 ──
- 速秋津比賣神
- 志那都比古神
- 久久能智神
- 大山津見神 ── 婚姻 ──
- 鹿屋野比賣神

泣澤女神

淚

伊邪那岐命

婚姻

伊邪那美命

嘔吐
- 金山毘古神
- 金山毘賣神

糞
- 波邇夜須毘古神
- 波邇夜須毘賣神

尿
- 彌都波能賣神
- 和久產巢日神

亡骸
- 大雷
- 火雷
- 黑雷
- 土雷
- 若雷
- 折雷
- 伏雷
- 名雷　等

三貴神、神世七代　～日本神話的諸神～

與自然現象有關的諸神

沫那藝神	天之水分神
沫那美神	國之水分神
頰那藝神	天之久比奢母智神
頰那美神	國之久比奢母智神

天之狹土神	天之闇戶神
國之狹土神	國之闇戶神
天之狹霧神	大戶或子神
國之狹霧神	大戶或女神

石折神	樋速日神
根折神	建御雷之男神
石筒之男神	闇淤加美神
甕速日神	闇御津羽神

與生產有關的諸神

鳥之石楠船神

大宣都比賣神

火之迦具土神

亡骸

正鹿山津見神
淤縢山津見神
奧山津見神
闇山津見神
等

三貴神、神世七代～日本神話的諸神～

出現於日本神話的主要諸神

名　稱	備　考
天之御中主神	算是別天神5柱中的第一神，造化三神之1柱。宇宙中最初現身的神，是諸神居住的高天原之主神。
高御產巢日神	繼天之御中主神現身的神，別天神5柱中的第二神，造化三神之1柱。是與生產力、農耕密切相關的神。
神產巢日神	別天神5柱中的第三神，與高御產巢日神同樣屬於生產力有關的神，高御產巢日神是男性的神，相對的神產巢日神是女性的神。
宇摩志阿斯訶備比古遲神	由造化三神衍生的別天神之1柱。出現於日本神話的天地開闢，不過之後幾乎不再出現，是謎樣的神。
天之常立神	造化三神衍生的別天神之最後1柱。與宇摩志阿斯訶備比古遲神一樣，幾乎未出現於神話，是諸多謎團的神。
國之常立神	與造化三神衍生的天之常立神，屬於對稱的神，是神世七代的1柱。讓尚不安定的大地，銳變具生命力的土地。
豐雲野神	造化三神衍生的神，神世七代的1柱。是為天空添加色彩、製造雲朵，並盡力為大地帶來豐饒果實的神。
宇比地邇神／須比智邇神	神世七代中第一對夫婦神。剛誕生的世界猶如泥沼，兩人協力讓大地變得堅實。
角杙神／活杙神	神世七代中第二對夫婦神。角杙神是男性，活杙神是女性。是給予大地生物所需力量的神。
意富斗能地神／大斗乃弁神	神世七代中第三對夫婦神。是讓廣大的大地堅固，讓生物在世界得以生存的神。
淤母陀琉神／阿夜訶志古泥神	神世七代中第四對夫婦神。淤母陀琉神完成了完美的大地，阿夜訶志古泥神則由衷讚美。
伊邪那岐命	神世七代中第五對夫婦神。與妻子伊邪那美命兩人誕生了國、八百萬之神。伊邪那美命死後，他獨自生下天照大御神、建速須佐之男命、月讀命。
伊邪那美命	與丈夫伊邪那岐命生下國、神，最後在生產火之迦具神時喪命。成為黃泉之國的居民，在黃泉比良坂與伊邪那岐命分手。
天照大御神	伊邪那岐命在清洗汙穢時，從左眼誕生的三貴神之1柱。是司長太陽的女神，聽命於父親，成為統治高天原的神。
月讀命	伊邪那岐命在清洗汙穢時，從右眼誕生的三貴神之1柱。是司長月亮的神，聽命於伊邪那岐命，統治夜的世界。
建速須佐之男命	伊邪那岐命在清洗汙穢時，從鼻子誕生的三貴神之1柱。拒絕聽命統治海原，而後又在高天原鬧事，終於被放逐人間。
火之迦具神	伊邪那岐命與伊邪那美命的孩子。司長火的神。伊邪那美命在生產火之迦具神時，陰部遭逢灼傷而喪命，盛怒的伊邪那岐命遂斬殺火之迦具神。
大國主	建速須佐之男命的孫子，是如同伊邪那岐命與伊邪那美命努力建國的神，而後聽從高天原使者的讓國請求。
邇邇藝命	天照大御神的孫子，取代大國主神統治國。而後天照大御神授予邇邇藝命三種神器。
海幸彥	別名火照命。邇邇藝命與木花之佐久夜姬的孩子，是山幸彥的哥哥。珍惜的魚鉤被弟弟弄丟，兩人因而爭吵不合，不過後來失而復得，從此聽從弟弟的命令。
山幸彥	別名火遠理命。曾與哥哥海幸彥大打出手，而後繼承父親邇邇藝命的皇位。與海神之女豐玉毘賣命生下鸕鶿草葺草葺不合命。
神倭伊波禮毘古命	豐玉毘賣命的妹妹天依毘賣命與鸕鶿草葺草葺不合命所生的孩子，也就是之後的神武天皇。追溯其系譜，源自天照大御神，故天照大御神是天皇家族的始祖。

武 器

雷霆戰鎚

關聯

■千棘刺之槍
　　　　➡ P. 140

■轟擊五星
　　　　➡ P. 167

■諸神黃昏
～北歐神話的世界與諸神～
　　　　➡ P. 185

索爾愛用的魔法戰鎚

【注1】
也為北歐神話的諸神製作各種道具。不過，侏儒們擁有遠比諸神更精湛的技藝，換言之，沒有這些侏儒，神話也不存在了。他們製作了種種武器道具。除了黃金假髮與雷霆戰鎚之外，永恆之槍與德羅普尼爾給了奧丁，斯基普拉茲尼爾與黃金的豬給了豐饒之神弗雷。

　　雷霆戰鎚是北歐神話的雷神索爾擁有的戰鎚，也是戰鬥用的武器。與主神奧丁（P.126）擁有的永恆之槍一樣，每投必命中敵人，而且擲出後還會回歸原主。據說擲出時還會散發閃電。然而，雷霆戰鎚的重量也與攻擊力劃上等號，算是非常沉重的武器。就連力量驚人的索爾，也無法以一般的姿勢操弄雷霆戰鎚，每次執此武器對戰時為了增加神力，必須纏上「筋力腰帶」。

　　算是索爾標章的雷霆戰鎚，至於取得之緣由，其實與洛基（P.192）脫離不了關係。某次，洛基開玩笑把索爾的妻子希芙的頭髮剃光，為安撫盛怒的索爾，洛基答應做一頭假髮償還。被洛基喚為「伊凡第的兒子們」的小矮人們【注1】幫忙做了黃金的假髮，另外又製造了可以去到任何地方的神船斯基普拉茲尼爾，以及奧丁鍾愛的永恆之槍。結果洛基帶著這些去到勃洛克、艾德利小矮人兄

弟處炫耀，「要是有人做出勝過這些，我願意把頭給他。」於是小矮人兄弟取黃金的豬、黃金的手鍊德羅普尼爾，做成雷霆戰鎚。

最後，由諸神判定誰的製品最為優秀，結果唯一可以與巨人族抗衡的雷霆戰鎚獲得優勝，並將此贈與戰神索爾。

被巨人奪走的雷霆戰鎚

【注2】
巨人之王，擁有眾多的寶石、黃金、銀器、黃金牛角的牛與全黑的牡牛等財寶。他希望娶弗蕾亞為妻，是因為他認為自己已擁有一切，除了弗蕾亞的美貌之外。

【注3】
海姆達爾是敏銳聰明的神。他住在連結諸神之國阿斯加特的彩虹橋旁，隨時監視有無入侵者，故被稱為「神的監視員」。

在神話中，索爾曾因疏忽，讓雷霆戰鎚被宿敵的巨人族索列姆【注2】奪走。

索列姆偷走了雷霆戰鎚，提出了交換條件，就是與最美麗的女神弗蕾亞結婚。當然遭到弗蕾亞的拒絕。結果海姆達爾【注3】提議，「不如由索爾假扮弗蕾亞，裝扮成新娘，然後趁機奪回雷霆戰鎚。」

無論體型或性別皆不同於弗蕾亞的索爾，最後披著白紗，由洛基充當隨從，去到了巨人國。原本懷疑弗蕾亞是假冒的巨人們，在洛基的花言巧語下終於信服，並開始了婚禮。依照慣例，雷霆戰鎚得放在新娘的膝上，索爾立刻握住雷霆戰鎚，殺死巨人們。

也是守護象徵的雷霆戰鎚

對知曉北歐神話的當地居民來說，索爾是非常受歡迎的神，而他的雷霆戰鎚更是避凶趨吉的象徵物。人們相信雷霆戰鎚具有清淨之魔力，因此無論是神話裡的婚禮或現實生活中的婚禮，都是清淨新娘的重要道具，因而婚禮通常會擺置仿似雷霆戰鎚的鎚子。現在，許多店舖也販售仿似雷霆戰鎚的首飾等，非常受歡迎。

雷霆戰鎚

神話、傳説

關聯

■不老不死傳説
➡ P.168

烏托邦

～理想國傳説～

存在某處的理想國

【注1】
「反烏托邦」，是經常出現於 SF 作品的概念，諸如呈現出「機器操控人類」或「屬於控制的社會毫無自由可言」之景象。

【注2】
以〈要求特別多的餐廳〉〈銀河鐵道之夜〉等聞名的岩手縣作家。

　　當我們要意指「一切皆理想的國家或場所」時，經常會使用烏托邦一詞。事實上，這是西元 1516 年托馬斯・摩爾在小說《烏托邦》裡新造的詞彙，源於希臘語的「無一處存在」、「場所」。

　　這本以拉丁語寫成的小說，主題是絕不存在的理想之國（烏托邦），藉反話批判歐洲社會，昭顯應該趨近人人平等的共生社會，才是理想的狀態。由於作品賣座，如今烏托邦已成為理想之地的代名詞。

　　理想之地的發想，其實自古以來即存在人們心中，例如西元前希臘神話的死後樂園「極樂世界」，中國的「桃花源」皆是脫離現實的樂園，猶如是烏托邦。

　　不過，摩爾描寫的烏托邦屬於共產主義式的，如今反而是反烏托邦【注1】更為人所接受吧。「理想之地」，不知不覺也隨著時代而有所改變。在日本，宮澤賢治【注2】也創造了「理想鄉（Ihatov）」一詞，是以他的故鄉岩手縣為創作靈感。這個世界有多少的人，就懷有多少的理想，一個理想鄉當然無法滿足所有人的期望。換言之，理想鄉也許就散落在世界各地吧。

烏托邦～理想國傳說～

■世界的烏托邦

阿瓦隆（英國）
結有不死的蘋果，位於英國某處的小島，出現於凱爾特的傳說中。有一說認為是現在的格拉斯頓伯里。

理想鄉（岩手縣）

吉龐（日本）

上都（蒙古）

斯貝帕斯（西班牙）

阿卡迪亞（希臘）

香格里拉（西藏）

黃金國（安地斯）
歐洲人認為就在南美大陸安地斯的某處，是盛產黃金之鄉，但隨著黃金的開採，不再是如夢般的地方，並且從世界地圖消失了。

迦南（古埃及）
《聖經》記載的約定之地。是巴勒斯坦、南敘利亞的古稱。西元前耶路撒冷人征服迦南人，建立了耶路撒冷王國。

COLUMN

理想國度的命名方式，究竟是基於音韻還是現實地名的變形

　　不可思議的，各地理想國度的名稱皆以a、e、s為字首。舉例來說埃及的「Aaru」、英國的「Avalon（阿瓦隆）」、位於地球中心的「Agartha」、推測存在於古代美洲大陸與非洲大陸之間的「Atlantis」、實際存在希臘地名的「Arcadia」、威爾斯的神話裡的「Annwn」。至於，那些現實不存在的地名，作家究竟是否依據特定音韻命名，已不得而知，不過想必是絞盡腦汁的結晶。

　　另外，以2個單字結合為一詞彙的有湯瑪斯·摩爾的「Utopia（烏托邦）」、宮澤賢治的「Ihatov（理想鄉）」。有人認為，宮澤創造的理想鄉是取自岩手的舊時地名「Ihate」之諧音，因此認為理想國度的命名，是現實地名的變形。基於此，東京、仙台、盛岡當然也可以利用諧音音韻創造出非現實的地名，例如東京「Tokyo」變成了「Tkio」。但不知為何，「Tkio」與「Ihatov」相較之下，就是「Ihatov」唸起來讓人充滿了理想的幻想。看來，理想國度的名稱也是理想百分百的。

烏托邦 ～理想國傳說～

神話、傳說

諸神黃昏
～北歐神話的世界與諸神～

關聯

■啟示　　　　→ P.018

■世界末日的善惡大決戰
　　　　　　　→ P.076

■女武神
　　　　　　　→ P.194

居住在巨大樹上的人們之生活與其完結

【注1】
不僅是北歐神話的諸神黃昏，基督教也有世界末日前夕的徵兆。

　　電玩標題和創作作品中，經常出現的「諸神黃昏」，其實是北歐神話諸神與巨人們間的**最後戰爭**。

　　北歐神話有稱為「世界之樹」的巨大樹，區分為9個世界，包含神，以及敵對的巨人族、人類或冥界。人類居住在人類世界，基本上與其他世界無法相互往來，諸神或巨人的世界則可以自由來去，因此諸神可以干涉人類。

　　諸神黃昏，是女巫預言下的「未來事件」【注1】。最高之神奧丁（P.126）率領阿薩神族，與原本敵對的華納神族結盟，共同迎戰巨人族。根據預言，領軍怪物的巨人族與奧丁諸神們，在維格利德的廣漠草原相互對決。此外，由於女武神的號召，就連「戰士靈魂」也參加了這場戰役。

　　諸神的命運早已決定，包含奧丁在內的諸神皆戰死，最後火焰巨人史爾特爾持火焰之劍，燃燒世界之樹，世界走向毀滅。不過，一部分的神或人類依然存活，世界再興。

諸神黃昏　～北歐神話的世界與諸神～

■北歐神話的主要諸神

名　字	解　說
奧丁	北歐神話的主神，是阿薩神族之首，司長戰爭、知識、魔咒等。從命運女神的預言得知諸神的命運，召集了優秀的戰士靈魂參戰。
索爾	是雷神，手握魔法雷霆戰鎚（P.181），並駕駛2頭牡牛牽引的戰車。是奧丁的兒子，堪稱諸神中最強者。
提爾	獨臂的戰神。是決定戰爭勝敗之神，力量不及索爾，但擁有優越的指揮力與勇氣。
巴德爾	奧丁與弗麗嘉的孩子，是霍德爾的哥哥。是諸神中最聰明，且最耀眼的紳士。遭霍德爾殺害，去到冥界，但諸神黃昏後又復活了。
維達	奧丁的兒子。由於謹慎，被稱為「沉默之神」，其戰力僅次於索爾。巴德爾被殺害時，他討伐霍德爾，在諸神黃昏擊敗芬尼爾。
海姆達爾	是聽覺、視覺敏銳的諸神監視員。守護在連結阿斯加特與人類世界的彩虹橋旁，在諸神黃昏，肩負吹笛召集諸神的任務。
布拉基	又稱為「長鬚之神」，是奧丁的兒子。頭腦清晰，屬於善辯、善詩詞之神，熱烈歡迎造訪阿斯加特的貴賓。
霍德爾	奧丁的兒子，巴德爾的弟弟。眼盲，受洛基的利用，誤殺了巴德爾。
弗麗嘉	是奧丁的妻子，巴德爾的母親。同時也是阿薩神族的諸女神之首。
伊登	是詩人之神布拉基的妻子，管理讓諸神保持年輕的魔力蘋果。
尼約德	華納神族的神，是弗雷與弗蕾亞的父親。在阿薩神族與華納神族交戰時，為了和平自願成為人質前往阿斯加特。
弗雷	尼約德的兒子，弗蕾亞的哥哥。司長豐饒的華納神族之神。據說是諸神中最美麗的，為了要娶巨人族女兒葛德，自願放棄愛劍。
弗蕾亞	是華納神族之神，驅使兩隻貓牽引的戰車。是尼約德的女兒，弗雷的妹妹。與哥哥一樣司長豐饒，此外也司長愛情。
洛基	與奧丁結拜兄弟，是阿薩神族接納的巨人。擁有美麗的外貌，性格卻乖張，經常為難諸神。是芬尼爾、耶夢加得的父親。
史爾特爾	居住在穆斯貝爾海姆的巨人族之首，又稱為火焰巨人。手持火焰之劍守護國境，在諸神黃昏，擊敗弗雷，燒毀世界。

諸神黃昏
～北歐神話的世界與諸神～

■北歐神話的世界、世界樹之圖

世界樹

聳立於世界的中心，是支撐世界的巨大梣樹。分為天上、地上、地下三個平面，然後又再分出九個世界。

木之蛇

立於世界樹之頂，是照耀世界的閃耀之鳥。究竟是何種鳥類，有人說是大鷲，也有人說是公雞，眾說紛紜。

阿斯加特

是以奧丁為首的阿薩神族居住的世界。橫越彩虹橋時除了飛翔外，別無他法。有一說認為，是位在人類世界的中心處。

華納海姆

華納神族的世界。是尼約德、弗雷與弗蕾亞兄妹的故鄉。詳細情況不得而知，是充滿謎團之地。

亞爾夫海姆

妖精們的世界。據說是一群貌似神的美麗妖精。

第一層：天上的平面

彩虹橋

連結阿斯加特與人類世界的橋梁。海姆達爾居住在阿斯加特的彩虹橋畔，監視渡橋者。

約頓海姆

人類世界的北方、東方都是巨人的世界。據說若飲下巨人密米爾守護的泉水，即能獲得知識。

人類世界

周圍環繞著海洋的人類的世界。同一平面還有巨人居住的約頓海姆，由神建構的圍牆隔離開來。

穆斯貝爾海姆

據說是古老存在的世界。為火焰包圍的灼熱世界，火焰巨人史爾特爾居住在此，其他不詳。

第二層：地上的平面

斯瓦塔爾海姆

是稱為多烏魯格的侏儒們居住的世界。他們是優秀的工匠，可以製造各種魔法武器道具。

尼福爾海姆

天地創造以前即存在的冰的世界。除了緊咬世界樹根部的尼德霍格，還有許多的蛇。

海姆冥界

洛基的女兒海拉統治的死亡世界，如同尼福爾海姆。戰死以外的死人或死去的諸神之去處。

第三層：地下的平面

諸神黃昏 〜北歐神話的世界與諸神〜

■諸神的結局與之後

以下是諸神黃昏前後的過程。敵人來襲後，直到世界滅亡都屬於諸神黃昏的範疇，左下的表格則是諸神對戰的結局。

諸神黃昏的戰役結果

諸　　神	敵對者
奧丁	芬尼爾
結果　芬尼爾吞噬了奧丁，芬尼爾獲勝	
維達	芬尼爾
結果　撕裂芬尼爾的嘴，維達獲勝	
索爾	耶夢加得
結果　索爾擊碎耶夢加得的頭，而索爾也身中劇毒而死，雙亡	
提爾	加姆
結果　提爾擊敗加姆，但加姆臨死前咬破提爾的喉嚨，雙亡	
海姆達爾	洛基
結果　詳情不明，雙亡	
弗雷	史爾特爾
結果　弗雷手持鹿角對戰，最後力戰身亡，史爾特爾獲勝	

諸神黃昏　～北歐神話的世界與諸神～

神話、傳說

利維坦

關聯

■ 惡魔
　　→ P.014

■ 七宗罪
　　～基督教的世界～
　　→ P.069

■ 巴哈姆特
　　→ P.161

海洋怪物的代名詞

【注1】
法國作家科蘭・戴・布蘭西的著作，收集了惡魔或迷信相關的逸事，以辭典的形式呈現。

　　在近年的創作作品，利維坦以棲息海洋的強大怪物而聞名。其實牠是出現於《舊約聖經》的《約伯記》的巨大海中魔獸，而後被描寫為惡魔。在猶太基督教的傳說裡，是耶和華在創造天地的第五天創造出來，傳說牠的樣貌如巨大的魚、鱷魚、蛇或巨龍，就連劍、箭、刺槍等各種武器也無法穿透其鱗片。牠與同樣是上帝創造的地心巨獸（P.161）屬一對的魔獸，最後審判日，人類皆淪為牠與地心巨獸的食糧。

　　原本的設定並非邪惡，但由於其樣貌，最後竟淪為邪惡的魔獸。來到中世紀以後，與司長七宗罪之一「忌妒」的路西法或別西卜屬同等級的大惡魔。在網羅惡魔的《地獄辭典》【注1】，牠成為地獄的海軍提督，是位居第三名的強大魔神。

反正都要被吃掉的

張牙

利維坦

武器

烈焰之劍

關聯

■聖劍、魔劍
➡ P.152

■諸神黃昏
～北歐神話的世界與諸神～
➡ P.185

■洛基
➡ P.192

不曾使用過的劍

【注1】
出於北歐神話的公雞。
佇立世界樹的最頂端，
身體閃耀著光芒，照亮
世界。

【注2】
北歐神話裡的巨人，統
治火焰之國。在諸神與
巨人的諸神黃昏之最後
戰役，他手持火焰之劍
燒毀世界樹。

那些聞名世界各地的劍，至少都曾經被人類或神使用過，也因為徹底發揮其魔力，因而得名。但是，北歐神話的烈焰之劍，儘管被塑造為具強大魔力，在神話裡卻是從不曾派上用場的罕見武器。

這把劍又名「災厄之魔杖」，據說它可以殺死佇立在世界樹最頂端的「木之蛇」【注1】。不過，其所在位置非常遙遠，究竟該如何使用烈焰之劍攻擊，其實也是個謎。只能憑靠推測，也許可以利用魔法發射，或當作投擲武器使用。在神話故事中，也未提及其形狀模樣，就連是把真的劍嗎？也不得而知。

擁有烈焰之劍的是，在諸神黃昏讓世界走向毀滅之命運的巨人史爾特爾【注2】的妻子辛慕爾。此劍是洛基在死者世界尼福爾海姆詠頌盧恩字母（P.284）時所製作的，究竟最後為何輾轉來到辛慕爾的手中則不得而知。她把烈焰之劍收藏

拿到了

烈焰之劍

在巨大的箱子保存，並設下9道鎖，極度嚴謹，至於如此慎重的理由，神話中並未提及。這也讓烈焰之劍更加成謎。

為了得到此劍的原地繞圈

此劍之名出現於《菲斯比茲爾的話語》這個故事，名叫**斯維普達格**的年輕人為了找尋梅格拉多，必須通過火焰之城堡的大門，但那裡有兩隻獵犬看守，一般人難以通過。

他聽從巨人菲斯比茲爾的建議，「獵犬喜食木之蛇的肉，只要給牠們，輕易就能通過。」但為了取得木之蛇，他必須拿到烈焰之劍。他得知要向辛幕爾借到烈焰之劍，必須獻上木之蛇尾巴的羽毛。換言之，<u>想得到木之蛇依然須擁有木之蛇</u>，等於是在原地兜圈子【注3】。

結果，斯維普達格藉著其他方法引開獵犬，終於順利進入大門，見到梅格拉多。因此，故事中雖然提到了烈焰之劍，事實上仍未派上用場。

與史爾特爾的劍之關聯性

由於烈焰之劍之名稱，因而有人認為是巨人史爾特爾擁有的燃燒火焰之劍，事實上，許多創作作品也這樣描述。由於烈焰之劍諸多成謎，同時又歸史爾特爾夫婦所有，或許的確有那樣的可能。不過在神話裡，並未明示烈焰之劍就是史爾特爾的那把劍，所以充其量只能視為創作作品的設定。

烈焰之劍

神

洛基

關聯

■奧丁
　　➡ P. 126

■諸神黃昏
　～北歐神話的世界與諸神～
　　➡ P. 185

■烈焰之劍
　　➡ P. 190

儘管是巨人族卻被納入諸神之列

【注1】
以奧丁為首的神族，居住在阿斯加特。曾與豐饒之神的華納神族有過短暫的戰爭，而後彼此交換人質，取得和平。

　　諸多神話都存在著「搗蛋鬼」，他們惡作劇或引發某些事件，惹得其他諸神或人類不知所措，有時像是好人，有時又像壞人，完全讓人捉摸不定。就性格面，他們常成為故事的「推進者」。

　　洛基即是北歐神話中最具代表性的搗蛋鬼。他是巨人法布提與勞菲的兒子，與奧丁率領的阿薩神族【注1】原屬敵對的關係。不過，奧丁很喜歡洛基，兩人成為結拜兄弟，因而也被視為諸神的一員。他也與索爾交好，兩人曾多次前往巨人族世界的約頓海姆旅行。

　　他擁有美麗的容貌，卻又散發著邪氣，且毫不顧忌地說謊。儘管稱不上是壞蛋，但不時的惡作劇常惹得諸神困擾不已。不過，他惹起的麻煩事，最後總還是靠著他的小聰明讓諸神不至陷入窘境，總而言之，是名符其實的搗蛋鬼。

　　另外，北歐神話裡奧

又滿了

痛!!

洛基

丁的永恆之槍，索爾的雷霆戰鎚（P.181），可以產黃金的戒指安德華拉諾特，諸多武器或寶物多是洛基誘騙侏儒所製作或強行奪走的。奧丁的愛馬，也就是有八隻腳的斯雷普尼爾【注2】，也是源自於洛基。

【注2】
斯瓦迪爾法利與化身為雌馬的洛基所生的駿馬，不僅奔馳速度極快，還能飛翔。

最後成為諸神的敵對者

洛基雖然有時惡作劇過頭，但與諸神仍算和睦相處。不過，他讓盲神霍德爾中計，於是霍爾德誤殺奧丁的兒子，也就是光之神的巴德爾【注3】，從此與奧丁諸神有了嫌隙。

由於洛基是奧丁的結拜兄弟，諸神起初皆隱忍。但是，在海神埃吉爾的宴會上，洛基開始揭發諸神的祕密，讓大家困窘不堪，諸神終於忍無可忍。

他們把洛基綁在洞窟的岩石上，迫使他動彈不得，然後讓蛇的毒液滴落在他臉上。洛基的妻子西格恩隨侍在旁，以缽盛接毒液。不過，當她倒掉盛滿毒液的缽時，洛基還是得忍受滴落的毒液，並因痛苦不堪而全身震抖【注4】。

最後的諸神黃昏，洛基才終於被釋放，他與巨人、怪物的孩子們一同對抗奧丁諸神，最後與海姆達爾對戰，雙雙戰死。

【注3】
奧丁與妻子弗麗嘉所生的第二個兒子。夢見不祥之夢的弗麗嘉，於是與世界所有的生物、無生物締結約定，保證「巴德爾不受到傷害」，只有槲寄生尚還幼小，所以無訂下約定。如同永生不死的巴德爾也嘗試諸多挑戰，都安然無事，直到洛基將槲寄生的樹枝交給盲神霍德爾，並投向巴德爾，隨即被刺中而喪命。

【注4】
在神話中，這即是造成地震的原因。

洛基的孩子們

洛基與第一任妻子安爾伯達生有三個孩子，其中兩個兒子是巨狼芬尼爾與大蛇耶夢加得，還有一個女兒海拉。擁有預知能力的奧丁，預見諸神黃昏，洛基與他的孩子們會聯手與諸神為敵，所以以魔法之鎖綁住芬尼爾，耶夢加得則被丟到海底，海拉則假借成為冥界之王而被送到地下。

洛基

神

女武神

| 關聯 |

■ 奧丁
➡ P.126

■ 諸神黃昏
〜北歐神話的世界與諸神〜
➡ P.185

將英勇的戰死戰士送往天界的處女

【注1】
位於諸神世界阿斯加特的神殿。被召集來的英靈戰士居住在此。當抵達瓦爾哈拉時，戰士們在戰場上受的傷都已痊癒，每天必須相互對戰，以提升自己的戰鬥力。一天結束時，對戰被殺死的靈魂又再度復活，他們一邊享用怎麼吃都不會減少的魔法野豬肉，並且狂飲山羊的乳與無限量的蜂蜜酒。

　　北歐神話，來到世界末日的諸神黃昏，諸神與巨人族全面開戰。直到那日始終肩負重任的即是半人半神的女武神。

　　女武神的名字帶有「**戰死戰士之挑選者**」的含意，德語是「Walküre」，英語是「Valkyrie」，在北歐神話的發音近似德語，來到日本，也翻譯為**處女戰士**。

　　身為女武神，她們的任務是為諸神黃昏準備，「收集優秀戰士們的靈魂」。女武神身著盔甲，騎著天馬，一旦人類世界引發戰爭，戰場即出現她們的身影。她們依據奧丁的規定，見到被挑選的戰士戰死，會隨即將他們的靈魂帶到天上的

瓦爾哈拉【注1】。

　　被帶到瓦爾哈拉的戰士們，又稱之為**英靈戰士**，意味著「英雄的死者們」。他們將受到女武神們的照顧，並積極培訓戰力直到諸神黃昏的到來。所以對女武神來

前往瓦爾哈拉‼

說，不僅要聽從主人的吩咐挑選戰士之靈魂，直到諸神黃昏前都必須照顧這些靈魂。

現在諸多創作作品將她們描繪為美麗的女神，其實自古以來可以挑選死者的僅有死神或魔女，所以在過去她們是人人避之猶恐不及的對象。

女武神的戀愛故事

女武神不僅在戰場挑選死者的靈魂，有時也會充當英雄的情人或妻子，守護著他們。

女武神中最有名的是**布倫希爾德**。她違抗主人奧丁的命令，因而被奪去神性。並被施予將與不知恐懼的男人結婚之咒語，然後被迫降落人間，封印在某城堡的壁爐內。她遇見了來到這座城堡的英雄**齊格飛**，但受到周遭的百般阻撓，終於是悲劇收場。

上記故事留存於《沃爾松格薩迦》等的北歐神話傳說。西元十九世紀德國的劇作家華格納以此為靈感，創作了歌劇《尼伯龍根的指環》。齊格飛的名字變成了齊格弗里德，部分情節也隨之德國本土化，不過故事內容大致相同，也讓女武神與齊格飛得以名揚世界。

北歐地域的生死觀

古代的北歐，相信「勇敢戰死的戰士之靈魂，會隨著女武神去到瓦爾哈拉」。除了戰死之外，舉凡病死或衰老等死因，對北歐戰士來說都是不名譽之事，無法得到前往瓦爾哈拉的厚待。為了勇敢戰死成為奧丁的士兵，所以即使年老的戰士也積極赴戰場，祈求能戰死沙場。

女武神

歷史、神祕

沃普爾吉斯之夜

～西洋的節日、風俗～

關聯

■聖人歷、典禮歷
～基督教的紀念日～
➡ P.047

魔女群聚的聖人紀念日

【注1】
基督教聖人聖博義的姪女。西元710年生於英國，後來到德國成為修女，努力傳教。死後被列入聖人，被視為是對抗法術或疾病的守護者。

【注2】
由於影子周圍會出現光圈，稱為「布羅肯峰現象」，因而聞名。

所謂的沃普爾吉斯之夜，是4月30日至5月1日期間，德國或瑞典等中歐、北歐部分地域舉行的節日。原本這些地域舉行的是古凱爾特相傳的習俗「五朔節」。五朔節是慶祝溫暖季節到來的重要節日，不過後來基督教的信仰，凱爾特人的習俗被視為異端，受到制壓的結果，無論是名稱或質性都產生變化後，才延續直到後世。節日的名稱由基督教的聖女沃普爾吉斯【注1】之名取而代之，想必是與她的紀念日為5月1日有關。

沃普爾吉斯之夜，由於生者與死者的界線模糊，舉行此祭典的地域會徹夜點火照明以驅逐死者的鬼魂。參加者則高歌或飲酒，大肆地吵鬧不休，據說過度放縱的行逕，有時甚至引發打架受傷的事件，不過依然是當地居民重要的娛樂節慶，也是非常熱門的觀光節慶。

在德國的傳說中，在沃普爾吉斯之夜時女巫們聚集在布羅肯峰【注2】，與惡魔們把酒言歡。由於貿然在聖人紀念日前舉行這樣褻瀆的行為，女巫們因此被視為挑戰基督教。

■歐洲各地舉行的沃普爾吉斯之夜

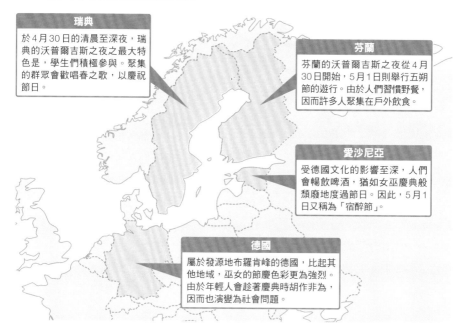

瑞典

於 4 月 30 日的清晨至深夜，瑞典的沃普爾吉斯之夜之最大特色是，學生們積極參與。聚集的群眾會歡唱春之歌，以慶祝節日。

芬蘭

芬蘭的沃普爾吉斯之夜從 4 月 30 日開始，5 月 1 日則舉行五朔節的遊行。由於人們習慣野餐，因而許多人聚集在戶外飲食。

愛沙尼亞

受德國文化的影響至深，人們會暢飲啤酒，猶如女巫慶典般頹廢地度過節日。因此，5 月 1 日又稱為「宿醉節」。

德國

屬於發源地布羅肯峰的德國，比起其他地域，巫女的節慶色彩更為強烈。由於年輕人會趁著慶典時胡作非為，因而也演變為社會問題。

■歐洲的各種節慶

除了沃普爾吉斯之夜，歐洲各地基於自古信仰或基督教教義，還有其他諸多的慶典或節日，特予以表格化。透過這些節慶或成因，也許更能理解歐洲各國的文化。

1 月	1日……聖母瑪利亞的節目 6日……三王朝拜	7 月	6～14日……聖費爾明節（西班牙奔牛節） 7月23日～8月23日……三伏天
2 月	2日……瑪利亞的潔淨禮 復活節的42天前之節日……狂歡節	8 月	15日……聖母瑪利亞升天日
3 月	12日……格利高里之日 15～19日……瓦倫西亞火節 25日……瑪利亞聖靈受孕日	9 月	第1周的禮拜日……撒拉森人的騎馬射擊比賽 8日……聖母瑪利亞誕生日 12日……聖母瑪利亞命名日 29日……大天使節
4 月	春分以後，直到第一次滿月後的第一個禮拜日……復活節 30日……沃普爾吉斯之夜	10 月	不一定……收穫節 31日……萬聖節（萬聖節前夜）
5 月	1日……五朔節 17日……布魯日的聖血遊行 25～28日……羅騰堡的歷史節慶	11 月	1日……諸聖人節（萬聖節） 2日……死者節（萬靈節） 11日……聖馬汀節
6 月	第1個禮拜日……卡贊勒克的玫瑰節 15日……阿爾卑斯山的開放日 24日……聖約翰日	12 月	24日……聖誕夜 25日……基督誕生日 31日……跨年夜

沃普爾吉斯之夜 ～西洋的節日、風俗～

強化二次元的雜學

歷史篇

性格過於偏激的信長、龍馬

首先，所謂的歷史人物，其實多半加上了後人的想像杜撰。最典型的例子就是戰國武將織田信長。有關他的豐功偉業在此就不多詳述，但在路易士‧佛洛伊斯的《日本史》中，他被描述得宛如革命鬥士或破壞王，並且「自稱第六天魔王」。儘管史料並未記載所謂的第六天魔王，但由於印象過於鮮明，最後反而變成信長的註冊商標。

幕府末年的風雲人物坂本龍馬，也是相同的例子。他絕非默默無聞之輩，但就立場而言不過是個浪人，再加上最重要的船中八策已不存在。所以後人對龍馬的想像，其實都是來自司馬遼太郎的小說《龍馬傳》。關於虛構小說與歷史評價間的落差，其實是不能等閒視之的。

搔起中二病魂的別名

名揚戰場的人物，多半有別名。在日本最有名的是，島津義弘的「鬼島津」、武田信玄的「甲斐之虎」等。若要望眼全世界，實在不勝枚舉。在此就介紹那些著名的別名。首先先來到英國，理查一世的「獅子心王」、愛德華三世長男的「黑太子」、瑪麗一世的「血腥瑪麗」、伊莉莎白一世的「處女王」等。

接著是法國，腓力二世的「尊嚴王」、路易八世的「獅子王」、路易九世的「聖王」、腓力四世的「端麗王」、查理五世的「賢王」、路易十四世的「太陽王」、路易十五世的「最愛王」等。除之此外，還有神聖羅馬帝國腓特烈一世的「紅鬍子腓特烈」、德國的腓特烈‧威廉一世的「軍人王」等。

軍事、組織（犯罪、治安）

Military · Society (Crime · Public order)

組織

關聯

■軍事組織
➡ P.203

■間諜
➡ P.211

KGB

活躍於蘇聯時代的間諜組織

【注1】
是蘇維埃聯邦社會主義共和國的簡稱，也稱蘇維埃、蘇聯邦。是西元1922年成立的社會主義國家。第二次世界大戰後，東歐也隨之社會主義化，遂建立聯邦共和國。是東側諸國之首，與西側以美國為首的諸國對立冷戰。不過隨著國內經濟的惡化、東側諸國相繼民主化、民族種族問題，在西元1991年解體。

【注2】
「Central Intelligence Agency」之簡稱，也就是美國中央情報局。從事美國境外的情報活動。無論是預算或人員，原則上採非公開。冷戰時代以後，著重在經濟情報、企業活動、反恐怖行動。

【注3】
「Secret Intelligence Service」之簡稱，也就是英國祕密情報局。通稱MI6。從事國內外情報收集之工作。SIS始於第一次世界大戰期間，直到西元1993年英國政府才承認其存在。

KGB（Komitet Gosudarstvennoy Bezopasnosti），是直至西元1991年還存在的國家——蘇聯【注1】之組織。換言之，就是國家安全保護委員會。

此組織的目的在於「擁護共產主義的蘇聯」。具體來說，主要任務是「舉發叛亂分子」、「國境警備」、「國內外的諜報工作」等，當然也負責「在國外的破壞工作或恐怖行動」之擾亂工作。尤其是冷戰時代，與敵對美國的 CIA【注2】或英國的 SIS【注3】等諸國之諜報組織，進行水面下的熾熱攻防交戰。至於在蘇聯國內的權力結構下，勢力相當於軍方或共產黨，也算是蘇聯的恐怖象徵。

這個組織，源起於西元1917年的俄羅斯帝國時代，蘇聯第一任總統佛拉迪米爾・列寧設立的祕密警察「契卡」。而後，經過多次的統合又廢除，終於在西元1954年成立了KGB。不過，最後隨著蘇聯的瓦解而解散。現則由俄羅斯聯邦安全局、俄羅斯對外情報局負責承接。

現任俄羅斯總統普丁，也來自KGB，並擔任過後來的俄羅斯聯邦安全局（FSB）局長。由此也顯示，無論是過去或現在，KGB在俄羅斯的影響力。

K
G
B

軍事、治安、犯罪

氣象武器

關聯

■ 戰艦
　　　　➡ P.213

■ 戰鬥機
　　　　➡ P.215

陰謀論提及禁止使用的氣象武器

【注1】
位於美國阿拉斯加州的基地。藉照射電離層，活化激發大功率的高頻波，以調查其所帶來的影響等，不過由於設在軍事用地內，放射的高頻波反射到地上時，足以震撼地殼，不免令人懷疑是「地震武器」。

　　所謂氣象武器，一如文字，即是「以人為操控氣象的武器」。西元1977年的軍縮NGO簽訂了「環境改變武器禁止條約」，將其定義為「經由有意圖操控自然現象，致使改變地球（生物層、岩石圈、水圈及氣體圈）乃至宇宙空間的構造、組成或運動之技術。」

　　也許操控氣象的異想天開，與奇幻故事相當呼應，因而SF等創作作品頻頻出現氣象武器。

　　然而，原本禁止使用的氣象武器，卻依然實際使用。越戰時，美軍展開了「卜派行動」，藉人造雨降落在敵軍的補給道路，以達到妨礙北越軍的兵務作業，此舉自西元1967年至1972年持續不斷。

　　基於這些實例，因此陰謀論認為「表面上條約禁止，各國其實暗自進行氣象武器的研究」，有人更指出「日本大地震，是美國的高頻有源電離層研究計劃HAARP【注1】所引發的，屬於人造地震。」在日本的確引發話題，並且出版了相關書籍。

氣象武器

■陰謀論者認為的HAARP地震之形成

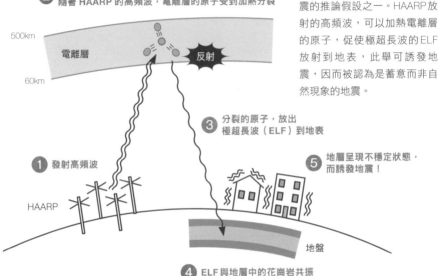

② HAARP 電離層
隨著 HAARP 的高頻波，電離層的原子受到加熱分裂

500km

電離層

反射

60km

③ 分裂的原子，放出
極超長波（ELF）到地表

① 發射高頻波

⑤ 地層呈現不穩定狀態，
而誘發地震！

HAARP

地盤

④ ELF 與地層中的花崗岩共振

圖表是使用 HAARP，引發地震的推論假設之一。HAARP 放射的高頻波，可以加熱電離層的原子，促使極超長波的 ELF 放射到地表，此舉可誘發地震，因而被認為是蓄意而非自然現象的地震。

■人造雨的形成

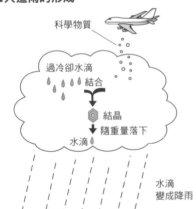

科學物質

過冷卻水滴

結合

結晶

隨重量落下

水滴

水滴
變成降雨

人造雨的基本原理是，在已形成的雲朵上部的過冷卻水滴散布化學藥品等，強迫形成冰晶體。這些被製造的冰晶體與水蒸氣結合，變成了雪片，由於重量之故而落到雲中。隨著高度的下降與氣溫上升的結果，雪片溶解為水滴，最後變成雨降落地面。

尼古拉・特斯拉與人為地震

提到尼古拉・特斯拉，他是傳說中的「費城實驗」（P.364）的科學家，也是神祕學支持者最熟知的科學家，事實上，他的名字也出現在人為地震的陰謀論中。理由是他在西元二十世紀初期公布了地震武器的概念，HAARP 也是基於尼古拉・特斯拉的理論而發展。當然，這不能作為 HAARP 即是地震武器的證據，不過這樣的來龍去脈也為陰謀論增添不少耐人尋味處。

氣象武器

軍事、治安、犯罪

軍事組織

關聯

■ 警察組織
　　　➡ P.207

■ 間諜
　　　➡ P.211

外人所不知的軍隊之上下階級

【注1】
以防衛為主的自衛隊，嚴格說並不是軍隊，不過對日本人來說，相當於「具戰鬥力的組織」。

　　世界各地的軍隊或日本的自衛隊，皆存在著上與下的階級。在此即解說現代的軍隊階級及組織結構。軍隊的階級與組織，會隨著時代或國家而有所不同，因此以下則以美國軍隊或自衛隊【注1】為例。

　　首先，關於階級，如P.204所示，大體來說區分為「總司令官」、「將」、「佐官」、「尉官」、「准士官」、「下士官」、「兵」，七個區分（若是將，又分為大將、中將、少將、准將四階級）中又有更細的階級。再者，依隨陸軍、空軍、海軍等的組織，名稱也又不同。最高位階雖是「**大元帥**」與「**元帥**」，但基本上，「元帥」相當軍隊的最高位階，「大元帥」則是針對國家領導者（過去的日本軍是天皇，蘇聯軍是史達林等）或立下諸多戰績的軍人，在其退任後給予的名譽職稱。不過，並不是所有的國家皆設有元帥之階級，例如日本自衛隊即無這樣的階級。因此，相當於大將的「統合幕僚長兼～」是自衛隊的最高階級。

　　參照P.205～P.206的組織圖，陸海空（美國還有海軍陸戰隊）各軍歸屬於美國的國防總部、日本則是防衛省。

軍事組織

■軍隊的階級與稱呼

一般的區分		所屬	美軍	自衛隊
總司令官	大元帥／元帥	【陸】	General of the Army	—
		【海】	Fleet Admiral	—
		【空】	General of the Air Force	—
將官	大將	【陸】	General	統合幕僚長兼相當陸上幕僚長之陸將
		【海】	Admiral	統合幕僚長兼相當海上幕僚長之海將
		【空】	General	統合幕僚長兼相當航空幕僚長之空將
	中將	【陸】	Lieutenant General	陸將
		【海】	Vice Admiral	海將
		【空】	Lieutenant General	空將
	少將	【陸】	Major General	陸將補
		【海】	Rear Admiral Upper Half	海將補
		【空】	Major General	空將補
	准將	【陸】	Brigadier General	—
		【海】	Rear Admiral Lower Half	—
		【空】	Brigadier General	—
佐官	大佐	【陸】	Colonel	1等陸佐
		【海】	Captain	1等海佐
		【空】	Colonel	1等空佐
	中佐	【陸】	Lieutenant Colonel	2等陸佐
		【海】	Commander	2等海佐
		【空】	Lieutenant Colonel	2等空佐
	少佐	【陸】	Major	3等陸佐
		【海】	Lieutenant Commander	3等海佐
		【空】	Major	3等空佐
尉官	大尉	【陸】	Captain	1等陸尉
		【海】	Lieutenant	1等海尉
		【空】	Captain	1等空尉
	中尉	【陸】	First Lieutenant	2等陸尉
		【海】	Lieutenant Junior Grade	2等海尉
		【空】	First Lieutenant	2等空尉
	少尉	【陸】	Second Lieutenant	3等陸尉
		【海】	Ensign	3等海尉
		【空】	Second Lieutenant	3等空尉
准士官 ※1	准尉	【陸】	Chief Warrant Officer	准陸尉
		【海】	Chief Warrant Officer	准海尉
		【空】	Chief Warrant Officer	准空尉
下士官 ※2	兵曹長、先任上級曹長、先任伍長	【陸】	Sergeant Major of the Army	陸曹長
		【海】	Master Chief Petty Officer of the Navy	海曹長
		【空】	Chief Master Sergeant of the Air Force	空曹長
	曹長、上等兵	【陸】	Master Sergeant	1等陸曹
		【海】	Senior Chief Petty Officer	1等海曹
		【空】	Senior Master Sergeant	1等空曹
	軍曹、一等兵	【陸】	Sergeant First Class	2等陸曹
		【海】	Petty Officer First Class	2等海曹
		【空】	Technical Sergeant	2等空曹
	伍長、二等兵	【陸】	Sergeant	3等陸曹
		【海】	Petty Officer Second Class	3等海曹
		【空】	Staff Sergeant	3等空曹
兵	兵長	【陸】	Specialist	陸士長
		【海】	—	海士長
		【空】	Senior Airman	空士長
	上等兵	【陸】	Private First Class	1等陸士
		【海】	Seaman	1等海士
		【空】	Airman First Class	1等空士
	一等兵	【陸】	Private E-2	2等陸士
		【海】	Seaman Apprentice	2等海士
		【空】	Airman	2等空士
	二等兵	【陸】	Private	自衛官候補生
		【海】	Seaman Recruit	自衛官候補生
		【空】	Airman Basic	自衛官候補生

※1 美軍的情況，准士官又分為5階級。
※2 在此簡略為4階級，美軍的情況則細分9階級。

■美國國防總部的組織圖

以Secretary of Defense（國防部長）為首，下分Office of Secretary of Defense（國防部長辦公室）、Department of the Army（陸軍部）、Department of the navy（海軍部）、Department of the Force（空軍部）、Joint Chiefs of Staff（統合參謀總部）五個部署，陸軍、海軍、海軍陸戰隊、空軍屬於各軍部之下。

另外，還有Combatant Commands（聯合作戰司令部），相當於負責派駐非洲、歐洲或太平洋等世界各地，以及統合指揮陸軍、海軍、空軍、海軍陸戰隊的特殊作戰部隊，也進行阻止核武、防禦敵軍飛彈攻擊、早期戒備與網路信息戰等的調度指揮。

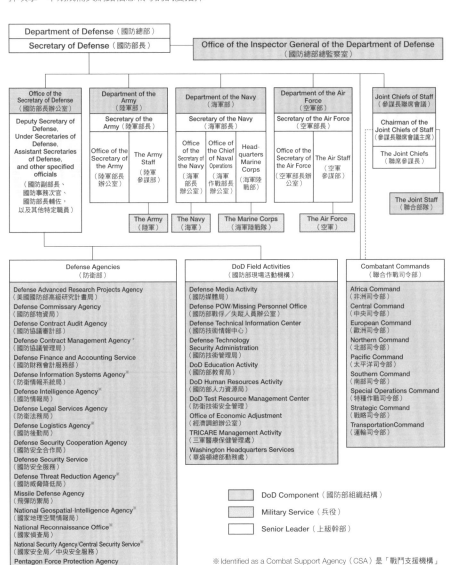

■自衛隊（防衛省）的組織圖

　　防衛省由內閣總理大臣擁有最高指揮監督權，位於組織最上位。防衛大臣仍受總理之指揮監督，負責對各部隊下達命令。

　　自衛隊依陸、海、空設置了「幕僚監部」的組織，相當於統籌各部隊的總部。而這些幕僚監部又歸屬於「總幕僚監部」，總幕僚長由陸海空的幕僚長中選出，是自衛隊上位中的上位。

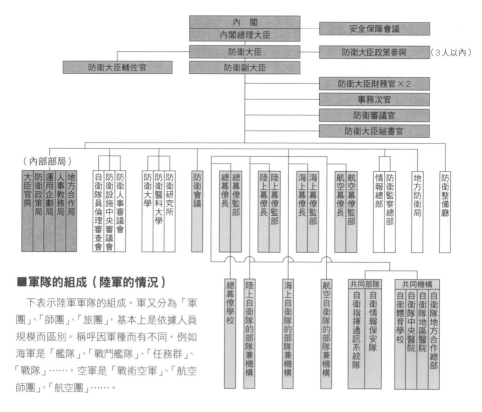

■軍隊的組成（陸軍的情況）

　　下表示陸軍軍隊的組成。軍又分為「軍團」、「師團」、「旅團」，基本上是依據人員規模而區別。稱呼因軍種而有所不同，例如海軍是「艦隊」、「戰鬥艦隊」、「任務群」、「戰隊」……，空軍是「戰術空軍」、「航空師團」、「航空團」……。

名　　稱	人　　數	擁有的部隊	指揮官
總軍	多數	複數的師團以上的部隊	元帥～大將
軍集團	多數	2以上的軍	元帥～大將
軍	5萬以上	2以上的軍團或師團	元帥～中將
軍團	3萬以上	2以上的師團	大將～中將
師團	1～2萬	2～4的旅團或連隊	中將～少將
旅團	2000～5000	2以上的連隊或大隊	少將～准將～大佐
連隊	500～5000	1以上的大隊或複數的中隊	大佐～中佐
大隊	300～1000	2～6的中隊	中佐～少佐
中隊	60～250	2以上的小隊	少佐～中尉
小隊	30～60	2以上的分隊	中尉～軍曹
分隊（又或稱為班）	8～12	無。有時分為複數的組	軍曹～兵長
班（又或稱為組）	4～6	無。有時分為複數的組	伍長～一等兵
組	1～6	無	伍長～一等兵

軍事組織

軍事、治安、犯罪

警察組織

關聯

■軍事組織
　　➡ P.203

■黑手黨
　　➡ P.225

區分為國家與地方的日本警察組織

【注1】
是針對警察廳的上級幹部，以學習必要知識、技能、指揮能力兼管理能力，此外也進行警察業務相關之研究。

【注2】
專門警護天皇及皇族的警察。皇居內設有本部。

　　相對於自衛隊主要是防衛來自國外的威脅或戰鬥團體，警察則是維持日本國內治安的組織。

　　日本的警察組織分為兩類，一是**國家的警察機關**，稱為「警察廳」。另一是**各都道府縣體系的警察機關**，例如「警視廳」（東京都）、「神奈川縣警」、「大阪府警」等。許多人常混淆警視廳與警察廳，其實警視廳是東京都的警察機關，其等級相當於神奈川縣或大阪府警。

　　國家的警察機關則是警察廳，隸屬於內閣總理管轄的國家公安委員會下，負責各都道府縣警的指揮監督及關連法案的提出，並針對犯罪統計、因應組織犯罪研擬體制建構，以達到國家整體上的一致性。另外，警察大學【注1】、科學警察研究所（科警研）、皇宮警察本部【注2】等，也是隸屬於警察廳的組織。

　　警察廳是國家的行政機關，至於事件的搜查、違反的取締等實務工作則交派各都道府縣警。因此，原則上警察廳不直接從事犯罪搜查等的實務工作。不過，仍可透過地方機關的管區警察局指揮監督，像是複數的縣同時發生大規模事件或災害等時，則由警察廳主導，以調度各都道府縣警之搜查。

警察組織

■日本的警察機關之組織圖

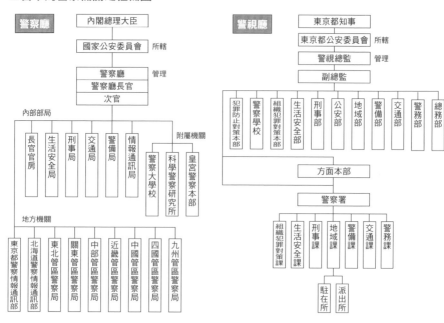

■階級與職位

　　日本的警察組織之階級與職位如下。警察廳的最高層級是「長官」，各自治體的警察，僅有警視廳是「警視總監」，其他的都道府縣警皆是「本部長」。

階級 　所屬	警察廳	警視廳	縣警本部	警察署
—	長官	—	—	—
警視總監	—	警視總監	—	—
警視監	次長、局長、審議官、警察大學校長、官區警察局長	副總監、部長	本部長	
警視長	課長、管區警察局部長	部長	本部長、部長	—
警視正	室長、理事官	參事官、課長	部長	署長
警　視	課長輔佐	管理官、課長	課長	署長、副署長
警　部	係長	係長	課長輔佐	課長
警部補	主任	主任	係長	係長
巡查部長	係	係	主任	主任
巡　查	—	係	係	係

■有資歷者與無資歷者的晉升

　　所謂的資歷，是指「警察廳」錄用的通過國家公務員一等考試者。他們算是警察組織的菁英，約25萬名的警察官中僅有500名左右。另外，通過國家公務員二等考試者，也算是擁有資歷者，不過仍有所區別。其不同如下表所顯示，同樣是新進人員，無資歷者得從最底層的「巡查」做起，相較之下有資歷者則立即成為警察組織的幹部候補，並給予「警部補」的階級職稱。

	資歷（一等）	資歷（二等）	無資歷
警視監	46〜49歲	—	—
警視長	40〜41歲	50歲以上	—
警視正	33〜34歲	43〜44歲	53歲左右
警　視	25〜26歲	35〜36歲	40歲左右
警　部	23歲	29歲	29歲
警部補	22歲（錄用時）	25歲	25〜26歲
巡查部長	—	22歲（錄用時）	22〜24歲
巡　查	—	—	18〜22歲（錄用時）

軍事、治安、犯罪

人格病態&多重人格

並非一定是壞人的心理疾病

【注1】
人格病態的成因不明，根據研究者表示，幼年期的受虐可能是致因。同時，治療的方式也尚未明朗。

【注2】
西元1906年生～1984年歿，除了殺害兩名受害者外，又取人的屍體做成燈罩或皮帶。電影《盜屍殺人狂》即是描寫他的一生。

【注3】
西元1942年生～1994年歿，是殺害30人以上的美國連環殺人犯。被逮捕後，供稱自己罹患多重人格，但被認為是詐病逃避刑責。

　　人格病態者，是指患有心理病態的精神疾病者。在日本不視其為精神疾病，而稱之為反社會人格障礙【注1】。

　　人格病態者的特徵，諸如是對他人冷淡、毫無良心地從事異常行為，基本上大致可歸納為以下。

- 舉動或說話方式都是一種表演
- 不易感受到恐懼、不安或緊張
- 可以泰然自若完成他人猶豫不敢做的危險事情
- 口才很好，擅於吹捧他人
- 喜歡說大話，經常中途改變意見、主張
- 沒有耐心，難以貫徹完成某件事
- 傲慢自大，無法忍受他人的批評
- 難以對他人產生同理心

　　近年來的創作作品常描寫到人格病態者＝犯罪者，其實反社會人格障礙者仍可以過著正常的生活，並非一定是壞人。

　　只不過，此傾向強烈者較易引發問題，犯下重大案件者也不在少數。例如連環殺人犯艾德·蓋恩【注2】或約翰·韋恩·蓋西【注3】，即被視為人格病態者。

一個身體寄宿著複數的人格

【注4】
自己不是自己，感受不
到現實，經常陷入非現
實的感受中，因而也影
響了日常生活。除了解
離性身分疾患之外，其
他還有解離性健忘或解
離昏迷等不同的症狀。

【注5】
西元1955年生～2014
年歿。因強盜強姦而遭
到逮捕起訴的美國男
性。是解離性身分疾
患，包含比利在內共有
24人的人格。

同樣的，創作作品等也經常出現多重人格的角色。是屬於解離性障礙的一種【注4】，稱為**解離性身分障礙症**。

患者的一個軀體內，卻有著複數的人格，並會在某個瞬間替換出各自的人格。由於這些人格是片斷的，因此基本上各人格之間並無共通的記憶。換言之，人格A外顯的行為，人格B完全不知情。

因此有些犯罪者，自稱是多重人格，藉以「是其他人格犯行，與自己無關」，而企圖以解離性身分疾患免除刑責。不過，有些案例的確並非撒謊，例如比利‧密里根【注5】即被診斷為「並非演技，而是解離性身分疾患」。

其實即使是專業醫生也難以判別偽裝與否，因而是頗複雜的病症。

■用於診斷人格病態的20個提問

下表是美國犯罪心理學家羅伯特‧海爾用於診斷是否為人格病態，依據這些提問，回答「是」、「些許」、「不是」（0～2分），再給予分數，達到某標準以上即是人格病態。不過非專業人士，是無法藉此獲得正確的診斷，因此不要隨便對他人測試。

題號	提問	題號	提問
1	口才好且外在充滿魅力	11	會做出亂性之行為
2	自我為中心，自尊心強	12	自幼即有犯罪史
3	容易感到無聊，因而尋求刺激	13	無法循著現實面做出長期且有計畫的行動
4	好說大話，且有說謊的習慣	14	有衝動行為
5	企圖操弄他人的意志	15	欠缺責任感
6	不會感到後悔或罪惡感	16	無法對自己的行為負責
7	所有的情緒皆微弱	17	短時間內反覆的結婚、離婚
8	冷淡，且不易同理他人的感受	18	自幼品性惡劣
9	依賴他人	19	在交保或觀察期間又再犯案
10	難以控制欲望	20	有多種的犯罪史

軍事、治安、犯罪

間諜

關聯

■KGB
→ P.200

■軍事組織
→ P.203

■忍者
→ P.247

活躍於檯面下的情報戰

【注1】
西元1876年生～1917年歿。是法國脫衣舞孃，在第一次世界大戰期間成為德國間諜，竊取法國將校的情報（身兼德國、法國兩國的間諜）。其知名度，使得她猶如女間諜的代名詞。

【注2】
西元1895年生～1944年歿。是佐爾格諜報組織的首領，活躍於西元1933～41年。以「駐日大使」之身分為掩護，收集日本或德國的情報。

【注3】
又名東京灣事件。宣稱北越軍的魚雷艇對美國驅逐艦發射兩發砲彈。

【注4】
雷根政府祕密販售武器給伊朗，將獲利使用於支援尼加拉瓜反政府的「反共軍」。西元1986年被揭發後，引發為政治界的最大醜聞案。

作戰或外交交涉時，最重要的就是情報資訊。收集或分析這些情報的，也就是從事諜報工作的間諜。荷蘭的「瑪塔・哈里」【注1】或蘇聯的「理查・佐爾格」【注2】，即是實際存在且知名的間諜。現在，間諜組織也散布世界各國，最有名的就是美國的 **CIA**（Central Intelligence Agency）。

CIA 是美國總統的直轄組織，不隸屬美軍或其他政府機關，是獨立存在。其主要任務是「收集情報」、「操控情報」、「進行弱體化」，當然也必須潛入敵國或作戰地區收集情報，或是收買、威脅外交官，或是在敵國進行鼓動、煽動民眾、暗殺敵對的領導者、援助反政府組織或抗爭行動等。

另外，CIA 除了收集情報外，也分析來自國家安全局、國家偵查局、國防情報局（DIA）、各軍的情報部、財務部情報局、原子委員會情報部的情報，猶如美國諜報活動的核心。許多重大事件也與CIA脫離不了關係，其中包含美國介入越戰而引發的**北部灣事件**【注3】、最大醜聞**伊朗門事件**【注4】。

間諜

■美國中央情報局 (CIA) 組織圖

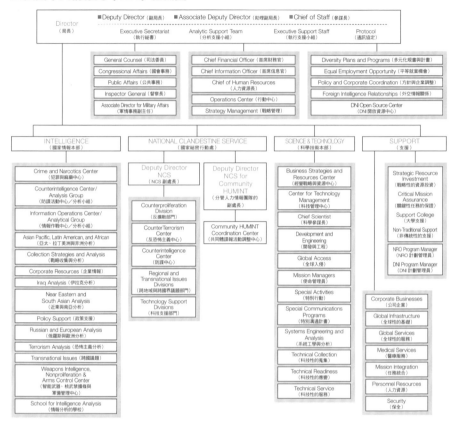

■各國主要的諜報組織

日本

有警察組織的「公安」、防衛省的「情報本部」、外務省的「國際情報統括官組織」等。另外，內閣官房也設置了「內閣情報調查室」（簡稱：內調），堪稱日本版的CIA，只是規模較小。

美國

就以CIA最為有名，而其他還有國防總部的「NSA（美國國家安全局）」、「INSCON（美國陸軍情報保安司令部）」、「ONI（美國海軍情報局）」等。

英國

提到英國的諜報組織，又以「軍情六處（簡稱：MI6）」最為有名。電影《007》系列就是此單位，隸屬英國外交部與聯邦事務局，主要任務是英國以外的諜報工作。

法國

法國的諜報單位除了隸屬國防部的「DGSE（對外安全總局）」，還有專門針對軍事偵查的「DRM（參謀本部情報組）」、警察組織的諜報單位「DCRI（對內安全總局）」等。

俄羅斯

繼承蘇聯時代KGB的單位是「FSB（聯邦安全局）」與「CBP（對外情報局）」，基本上由FSB負責國內，CBP負責國外，其他還有軍事諜報組織「GRU（軍隊總參謀部情報總局）」。

以色列

最有名的是「以色列諜報特務廳」，隸屬首相府，負責對外諜報活動與特務工作。第二次世界大戰後著手大屠殺相關之情報，例如追查逃亡的納粹餘黨等。

間諜

軍事

關聯

■戰鬥機
➡ P.215

戰艦

擁有高度攻擊力與防禦力的砲擊海戰艦隊

【注1】
廢除副砲，配置單一口徑的五座主砲塔，顛覆了過去的戰艦概念。戰力相當過去兩艘戰艦，由船橋統一瞄準目標，大大提升了命中率，再加上蒸氣渦輪的新裝置，擁有高速度等。由於遠遠超越過去的戰艦，又稱為「斗級艦」。

【注2】
可以正確探知遠處的敵機，迅速研判戰況，並做出因應措施，還搭載了同時與多目標對戰且兼具能對空射擊之「神盾系統」。已不再是單純的軍艦，系統本身肩負了巡洋艦、驅逐艦、護航艦。

　　具戰鬥力的艦艇稱為「軍艦」，其中海戰時主力砲擊的則是「戰艦」。自希臘羅馬時代即有軍船，西元十九世紀以後開始出現施以裝甲、大砲的現代化軍艦。西元二十世紀，為因應任務，軍艦種類更細分化，其中最具攻擊力與防禦力的是戰艦。從二十世紀初期至第一次世界大戰期間，以海戰為主流，所以擅於對戰的戰艦組成艦隊，企圖擊潰敵艦隊，取得制海權，這就是所謂的「艦隊決戰主義」。在這樣的背景驅使下，英國建造了劃時代的戰艦「無畏號」【注1】。自此，世界各國紛紛仿效，企圖建造更超越的戰艦，頓時陷入大建艦競爭時期。

　　不過，來到第二次世界大戰，此趨勢又被顛覆。軍艦遭擊沉的最大原因，其實是戰鬥機的轟炸而引起火災或魚雷浸水等。因此，又開始發展戰鬥機或海洋航空基地的「航空母艦」，過去戰艦的價值從此一落千丈。冷戰期間不再有海戰，不過技術更加競爭發達，擴展到開發雷達或火控系統的研發。於是又誕生了全新的艦種「神盾軍艦」【注2】，過去的戰艦如今皆已光榮退役。

戰
艦

■軍艦的種類

種　類	特　色
戰艦	具強大艦砲攻擊力，同時兼具耐射擊的堅固防禦力。除了以高速為傲的「巡洋戰艦」，還有改造後具有航空機功能的「航空戰艦」。
航空母艦	擁有飛航用甲板，是具航空機功能的艦船。不採垂直著陸，改運用CTOL固定機翼的「正規航空母艦」，或更小型的「輕航空母艦」，或在飛行甲板裝置裝甲的「裝甲航空母艦」，或是發射、回收水上機的「水上機航空母艦」等。
巡洋艦	比起戰艦，具有遠洋艦行功能，高速且以艦砲等為主裝備。擁有航空機功能的是「航空巡洋艦」，或更大型的「重巡洋艦」，或較小型的「輕巡洋艦」，或改裝後配備魚雷的「重雷裝艦」，或設置導彈飛彈的「導彈巡洋艦」。
驅逐艦	驅逐水雷船（設置水雷的艦船）的艦船。第二世界大戰時主要負責對空、對潛，以魚雷、爆雷或對空砲作為主兵器。比輕巡洋艦小型，但具備航洋功能。
潛水艦	是可以潛入水底的船隻。在軍事上，可以偵測雷達或可視光都難以辨識的水底情勢，在敵方難以察覺時趁機擊沉敵艦或收集敵方軍情。第二次世界大戰後，又出現原子能潛水艦，潛水艦的戰鬥力更加提升。
護航艦	具對潛、對空之戰鬥能力，主要任務是補給部隊或登陸部隊，也保護商船團等。是自帆船時代即存在的軍艦，不過隨著時代變遷，任務或規模有所不同。第二次世界大戰時，日本海軍用來做護衛船團等的海防艦。

■世界主要的戰艦

大和型	國籍：日本／全長：263m／全寬：38.9m／標準排水量：65000t／機械馬力：153553馬力／最高速度：27.46kt／續航距離：最大約7200海里

搭載砲口徑（46cm）與排水量，屬於史上最大的巨型戰艦。海軍軍縮條約後，建艦競爭再度勃發，日本海軍為求凌駕敵方之砲火力與射程，所製造的軍艦。同機型的大和艦於西元1914年竣工，武藏艦則是1942年。不過第二次世界大戰，戰術以航空機為主，兩艦無機會與假想敵作戰，即使到戰爭後期仍無用武之地，最後武藏艦在伊特海灣戰役、大和艦在天一號作戰時遭擊沉。

長門型	國籍：日本／全長：215.8m／全寬：28.96m／標準排水量：31800t／機械馬力：80000馬力／最高速度：26.5kt／續航距離：最大約5500海里

搭載了當時（西元1920年）世界最大口徑41cm的主砲，是當時最大、最強、最高速的戰艦。儘管構造古典，卻有著堅強的防禦力。同型艦有長門、陸奧，又以長門艦擔任聯合艦隊的旗艦，因而成為日本海軍的象徵。不過在第二次世界大戰並未發揮戰力，敗戰後被美軍接收，成為原子彈實驗的實驗艦，此艦承受了兩次原子襲擊，才終於沉沒。

金剛型	國籍：日本／全長：222m／全寬：31.02m／標準排水量：32000t／機械馬力：136000馬力／最高速度：30kt／續航距離：最大約10000海里

是日本第一艘最高速的巡洋艦。第一艘金剛型是向英國訂製，之後日本也照建造了比叡、榛名、霧島，以此四艘組成第三戰隊，堪稱世界最強，活躍於第一次世界大戰。之後，又改造為更近代化，並強化水平防禦力與速度。在第二次世界大戰時淪為最老舊的戰艦，不過速度仍與航空母艦不相上下，因此還是多次派上戰場。

愛荷華級	國籍：美國／全長：270.43m／全寬：32.96m／標準排水量：45144t／機械馬力：212000馬力／最高速度：33.0kt／續航距離：最大約16600海里

美國建造的最後戰艦，設計的概念來自未來的戰爭是以航空母艦為主的制空權爭奪戰，因而擁有護衛航空母艦的高速。砲口口徑不及大和型，不過準確度凌駕之上，在第二次世界大戰發揮了防空戰鬥力。戰後隨著改造，依舊派上用場，在灣岸戰爭時依然見其蹤影。同型艦共有愛荷華、紐澤西、密蘇里、威斯康辛。

俾斯麥級	國籍：德國／全長：252m／全寬：36m／標準排水量：41700t／機械馬力：150170馬力／最高速度：28kt／續航距離：最大約9280海里

德國新造、出現於第二次世界大戰的戰艦。由於還來不及完成H級大戰艦，隨即開戰，因此此艦主要負責牽制英國戰艦與破壞通商。主砲的砲身長，具貫通力，是速度與防禦力兼具的戰艦。同型艦有俾斯麥、鐵必制，又以俾斯麥戰機優良，擊沉英國巡洋戰艦胡德號、戰艦威爾斯親王號。

尼爾森級	國籍：英國／全長：216.4m／全寬：32.3m／標準排水量：33313t／機械馬力：45000馬力／最高速度：23.9kt／續航距離：最大約7000海里

海軍軍縮條約後建造的戰艦，是第二次世界大戰英國運用的40cm砲之戰艦。與長門型相較下，偏向攻擊力與防禦力，因此犧牲了速度。主砲砲塔集中在前方甲板，同型艦有尼爾森、羅德尼。第二次世界大戰期間，主要用於護衛輸送船隻或陸上支援。羅德尼號也參與了俾斯麥號追擊戰、諾曼地登陸等戰役。

戰艦

軍事

戰鬥機

關聯

■戰艦

➡ P.213

是空中戰場展現個人技術、戰術、機體性能的主角

【注1】
第一次世界大戰時德國的單葉戰鬥機。裝設有機關槍，屬量產，是最初的戰鬥機。

【注2】
主翼兩片的飛機，所謂的單葉機是指主翼僅有一片的飛機。

【注3】
有兩個駕駛座位的機種。

【注4】
以往復式活塞引擎為驅動的飛機。採螺旋槳驅動飛行，但螺旋槳機種並不等於活塞引擎機種。

　所謂的戰鬥機，廣義來說是指武裝的軍用飛行機，原本的主要任務是在空中戰場擊墜敵軍飛機。第一次世界大戰後，航空機被視為戰爭中的利器，當時僅作為偵察機，不過因為敵軍開始防衛，於是在機體裝設固定射擊器。這即是戰鬥機的由來，最後由福克E單翼戰鬥機【注1】實踐了空中戰場的想像。

　之後，戰鬥機的機體不斷進化，從木製到全金屬製，從複葉機【注2】到單葉機，引擎也改良為高動力化。第二次世界大戰時更高度化，速度達500km/h，機體的靈活度也更輕巧。同時為因應空中戰術，陸續出現有後方視野的複座式【注3】戰鬥機，或擔任要地防衛、救援、地上攻擊等各種任務的戰鬥機，以納入編隊作戰。

　第二次世界大戰末，還出現以噴射或火箭為驅使動力的戰鬥機，正式從往復式活塞引擎機種【注4】進入到噴射機種的時代。美蘇冷戰期間，武器發展蓬勃，甚至研發速度超越音速、誘導式對空導航系統、不易被追蹤的隱密性、可因應各種任務的多元性之戰鬥機。

戰鬥機

■第二次世界大戰時世界主要的戰鬥機

P-51野馬式戰鬥機	國籍：美國／全長：9.82m／寬幅：11.27m／重量：約3.23t／最高速度：703km/h／持續航行距離：最遠約3700km（數據是根據P-51D型） 擁有輕快的機動性與持久的續航力，是北美公司製造的高速戰鬥機。其慓悍，被德國空軍冠上「強大的第八（Mighty Eighth）」之稱號。不過，艾利森引擎的高空性能不佳，故多半會再換裝引擎。
F4U海盜式戰鬥機	國籍：美國／全長：10.30m／寬幅：12.50m／重量：4.175t／最高速度：717km/h／持續航行距離：最遠約2510km（數據是根據F4U-4型） 是擁有倒海鷗翼機翼與長機身的美軍戰鬥機。引擎達2000馬力，具堅固的機體與卓越的速度，擅長一擊脫離戰術。搭載爆彈等，即可展開地面攻擊。
噴火戰鬥機	國籍：英國／全長：9.12m／寬幅：11.23m／重量：2.309t／最高速度：605km/h／持續航行距離：最遠約1840km（數據是根據Mk-Vb型） 擁有平面的大橢圓之主翼，是兼具高速與迴旋性能的名戰鬥機，於不列顛空戰脫穎而出。另外，只要強化引擎或武器，基本上即能在最前線發揮所長。
三菱零式艦上戰鬥機	國籍：日本／全長：9.05m／寬幅：12m／重量：1.754t／最高速度：533.4km/h／持續航行距離：最遠約3350km（數據是根據二一型） 兼具清亮、續航力、迴旋性能、上升力的戰鬥機。通稱零戰。在迴旋格鬥戰中，擁有絕佳的戰力，美日開戰以來約一年的時間該機種皆戰勝美軍戰鬥機。不過，設計過於嚴謹，導致無改良之餘地
川鷗紫電改	國籍：日本／全長：9.37m／寬幅：11.99m／重量：2.657t／最高速度：644km/h／持續航行距離：最遠約2.392km（數據是根據二一型） 紫電，是指將水上戰鬥機強風改為陸地戰鬥機，而改良的二一型則稱為紫電改。為第三四三海軍航空隊所有，擔任國土防衛任務，在戰績上，被視為零戰的後繼。
梅塞施密特Bf 109	國籍：德國／全長：9.02m／寬幅：9.92m／重量：2.67t／最高速度：621km/h／持續航行距離：最遠約720km（數據是根據G-6型） 以威廉・梅塞施密特為首的設計團隊所開發的機種，輕巧的機體搭載高動力的引擎，屬高速度的戰鬥機。是埃里希・阿爾弗雷德・哈特曼等傑出飛行戰士的愛用機。

■世界主要的擊落王

時期	姓名	所屬	擊落數	說明
第一次世界大戰	曼弗雷德・阿爾布雷希特・馮・里希特霍芬男爵	德國陸軍	80	第一次世界大戰最高擊落紀錄的飛行士。由於他將飛機塗成紅色，又被稱為「紅色鬥士」。
	恩斯特・烏德特	德國陸軍	62	是里希特霍芬男爵率領的第一戰鬥航空大隊的中隊長，也是從大戰中存活下來的飛行士中，擊落率最高者。
	馬克斯・英麥曼	德國陸軍	15	活躍於北法戰線，他發明了「英麥曼機動」戰術，在急躍升的最高點時反轉，回到起初的方向，從敵機後上方攻擊。
	雷內・豐克	法國空軍	75	駕駛笨重的高德隆G4擊落敵機後，即被編入飛行員部隊，據說包含未公開的擊落數，恐怕遠超過里希特霍芬男爵。
	雷蒙・科洛士	英國海軍	61	將機體塗黑，屬於加拿大人部隊的一員，曾數度與里希特霍芬男爵交戰。
	比利・畢曉普	英國海軍	72	加拿大人的英國軍，半年內擊落數達45，獲頒維多利亞十字勳章。
	阿爾伯特・博爾	英國海軍	44	發明從敵機斜後方的死角攻擊的戰術，被選為迎戰里希特霍芬男爵的驅逐戰隊隊長，但不幸戰死。
	愛德華・曼諾克	英國海軍	73	儘管右眼近乎失明，擊落數仍高達73。縱使敵機故障飛行士緊急跳傘，他仍毫不留情射擊。
第二次世界大戰	維爾納・莫德士	德國陸軍	101	在西班牙內戰時，發明了2機1組為單位的戰術。西元1941年達成史上第一次的擊落數100。
	埃里希・阿爾弗雷德・哈特曼	德國陸軍	352	是比數、擊落率皆堪稱世界第一的擊落王。他駕駛著戰機首兩側繪有黑色鬱金香的戰鬥機，因而被稱為黑色惡魔。
	漢斯・約阿希・馬爾塞	德國陸軍	158	是德軍進擊北非沙漠時的支柱，擊落的英美機不計其數，又稱為非洲之星。
	西澤廣義	大日本帝國海軍	143	所屬於台南空軍，活躍於激戰區的拉包爾。西元1943年獲頒擊落100機的獎狀。戰後，被評價為拉包爾的魔王。
	岩本徹三	大日本帝國海軍	約150	儘管駕駛舊式零戰，卻擁有精湛的智力與技術，在激戰地拉包爾屢戰屢勝。他的救生衣背面寫著零戰虎徹。
	菅野直	大日本帝國海軍	25	發明對大爆擊戰戰法，戰術大膽又有戰績。他駕駛的戰鬥機機身繪有黃色條紋，因而有黃色戰士的暱稱。
	穴吹智	大日本帝國海軍	51	又稱為緬甸的桃太郎。是飛行第50戰隊三羽鳥的一員，駕駛的戰鬥機取名為吹雪、君雪。
	理查・邦克	美國陸軍	40	美軍中堪稱擊中比數第一，所屬西南太平洋戰線，駕駛著閃電戰鬥機與日本軍機對戰。
	弗朗西斯・斯坦利・加布萊基斯	美國陸軍	28	是歐洲戰線中，美軍的擊落王。駕駛著雷霆戰鬥機，擁有擊落數28的戰績。而後，也參與朝鮮戰爭。

軍事、治安、犯罪

手勢信號

關聯

■軍事組織
➡ P. 203

■警察組織
➡ P. 207

交談以外的溝通手段

【注1】
是防恐怖行動或具擾亂等機密性高且較艱鉅的作戰任務時，特別編制的部隊。不僅限於軍隊，美國的「SWAT」或日本的「SAT」等則是警察組織的特別部隊。

連續劇或電影等，尤其是國外製作的，當劇情涉及特殊部隊【注1】或警察突襲等場景，經常可見領軍的士兵**揮動手臂或手指示意指示**其他的士兵。事實上，這是突襲時藉由手指或手臂的動作打出手勢訊號，目的在避免犯人或目標物察覺下達到溝通，或是在充滿槍聲、砲彈聲或坦克車行駛聲的吵雜慌亂戰場，比起說話溝通，此舉更能確實傳達訊息。儘管是已有類比訊號的現今，手勢信號的高有用性，仍廣為軍隊等使用。

隨著部隊或集團的不同，手勢信號也各有不同，不過仍有某程度的相通性，只要了解基本手勢，其實就能看懂電影或連續劇裡的那些場景，也能更融入劇情中。

手勢信號是指「**以手臂或手指做出動作**」，因此手語也是一種的手勢信號。另外，「Ｖ手勢」或豎起大拇指的「讚手勢」也是手勢信號，當然其中也有些手勢是有汙辱意味。還有，相同的手勢信號，隨著國家也有不同的解釋，例如先前提到的Ｖ手勢，在希臘是帶有汙辱含意，因此在國外使用時應小心謹慎。

手勢信號

■SWAT的代表性手勢之含意

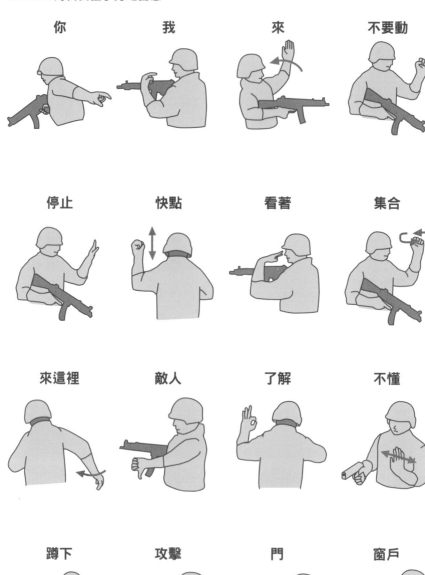

你　　　　我　　　　來　　　不要動

停止　　　快點　　　看著　　　集合

來這裡　　敵人　　　了解　　　不懂

蹲下　　　攻擊　　　門　　　　窗戶

軍事、治安、犯罪

無線電通話拼寫字母

關聯

■軍事組織
➡ P.203

■戰鬥機
➡ P.215

為確實傳遞訊息的手段

【注1】
最初的通話制定於西元1927年，由於發現問題，故西元1951年再修改，並沿用至今。

【注2】
即是航空交通管制，為確保航空飛機的安全，地面上會予以航空交通的指示或訊息。由於通用語言是英語，所以使用的是英語的無線電通話拼寫字母。

　　所謂的無線電通話拼寫字母，也就是「**通話表**」【注1】。而通話表，是在無線電通話等時，為正確傳遞重要文字或數字，採用的國際標準截頭表音規則。因為過去的無線電通話音質不佳，容易聽錯或聽不到。為解決此困擾，遂取發音的詞彙之截頭字母，以單字母表達。舉例來說，若以無線電通話拼寫字母表達「PEN」這個詞彙，即是「PAPA」的「P」，「ECHO」的「E」，「NOVEMBER」的「N」。如此一來，即使通話者帶有口音，或發音不正確，也能正確無誤傳達出「PEN」。若僅是閒聊，當然不需要如此慎重確認，但如果是軍事情報，一旦有誤恐怕是人命關天，自然必須謹慎。

　　在外國電影裡經常可見的軍隊命名，有時軍隊也會以無線電通話拼寫字母的順序來編制。英語的無線電通話拼寫字母，也運用在世界各國的「**航空管制**」【注2】上，堪稱是世界級標準，不過包含日本在內的各國，仍有其獨特發展的無線電通話拼寫字母。

無線電通話拼寫字母

■ NATO無線電通話拼寫字母

字 母	使用的詞彙	
A	ALFA	アルファ
B	BRAVO	ブラボー
C	CHARLIE	チャーリー
D	DELTA	デルタ
E	ECHO	エコー
F	FOXTROT	フォクストロット
G	GOLF	ゴルフ
H	HOTEL	ホテル
I	INDIA	インディア
J	JULIETT	ジュリエット
K	KILO	キロ
L	LIMA	リマ
M	MIKE	マイク

字 母	使用的詞彙	
N	NOVEMBER	ノーベンバー
O	OSCAR	オスカー
P	PAPA	パパ
Q	QUEBEC	ケベック
R	ROMEO	ロメオ
S	SIERRA	シエラ
T	TANGO	タンゴ
U	UNIFORM	ユニフォーム
V	VICTOR	ビクター
W	WHISKEY	ウィスキー
X	X-RAY	エックスレイ
Y	YANKEE	ヤンキー
Z	ZULU	ズル

■ 日語通話表

字 母	使用的詞彙
ア	朝日のア
イ	いろはのイ
ウ	上野のウ
エ	英語のエ
オ	大阪のオ
カ	為替（かわせ）のカ
キ	切手のキ
ク	クラブのク
ケ	景色のケ
コ	子供のコ
サ	桜のサ
シ	新聞のシ
ス	すずめのス
セ	世界のセ
ソ	そろばんのソ
タ	煙草のタ

字 母	使用的詞彙
チ	千鳥のチ
ツ	鶴亀のツ
テ	手紙のテ
ト	東京のト
ナ	名古屋のナ
ニ	日本のニ
ヌ	沼津のヌ
ネ	ねずみのネ
ノ	野原のノ
ハ	はがきのハ
ヒ	飛行機のヒ
フ	富士山のフ
ヘ	平和のヘ
ホ	保険のホ
マ	マッチのマ
ミ	三笠のミ

字 母	使用的詞彙
ム	無線のム
メ	明治のメ
モ	もみじのモ
ヤ	大和（やまと）のヤ
ユ	弓矢のユ
ヨ	吉野のヨ
ラ	ラジオのラ
リ	りんごのリ
ル	るすいのル
レ	れんげのレ
ロ	ローマのロ
ワ	わらびのワ
ヰ	井戸のヰ
ヱ	カギのあるヱ
ヲ	尾張のヲ
ン	おしまいのン

無線電通話拼寫字母

組織

共濟會

～主要的祕密組織～

關 聯

■黃金黎明協會
➡ P. 230

■薔薇十字團
➡ P. 249

猶如祕密組織的代名詞

【注1】
對外，構成的人數、目的或活動等都是保密狀態，或是本身的存在就是一種隱密狀態的團體。不限於神祕學，也有政治上的祕密組織。廣義來說，只要活動目的不明的團體皆可稱為祕密組織。

【注2】
偶爾聽到以「Freemason」稱呼共濟會，其實正確的名稱是「Freemasonry」，「Freemason」則是指所屬的會員。

「部分團體在暗處操控整個世界」，所謂的陰謀論直至今日仍耳語不斷。而在陰謀論的話題中必然會提及的就是「祕密組織」【注1】，其中最具代表的是共濟會【注2】。該組織有300萬以上的會員，號稱是世界最大規模的祕密組織，稱為「會所」的據點也存在於日本。其源起眾說紛紜，據說最初是中世紀歐洲的石匠組織的工會。

祕密組織予人神祕且詭異之形象，但似乎與共濟會的實際狀況並不吻合。其官方網站標榜「是依循會員相互的特性與人格的向上，期待良善之人得以更加良善之團體」，會員可以選擇是否公開自己的身分。另外，組織的具體活動內容雖未公開化，不過也從事經營學校、醫院或保護照顧孤兒與老人的設施，並予以此類機構資金上的援助。

經由這些善舉，也讓人們深信共濟會是慈善團體，但它仍具有某程度的隱匿性，不可否認是股神祕且不容忽視的勢力。尤其對天主教教會（P.27）來說，長久以來彼此的對立頗深，加入共濟會者會遭到教會開除處分。另外，共濟會會員多是具社會影響力的人物。

共濟會 ～主要的祕密組織～

■共濟會的著名成員

　　陰謀論認為，歷史的重要事件都與共濟會脫離不了關係。造就這樣的印象，實在是因為其諸多成員皆是社會上具影響力之人物，下記表格是依據資料或文獻推測為共濟會成員，果然出現許多著名的人物。

姓　名	國　籍	人物細節
亞瑟・柯南・道爾	英格蘭	小說家，其著作出現了共濟會。
亞歷山大・漢密爾頓	美國	政治家，是美國獨立的有功者。
安東尼奧・薩里耶利	義大利	作曲家
沃夫岡・阿瑪迪斯・莫札特	奧地利	作曲家、演奏家。
愛德蒙・藍道夫	美國	第1任美國司法官。
卡美哈梅哈四世	美國	第4任夏威夷國王。
卡里歐斯特羅	義大利	又稱為卡里歐斯特羅伯爵，是煉金術師。
肯特公爵愛德華王子	英格蘭	英格蘭聯合總會所的領導者。
喬治・華盛頓	美國	第1任美國總統。
約翰・亞當斯	美國	第2任美國總統。
西爾維奧・貝魯斯柯尼	義大利	第74、79、81任義大利首相。
狄奧多・羅斯福	美國	第26任美國總統。
泰・柯布	美國	MLB職業棒球選手。
道格拉斯・麥克阿瑟	美國	美國陸軍總司令。
湯瑪斯・傑佛遜	美國	第3任美國總統。
拿破崙・波拿巴	法國	法國的軍人，也是法蘭西第一帝國的皇帝。
彼得一世	俄國	第1任俄國皇帝。
法蘭茲一世	奧地利	神聖羅馬帝國皇帝。
班傑明・富蘭克林	美國	物理學家、氣象學家、政治學家。
亨利・諾克斯	美國	第1任美國陸軍長官。
亨利・福特	美國	企業家，福特馬達公司的創立者。
馬修・培理	美國	美國海軍軍人。
約翰・戈特利布・費希特	德國	哲學家。
約瑟夫・魯德亞德・吉卜林	英格蘭	小說家、詩人。
李奧波德・莫札特	德國	作曲家、小提琴家。

共濟會 ～主要的祕密組織～

■活躍於世界各地的祕密組織

　　除了共濟會之外，世界各地還有許多祕密組織團體。既有像共濟會比較公開化的組織，當然也有除了組織名，根本不知內部情況的謎樣組織。下記表格，僅能概略地介紹這些知名的祕密組織團體。

名　稱	概　略
愛爾蘭共和國軍	通稱IRA。是主張北愛爾蘭獨立的激進組織，成立於西元1916年。
阿爾斯特志願軍	成立於西元1913年愛爾蘭的武裝部隊，與IRA齊名，都是激進的恐怖組織。
暗殺集團	活躍於西元十一～十三世紀伊斯蘭圈的暗殺組織。
光明會	西元1776年成立於德國，以人類和平為目的，但不斷與陰謀論劃上等號。
威卡教	成立於西元二十世紀後期，是吸取古凱爾特德魯伊魔法的巫術宗教。
巫毒教	於海地發展的土著宗教，以詛咒屍體為殭屍而聞名。
伍斯特	西元二十世紀初期克羅埃西亞民族的組織，為反對塞爾維亞民族優越主義而組成。
維利協會	西元二十世紀初期成立於德國，目的在探索地底世界與超維利能量。
英國薔薇十字會	西元1867年成立於英國倫敦的魔法組織，而後又發展出黃金黎明協會。
黃金黎明協會（P.230）	西元1888年成立於英國倫敦的魔法組織，奠定近代西洋魔法的基礎。
黃金薔薇十字團	西元1710年成立於德國的魔法組織，在腓特烈二世的庇護下享有極大的勢力。
斧之會	西元1860年代成立於俄國的學生組織，因發生成員謀殺事件而解散。
蒙面披風	西元1935年成立於法國，主張法西斯主義的極右派組織，背叛者都會遭到死亡制裁。
卡塔雷斯派	西元十二世紀成立於法國南部，屬基督教的異端，主張禁慾生活。
燒炭黨	西元十九世紀成立於義大利，基於自由與平等的理想支持革命運動，目的在於統一。
救濟同盟	西元十九世紀成立於俄國，計畫暗殺尼古拉一世，但失敗，組織隨即遭到消滅。
共產黨主義者同盟	西元1947年成立於倫敦，前身是正義者同盟，以實踐共產主義為目的，但內部難以協調，最後瓦解。
斷頭檯社	大正時代後期的日本恐怖組織，暗殺路軍大將或引發爆炸事件等，引起東京市民的恐慌。
義和團	西元十九世紀末成立於中國，以排斥外國人為目的而逐漸擴大，最後遭到諸國鎮壓。
銀之星	魔法師阿萊斯特·克勞利創立的魔法組織，研究各種領域的魔法。
三K黨	又稱KKK。西元1865年成立於美國，是白人至上主義的組織，也是鼓吹種族差別待遇的組織。
靈智派	源自古歐洲，是由基督教分離出來的思想團體，比起信仰，更相信靈智。
庫姆蘭教派	約2000年前猶太教的一派，據說留下了死海古卷（P.237）。
偉大的白人兄弟會	相信神智學的宗教組織，藉由與超自然交流獲得的知識，以領導全人類。
玄洋社	西元1881年成立於日本的組織，主張自由民權主義，支持亞洲諸國獨立。
紅槍會	西元二十世紀成立於中國，以法術取得不死之身，藉以勇戰軍閥與盜賊。

共濟會 ～主要的祕密組織～

名　稱	概　略
古代密儀宗教	信仰古凱爾特或古羅馬時代的各種原始宗教。
三百人委員會	據說在各祕密組織中屬最高位階，常見於陰謀論，不過實況不明。
四季之會	西元十九世紀由法國革命家路易‧奧古斯特‧布朗基成立的組織，目的在於集結市民的力量達到武力革命。
真言立川流	成立於平安時代的密教。以性交達到頓悟成佛，因而被視為淫亂邪教而遭到鎮壓。
神智學協會	西元 1875 年成立於紐約的神祕主義團體，透過研究靈性的世界，以獲得神的智慧。
人智學協會	西元二十世紀初期魯道夫‧史代納於歐洲成立的組織，據說他擁有靈視能力。
司科蒲奇教派	源起於俄國的宗教團體，為了禁慾不惜割掉自己的性器，擁有嚴苛的教義。
偉大的馬斯特里	西元十九世紀的義大利政治組織，與拿破崙家族有所勾結，目的是建立共和制國家。
正義者同盟	是西元 1837 年法國祕密組織追放者同盟之分支，思想主張傾向於共產主義。
歐洲青年	西元 1834 年成立於瑞士，企圖影響滲透歐洲諸國民族主義思想。
密宗派	西元七世紀源於印度教的一派，主張透過性交頓悟成佛的祕密傳教。
秩父國民黨	明治時代於埼玉縣集結窮困農民的組織，以救濟農民為號召，而後引發秩父事件。
柴可夫斯基團	西元 1869 年創立於俄國，促進農民們的自立，不過最後失敗，進而潰散。
青幫	中國史上最大的犯罪組織，源於明末的臨濟禪之一派。
圖勒協會	西元 1918 年成立於德國的邪教組織，主張反猶太主義，也因而衍生納粹黨 (P.243)
東方聖殿騎士團	西元十九世紀末創立於德國的魔法組織，引進東方的性魔法。
德魯茲派	敘利亞的少數民族德魯茲信仰的伊斯蘭教，屬於異端的一派。
土地與自由	西元 1860 年成立的組織，因暗殺俄皇亞歷山大二世，遭到鎮壓。
拜上帝會	西元十九世紀成立於中國，引發太平天國之亂。
薔薇十字玫瑰團	西元 1888 年成立的魔法組織，與其他組織競爭時，試圖以法術暗殺對手。
薔薇十字團 (P.249)	據說成立於中世紀，實況不明，不存在的可能性極高。
憲法之友協會	西元 1795 年成立於法國，提倡平等，遭到政府鎮壓。
東突厥伊斯蘭黨	企圖脫離中國而獨立的維爾克族所成立的組織，在中國各地進行恐怖行動。
白蓮教	宋朝末成立的組織，反對元朝而造反，因而醞釀形成明的建國。
鞭打派	成立於西元十七～十八世紀，是基督教的異端派組織，格里戈里‧葉菲莫維奇‧拉斯普丁也是其中的一員。
紅幫	西元十九世紀成立的犯罪組織，西元20世紀後期，其勢力移轉到東南亞或美國。
馬汀主義教團	西元十九世紀成立於法國的魔法組織，藉由內省與祈禱，企圖回歸靈性之道路。
水戶天狗黨	幕府末成立於水戶藩的組織，因暗殺井伊直弼，被視為尊王攘夷的一派。
立方石團	西元 1960 年代成立於英國的魔法組織，專門研究西洋儀式魔法、以諾魔法等。

共濟會 ～主要的祕密組織～

軍事、治安、犯罪

黑手黨

關聯

■警察組織
→ P.207

活躍於暗地裡的犯罪組織

【注1】
為了區別紐約的義大利裔犯罪組織的最高領袖，也是黑手黨史上最知名人物查理‧盧西安諾成立的組織，因而有了這樣的稱呼。因為查理‧盧西安諾招收的成員不問種族，為了有所分別，此名稱通常指的是西西里裔的犯罪組織。

【注2】
西元1899年生～1947年歿。正式的名字「阿爾方斯‧加布里埃爾‧卡彭」。於禁酒令時代的美國，販售私釀酒而致富。

　　所謂的黑手黨，是指存於世界各地藉由暴力或非法行為維生的犯罪組織集團。原本專指出身於義大利南部西西里的犯罪集團，不過現在多半泛指所有的犯罪集團。關於源起眾說紛紜，有一說是西元九世紀為抵擋阿拉伯的滲透而組織的集團；另一說則是西元十九世紀初期拿波里王室為逃避拿破崙的襲擊，逃到該島，因而形成組織的契機。

　　總而言之，黑手黨起源於西西里，而後部分的黑手黨隨著移民去到了美國，進而發展西西里黑手黨【注1】等的美國黑手黨派。另外，提到美國黑手黨，最有名的是艾爾‧卡彭【注2】，他雖是義大利裔，雙親來自拿波里，並非西西里，也未加入黑手黨。因此，艾爾‧卡彭不是黑手黨，人們多稱呼他為黑幫。

　　黑手黨的各組織又稱為家族，原則上一個城市有一個家族，不過在成員眾多的紐約，僅是美國黑手黨就齊聚了五個家族（博南諾家族、傑諾維斯家族、甘比諾家族、盧切斯家族、科倫坡家族），稱為「五大家族」。

黑手黨

■黑手黨組織與戒律

黑手黨的家族是以老闆為首，形成金字塔構造的階級，老闆之下是小老闆，再下面是多位的頭目（幹部），每個頭目各有領軍的士兵（成員）。另外，老闆身旁還有顧問，多由律師或因年長退休的老闆擔任。

一般的黑手黨組織圖

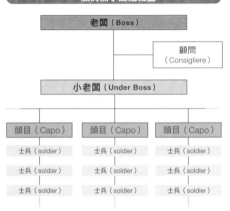

黑手黨的十誡

❶ 除非第三者在場，否則不得單獨與其他組織成員會面。

❷ 不得染指家族成員的妻子。

❸ 不得與警察相關人士建立友誼。

❹ 不得涉入流連酒吧或社交圈。

❺ 身為西西里黑手黨，隨時都必須做好開始工作的準備，縱使是妻子生產時，也必須為了家族全力以赴。

❻ 絕對遵守約定。

❼ 必須尊重妻子。

❽ 當家族需獲知某情報時，必須據實以告。

❾ 不得奪取家族成員，乃至其家人的金錢。

❿ 不與警察或軍方相關者、對家族背信者、素行極端惡劣者、毫無道德心者結拜為兄弟。

■世界各主要的犯罪組織

西西里黑手黨
源起於西西里的組織，堪稱是黑手黨的起源地，為了區隔現在統稱的黑手黨，故特別稱之為西西里黑手黨。共有186個組織，共計4000人的成員。

義大利黑手黨
稱為黑手黨的組織共有約170個，稱為克莫拉的約130個，稱為光榮會的共有150個，稱為聖冠聯盟的共有30個，這些並統稱為義大利的四大黑手黨。

俄羅斯黑手黨
俄羅斯的犯罪組織，其國內的組織數達5000以上，成員共計10萬人以上，換言之，國民生產總值的40％是以此為業，因此擁有不容小覷的勢力。

美國黑手黨
以紐約的五大家族為首，芝加哥、達拉斯、聖路易、費城等地計有20個以上的家族，成員約2000人，其人數足以匹配一個企業或工會。

中國黑手黨
就是中國人組成的犯罪組織，又稱為黑社會。在世界各地也有其勢力，成員總數達150萬或200萬人。最具代表的是上海的「青幫會」或福建的「蛇頭」等。

日本黑手黨
就是所謂的暴力集團，根據都道府縣公安委員會指出，日本規模最大的暴力集團為兵庫縣的山口組（約5200人）、東京都的住吉會（約3100人）、稻川會（約2500人）等，計有22個組織團體。

毒品卡爾特
製造販售毒品的組織。又以哥倫比亞的麥德林或卡利販毒集團最知名，不過在美軍的掃蕩下，麥德林集團幾乎遭到消滅，另許多卡利集團的幹部也遭到逮捕，因而近來勢力衰微。

韓國黑手黨
共有約300個組織，成員數達7000人。主要的活動是恐嚇遊樂場所或經營賭場等，近年來也與海外的犯罪組織攜手，趨向國際化。

黑手黨

歷史

History

歷史、神祕

伏尼契手稿

至今仍未能解開謎團的手稿

【注1】
西元1552年生～1612年
歿。是哈布斯堡王朝
的神聖羅馬皇帝，在位
期間西元1576年～1612
年。在政治方面缺乏手
段，不過是個熱好藝術
的文化人。因特別保護
藝術或學問知識，吸引
眾多藝術家前來，並為
帝國的首都布拉格締造
前所未有的文化榮景。

　　這世上，未能解開謎底的奇書非常繁多。其中足以列為最難解之首位的，恐怕是《伏尼契手稿》。這本手稿是西元1912年義大利的舊書商伏尼契所發現，因而稱之為《伏尼契手稿》。

　　以羊皮紙裝訂的這份手稿，現存約240頁中盡是未知文字。其中又多彩色插圖，不過許多都被視為非現實存在物，也有許多甚至不明是何物。但是，愈想解開謎底也愈讓此手稿充滿令人想一窺究竟的魅力，所以至今研究者依然不懈地解析。例如，研究者利用暗號文字的語言學統計技巧，透過分析的結果，終於發現某些具有意義的文句。

　　另外，西元2011年亞利桑那大學用放射性碳定年法檢測，發現手稿使用的羊皮紙是西元1404～38年左右之物。歷史來說，可知此手稿在西元1582年曾被波西米亞王魯道夫二世【注1】購得。

伏尼契手稿

歷史、神祕

密碼機

關聯

■ 間諜
　　　　➡ P.211

■ 納粹黨（國家社會
　主義德國工人黨）
　　　　➡ P.243

德國納粹引以為傲的密碼機

【注1】
寬34cm，深28cm，
高15cm。從舊照片中
可看到德軍在戶外使用
密碼機的模樣。

　　過去以來，各國軍隊或間諜等交換情報之際，特以暗號傳遞，縱使敵方攔截也難以解讀。密碼機，就是以第二次世界大戰期間德軍使用的暗號製成的機器，這些由密碼機組成的暗號，又以難解而聞名。因而原文的「Enigma」，也意味著「謎」。

　　密碼機的結構，是將字母以不規則置換，所以縱使打入相同內容的電文，隨著置換，即能變換不同的暗號。最初，密碼機是民間販售的機器，而後被軍方相中，終於變成德軍的利器。

　　軍用的密碼機，經過改良，可達到88位數的膨大文字置換數。來到第二次世界大戰期間，依然不斷動改良。從此體積變小【注1】，並且可以充電運作，更便於隨身攜帶。

　　最後，德軍策畫的以戰車為主軸的機械化部隊，以及空軍主導的閃擊戰，戰術皆讓密碼機得以派上用場。

組織

黃金黎明協會

關聯

■共濟會
〜主要的祕密組織〜
➡ P.221

興盛於西元十九世紀的魔法協會

【注1】
西元1848生〜西元1925年歿。黃金黎明協會的成立者，當時他在倫敦擔任法醫。為了掌握協會，不惜捏造與安娜史普格的來往信件，埋下內部紛爭的種子。

【注2】
西元1828年生〜西元1891年歿。是黃金黎明協會成立時的成員之一，也擔任英國薔薇十字會第二屆會長。由於西元1891年死去，幾乎未經手協會的營運等。

【注3】
西元1854年生〜西元1918年歿。本名塞繆爾・利德爾・馬瑟斯。是確定近代西洋儀式魔法者，也是聞名世界的魔法師。

【注4】
西元1907年生〜西元1985年歿。是西元二十世紀最具代表性的神祕學家阿萊斯特・克勞利的弟子，而後兩人決裂，所屬於自黃金黎明協會衍生的「曉之星」。

在各種的祕密組織中，又以魔法教義為主軸的神祕學組織居多。黃金黎明協會，創立於西元十九世紀末的英國，是以魔法為主的祕密組織，由威廉・偉恩・威斯考特【注1】、威廉・羅伯特・伍德曼【注2】、麥葛瑞格・馬瑟斯【注3】三人所成立。其教義是經過漫長時間祕密完成，不過，西元1938〜1940年神祕學家**伊斯瑞・瑞格德**【注4】耗時完成的《黃金的黎明》一書，揭露了該協會的魔法學講義。

當時的該組織協會，集結了具備神祕學專業的同好者，純屬分享喜好。但最後由麥葛瑞格・馬瑟斯掌握實權，逐漸轉變為**實際操作魔法的團體**。

隨著麥葛瑞格・馬瑟斯的改革，組織結構有了重大的轉變，全盛期甚至超過百名以上的會員，黃金黎明協會的名聲遠播，卻也帶來內部的抗爭，最終走向瓦解。

黃金黎明協會

歷 史

騎士團

關 聯

■圓桌騎士
　～亞瑟王傳說～
　➡ P. 124

■聖殿騎士團
　➡ P. 242

躍上文學作品的西洋戰士們

【注1】
中世紀的歐洲，隨著基督教勢力的擴大，開始對伊斯蘭教諸國展開大規模的武力行動。主要目的是為奪回且確保聖地耶路撒冷，當然還包含了侵略埃及或突尼斯。

　　所謂的騎士團，正如其名，是聚集了騎士們組成的團體。而騎士，指的是中世紀歐洲的**戰士階級**。

　　一般人對騎士團的印象，應該是國王或諸侯底下的騎士們組成的**軍事戰鬥組織**。在西元五～六世紀期間，騎士主要是隸屬法蘭克王國，因為當時的歐洲幾乎在其支配下，騎士團也成為擴大王國版圖的原動力。然而，王國還是走向分裂，隨著版圖勢力的縮小，騎士團逐漸消滅殆盡。而後，西元十一世紀末出現的是基督教**修道院**組成的騎士團，目的在收回聖地耶路撒冷與保護朝聖者，他們在**十字軍東征**【注1】並擔任了軍事任務。所以若以歷史學觀點來說，所謂的騎士團指的是後者的基督教修道會。

　　另外，騎士團也經常出現文學作品中，許多故事多是騎士制伏壞人或怪物等，最後贏得美人歸。十四世紀開始，深受《亞瑟王傳說》等騎士文學作品影響的國王或諸侯們，為了提高自身的名聲，也召集組成騎士團。不過，當時任務不再是軍事之目的，而是近似名譽職位。

騎士團

■世界主要的騎士團

名　稱	創設時間	概　略
聖約翰騎士團	西元 1070年	起源於義大利的商人，在耶路撒冷的聖約翰修道院附近設立朝聖者住宿所。西元1113年立名騎士修道會，並獲得認可。
聖殿騎士團	西元 1118年	第一次十字軍東征後，為保護朝聖者而設立的騎士團，西元1128年獲得認可。與聖約翰騎士團並駕齊驅，同為十字軍東征而戰。
德意志騎士團	西元 1128年	第三次十字軍東征後，起因是為遠征的德國人而設立的醫院修道會。西元1224年，以馬爾堡為據點，成立了德意志騎士團。
阿維斯騎士團	西元 1147年	葡萄牙國王阿方索一世設立的騎士團。與其他國家的騎士團相較，規模較小，因此後來猶如卡特拉瓦騎士團的分支。
卡特拉瓦騎士團	西元 1158年	是卡斯提亞王國的熙篤會旗下的騎士團，西元1164年獲得認可。並參與伊比利亞半島的各戰役，贏得勝利。
立窩尼亞騎士團	西元 1202年	發跡於立窩尼亞的騎士團。儘管征服了立窩尼亞地區，但對異教徒過度鎮壓的結果，反遭到抗爭，最後勢力衰微。西元1237年被併入德意志騎士團。
聖拉薩路騎士團	四世紀	源起於西元四世紀在凱撒利亞設立的醫院，而後形成騎士團。西元十三世紀勢力遍及法國、英國、西班牙、德國等歐洲各國。
聖地亞哥騎士團	十二世紀	西元十二世紀成立於伊比利亞半島的騎士團。與卡拉特瓦騎士團並駕齊名，活躍於與伊斯蘭教圈的戰役。直至西元十六世紀，被併入卡拉特瓦騎士團。
嘉德騎士團	十四世紀	成立的經緯眾說紛紜，據說成立於西元1344年或1348年的英國，騎士團名稱的由來，是入會團員將獲得嘉德勳章。
巴斯騎士團	西元 1399年	亨利四世成為英王之際成立的騎士團。英語名是「bath」。西元1725年制定了騎士團勳章，現在依然冊封頒發勳章。
金羊毛騎士團	西元 1430年	由法國菲利浦公爵設立的騎士團，目的在守護天主教。現在，則由西班牙的勳章繼承其稱謂。
龍騎士團	西元 1408年	由匈牙利國王西吉斯蒙德成立的騎士團，目的在守護匈牙利王室與基督教，但隨著西吉斯蒙德的死去，也因而式微。

騎士團

歷史

■一百零八星
　～水滸傳的世界～
　　　　　➡ P. 293

三國志

三國鼎立的史歌

【注1】
是三國時代終了的晉之時代完成的歷史書。以「○○傳」之形式敘述每位人物。

【注2】
寫於西元1368年～西元1644年的明朝。關於作者，眾説紛紜，推論作家是羅貫中。

　　距離至今的 1800 年前，中國大陸出現了「魏」、「吳」、「蜀」三國之爭。也是日本也耳熟能詳的「三國志」時代，許多日本人聽過劉備、曹操之名，或是所謂的「赤壁之戰」。

　　後漢時代末，當時皇帝的勢力衰微。基於此，出現有志復興漢王朝者、脅皇帝之名企圖握有權力者、企圖擊潰王朝者，形成彼此相互較量的局面。三國時代初期，猶如日本的戰國時代，是群雄割據的戰亂時代，經過些時日才真正進入三國鼎立。三國志中，出現了諸多武將，這些個性獨特鮮明的人物，也是《三國志》讓人愛不釋手的原因之一。

　　話說三國志，其實又分為記載實際歷史的正史《三國志》【注1】，以及以正史的蜀國劉備為主角的《三國志演義》【注2】。《演義》是讀物，與歷史書的正史不同，過去相關的創作作品也都是參考此讀物。在日本，戰爭期間或戰後，以吉川英治改編的《三國志》、或將此作漫畫化的橫山光輝之作品最為有名。另外，由三國志又衍生不少民間故事，這些故事或《演義》中出現了諸多正史未有的獨特人物。

三國志

■三國志的主要武將

所屬	名字（字）	說　明
魏	曹操（孟德）	封公稱王，是奠定魏國基礎的實力者。
	夏侯惇（元讓）	曹操信賴的獨眼武將。
	張遼（文遠）	擁有超人的武力，堪稱魏國五大將軍之首。
	許褚（仲康）	猶如曹操貼身保鑣的巨漢武將。
	樂進（文謙）	赴戰場必然率先挺身的勇將。
	于禁（文則）	其率領的部隊具嚴謹的紀律。
	司馬懿（仲達）	是與諸葛亮齊名的謀略高人。
	荀彧（文若）	有「王佐之才」美譽，是輔佐曹操的智謀武將。
吳	孫權（仲謀）	在兄長孫策死後，成為復興吳國的年輕諸侯。
	周瑜（公瑾）	智勇兼備又具美貌，有「美周郎」之譽。
	黃蓋（公覆）	自孫堅開始，其三代皆輔佐吳國。
	魯肅（子敬）	周瑜死後，繼續守護吳國。
	呂蒙（子明）	最初僅有武勇，靠著自修，贏得智謀。
	陸遜（伯言）	年輕即極具才能，在討伐關羽之役中脫穎而出。
	孫堅（文台）	奠定了吳國的基礎，但中途即遭到暗殺。
	孫策（伯符）	繼承父親孫堅遺志，與周瑜等人拓展吳國勢力。
蜀	劉備（玄德）	是旨在復興漢朝，於各地召集人才的武將。
	關羽（雲長）	堪稱軍神，與劉備、張飛結拜兄弟。
	張飛（益德※）	擁有驚人的武力，但也因嗜酒而失敗。
	諸葛亮（孔明）	又稱「伏龍」，在政治、軍事上輔佐劉備。
	趙雲（子龍）	具膽識，抱著劉備的孩子，一人突襲曹操軍營。
	黃忠（漢升）	即使年邁七十，仍是活躍戰場的老將。
	馬超（孟起）	因戰場的勇猛，而被譽為「錦馬超」。
	龐統（士元）	有「鳳凰之雛」的名號，是劉備的有名軍師。
他	呂布（奉先）	剛健勇猛卻傲慢，最後敗給曹操
	董卓（仲穎）	以保護皇帝之名挾持朝廷，最後敗給呂布。
	袁紹（本初）	出生名門，率領軍隊討伐挾持朝廷的董卓。

※在《三國演義》是「翼德」。

錫安長老會紀要

成為惡夢開端的捏造文書

【注1】
所謂的「錫安主義」，是基於「對猶太人來說，應在故鄉的耶路撒冷建國」之理念所舉辦的猶太人會議。第一次於西元1897年的瑞士，會議中論及具體的再建國之程序與如何取得各種之同意等。

【注2】
原本是猶太教的宗教用語，有「大虐殺」、「大破壞」之意。現在，則是指第二次世界大戰期間，德國納粹對猶太人的大虐殺。

《錫安長老會紀要》，是第一次錫安主義大會【注1】發表的錫安24位長老之決議書。內容是猶太人為征服世界，在暗地裡支配世界，因而祕密舉行會議的會議記錄，不過現在已被認定為偽造之文書。該文書多取自毛里斯・若利挪揄拿破崙三世的反民主政策而寫的《馬基雅維利與孟德斯鳩在地獄的對話》。據說那是俄國革命前的俄羅斯帝國祕密警察，為了轉移國內政局的不滿所做之事。

這份捏造文書又稱為「協定書」，於俄國出版，不僅是俄國，也翻譯為各國語言，以激發反猶太人的情緒。不過，西元1921年英國《泰晤士報》披露為捏造後，也平息了各國的騷動，僅有德國並非如此。納粹黨（P.243）承認是捏造文書，卻認為內容適用於猶太人，利用該協定書作為反猶太主義之根據。結果，德國的反猶太主義高漲，也牽涉到之後的「大屠殺」【注2】。因此，《錫安長老會紀要》堪稱「史上最惡劣的偽造文書」、「史上最低級的偽造文書」。

錫安長老會紀要

■史上的偽造文書

君士坦丁獻土
西元八世紀／羅馬

是中世紀最大級的偽造文書。內容提及羅馬皇帝君士坦丁一世因疾病治癒，以此文書證明把領土獻給教會。由於該文書屬於一級資料，在遭遇各種問題時，教會即以此做為有利的證據，直至西元十六世紀才被認定為捏造。

腓尼基史
西元十九世紀／德國

弗里德里希‧華根菲爾德以古腓尼基語寫的偽腓尼基史。實際的腓尼基史已紛失，僅有部分為他書所引用，故還留存著。根據這些少量的資料，作者竟寫出了共9冊的《腓尼基史》。

希特勒的日記
西元 1980 年代／德國

西德雜誌《Stern》宣稱發現希特勒於西元1932～1945年所寫的日記，並刊登。而後德國警察公布，儘管為取得此日記，記者耗費龐大金額，但其實是捏造的。

愛因斯坦的預言
西元 1950 年代～／日本

以散布的方式流傳愛因斯坦的發言。內容涉及愛因斯坦對日本的讚譽，並預言日本終將成為世界政府之盟主。西元2005年證實，愛因斯坦根本未有這些發言。

五輪書
西元十七世紀／日本

天下劍豪宮本武藏所著的兵法書。儘管是現代極受歡迎的書籍，不過實本已燒毀，加上內容與謄寫本大不同，又多記述武藏死後的價值觀，故有人認為是其弟子之作。

福澤心訓
西元十九世紀／日本

所謂的福澤心訓，是福澤諭吉的七則教訓。實際是誰所寫的，已不得而知，不過確定是偽造。內容提及擁有貫徹一生的工作是偉大的、或說謊是可悲的。總而言之，是勸世之訓誡。

萬歲三唱令
西元 1990 年代／日本

所謂的萬歲三唱令，是號稱太政官公布的日本萬歲三唱之儀法，西元1990年代出現於官公廳，內容以明治12年4月1日實施的太政官布告第168號之文體書寫，指出萬歲時必須兩手高舉往上，同時右腳跨前半步。

東日流外三郡誌
西元 1970 年代／日本

《東日流外三郡誌》是戰後在青森縣和田家的屋頂發現的古書。內容提及古代津輕地方之民族曾受日本朝廷鎮壓，以及其文明。不過由於筆跡與發現者相同，再加上其他證據，之後證明是偽書。

歷史、神祕

死海古卷

關聯
■天主教與新教
～基督教宗派與組織～
➡ P.027

促成陰謀論的西元二十世紀之最大發現

【注1】
在《舊約聖經》又稱之
為「鹽之海」、「阿拉伯
的海」等，傳說遭神毀
滅的城市索多瑪與蛾摩
拉，即是沉入死海，總
而言之，死海與猶太基
督教的淵源頗深。

【注2】
猶太教系的教派之一，
《死海古卷》中也出現
庫姆蘭文書。該教派強
調嚴格的戒律與純淨的
生活。

　　位於中東約旦的鹽湖，由於鹽分濃度高，除了部分的浮游生物外並無其他生物，故稱為**「死海」**【注1】。西元1947年以後，在死海附近的洞窟發現九千冊以上的書卷。內容是以希伯來語書寫的《舊約聖經》、與其相關之文書、庫姆蘭教派【注2】的規則或儀式。這些文書被認為，比起過去發現的最古老之聖經相關文書還要年代久遠，約莫是西元前的時代，**堪稱是「二十世紀最大的發現」**。因此，依發現地命名為《死海古卷》。

　　《死海古卷》，在歷史、宗教上皆屬極重要之文物，尤其是初期基督教的相關預言，也讓關係者備受矚目。另一方面，死海古卷也經常被陰謀論者或神祕學主義者提及。

　　陰謀論者認為「該古卷的調查遲遲未公開化，是因為天主教會有所隱瞞。」推測《死海古卷》的內容涉及不利於現在基督教的聖經或教義。當然也因毫無根據，而遭到議論。在神祕學方面，則認為內容出現啟示、預言或暗號等。

　　這些古卷中，還出現了標示財產所在地的銅板，有關其內容也引發種種猜測。

死海古卷

■ 《死海古卷》發現的經緯

① 西元1947年春，在死海西側的庫姆蘭地區，
　由阿拉伯遊牧民族的牧羊少年們發現。

② 輾轉流落當時的鞋匠、敘利亞東正教大主教、
　考古學家等人之手，最後起初發現的7份文書則歸以色列所有。

③ 庫姆蘭洞窟歸約旦政府所有，所以也對該地區展開調查，
　截至目前，共在11處洞窟發現870份以上的古文書。

■死海古卷最具代表的內容

舊約聖經的手寫本	發現《舊約聖經》共24卷中，共23卷的內容。比起當時的版本還早了千年以上的歷史。
猶太共同體憲章	堪稱是初期基督教團體相關的重要資料，內容提及猶太人集團的規律等。
戰爭的記載	記錄者提及了末日論。除了世界末日之戰，也記述了實際的戰爭。
銅板的書類	記載了藏於耶路撒冷神殿的寶藏所在處。不過最後並未找到寶藏，也許已被取走，也有人認為內容屬惡作劇。

COLUMN

《死海古卷》究竟是誰寫的

　　《死海古卷》究竟是誰寫的，截至目前仍眾說紛紜。最可靠的說法是，最支持該內容的庫姆蘭教團的人所寫。該教團也屬於古猶太教，是眾猶太教派中最神祕且最實踐禁慾的團體。由於文書隱藏在洞窟中，因而在當時也被視為異端的宗教團體。也有人認為是庫姆蘭教團底下的其他派系所寫，或是初期的基督教徒所寫。

　　由於《死海古卷》與庫姆蘭教團的關係，也意味著內容涉及基督教。換言之，《死海古卷》不僅與古猶太教有所關連，也極可能是初期基督教的教本。由於恐怕涉及初期的基督教，隨著《死海古卷》的發現成為世界矚目的新聞時，梵蒂岡企圖隱瞞的態度，不禁也讓世人疑惑，進而衍生陰謀論之說。

死海文書

歷 史

爵位（公侯伯子男）

關 聯

■騎士團
➡ P.231

■聖殿騎士團
➡ P.242

世界的爵位與日本的爵位

【注1】
中國古代，皇帝賜予諸
侯的五個位階，分為
公、侯、伯、子、男。
在日本，也依這五等爵
解釋歐洲的爵位。

　　所謂的爵位，是以君主制為主的國家，為區別貴族血統，或因應對國家之功勞所賜予的稱號。其彰顯的是國家內的上下關係，以及傳承的世襲。基本上，爵位是國內的稱號，不過針對具正式外交關係的國家，在禮貌上也會賦予相應的爵位。下頁標示的是歐洲或戰前日本所使用的爵位。

　　在日本，是參照依據中國古代使用的「**五等爵**」【注1】以對應歐洲爵位。因此，有時會出現難以區別的部分。

　　在歐洲，各爵位除了是**名譽稱號**，同時也是一種行政勢力的區分。換言之，給予公爵領地，給予支配的權力，也等於給予公爵的爵位。所以在過去的歐洲，領地與爵位是一併存在的。然而隨著時代變遷，漸漸也出現無領地的貴族或僅有名譽稱號的爵位。相反的，日本的爵位是依據家世地位，換言之，依功績可劃分出爵位之高低。而歐洲的爵位，有時會突然賜予或沒收爵位（領地），有時甚至授予多重的爵位。縱使是相同的爵位，依國家或時代的不同，代表的意義或地位分量也不相同。

爵位（公侯伯子男）

■日本、世界的爵位表記

	英語		法語	德語	
天皇／皇帝	Emperor		Empereur	kaiser	
王	King		Roi	Konig	
大公／公	Grand Duke	Prince	Grand-Duc	Grossherzog	
公爵	Prince	Duke	Duc	Herzog	
侯爵	Marquess/Marquis		Marquis	Furst	
伯爵	Earl（英國）	Count（英國以外）	Comte	Graf	
邊境伯	Margrave		Margrave	Markgraf	
子爵	Viscount		Vicomte	Vicomte	
男爵	Baron		Baron	Baron	Freiherr
準男爵	Baronet		-	-	
士爵（晚爵）	Knight		Chevalier	Ritter	

■各爵位的含意

大公／公	位居王之下，公爵之上。統治大公國、公國，其權限或權力，足以匹擬一國之王。
公爵	源自古日耳曼的軍隊統帥之爵位，是公爵領地的統治者。
侯爵	相當公爵之下，伯爵之上的爵位，是侯爵領地的統治者。
邊境伯	依隨場所，是有望成為在地侯爵的爵位。由於與異民族以國境為界，因而擁有私人軍隊。
伯爵	伯爵領地的統治者，英語是「Count」，也是行政單位國、郡、州的「Country」之語源。
子爵	子爵領地的統治者。是僅有深受法國或西班牙影響的地域，才存在的爵位。
男爵	子爵以下的貴族之爵位。「Baron」有自由之含意，之後成為領主的一般稱謂。
準男爵	僅存在英國的最低位階之爵位。採世襲制，在法律上並不屬貴族
士爵（晚爵）	是因個人功績或對國家有功而贈予的稱號，不是貴族，也無世襲、無領地。

其他爵位

副　伯	原本是輔佐伯（伯爵）的職位，而後有望可成為子爵。
宮中伯	相當於現在的大臣之職位。有時可替代統治國王的直轄地。
方　伯	神聖羅馬帝國時代的爵位。相當伯爵，不過權限更高。
城　伯	神聖羅馬帝國時代，管理統治城堡的爵位。

爵位（公侯伯子男）

歷史、神祕

關 聯

■日本刀
➡ P.245

大馬士革鋼

宛若超科技的印度產礦物

【注1】
約 0.0005mm 的碳原子製的管。比鋁輕，比鋼鐵硬度高，目前正研究如何運用在各領域。

大馬士革鋼，是中東製作刀劍時使用的金屬。其實那些刀劍使用的是印度開發製造的「烏茲鋼」，因當時與歐洲貿易的據點是中東敘利亞的大馬士革，是從此處流傳至歐洲，故也稱為大馬士革劍。

大馬士革劍的性能卓越，即使拿它揮斬騎士們身穿的鐵製盔甲，也毫不損傷刀刃，且不易生鏽。據說刀身還會浮現美麗紋路，與日本刀相同。

而後槍炮的發明，刀劍的價值降低，大馬士革鋼也逐漸為人所遺忘。至於技法為何未傳播西方，有人認為是記錄製法的文書遭到燒毀，也有人認為因為技法僅傳子，導致最後失傳。

近代工業革命興起，也令大馬士革鋼再度受到重視。科學家試圖分析那些曾被西方視為最優質的印度鋼鐵，企圖再造大馬士革鋼，結果發現其中蘊含「奈米碳管」【注1】，即使如今的技術也已無法徹底重現。不過，在研發追求大馬士革鋼的不易生鏽之特質時，竟因而誕生了不銹鋼。

大馬士革鋼

組織

聖殿騎士團

關聯

■騎士團
➡ P.231

為護衛民眾而成立的組織

【注1】
猶太教、基督教、伊斯蘭教共通的聖地耶路撒冷，由各自擁護的教徒引發了爭奪之戰。十字軍是在伊斯蘭教佔領耶路撒冷之際，於歐洲成立的奪回聖地之遠征軍。

【注2】
腓力四世為實踐其政策，需要大量的資金。因此，他看上贏得多數貴族金援的聖殿騎士團，編造不實之指控，促其解散。

聖殿騎士團，是中世紀歐洲基督教教徒組織的騎士修道會，正式名稱是「基督和所羅門聖殿的貧苦騎士團」。時間是歐洲的第一次十字軍【注1】東征，從伊斯蘭教徒手中奪回聖地耶路撒冷，建立王國後即成立。

聖殿騎士團的成立，主要目的還是「聖地巡禮」。歐洲人開始遠赴奪回的聖地朝聖，不過路途盡是盜賊或強盜，充滿危險。為此，在耶路撒冷附近出現了名為雨果的男子，努力維持當地治安，耶路撒冷王知道此事，特將所羅門神殿遺跡賜予作為宿舍。許多人感動於雨果的善行，紛紛加入，終於形成猶如守護朝聖者的守望相助團體，西元1128年組織成立聖殿騎士團。組織當初僅不到十名，隨後成員增加，並有權力者賜予土地或金錢等，給予相助。

趨於完善的聖殿騎士團，成為企圖奪回耶路撒冷的伊斯蘭教徒之威脅，同時也是保護朝聖者的堅強護盾。不過，西元十三世紀後期，伊斯蘭教徒再度奪回耶路撒冷，聖殿騎士團也失去了存在意義。在法王腓力四世的野心【注2】下，最後終於走向瓦解之命運。

聖殿騎士團

歷 史

納粹黨

（國家社會主義德國工人黨）

■共濟會
　〜主要的祕密組織〜
　　　➡ P.221

■錫安長老會紀要
　　　➡ P.235

獨裁者希特勒率領的政黨

【注1】
西元1933年2月27日，柏林的國會發生縱火事件。希特勒將罪行推給敵對的共產黨黨員，並展開鎮壓，此舉更擴張了納粹之勢力。

【注2】
一併肅清黨內外的反希特勒勢力。目的在除掉企圖反希特勒的衝鋒隊隊長恩斯特・羅姆，儘管其並無造反之意圖，只是為了去除心頭大患而捏造罪行。

　　納粹是西元1920於德國成立的政黨，正式名稱是「國家社會主義德國工人黨」。其前身是右翼祕密組織圖勒協會衍生的德國工人黨，被稱為「二十世紀最大惡魔」的獨裁者希特勒，於西元1919年入黨，主導該黨，最後改名為國家社會主義德國工人黨。並公開25條條文作為政治指標，完成結黨。

　　成為黨主席的希特勒在西元1921年7月，以煽動人心的演說與對黨的宣傳，再加上法國佔領魯爾河沿岸的工業地區，終於贏得德國民眾的擁護。西元1933年的第8次選舉取得288席次，成為德國第一大黨。當時的國際社會並不看好納粹政權，但之後的「德國國會縱火事件」【注1】促成全權委任法，建立起一黨獨裁之政權。西元1934年6月發生「長刀之夜」【注2】，更促進獨裁體制的穩固，8月希特勒就任國家元首。

　　從此，希特勒身為最高領導者，持續掌握德國政權，但第二次世界大戰戰敗的西元1945年4月自殺身亡。同年5月納粹無條件投降，12月獨裁政權終於消滅。

納粹黨（國家社會主義德國工人黨）

■第二次世界大戰與納粹德國

西元1939年德軍進攻波蘭，遂引發第二次世界大戰。之後，陸續侵略挪威、丹麥，眼看就要征服世界之際，西元1941年美國參戰，戰局逆轉，德軍不斷失利，終於無條件投降。

變 遷	年 月
希特勒政權成立	1933年1月30日
全權委任法成立	1933年3月23日
德國重整軍備，背棄凡爾賽條約	1935年3月16日
進駐萊茵蘭，背棄羅加諾公約	1936年3月7日
締結德俄互不侵犯條約	1939年8月23日
進攻波蘭，第二次世界大戰爆發	1939年9月1日
進攻挪威、丹麥	1940年4月9日
進攻法國、荷蘭、比利時、盧森堡	1940年5月10日
日德義三國同盟	1940年9月27日
進攻南斯拉夫	1941年4月6日
爆發巴巴薩羅行動，俄德開戰	1941年6月22日
美國宣戰	1941年12月11日
義大利投降	1943年9月8日
暗殺希特勒與政變失敗	1944年7月20日
希特勒於官邸地下室自殺	1945年4月30日
俄軍佔領柏林	1945年5月2日
無條件投降	1945年5月7日

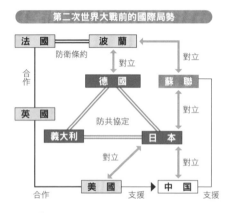

第二次世界大戰前的國際局勢

■親衛隊（SS）的組織圖與監視國民系統

西元1925年組織形成的親衛隊（SS），是希特勒專屬的護衛部隊。最初僅是8名的菁英部隊，西元1929年海因里希・希姆萊擔任親衛隊最高長官，規定親衛隊徹底執行納粹的政治理念，從此也讓組織起了變化。

此方針並施用於德國全國，建立起保安諜報局與國家祕密警察為中心的監視國民系統，且於各地虐殺猶太人，自此親衛隊成為納粹恐怖政權的象徵

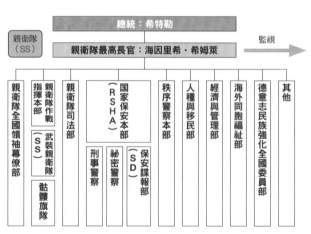

納粹黨（國家社會主義德國工人黨）

武 器

日本刀

關聯

■大馬士革鋼
　　　　➡ P.241

■村正
　　　　➡ P.253

世界第一、銳利無比的獨特單刃刀

【注1】
主要是徒步比武時使用的武器。刀的形狀可以直接插進腰帶，並且方便拔刀。刀刃朝上，插入左腰時，刀莖（也就是刀柄包覆刀身的部分）的銘是朝外的。

【注2】
建武期（西元1334年～1336年左右）的山城國（京都府）的刀匠。是刀工集團長谷部派的始祖。

　　所謂的日本刀，就是依據日本獨特鍛冶技術製造的刀劍，其銳利稱霸世界。人們經常如此形容日本刀，「不斷、不彎、鋒利無比」，儘管刀身細長，卻可以將人骨剖成兩段。雖然日本製的即可稱為日本刀，但是所謂的日本刀還是在於「刀身的側面有稱為鎬的突出部分，也有反的部分，是為單刃刀。」

　　自平安時代開始，反的形狀更加多樣，在此之前都是筆直的「大刀」。另外，戰國時代製造的則有反的彎刀，稱為「太刀」。現在對太刀的分類是，90cm以上的是大太刀，60cm以下的是脇差，30cm以下是短刀。室町時代還出現刀刃朝上，可以插入腰帶的「打刀」【注1】。

　　此外，日本刀的名稱各式各樣，但在法律上依刀刃的分類與刻在刀上的銘之組合，各有其正式名稱。不過，享譽天下的名刀，則是以號與刀匠名，組合命名為通稱。舉例來說，「heshi切長谷部」的「heshi切」是號，這些命名多半是基於外觀的特徵、由來或逸事等，「長谷部」則是刀匠的名字（長谷部國重【注2】）。

日本刀

■有淵源的日本名刀

下記是眾所皆知的名刀。日本刀不僅是武器，也具美術品之價值。因此，許多更指名為國寶或重要文化財產。現存的名刀多半保存於名家、皇室、神社佛寺或博物館。

名 稱	種類	刀匠	擁有者	刃長	解　說
一期一振	太刀	粟田口吉光	豐臣秀吉	68.8 cm	製作短刀的名匠粟田口吉光鍛製的太刀。其名稱有此生最光榮的一揮刀之意。皇室御物。
大包平	太刀	包平	池田輝政	89.2 cm	吉備前的包平鍛製的名刀。刀身帶有華麗的紋路，刀長僅有1.35kg。為國寶。
大俱利伽羅	打刀	廣光	伊達政宗	67.6 cm	其名稱源自刀身帶有俱利伽羅龍王的雕刻。據說是德川秀忠賜給伊達家族。是重要美術品。
大典太光世	太刀	三池典太光世	前田利家	66.1 cm	足利家族代代相傳的寶物，而後傳給前田家。是太刀，但整體短，刀身的寬度固定，因而反顯得較大。是國寶，為天下五劍。
鬼丸國綱	太刀	粟田口國綱	北条時賴	78.2 cm	傳說夢中出現刀的化身，聽從命令取之，小鬼不再如影隨形，因而命名鬼丸。皇室御物，天下五劍。
歌仙兼定	打刀	和泉守兼定	細川忠興	60.5 cm	忠興以此刀定下36名家臣的成敗，因這個數目而被命名歌仙。從外觀看來的確是名刀。
小烏丸	太刀	天國	平貞盛	62.7 cm	據說是伊勢神宮的巨鳥賜給恒武天皇，刀的部分是特殊的雙刃。皇室御物。
五虎退	短刀	粟田口吉光	上杉謙信	24.8 cm	傳說遠渡中國的武將遭遇5匹虎，以此短刀治退猛獸，故有此名。正親町天皇賜予上杉家，是上杉家的家寶。
數株丸恒次	太刀	恒次	日蓮	81.1 cm	支持者賜給日蓮的太刀。刀柄纏著念珠，是破邪顯正之劍，故得此名。重要文化財產，天下五劍。
童子切安綱	太刀	安綱	源賴光	80 cm	賴光打敗酒吞童子時使用的刀，可以一刀斬斷疊起的6具屍體。國寶，天下五劍。
長曾禰虎徹	打刀	長曾禰興里虎徹	近藤勇	70.9 cm?	聲名大噪的刀匠虎徹之作，新撰組局長近藤勇也愛用此刀。不過當市市流竄著虎徹的贗品，有人說近藤所用的虎徹也是贗品。
Nikkari青江	脇差	貞次	京極高次	60.3 cm	傳說某領主揮刀砍斷冷笑的女幽靈，但翌日才發現砍斷的是石燈籠。
heshi切長谷部	打刀	長谷部國重	黑田官兵衛	64.8 cm	黑田家家傳的刀。傳說織田信長欲殺茶坊主，僅是從棚子的隙縫插入此刀，對方隨即身亡。是國寶。
螢丸	大太刀	來國俊	阿蘇惟澄	100.35 cm	惟澄夢見無數的螢火蟲圍繞自己的刀，醒來後開始修復因戰而破損的刀身。
三日月宗近	太刀	三条宗近	足利義輝	80.0 cm	是天下五劍中最美的名刀。刀紋有三日月狀的紋路，因而得此名。是國寶。
山姥切國廣	打刀	堀川國廣	長尾顯長	70.6 cm	企圖模仿本作長義而鍛治。國廣之傑作，號是源自治退山姥的傳說。重要文化財產。

日本刀

歷 史

關 聯

■間諜
➡ P.211

忍者

活躍於歷史陰暗處的諜報專家

【注1】
曾經伊賀與甲賀是一個
國家，伊賀與甲賀相距
不遠。歷史小說甚至出
現「伊賀對甲賀」這類
的故事，其實不僅是對
立，有時也是相互的關
係。儘管彼此的雇主是
對立的，但為達成任
務，有時他們還是會互
換情報。

　　經常出現歷史創作作品的忍者，通常一身黑色裝
扮，身懷暗器或苦無等武器。提到忍者，三重縣西北
部或滋賀縣東南部的**伊賀**或**甲賀**【注1】是知名的忍者
村，事實上也不僅這些地方，還分布日本各地。不過
當時，隨地域不同也有不同的稱呼，像是山梨縣附近
的關東地域稱忍者為「亂波」，關西地域則是「透波」。

　　忍者起始於何時已難確定，據說是以西元八～九世
紀左右的某號人物為始祖。另外，伊賀知名的忍者服
部家族，聽說其祖先是來自古代中國。忍術書之一的
《正忍記》，記載著「習得忍術者來自漢（中國）」。

　　忍者們活躍於戰國時代，他們受雇於諸大名，主要
從事諜報活動。

　　侍奉關東北条氏的某人物如此描述，忍者雖如同盜
賊盡做壞事，但只要被雇用，必定忠心耿耿。而且，
他們擅長找出自國內的壞人，還能潛入他國夜襲或強
奪物品。有時他們還被要求暗殺某人，同時他們也善
於謀略。說起戰爭，不論今昔，獲知敵方情報都是重
要的手段。尤其是情報難以取得的往昔，忍者才如此
受大名們的重視。

忍
者

■流傳於現今的忍者們

　　任務猶如影子的忍者，其實仍存在著知名的人物，而且聲名流傳至今。因此，在此歸納那些主要的忍者名與其生平。

名　字	流　派	生　平
服部半藏正成	伊賀流	出身伊賀忍者之家，是伊賀的上忍。有一說認為他並非忍者，不著武功跟隨德川家康，因而成為八千石的領主。德川家康進入江戶後，他擔任伊賀同心的首領，半藏門之地名也由自於他。
百地丹波	伊賀流	據說是伊賀流忍術的始祖，位階上忍。與服部半藏保長、藤林長門守齊名，稱為三大上忍。不過上忍的一切成謎，故有人認為與藤林是同一人。
城戶彌左衛門	伊賀流	出身伊賀的音羽，又稱為「音羽的城戶」。是知名的槍擊高手。在淨土真宗的本願寺顯如之委託下，兩度槍殺織田信長，但終究讓其躲過劫難。遭逮捕後還力圖掙脫，最後自盡身亡。
望月出雲守	甲賀流	甲賀中首屈一指的名家，擅長煙霧彈。六角高賴遭第九代將軍足利義尚襲擊時，協助保護高賴逃亡。並且反擊輕忽大意的幕府軍，將軍甚至死在他的刀下。
魚住源吾	甲賀流	是侍奉毛利元就的忍者。遠征中國地方的羽柴秀吉包圍三木城之際，源吾每每夜襲秀吉的陣營。儘管暗殺任務失敗，不過秀吉說：「比起攻城，首要還是殺了魚住。」
風魔小太郎	風魔忍術	侍奉關東之雄、北条氏。小太郎並非本名，而是繼承頭目之名。他擅長馬術與格鬥戰術，北条氏與武田氏對峙之際，他屢屢夜襲，每回都令敵軍陣營大亂，武田的士兵們驚駭不已。
雜賀孫市	雜賀流忍術	是以槍砲組織而聞名的雜賀黨之首領。是一向宗的信徒，協助石山本願寺，屢屢襲擊織田信長。最後降伏，才得以在亂世活了下來，之後侍奉初任的水戶藩主。
割田重勝	真田的忍術	侍奉上野（群馬縣）吾妻地方的武將真田氏，據說他的忍術無敵，並且假扮賣大豆的小販潛入北条氏陣營，奪走馬匹與馬鞍。或是，也潛入上杉謙信的陣營，奪走刀槍。
鉢屋彌三郎	不明	侍奉尼子氏的鉢屋眾之頭目。他協助遭驅趕的尼子經久，扮成新年表演的街頭藝人潛入月山富田城，見機在各處放火，然後呼應城外的尼子經久，成功奪回月山富田城。
茶屋四郎次郎清延	不明	是侍奉德川家康的密商，也是戰場上活躍的武將。本能寺之變織田信長落敗之際，不惜重金取得地方勢力之協助，讓德川家康從伊賀脫困。

組 織

薔薇十字團

關 聯

■共濟會
　〜主要的祕密組織〜
　　　　➡ P.221

■黃金黎明協會
　　　　➡ P.230

架空人物創設的謎樣祕密社團

　　祕密社團「薔薇十字團」（Rosenkreuzer），是名叫「克里斯汀・羅森克魯茲」的人物所創設的。社團的規章是「無償治癒病人或受傷的人」、「百年內不得公布成員」、「每年在聖靈之家（羅森克魯茲的僧院）聚會」，成員都是祕密進行慈善活動或著述等。

　　隱密存在的薔薇十字團，直到西元 1614〜1616 年間，在德國出版了作者不詳的《兄弟會傳說》、《兄弟會自白》、《化學的婚禮》（三冊共稱為《薔薇十字團的宣誓書》），書中記載了薔薇十字團的存在、教義、始祖羅森克魯茲的生平等。薔薇十字團的名聲終於在歐洲宣傳開來，也令許多人深深嚮往。

　　薔薇十字團引發話題後，許多人試圖與其成員接觸。《兄弟會傳說》記述，「可藉著作或口頭上公開表達對薔薇十字會的關心」，並呼籲可加入社團，不過即使許多人公

開表明，仍無回應。以「我思故我在」而聞名的法國哲學家笛卡兒也是其中之一，即使是他這般有名的人物，也無法取得聯繫。因此，儘管該社團的存在眾所皆知，不可思議的是所屬成員竟從未浮上檯面。

更意外的是，德國神職員兼著作家約翰・瓦倫廷・安德烈在其死後出版的著作中自白，「《化學的婚禮》其實是我與大學時代同學的共同創作」。因此，有人認為另兩冊【注1】也是他與同學們的創作。

出現於各地的薔薇十字團

不顧安德烈的自白，人們對充滿傳說性的薔薇十字團更加著迷，狂熱的粉絲們開始自己祕密組織社團，並且繼承貫徹其思想。

來到現代，許多社團自稱是薔薇十字團，或是也出現多個秉持薔薇十字團思想的團體。總而言之，關於薔薇十字團的存在與否，依舊曖昧不清。說不定，那根本不是安德烈所說的僅是創作，真實的「薔薇十字團」並不存在。

薔薇十字團

安德烈為何不表態？

若《薔薇十字團的宣誓書》真是安德烈等人的創作，為何他們不表態呢？有一說是「怕引發麻煩，所以不敢表態。」當時人們對於薔薇十字團瘋狂著迷的模樣，恐怕是出乎安德烈的預期，在那樣的狀態下，即使想表態也會害怕到不敢出聲。

歷史、傳說

關 聯

■世界七大不可思議
➡ P.358

埋藏金傳說

埋藏日本各地的財寶!?

【注1】
西元1963年位於東京都中央區荒川的日清製油總公司，在新建大樓的工程中，從用地內挖出了埋藏金。據說約發現相當約8億日圓的古錢，堪稱過去以來最大規模的埋藏金。據推測，應該是江戶時代在此地經營酒盤商的鹿嶋清兵衛所有。

　　不久前盛傳日本政府在財政上設有「**霞關埋藏金**」，後來證實並無此事，不過日本各地的確存在著埋藏金傳說。如文字所示，就是行蹤成謎的財寶，所有者因某目的而隱藏，許多可能是歷史事件或事故中消失的財寶。

　　下頁標示了日本主要的埋藏金傳說，以及推測地點。在**日本三大埋藏金**中，知名度最高的是「德川幕府的埋藏金」，規模最大的是「豐臣秀吉的埋藏金」，還有堪稱近數兆日圓的「結城晴朝的埋藏金」。

　　儘管此三大埋藏金的可信度頗高，但基本上埋藏金還是僅止於傳說或推測。擁有確切證據的畢竟是少數，縱使存在，恐怕也已被取走。

　　儘管如此，日本人執迷於埋藏金傳說的理由，不僅是對於歷史的浪漫想像，過去的確實際出現發現埋藏金的案例。西元1956年在銀座的工程現場發現了200枚以上的江戶時代金幣，西元1963年的荒川又發現1900枚與約7萬8000枚的二朱金（鹿嶋清兵衛的埋藏金）【注1】。一個說不定……就可能一夜致富，或許這就是埋藏金傳說的迷人之處吧。

埋藏金傳說

■主要的埋藏金傳說之地點

　　埋藏金傳說遍布日本的都道府縣，特別選出知名度較高且具可信度者。

源義經的埋藏金
北海道、惠庭市？
傳說源義經並未死於奧州，輾轉到蝦夷地，埋藏了再起之用的軍備資金。

豐臣秀吉的埋藏金
兵庫縣、多田銀山跡？
是秀吉留給兒子的遺產，據說埋藏在多田銀山的坑道內。據推測其規模屬日本最大。

佐佐成政的埋藏金
富山縣、鍬崎山？
佐佐成政會見於三河的德川家康之際，在橫越飛驒高山，為了減輕負擔，埋藏於雪中。

尼羅號的財寶
山口縣、祝島
西元1914年為慶祝大正天皇即位而出航，結果觸礁沉沒的英國船，船裡積載著財寶。

護法救民之寶
京都府、龜山城跡？
明智光秀活了下來，改名為天海，入空門為僧侶之際，為拯救世人所埋藏的財寶。

蘆名義廣的軍資金
福島縣、豬苗代湖？
武家名門蘆名氏的第20代，於擦上原之役戰敗，遂將若松城裡的財寶搬運出來，沉入豬苗代湖。

天草四郎的埋藏金
熊本縣、天草下島？
島原之亂遭鎮壓的天草島原之軍，埋藏了軍資金與象徵基督教的寶物等。

德川幕府的埋藏金
群馬縣、赤城山？
幕府末期，日本門戶大開，盛行於海外貿易，德川幕府擔心國內的資金不斷外流，遂隱藏了財寶。

龍王丸的財寶
愛媛縣、藝予諸島？
西元1818年，因海難沉沒的船隻龍王丸，據說積載了大量的黃金。實際上，的確在當地發現江戶時代的金幣。

結城晴朝的埋藏金
茨城縣、結城市？
在德川幕府的進迫下，趕在改朝換代前埋藏的結城家財寶，據說有重達380t的黃金。

大久保長安的埋藏金
神奈川縣、仙石原？
擔任德川幕府財政要職的大久保長安所埋藏的財寶。其實，他是為了幕府的利益著想。

船長基德的財寶
鹿兒島縣、吐噶喇列島寶島？
傳說是周遊世界大海的海盜所隱藏的財寶，關於船長基德的財寶，分布於世界各地，這裡是其中的一處。

歸雲程的埋沒金
岐阜縣、歸雲山
於西元1585年的大地震崩塌，據說埋沒於地下的歸雲城裡擁有大量的財寶。說是埋藏金，其實應該是埋沒金。

武田信玄的埋藏金
山梨縣、黑川金山？
據說是武田信玄或其重臣玄山梅雪所藏。傳說還埋藏於各地，不過金山是為了支援武田軍隊之用。

歷史、傳說

村正

關 聯

■ 聖劍、魔劍
➡ P. 152

■ 日本刀
➡ P. 245

以德川為敵的妖刀？

【注1】
正式名稱是「村正　妙法蓮華經」，刀身刻著「妙法蓮華經」的文字，因而得此名。是初代村正的晚年之作。

即使不熟悉日本刀的人，也會在創作作品等見識到名為「村正」的日本刀。常被喚為「**妖刀村正**」，多出現於妖氣森森的場景中。

村正是實際存在的刀，相當於現在岐阜縣南部的美濃國刀匠「村正」所製作的刀。他製作的刀有筆直的刀紋，近似「直刃」，刀莖的部分猶如魚腹，故也稱為「鱊鮍腹」。村正並不具備美術品的價值，不過「妙法村正」【注1】是唯一留存於現在，且被指定為文化財產的重要美術品。與其他名匠打造的日本刀相較下，的確顯得較無名氣，這恐怕也因其採大量製造有關。總而言之，對村正來說，刀是「鋒利無比的武器」，而不是「美術品」。事實上，村正所製作的刀較價廉，卻又銳利，故求刀者眾。

那麼，村正為何以「妖刀」聞名呢？傳說他的刀以統一天下、開啟江戶

万行！
看劍
家康
杜鵑不啼，等待物啼
德

【注2】
家康的部下，猛將「本多忠勝」所擁有的蜻蛉切，據說就是村正之作。不過事實上，是其弟子藤原正真之作。另外，關於家康厭惡村正之傳說，其實是源於後世的創作。

幕府的「<u>德川家族</u>」為敵。首先，奪去德川家康祖父之命的正是村正的刀。斬殺家康之父，以及在織田信長命下切腹的家康之長男，使用的刀都是「村正」。因此，日後家康命令德川家族的武器管理人把村正的刀全部丟棄【注2】。也為了這些緣由，江戶時代，武士們審慎避免攜帶村正的刀，因而衍生「禁止使用村正的刀」之誤解。基於此，對幕府懷有敵意的藩之武士，或是志在推翻幕府末的維新志士們，則特意指名使用村正的刀。

何謂妖刀「村雨」

【注3】
幕府末期的曲亭馬琴所寫，故事描述伏姬與其忠犬八房所生下的孩子們，8名「犬士」各擁有所屬的念珠，經過離奇的相遇與別離後，終於成為伏姬的里見家之家臣。

村正常被寫成「村雨」，恐怕是<u>《南總里見八犬傳》</u>【注3】裡的「村雨」，日語發音與村正相似，才被搞錯了。故事裡的「村雨」，被描繪為「拔出後，會飄散冰花的刀刃」，刀莖部分會噴水，是具神祕力量的刀。或許是猶如「妖刀」，才令人混為一同吧。

儘管村雨在創作作品中如此有名，有人卻認為不過是虛構。其實是大錯特錯，的確存在著不只一把名為「村雨」的刀。又以江戶時代的名匠，發明「濤欄亂」刀紋的津田越前守助廣，他所製作的村雨被視為重要且值得保存的刀劍。

與德川為敵也是理所當然？

撇開神祕學的層面不談，村正足以危害德川家族也是可想而知的。那是因為開啟幕府前的德川家族之據點位於愛知縣東部的岡崎。而村正的工房就在距離約50km左右處，許多武士們前來購買大量製造又銳利的村正刀。換言之。家康家附近也等於有許多擁有村正刀的武士，以機率來說，拿著村正刀威脅家康家族的比率當然也相對增高。

村
正

曆法、占卜、天文

Calendar · Fortune telling · Astronomy

曆法、占卜、天文

十干十二支

～東洋的曆法～

關聯

■五行思想
　　➡ P.032

發祥於中國的順序記號

【注1】
據推測，十干十二支是推古天皇十年（西元602年）左右傳入日本。

【注2】
是自古以來即存在的慶賀事之一，由於又回到出生之年（回復到嬰孩），因而迎接還曆之喜的人會得到紅色的和式背心或紅帽。

　　十干十二支是衍自古代中國的**序數詞**。使用於各種用途，原來兩者互不相干，不知何時開始歸納總結為「十干十二支」。據推測是奈良時代以前【注1】傳至日本，不過詳細情況不明。

　　十干十二支的十干是甲、乙、丙、丁、戊、己、庚、辛、壬、癸10種，十二支是子、丑、寅、卯、辰、巳、午、未、申、酉、戌、亥12種，過去的確有使用十干十二支的曆法（干支表）。像是「甲子」、「乙丑」的文字組合，形成新的詞彙，猶如現代的「週一」、「週二」。另外，干支表是每60年為一循環，因此慶祝60歲又稱為「還曆【注2】」。

　　十干與十二支合併稱為「干支」，不過十干原本稱為「天干」。

■十干的對應

十干	五行	別名
甲	木	木之兄
乙		木之弟
丙	火	火之兄
丁		火之弟
戊	土	土之兄
己		土之弟

十干	五行	別名
庚	金	金之兄
辛		金之弟
壬	水	水之兄
癸		水之弟

■十二支的對應

十二支	對應的生肖	五行	方位	時辰
子	鼠	水	北	上午0時
丑	牛	土	北北東	上午2時
寅	虎	木	東北東	上午4時
卯	兔		東	上午6時
辰	龍	土	東南東	上午8時
巳	蛇	火	南南東	上午10時
午	馬		南	下午0時
未	羊	土	南南西	下午2時
申	猴	金	西南西	下午4時
酉	雞		西	下午6時
戌	狗	土	西北西	下午8時
亥	豬	水	北北西	下午10時

■小十干十二支所組成的干支表

數	十干	十二支	數	十干	十二支	數	十干	十二支	數	十干	十二支
1	甲	子	16	己	卯	31	甲	午	46	己	酉
2	乙	丑	17	庚	辰	32	乙	未	47	庚	戌
3	丙	寅	18	辛	巳	33	丙	申	48	辛	亥
4	丁	卯	19	壬	午	34	丁	酉	49	壬	子
5	戊	辰	20	癸	未	35	戊	戌	50	癸	丑
6	己	巳	21	甲	申	36	己	亥	51	甲	寅
7	庚	午	22	乙	酉	37	庚	子	52	乙	卯
8	辛	未	23	丙	戌	38	辛	丑	53	丙	辰
9	壬	申	24	丁	亥	39	壬	寅	54	丁	巳
10	癸	酉	25	戊	子	40	癸	卯	55	戊	午
11	甲	戌	26	己	丑	41	甲	辰	56	己	未
12	乙	亥	27	庚	寅	42	乙	巳	57	庚	申
13	丙	子	28	辛	卯	43	丙	午	58	辛	酉
14	丁	丑	29	壬	辰	44	丁	未	59	壬	戌
15	戊	寅	30	癸	巳	45	戊	申	60	癸	亥

十干十二支 ～東洋的曆法～

曆法、占卜、天文

塔羅牌

■ 關聯

■ 黃金黎明協會
➡ P.230

■ 煉金術
➡ P.372

占卜人生，神祕又兼具藝術的78張牌卡

【注1】
魔杖、金幣、寶劍、聖杯的四個圖騰，也象徵著四大元素。

【注2】
「黃金黎明協會」成員的亞瑟·愛德華·偉特，於西元1910年所設計的。最大特色是小牌上也有圖案。

　　無論今昔，最受歡迎的占卜道具，首推塔羅牌了吧。其充滿神祕與象徵意義的圖騰，擄獲了許多人的心，不過關於起源，至今仍不明。塔羅牌卡原是遊戲用的牌卡，推測流行於西元十四世紀的歐洲，當時多用於遊戲性質的占卜。而後隨著文藝復興，開始出現精緻圖案、木版印刷等的牌卡，塔羅牌卡終於得以量產，逐漸大眾化且為人所重視。

　　塔羅牌卡計有22張的**大牌**、56張的**小牌**。經常使用的大牌如右記，其圖案隱藏著人生所遭遇的象徵與寓意。小牌分為魔杖、金幣、寶劍、聖杯四種系列【注1】，各有10張的數字卡，4張的人物卡。一般說來，占卜時經常使用的是大牌，適用於占卜人生所面臨的大事。

　　在漫長的歷史中，塔羅牌也發展出不同的體系，直到今日又以偉特體系【注2】最為人所知，其他還有馬賽體系或威斯康提體系，各自牌卡的順序或圖案都不相同，因此占卜時得留意是使用何種體系的牌卡。

塔羅牌

■大牌與其意義

可從塔羅牌圖案的寓意,解讀占卜者所占卜的事情。隨著牌卡的正向或逆向,意義也大不相同。另外,偉特體系與馬賽體系的「正義」與「力量」的數字是對調的,偉特體系的Ⅷ=「力量」,Ⅺ=「正義」。

號碼	大牌	英語	正向的意義	逆向的意義
0	愚者	THE FOOL	自由、不拘形式、天真無邪、純真、天真浪漫、可能性、創意、天才	輕率、任性、沒有耐性、無節操、逃避、優柔寡斷、無責任感、愚笨、落後
Ⅰ	魔術師	THE MAGICIAN	事務的起始與起源、可能性、能量、才能、機會、感覺、創造	迷惑、無氣力、衰落、背叛、空轉、低潮的生物週期、消極
Ⅱ	女祭司	THE HIGH PRIESTESS	知性、平常心、洞察力、客觀、溫柔、自立、理解力、纖細、清純、單身女性	激情、不敏感、任性、不穩定、自尊心高、神經質、歇斯底里
Ⅲ	皇后	THE EMPRESS	繁榮、豐饒、母權、愛情、熱情、豐滿、包容力、女性魅力、家庭的形成	挫折、輕率、虛榮心、忌妒、情緒化、浪費、情緒不穩定、怠惰
Ⅳ	皇帝	THE EMPEROR	支配、安定、成就達成、男性的、權威、行動力、意志、具責任感	不成熟、暴亂、驕傲不遜、傲慢、任意而為、獨斷、意志薄弱、無責任感
Ⅴ	教宗	THE HIEROPHANT	慈悲、帶來協調、信賴、尊敬、溫柔、感同身受、自信、遵守規則	束縛、猶豫、不信任、獨斷、逃避、虛榮、怠惰、多管閒事
Ⅵ	戀人	THE LOVERS	合一、戀愛性愛、沉溺興趣、協調、選擇、樂觀、奉絆、克服試煉	誘惑、不道德、失戀、空轉、無視、欠缺專注力。空虛、婚姻的破綻
Ⅶ	戰車	THE CHARIOT	勝利、征服、援軍、行動力、成功、積極、前進力、開拓精神、獨立、解放	暴走、不留心、任意而為、失敗、獨斷、旁若無人、焦躁、挫折、好戰
Ⅷ	力量	SIRENGTH	強大的力量、堅定的意志、不屈不撓、理性、自制、實踐力、智慧、勇氣、冷靜、持久力	想法天真、鑽牛角尖、無氣力、任由人擺布、優柔寡斷、賣弄權勢
Ⅸ	隱者	THE HERMZT	經驗法則、高尚的箴言、祕密、心靈、慎重、思慮深遠、感同身受、單獨行動	封閉、陰冷、消極、無計畫性、誤解、悲觀、滿是懷疑
Ⅹ	命運之輪	WHEEL OF FORTUNE	轉換點、命運的到來、機會、變化、結果、相遇、解決、宿命	局勢出現激烈的變化、分離、錯過、降級、災難的到來
Ⅺ	正義	JUSTICE	公正、公平、善行、均衡、誠意、善意、兼顧	不公正、偏袒、不均衡、獨斷獨行、處於被告立場
Ⅻ	倒吊人	THE HANGED MAN	修行、忍耐、奉獻、努力、試煉、確實、壓抑、妥協	徒勞無功、委屈忍耐、放任、自暴自棄、敗給欲望
ⅩⅢ	死神	DEATH	結局、破滅、離散、終了、清算、決定、死亡的預言	再開始、新的展開、上升、從挫敗中站起來
ⅩⅣ	節制	TEMPERANCE	調和、自制、節制、犧牲	浪費、消耗、生活紊亂
ⅩⅤ	惡魔	THE DEVIL	背叛、拘束、墮落	恢復、覺醒、嶄新的相遇
ⅩⅥ	高塔	THE TOWER	崩壞、災害、悲劇	緊迫、突發的危機、誤解
ⅩⅦ	星星	THE STAR	希望、閃耀、願望達成	失望、無氣力、期望太高
ⅩⅧ	月亮	THE MOON	不穩定、迷幻、逃避現實、潛在的危險、欺瞞、毫無猶豫的選擇	不算失敗的過錯、從過去解脫、漸漸好轉、對未來充滿希望、準確的直覺
ⅩⅨ	太陽	THE SUN	成功、誕生、祝福、受約束的未來	不協調、臨怯、衰退、墮胎或流產
ⅩⅩ	審判	JUDGMENT	復活、結果、發展	悔恨、停滯、惡報
ⅩⅪ	世界	THE WORLD	完整、總和、成就	未完成、臨界點、協調的崩壞

塔羅牌

曆法、占卜、天文

關聯

■陰陽師
　　　　➡ P.024

二十八星宿

～東洋占星術的世界～

二十八星宿與宿曜占星術

【注1】
發祥於古代中國，傳至日本後發展為咒術。

【注2】
山本勘介是侍奉武田信玄的軍師。竹中半兵衛是武將，如同豐臣秀吉的參謀。另外，真田幸村也使用宿曜占星術。

　　所謂的二十八星宿，是月亮繞地球周圍一周之際，從星座A到星座B，星座B到星座C，如此每晚移動一個星座，其移動的軌道（白道）可平均劃分為28個星座。此理論約3000年前衍生於印度，並運用於曆法，或也用來推測行星的運行。而後，二十八星宿傳至中國，發展形成「中國宿曜道」。平安時代由僧侶空海學習，並帶回日本。

　　空海將宿曜占星術運用於日常生活，周遭的人們感受到其益處，遂逐漸流傳開來。也因為如此，宿曜占星術的「宿曜道」，甚至威脅到當時頗負盛名的「陰陽道」【注1】之地位。戰國時代，山本勘介或竹中半兵衛【注2】等還運用宿曜占星術擬定戰略。

　　不過在占星術上，並非二十八星宿，通常使用的是「二十七星宿」。那是因為傳至中國後，在確立占卜術之際，排除了牛宿，日本也沿用此法。另外，28個星宿劃分為青龍、玄武、白虎、朱雀四組，換言之，從星座歸屬於哪四個神，藉此觀察占卜結果之變化。

■星宿一覽表

星宿		星宿的特質
東方青龍	角	重禮義人情，性格敦厚，但也擅於言辭。
	亢	具強烈的自尊與正義感，堅持的信念絕不妥協。
	氐	擁有絕佳的財運，不過女性則無戀愛運。
	房	性格明朗活潑，具優越的實踐力與判斷力。
	心	具魅力，亦贏得他人仰慕，也具有野心的一面。
	尾	好冒險，也無所驚懼之事，因而不易受事情所波動。
	箕	喜流離無定所，好女色也好杯中物。
北方玄武	斗	看似性格沉穩，其實異常頑固且自尊心強。
	牛	——※
	女	過分認真，甚至難通人情，對自己或他人都非常嚴格。
	虛	沒有耐心，自尊心強，人際關係淡薄。
	危	像孩子般純真，好奇心強，有時顯得浮躁。
	室	樂觀而任性的性格，導致輕率之行為而造成周遭的麻煩。
	壁	性格溫良，難以拒絕他人的要求。擅於發掘他人的長處。
西方白虎	奎	品格端正，深思遠慮，儘管沉默安靜卻具有行動力。
	婁	不服輸，凡事勇往直前，因而有時一人獨斷獨行。
	胃	缺乏耐心，好惡分明。
	昴	好猜疑，但有時會引來他人的愛慕。
	畢	頑固且堅持己見，容易被人視為任意而為。
	觜	看似單純，其實充滿算計，喜好道人是非。
	參	缺乏耐心，屬毒舌派，易遭人孤立，但不會遭人記恨。
南方朱雀	井	自尊心強烈，頭腦清晰，略有些潔癖。
	鬼	旺盛的好奇心，且充滿行動力，善社交，常與人打成一片。
	柳	埋首於自己喜好的事物，不過也常中途而廢。
	星	缺乏自我主張，但內心卻不服輸，因而容易遭人厭惡。
	張	些許的自我為中心，不過具領導魅力。
	翼	具正義感，性格耿直，屬於不妥協的完美主義者
	軫	具優越的直覺與洞察力，有時也流露自由奔放的一面。

※由於一個月內，正午時分必然會出現牛宿，因此宿曜占星術將其摒除在外。

二十八星宿～東洋占星術的世界～

曆法、占卜、天文

88星座

關聯

■十二宮占星術
➡ P.262

■北斗七星
➡ P.268

古希臘的星星衍化為國際通用的星座

【注1】
西元前四世紀的古希臘數學家兼天文學家，提倡地心說。

【注2】
西元83年生～西元168年歿。古羅馬的天文學家、數學家、地理學家、占星家，其著作《天文學大成》提倡地心說。

所謂的星座，是因為複數恆星的配置，由外觀予人諸多的聯想，人們才逐漸歸類與命名。普遍說來，現在約有88種類的星座是固定的。原本，星座依隨地域、文化、時代各有不同的種類。畢竟相同位置的星星，觀看的位置不同，也會出現不同的連結星座，命名因而有所不同。不過，現在固定的88星座，則是由國際會議制定出統一的名稱與種類。

最初人們所命名的星座恐怕是**黃道十二星座**，據說發祥古美索不達米亞。而後，古希臘又繼承衍生出星座，西元前四世紀的天文學家歐多克索斯【注1】命名了44個星座，而且沿用至今。西元二世紀，古羅馬天文學家克勞狄烏斯·托勒密【注2】則在其著作記述了48個星座，稱為「**托勒密的48個星座**」，並成為當時星座的基準，沿用直到十六世紀。進入大航海時代的十六世紀，人們可以觀測到南半球前所未見的新星，於是又制定了許多新星座，但隨制定者，星座也各自不同。

因此西元1928年的的國際天文聯合國，統一歸納制定了88星座，並且沿用至今。

■88星座一覽表

名　稱	學　名	簡　稱	制定者	表　徵
仙女座	Andromeda	And	托勒密	安德洛梅達（神話人物）
麒麟座	Monoceros	Mon	巴爾秋斯	獨角獸
人馬座	Sagittarius	Sgr	托勒密	半人馬的射手
海豚座	Delphinus	Del	托勒密	海豚
印第安座	Indus	Ind	拜爾	美國印第安
雙魚座	Pisces	Psc	托勒密	兩尾魚
天兔座	Lepus	Lep	托勒密	野兔
牧夫座	Bootes	Boo	托勒密	牧牛人
長蛇座	Hydra	Hya	托勒密	海蛇許德拉
波江座	Eridanus	Eri	托勒密	波江
金牛座	Taurus	Tau	托勒密	牡牛
大犬座	Canis Major	CMa	托勒密	歐里昂的獵犬
豺狼星	Lupus	Lup	托勒密	狼
大熊星	Ursa Major	UMa	托勒密	大熊（母親）
處女星	Virgo	Vir	托勒密	處女（希臘神話的女神）
白羊座	Aries	Ari	托勒密	有金色毛的羊
獵戶座	Orion	Ori	托勒密	巨人歐里昂
繪架座	Pictor	Pic	拉卡伊	畫架
仙后座	Cassiopeia	Cas	托勒密	衣索比亞女王
劍魚座	Dorado	Dor	拜爾	魚
巨蟹座	Cancer	Cnc	托勒密	妖怪蟹
后髮座	Coma Berenices	Com	第谷・布拉赫	貝雅妮絲的頭髮
蠑螈座	Chamaeleon	Cha	拜爾	蟾蜍
烏鴉座	Corvus	Crv	托勒密	阿波羅的差使烏鴉
北冕座	Corona Borealis	CrB	托勒密	阿里阿德涅的皇冠
杜鵑座	Tucana	Tuc	拜爾	巨嘴鳥
御夫座	Auriga	Aur	托勒密	戰車的駕馭者
鹿豹座	Camelopardalis	Cam	巴爾秋斯	麒麟
孔雀座	Pavo	Pav	拜爾	孔雀

※紅字是黃道十二星座

88星座

名　稱	學　名	簡　稱	制定者	表　徵
鯨魚座	Cetus	Cet	托勒密	巨大怪物鯨魚
仙王座	Cepheus	Cep	托勒密	希臘神話的衣索比亞王
半人馬座	Centaurus	Cen	托勒密	想像的動物半人馬
顯微鏡座	Microscopium	Mic	拉卡伊	顯微鏡
小犬座	Canis Minor	CMi	托勒密	阿克特翁的獵犬
小馬座	Equuleus	Equ	托勒密	名駒凱雷斯
狐狸座	Vulpecula	Vul	赫維留	口銜鵝的狐狸
小熊座	Ursa Minor	UMi	托勒密	小熊（兒子）
小獅座	Leo Minor	LMi	赫維留	小獅子
巨爵座	Crater	Crt	托勒密	大杯子
天琴座	Lyra	Lyr	托勒密	奧菲斯的琴
圓規座	Circinus	Cir	拉卡伊	製圖用的圓規
天壇座	Ara	Ara	托勒密	祭壇
天蠍座	Scorpius	Sco	托勒密	殺死歐里昂的蠍子
三角座	Triangulum	Tri	托勒密	三角形，希臘文字的△
獅子座	Leo	Leo	托勒密	涅墨亞的獅子
矩尺座	Norma	Nor	拉卡伊	角尺
盾牌座	Scutum	Sct	赫維留	揚三世·索別斯基的盾
雕具座	Caelum	Cae	拉卡伊	雕刻工具
玉夫座	Sculptor	Scl	拉卡伊	雕刻室
天鶴座	Grus	Gru	拜爾	鶴
山案座	Mensa	Men	拉卡伊	開普敦的桌山
天秤座	Libra	Lib	托勒密	計量正義的秤
蠍虎座	Lacerta	Lac	赫維留	蜥蜴
時鐘座	Horologium	Hor	拉卡伊	鐘擺鐘
飛魚座	Volans	Vol	拜爾	飛魚
船尾座[※]	Puppis	Pup	拉卡伊[※]	阿爾戈號的船尾
蒼蠅座	Musca	Mus	拜爾	蒼蠅
天鵝座	Cygnus	Cyg	托勒密	宙斯化身的天鵝
南極座	Octans	Oct	拉卡伊	八分儀

88
星
座

264

名　稱	學　名	簡　稱	制定者	表　徵
天鴿座	Columba	Col	羅耶	諾亞方舟的鴿子
天燕座	Apus	Aps	拜爾	極樂鳥
雙子座	Gemini	Gem	托勒密	神話的雙胞胎狄俄斯庫里
飛馬座	Pegasus	Peg	托勒密	神話的帕格薩斯
巨蛇座	Serpens	Ser	托勒密	阿斯克勒庇厄斯的蛇
蛇夫座	Ophiuchus	Oph	托勒密	醫者阿斯克勒庇厄斯
武仙座	Hercules	Her	托勒密	勇士海克力士
英仙座	Perseus	Per	托勒密	英雄珀爾修斯
船帆座※	Vela	Vel	拉卡伊※	阿爾戈號的帆
望遠鏡座	Telescopium	Tel	拉卡伊	望遠鏡
鳳凰座	Phoenix	Phe	拜爾	不死鳥
唧筒座	Antlia	Ant	拉卡伊	真空幫浦
水瓶座	Aquarius	Aqr	托勒密	反過來的水瓶
水蛇座	Hydrus	Hyi	拜爾	水蛇
南十字座	Crux	Cru	羅耶	南十字
南魚座	Piscis Austrinae	PsA	托勒密	女神
南冕座	Corona Australe	CrA	托勒密	南之冠
南三角座	Triangulum Austrinus	TrA	拜爾	南之三角
天箭座	Sagitta	Sge	托勒密	愛神厄羅斯之箭
摩羯座	Capricornus	Cap	托勒密	上半身是山羊，下半身是魚的神
天貓座	Lynx	Lyn	赫維留	山貓
羅盤座	Pyxis	Pyx	拉卡伊	阿爾戈號的帆柱
天龍座	Draco	Dra	托勒密	龍
船底座※	Carina	Car	拉卡伊※	阿爾戈號的底座
獵犬座	Canes Venatici	CVn	赫維留	星點與喜悅的兩隻獵犬
網罟座	Reticulum	Ret	拉卡伊	接目鏡
天爐座	Fornax	For	拉卡伊	化學用的爐
六分儀座	Sextans	Sex	赫維留	六分儀
天鷹座	Aquila	Aql	托勒密	宙斯化身的鷹

※為了區隔舊南船座，拉卡伊制定的星座，有船尾座、船帆座、船底座。

88星座

曆法、占卜、天文

八卦

～易經的世界～

中國偉人發明的占卜

【注1】
出於中國的神話人物，被視為八卦發明者。

【注2】
卦的記號有「—」與分成兩段者，三個組合搭配。只要習得步驟與組合，憑靠著這些記號也得以占卜。

　　中國自古傳承的占卜術之一「易」，也出現於中國史書《漢書》的〈藝文志〉，文中如此描述，「易非常深奧，歷經三代傳承，由三聖人之手才得以完成。」

　　三聖人分別是，古代中國傳說的帝王伏羲【注1】、開啟周朝的文王、名聲遠播日本的孔子。真偽雖已難辨，不過由此可知，自古以來易經即受人推崇。

　　以易占卜時，使用的是兩種類的棒狀記號【注2】，三個組合形成卦。各卦有其司長的主題，例如八卦的乾象徵「天」、「父」、「首」、「馬」、「陽」、「西北」、「上司」等。其他的卦也有各自象徵意義，易占即由這些卦象占卜出結果。

　　最初，易僅使用八卦占卜。但是，僅有八個卦，能占卜的事物有限。因此，後人又發展出六十四卦，是八卦與八卦的組合，創造出坤為地或地天泰等地六十四卦。由此，自卦象獲得的資訊更加多樣，占卜的準確度也更高。

■八卦的一覽表

乾	
象徵	性質：天　家族：父 動物：馬　方位：北西 身體：頭　五行：金

坎	
象徵	性質：水（雨）　家族：次男 動物：豬　方位：北 身體：耳　五行：水

艮	
象徵	性質：山　家族：三男 動物：狗　方位：北東 身體：手　五行：土

震	
象徵	性質：雷　家族：長男 動物：熊　方位：東 身體：腳　五行：木

巽	
象徵	性質：風（木）　家族：長女 動物：雞　方位：東南 身體：臀　五行：木

離	
象徵	性質：火（日）　家族：次女 動物：鳥　方位：南 身體：眼睛　五行：火

坤	
象徵	性質：地　家族：母親 動物：牛　方位：西南 身體：腹部　五行：土

兌	
象徵	性質：澤　家族：三女 動物：羊　方位：西 身體：口　五行：金

■六十四卦一覽表

坤為地	艮為山	坎為水	巽為風	震為雷	離為火	兌為澤	乾為天
地雷復	山火賁	水澤節	風天小畜	雷地豫	火山旅	澤水困	天風姤
地澤臨	山天大畜	水雷屯	風火家人	雷水解	火風鼎	澤地萃	天山遯
地天泰	山澤損	水火既濟	風雷益	雷風恒	火水未濟	澤山咸	天地否
雷天大壯	火澤睽	澤火革	天雷無妄	地風升	山水蒙	水山蹇	風地觀
澤天夬	天澤履	雷火豐	火雷噬嗑	水風井	風水渙	地山謙	山地剝
水天需	風澤中孚	地火明夷	山雷頤	澤風大過	天水訟	雷山小過	火地晉
水地比	風水漸	地水師	山風蠱	澤雷隨	天火同人	雷澤歸妹	火天大有

八卦 ～易經的世界～

267

曆法、占卜、天文

關聯

■88星座

➡ P.262

北斗七星

春季夜空的指引者

【注1】
是星星明亮度的標示等級，由此數值看來，愈小的星愈明亮。

【注2】
為六顆星，是夏季星座射手座的一部分。形狀酷似北斗七星，故稱為「南斗六星」。

　　北斗七星是構成大熊座的部分星星，隨季節而位置不同，不過一年皆可看到。另外，七顆星中的六顆屬二等星【注1】，因而較明亮且易辨識，也成為春季時觀察星座的指標。

　　相對於北斗七星，也有所謂的南斗六星【注2】，關於這兩個星，流傳著許多故事，其中之一是中國的「北斗與南斗的仙人」。

　　據說某個孩子被有名的面相師預言活不過二十歲，孩子的父親憂心不已，請求面相師為孩子延長壽命。面相師說：「帶著酒與乾肉，面向麥田南端的桑木林走去，就會看到兩位仙人在下棋，請他們享用酒與肉吧。」那孩子遵從面相師的指示帶著酒與肉前往桑木林，果然見到正在下棋的兩位仙人。孩子默默將酒與肉遞給仙人，坐在北側的仙人突然發怒，不過位於南側的仙人好言相勸，拿出了壽命冊，將原本寫著「十九歲」改成「九十歲」。從此那孩子活過了二十歲。原來這兩位仙人正是司長人間生死的神，北側的北斗司長死，南側的南斗則司長生。

■北斗七星與北極星

即使在相同的地方，隨著季節不同，北斗七星的形狀或方位也不同。

不過不論哪個時期，北斗七星的延長線上必然可見到北極星。也因此，北斗七星可以協助觀察其他星座。

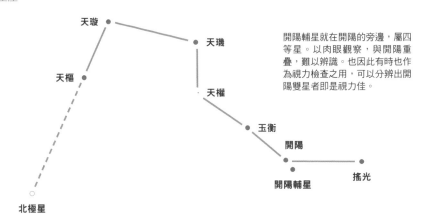

開陽輔星就在開陽的旁邊，屬四等星。以肉眼觀察，與開陽重疊，難以辨識。也因此有時也作為視力檢查之用，可以分辨出開陽雙星者即是視力佳。

■春季星座的辨識觀察

尋找春季星座時，首先找到懸掛北方天際的北斗七星，之後即能辨識北極星或大熊星座，然後就容易找到其他星座。

大熊座

儘管是春季的星座，其實與北斗七星一樣，一年四季都能在北方天際尋到。

北冕座

是希臘神話中忒修斯送給女王阿里阿德涅的皇冠。

牧夫座

在北冕座旁的星座，包含一等星的大角星，因此屬於較易辨識的星座。

獅子座

出現於希臘神話，是半神半人的英雄海克力士所制伏的獅子，最後變成了星座。

處女座

像是拿著麥穗的少女模樣，比喻為希臘神話的農業之神阿斯忒里亞，另外也有其他說法。

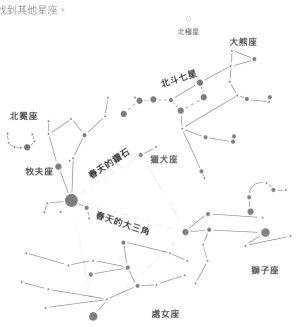

北斗七星

269

曆法、占卜、天文

星盤占星術

～西洋占星術的世界～

關聯

■88星座

➡ P.262

以誕生時的星體占卜運命

【用語解說】

春分點、秋分點……觀測天際的星座，會隨著一年四季而有所改變。當太陽的軌道黃道與地球赤道上的天球赤道交叉時，形成了春分點與秋分點。太陽由南至北移動的點是春分點，由北至南的點是秋分點。太陽重疊在春分點與秋分點的日子，分別是春分日、秋分日。

在毫無觀星器具的西元前時代，也許是自然盡收眼底，兩河流域孕育的美索不達米亞文明、巴比倫帝國皆開始了占星術。使用的是有閏月的太陰太陽曆，將一週定為七天，並為人類奠定了星體觀測與占星術之基礎。後世發現了當時的印刻黏土板，原來當時的人們已記錄下行星的運行。而且，認為行星運行必然具有某預兆，於是結合了科學性的宇宙觀測與預言，終於衍生出占星術。所以，綜合黃道十二星座與行星，藉此占卜命運的技術在當時已存在了。

此技術又傳至希臘，星座占星術逐漸規模化。尼祿的時代，宮廷甚至設置了專任的占星術師，不過基於宗教或政治的理由漸漸受到排擠，終於衰退。中世紀文藝復興時期，被視為專業學問，遂又恢復地位。但是，哥白尼的天體運行論之後，在科學當道的十七世紀占星術又失去其地位，轉而變成大眾的娛樂。現在受到神祕學與新世紀思想之影響，人們又開始熱衷藉占星術認識自己。

星盤占星術

～西洋占星術的世界～

■占星術

　　從中心點的地球呈現放射線延展，每30度為一個區隔，切分出十二宮。十二等分的每一區隔稱為「宮位」，圓的外圍是「十二星座」。這十二宮展現的個人的特質或性格，搭配上上10顆行星的座標或角度，用以占卜運勢。

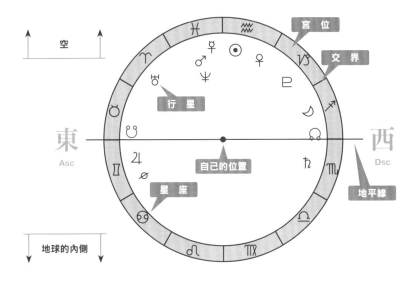

COLUMN

十二宮位與十二星座各別象徵的意義

　　十二宮位各有其意義。第一宮是本人，第二宮是財富，第三宮是知識，第四宮是家庭，第五宮是玩樂與創造，第六宮是事業與健康，第七宮是結婚與合作，第八宮是生與死，第九宮是哲學與旅行，第十宮是事業與社會形象，第十一宮是人際關係，第十二宮的含意有些難解，暗示著潛意識、隱藏起來的事物或前世等。宮位關係著進行中的某事、今後與未知的事物，想要了解工作運，即觀察第六宮與第十宮。

　　至於十二星座，則顯示星座的性格與特質。在此很難詳細說明，不妨想成以生日占星吧。換言之，水瓶座代表具獨特個性，巨蟹座會展現母性的溫柔。十二星座也可分為陽性或陰性兩大區別，或是啟動、固定或變動的三大區別，或是也依火、風、水、地四大元素（P.372）區別。藉此，可以初步了解自己的星盤，但若是更複雜的星盤圖，恐怕得仰賴占星專家占卜。

星盤占星術 ～西洋占星術的世界～

強化二次元的雜學
關鍵字篇

超實用的物理用語集

　　形象艱澀偏門的物理用語，其實也常見於奇幻作品或動漫，在此就介紹幾個超實用的用語。

● 「熵」……顯示無秩序的度量。熱力學的第二法則是「在孤立的系統中，熵未減少。」
● 「光譜」……包含光（電磁波）在內的電波、可視光、紫外線或X光等的各種波。
● 「絕對零度」……物質在過冷狀態下，所有的原子來到停止運動的臨界點攝氏273.15度。
● 「都卜勒效應」……隨著發聲等的波源與觀測者的位置，當靠近時頻率上升，當拉長距離時下降之現象。
● 「反物質」……儘管質量與自轉幾乎相同，但在性質上，是與粒子完全相反的反粒子所構成的物質。
● 「希格斯玻色子」……基於某原因，因而帶有質量的基本粒子，西元2012年發現此新粒子。

足以讓人刮目相看的哲學用語集

　　以下的哲學用語，是聽過卻也許不一定了解其真正含意的用語。在此就介紹這些稍具高級知識分子色彩的哲學、心理學用語。

● 「宣洩」……心中的某個糾葛情緒，透過某個機會得以徹底淨化、消解。
● 「主張」……成立初期被視為正確的主張，而反對這些主張的則是對立。
● 「悖論」……在不企圖提出反論的前提下，推論那些理論是否確實，並導出矛盾結論的論證法。
● 「人格面具」……人在社會化過程中，於後天習得的角色行為，瑞士心理學家榮格以戴面具來形容。
● 「無名怨憤」……弱者面對強者時所產生的憤恨、憎惡或批判之情感。
● 「存在的理由」……存在理由、存在價值。

文字、符號

Letter · Symbol

文字、符號

東巴文字

祭司們之間傳承的龐大文字體系

【注1】
居住在雲南省北部、四川省南部或西藏自治區東部等的少數民族。雲南省麗江市，也有玉龍彝族自治縣。根據西元2000年的調查，人數計30萬人左右。屬一妻多夫制的母系社會，女性的地位較高。

中國雲南省、四川省與西藏自治區一帶居住著名為彝族【注1】的少數民族。他們的日常語言主要是彝語，但由於常與漢民族往來，大多數的人都懂中國語（北京話）。而東巴文字則是傳承自其獨特的象形文字。

彝族的祭司稱為「東巴」，所謂的東巴文字即是由此而來。東巴文字是祭司們之間代代相傳，僅是基本文字就有約1400種類，甚至還以不同的文字表達相同的意思。基本上，文字的形狀以單體呈現，類似像漢字部首的單體字，但也有組合的複雜形狀之文字。另外，文字也會隨顏色變化，意思有所不同。

基於這些特性，文字的表達豐富多元，因此正確理解所有的文字，其實相當困難。

目前，東巴文字是世界上唯一仍在使用的象形文字，去到彝族居住的麗江市，仍不乏寫著東巴文字的招牌或看板。不過，隨著漢字的影響，使用東巴文字的彝族也逐漸變少，其未來的延續堪慮。

東巴文字

■列舉的東巴文字

乍看之下，東巴文字像是小孩的塗鴉，充滿童趣，其實從文字外觀也大致能推測其意思。以下就是從眾多的東巴文字中，列舉出20個與日常生活有關，帶有人物動作、情緒反應、動植物等的文字。

人	父	母	孩子
將軍	士兵	巫女	走路
跑	飛	說話	笑
吃	鳥	雞	牛
狼	魚	樹木	國王、統治者

文字、符號

聖書體

古埃及的正式文字

【注1】
是文字書體的一種，猶如一筆書寫到底，呈現連續不斷的字體。

【注2】
文字本身並不具意義，著眼在閱讀時的發音拼音，最具代表的就是英語圈的字母。

　　古埃及使用了**聖書體、僧侶體、大眾體**三種文字。其中的僧侶體，是比聖書體更輕鬆簡單的書寫字體【注1】，大眾體則比僧侶體更簡略。換言之，聖書體是古埃及所使用的最正式文體。

　　聖書體與英語的字母一樣，屬拼音文字【注2】。閱讀時通常是由左至右，不過有時也會因文字方向的改變，而由右至左閱讀。縱向書寫較為常見，並且盡可能毫無間隙地書寫，也因此，在遺跡的壁面等處常可見到密密麻麻的這類文體。聖書體的源起已無從考據，目前發現最早的遺跡是西元3200年左右，由此可判斷當時即已廣泛使用。

　　墳墓等也可見到著色的聖書體，非常豔麗醒目。西元1799年，在埃及的羅塞塔發現了**羅塞塔石碑**，於是引發研究者的解讀。西元1822年法國研究者成功解密，發現石碑是以聖書體、大眾體與希臘文刻著一篇文章。

　　也是現存的諸多古代文字中，分析解讀最有進展的古代文字。

聖書體

■聖書體與英文字母的對照與使用案例

聖書體	形 狀	發 音
	埃及的禿鷹	ア a
	蘆葦的穗	イ i
	蘆葦的穗2根	イ y
	斜線2條	イ y
	人的下臂	アー a
	鵪的幼雛	ウ u
	人的腳	ブ b
	蘆葦的墊子	プ p
	有角的蛇	フ f
	貓頭鷹	ム m
	細浪	ン n
	唇	ル r
	草簾圍起的空間	フ h

聖書體	形 狀	發 音
	纏繞的麻布	フ h
	胎盤	ク kh
	雌的動物的腹部與尾巴	ク kh
	門閂	ス s
	從側面看懸掛的布	ス s
	由上觀看人造的池子	シュ sh
	山丘的斜面	ク k
	有把手的籠子	ク k
	置放土窯的檯子	グ g
	麵包	トゥ t
	繫住動物的繩子	チュ tj
	人的手	ドゥ d
	眼鏡蛇	ジュ dj

使用案例

George Washington

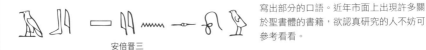

安倍晋三

聖書體的文字種類繁多，僅能介紹部分。上記表格，每個文字代表一個發音，而且是單子音。由於與英文字母相似，因此聖書體最主要是讀出聲音，藉由每個文字的組合搭配即能拼出人名或地名等，也能書寫出部分的口語。近年市面上出現許多關於聖書體的書籍，欲認真研究的人不妨可參考看看。

聖書體

277

文字、符號

希伯來文字

關聯

■ 死海古卷
　　　　➡ P.237

■ 塔羅牌
　　　　➡ P.258

隨猶太民族而奇蹟復活

【注1】
建於西元前十一世紀，南北分裂後，北方為亞述國，南方則遭新巴比倫帝國滅亡。

【注2】
獨自致力復興希伯來語的人物。他死後終於完成了共17冊的《希伯來語大辭典》。

　　希伯來文字是以色列的官方語言使用的文字。古猶太人的國家【注1】遭古羅馬帝國滅亡，從此猶太人們散落世界各地。因此，猶太人在日常生活中並不使用希伯來語。然而，猶太教會閱讀希伯來語寫的《舊約聖書》或文書，所以直到現代，希伯來語並未衰微。西元十九世紀，從俄國移居至巴勒斯坦的艾利澤·本·耶胡達【注2】，努力促使希伯來語作為日常語言，以復興希伯來語。終於，希伯來語成為建國後的以色列之官方語言，曾經長達兩千年未使用的古代語言，如今又奇蹟地重新復活。

　　希伯來語的字母稱為「aleph-bet」，基本上和日語一樣，屬於表音文字。22個字母為子音，母音則是為輔助子音。書寫時由右至左。以《舊約聖經》為始的猶太教或初期基督教的重要文獻皆以希伯來文字書寫，就歷史面或神祕學上，皆是頗重要的文字。

希伯來文字

■希伯來文字簡易表

文字	名稱	符號	大牌
א	alef	公牛	愚者
ב	bet	房屋	魔術師
ג	gimel	駱駝	女祭司
ד	dalet	門、扉	女皇
ה	he	窗	皇帝
ו	vav	釘、爪	教皇
ז	zayin	劍	戀人
ח	chet	柵欄	戰車
ט	tet	蛇	正義
י	yod	手	隱者
כ	kaf	手掌	命運之輪

文字	名稱	符號	大牌
ל	lamed	鞭子	力量
מ	mem	水	倒吊人
נ	nun	魚	死神
ס	samech	支柱	節制
ע	ayin	眼	惡魔
פ	pe	口	高塔
צ	tsadi	魚鉤	星星
ק	kof	後腦	月亮
ר	resh	頭	太陽
ש	shin	牙齒	審判
ת	tav	十字	世界

COLUMN

希伯來文字與日語有共通點!?

　　猶太人使用的希伯來語或根據其發展的以色列語，其實有人認為與日語有著共通性，儘管兩者無論在距離上或心理層面上都相隔遙遠、無連結點。

　　其主張認為日語的片假名與希伯來語相似，因為這兩國的語言，的確有幾個文字與讀音幾乎相同，簡直是不可思議的巧合。

　　也有人把這些巧合導向神祕學，認為莫非日本人與猶太人其實有著共同的祖先，於是又發展出共同祖先論，換言之日本人與猶太人是猶如兄弟關係的民族。相信此說的人認為，西元前722年遭亞述帝國滅亡的北國以色列，其民族經由絲路來到日本。聽來像是無稽之談，不過不僅是希伯來語與日語相似，就連鳥居或入山修行的吹海螺等也彷若古猶太文化。儘管僅憑這些畢竟難以讓人點頭贊同，但假想起來也的確充滿著神祕色彩。

希伯來文字

文字、符號

梵字

關聯

■佛（如來、菩薩、明王、天部）
　～佛教的尊格～
　→ P.083

■密教
　→ P.091

誕生自印度的神聖文字

【注1】
合併兩個以上的文字，變成一個詞彙。文字的拆解組合原則，基本上是將各文字分成上半身與下半身。

【注2】
其他還有，「不可在佛教書以外的書籍，書寫梵字或梵書。」

　　所謂的梵字，是為標記梵語，是衍生且流傳於印度的文字。在印度屬於表音文字，但傳到中國後轉變為如漢字的表語文字。而後藉學習密教前往唐朝留學的弘法大師空海，再傳至日本。他在說法時提到，「梵字有無量功德」，從此梵字也成為代表佛或菩薩的文字。

　　基本上，梵字的字形、字音、字義有固定基準，猶如日語的五十音。然而，僅是熟記五十音，並不表示人人即能書寫。因為，梵文字裡的詞彙，是拆解再合併的複數文字所完成。此法又稱為「**悉曇切繼**」【注1】，如下頁中的「不動明王」或「阿彌陀如來」都是拆解再組合的複數文字。但是，該如何拆解又該如何組合，必須熟記記述規則的「悉曇章」，才懂得寫讀梵字。無論如何也想學會梵字的人，不妨記熟下頁中以梵字書寫的五十音表。另外，學習梵字前也必須謹守十要點，在此特別節錄「悉曇十不可事」【注2】之一節，嚴禁疊寫梵字，寫下來的字也不可燒毀或丟棄。

梵
字

■以梵字寫佛

根據悉曇切繼之規則所寫的佛號，以一文字表達佛號，稱之為種字。

不動明王　　　阿彌陀如來　　　愛染明王

■以梵字書寫五十音

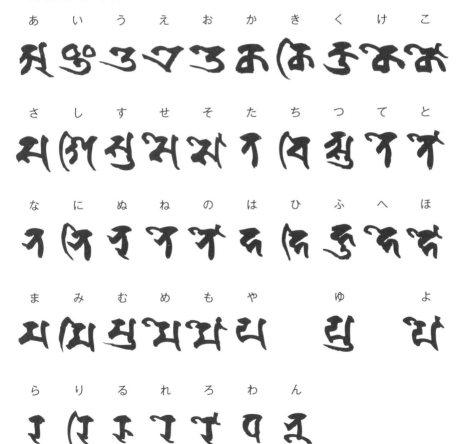

あ　い　う　え　お　か　き　く　け　こ

さ　し　す　せ　そ　た　ち　つ　て　と

な　に　ぬ　ね　の　は　ひ　ふ　へ　ほ

ま　み　む　め　も　や　　　ゆ　　　よ

ら　り　る　れ　ろ　わ　ん

梵字

馬雅文字

馬雅文明所使用的神祕文字

【注1】
除去墨西哥北部的墨西哥全域、瓜地馬拉、貝里斯、薩爾瓦多全域，也包含宏都拉斯、尼加拉瓜、哥斯大黎加的西側地域。在西班牙入侵的西元十六世紀以前，未受到外界的影響，因而得以發展出馬雅、印加、阿茲特克文明。

　　馬雅文字，是興盛於美索不達米亞【注1】的「**馬雅文明**」所使用的文字。起源已難追究，不過推測是西元前400年左右獨自發展的文字。

　　馬雅文字的種類大致可區別為，「**標示出讀音的**」與「**標示出意思的**」，有些類似日語的「平假名」與「漢字」的關係。舉例來說，日語的「魚」，以片假名標示是「さかな」，以漢字標示是「魚」，呈現不同的表記方式。馬雅文字也是如此，有以讀音標示的文字組合，也有以一個文字的表記方式。另外，相同的文字既有簡單的書寫法也有複雜的書寫法，前者稱為「**幾何體**」，後者稱為「**頭字體**」。若以日語為例，漢字有簡單的「一」，也有複雜的「壹」，寫法不同，意思相同。

　　再者，馬雅文字的有趣之處在於，只要讀音相同，則可自由替換文字使用。這樣的替換，有些類似我們書寫文章時，避免重複同樣的詞彙表現。由此也可看出，馬雅人的感情非常豐富且感性。

馬雅文字

■馬雅文字

以馬雅文字拼寫balam（美洲豹），可以以一個文字直接標示出美洲豹的意思，例如標記出「ba」、「la」、「m（a）」的三個讀音。或是，以表意文字再搭配「ba」、「m（a）」輔助的文字，有些類似標出日語漢字的讀音，以防止誤讀。

馬雅的數字

0	1	2	3
4	5	6	7
8	9	10	11
12	13	14	15
16	17	18	19

馬雅的月曆

Kin（1）

Uinal（20）

Tun（360）

Ka'tun（7200）

Bak'tun（144000）

（ ）內是日數的單位，例如1 Kin＝1日，1 Uina＝20日，5 Uina＝100日，10 Tun＝3600日。

馬雅文字

283

文字、符號

關聯

■ 奧丁
　　　➡ P.126

■ 納粹黨（國家社會主
　義德國工人黨）
　　　➡ P.243

盧恩文字

源自北歐神話的魔術文字

【注1】
神話中至高無上的神。
司長戰爭與死亡，同時
也是詩歌之神。對知識
有貪欲，為了得到智慧
不惜獻上自己的眼睛與
性命。

【注2】
是約翰·羅納德·魯埃
爾·托爾金的魔幻小說
之一，內容深受北歐神
話或凱爾特神話影響。

　　盧恩文字，是自西元二世紀左右，北歐、德國為主的日耳曼語表記時使用的文字，會刻寫在石頭、樹木或骨骸上。「盧恩」，有神祕、祕密、私語之意，因此在人們的印象中，盧恩文字不僅是古老文字，還是具有法術、魔力的文字。盧恩文字由24個文字組成，每個文字都各有意義，例如勝利的盧恩、風暴的盧恩等。所以刻下盧恩文字，也等於發揮了詛咒或魔法的力量。

　　在北歐神話，盧恩文字是最高之神兼魔法師奧丁【注1】大徹大悟後獲得的。為了盧恩文字，他不惜把自己倒吊樹上，以刺槍刺痛自己，經過了九天的苦修，就快走向冥界的奧丁終於領悟盧恩的精髓。在喪命之前，奧丁又返回現實，換言之，盧恩還蘊含著簡直必須去到冥界才能取得的神祕力量。

　　現在的占卜或法術也使用盧恩文字，納粹的親衛隊之徽章也採用了盧恩文字。許多的魔幻創作作品也大量提及盧恩文字，把其描述為魔法文字，例如《魔戒》【注2】就是其中的名作。

■盧恩文字的種類與含意

符　號	盧恩的發音	英語
	盧恩的含意	
Ϝ	/f/	F
	財富的盧恩。象徵家畜的牛、財富。顯示工作成功、獲得財富、累積財富。	
∩	/u/　/u:/	U
	公牛的盧恩。象徵野牛、勇氣。有勇敢、前進、挑戰之意，顯示克服困難。	
Þ	/θ/　/ð/	Th
	門的盧恩。象徵巨人、刺、門。是代表試煉或忍耐的盧恩，也顯示有試煉或障礙。	
Ϝ	/a/　/a:/	A
	亞爾薩斯神的盧恩。象徵神、口、情報。意味著情報的傳達或知識。也顯示有新的邂逅。	
R	/r/	R
	交通工具的盧恩。象徵交通工具或乘騎物，意味著遷移或旅行。顯示周遭有所變化、嶄新的旅程。	
<	/k/	K
	火焰與起始的盧恩。象徵火炬、光明、開始。顯示照亮未來的嶄新開始。	
X	/g/	G
	禮物的盧恩。象徵禮物、結合、邂逅。又稱為愛的盧恩，顯示接受好意或餽贈。	
P	/w/	W
	喜悅的盧恩。象徵喜悅、成功、愛情。意味著幸福，或幸福即將到訪。	
H	/h/	H
	風暴的盧恩。象徵風暴或冰雹。意味著無法逃避的災難、事件或糾紛。	
↑	/n/	N
	忍耐的盧恩。象徵欠缺、忍耐、束縛。顯示必須壓抑、經歷苦難、懂得忍耐。	
I	/i/　/i:/	I
	凍結的盧恩。象徵冰、凍結、停止。意味著事物停滯、停止或休息。	
Ϟ	/j/	J
	收穫的盧恩。象徵收穫、循環。意味著收入、成果或季節的循環。	
Ϳ	/æ/	Y
	防禦的盧恩。象徵紫杉、防禦。顯示某種的危險與防禦之必要性，以及事物的終了與再度發生。	

符　號	盧恩的發音	英語
	盧恩的含意	
Ϗ	/p/	P
	祕密的盧恩。象徵賭博、祕密。顯示祕密的暴露、賭注、選擇與成功的關係。	
Y	/z/	Z
	保護的盧恩。象徵駝鹿、保護。意味著守護某事物或被守護。	
ϟ	/s/	S
	太陽的盧恩。象徵太陽、勝利、生命力。顯示成功、勝利或贏得健康。	
↑	/t/	T
	戰爭的盧恩。象徵提爾神、勝利、戰役。顯示戰爭或在戰役中贏得勝利。	
B	/b/	B
	成長的盧恩。象徵白樺、誕生、成長。顯示某種的成長、養成或母性。	
M	/e/　/e:/	E
	移動的盧恩。象徵馬、移動、變化。顯示自由，從躍動中顯現事物的前進與好轉。	
M	/m/	M
	人的盧恩。象徵他人、自己。顯示確立自我、良好人際關係或擁有貴人。	
Γ	/l/	L
	水的盧恩。象徵水、感性、女性。顯示敏銳的直覺、對美的感性、發揮靈感。	
X̄	/ŋ/	Ing
	豐饒的盧恩。象徵英格維神、豐饒、完成。顯示收成、湧現活力。	
◇	/o/　/o:/	O
	遺產的盧恩。象徵領土、遺產。顯示故鄉、傳統或必須傳承某事物。	
M	/d/	D
	陽光的盧恩。象徵日子、日常。顯示豐富的日常、順遂的生活。	
空白的符文		―
	空白的盧恩。象徵宿命。透過占卜或法術顯示將遭遇的宿命或命運。	

盧恩文字

文學篇

日本的文豪都是怪人？

從文學作品也可窺見作家的想像力，例如日本明治～昭和初期的文豪、詩人都是極具強烈個性的人物。以下就介紹幾位代表性的作家。

- **芥川龍之介** ……以描寫人的自我或生死為主，文筆略帶諷刺語調，深受身心疾病困擾，最後服安眠藥自殺，帶給文壇沉痛的衝擊。
- **江戶川亂步** ……書寫推理小說，但因個人興趣也擅長描寫獵奇、殘虐系的作品，屬於怪奇煽情派作家。
- **太宰治** ……反覆不斷的自殺，完成《人間失格》後竟真的自殺身亡，屬於負面思考型作家。
- **中原中也** ……作品涉及虛無、反對常識或秩序的「達達主義」思想，也是酗酒成性的詩人。
- **宮澤賢治** ……擁有魔幻的世界觀與卓越的語感，作品讓人感受到與自然之交融，是不可思議之作家。

那些世界文豪作品中的名句

以下是世界文豪們的作品中出現的著名名句。

- 「我最擅長的，就是一蹶不振。」
  （卡夫卡／情書的一節）
- 「我們決不被人欺騙，而是被自己欺騙。」
  （歌德／《箴言和沉思》）
- 「使得沙漠變得美麗的，是它在什麼地方藏了一口井。」
  （聖修伯里／《小王子》）
- 「比起他們十人、二十人的劍，你的眼睛擁有殺死千人的魔力。」
  （莎士比亞／《羅密歐與茱麗葉》）
- 「上帝與惡魔的搏鬥，戰場就在人們的心中。」
  （杜斯妥也夫斯基／《卡拉馬助夫兄弟》）
- 「對死亡的恐懼，不過是意識到無法解決的生存之矛盾。」
  （托爾斯泰／《人生論》）

文學

Literature

神

克蘇魯

關聯

■克蘇魯神話
➡ P. 289

邪惡的上帝・克蘇魯

【注1】
西元1890年生～1937年歿。是美國的小說家、詩人。以描寫宇宙恐怖的怪奇小說而聞名。那些被稱為克蘇魯神話體系的作品，也為後世的創作者帶來莫大的影響。他死後，他的友人奧古斯特・威廉・德雷斯基於他的小說世界創作發表了克蘇魯神話。不過德雷斯又增加出舊支配者與舊神的對立，形成了善惡二元論。有人認為扭曲了洛夫克拉夫特的世界觀，因而不予支持認同。

【注2】
西元1909年生～1971年歿。是出身美國威斯康辛州的小說家。設立出版社，專門出版洛夫克拉夫特的作品，並基於洛夫克拉夫特留下的作品發造出克蘇魯神話，且予以體系化。

　　所謂的克蘇魯，是基於霍華德・菲利普・洛夫克拉夫特【注1】所描寫的小說，而他的友人作家奧古斯特・威廉・德雷斯【注2】則由此發展出架空的神話體系《克蘇魯神話》，克蘇魯是其中的1柱神。

　　關於克蘇魯，其基本設定是過去世界的支配者，故稱為「舊支配者」，負責祭司之任務。現在沉睡在名為拉萊耶的深海都市，深潛者隨侍在旁。克蘇魯的夢帶有心靈感應，據說會為世界的精神層面帶來衝擊，足以令人們步向瘋狂。克蘇魯的外觀有著像章魚的頭，從臉部延伸出無數如墨魚的觸手，手腳有著巨大的鉤爪，身體覆的鱗片猶如山狀的巨大橡膠物，背部則長著像蝙蝠的翅膀。

　　當星辰移轉到了適當的位置，拉萊耶就會浮出海面，克蘇魯也復活了。彭培諸島、印斯茅斯、秘魯山岳一帶有其信眾，期盼著他的復活。

激浪

克
蘇
魯

文 學

克蘇魯神話

從恐怖小說誕生的近、現代神話

【注1】
不受宇宙誕生的時間或次元法則的約束，是神性的存在。

【注2】
存在於宇宙的星球或地球等特定場所。以人類看來，擁有如神的力量，本身有著宇宙生物的外型。

　　克蘇魯神話，是起始於美國小說家霍華德・菲利普・洛夫克拉夫特，<u>而後眾多作家引用且予以體系化的共同世界</u>。這些作品描寫了人類誕生的更早之前，在太古時代即存在的異世界，以及與其相關的驚恐駭人故事。

　　克蘇魯神話的源起，是洛夫克拉夫特執筆所寫的恐怖小說。當初並非神話，但他出借自己的概念給作家朋友們，展開了「創作的遊戲」，漸漸塑造出某個尚未完全成形的世界觀。而後，自稱是洛夫克拉夫特弟子的奧古斯特・威廉・德雷斯開始著手將其體系化，再加上其他作家們的跟進，終於確立「克蘇魯神話」。

　　克蘇魯神話存在著「外神」【注1】或「舊支配者」【注2】，具有強大的力量，還有許多侍奉他們的異形生物們。其中又以**克蘇魯**最為有名。克蘇魯是棲息地球的舊支配者，現在處於休眠狀態。不過，當他棲息的拉萊耶浮出海面，在信眾的儀式下復活時，地球即將毀滅。

　　著迷此世界觀的粉絲遍布世界各地，也出現了許多以此為題材的小說或電玩等作品。一如其名，的確是「神話級」的世界。

克蘇魯神話

■克蘇魯神話的主要諸神之關係

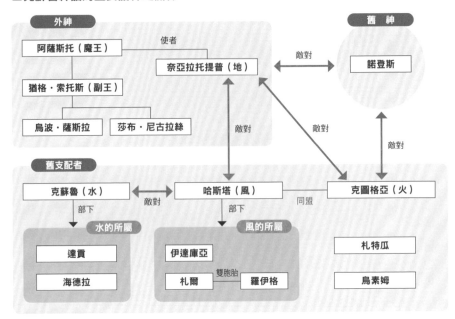

■克蘇魯與信眾們

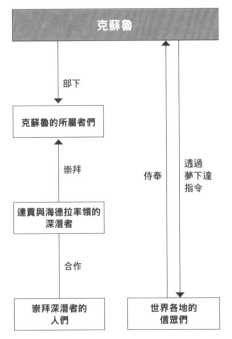

COLUMN

被稱為克蘇魯神話的理由

克蘇魯神話存在著諸多的邪惡之神。其中阿薩斯托或猶格・索托斯，比克蘇魯還要強大，那麼為何稱之為克蘇魯神話呢？據說德雷斯最初不知該定位為克蘇魯神話，還是哈斯塔神話。

但是，從洛夫克拉夫特的神情判斷，最後德斯雷捨棄了後者，於是就他敬愛的洛夫克拉夫特作品《克蘇魯的呼喚》命名為「克蘇魯神話」。

神話、傳說

■克蘇魯神話
➡ P.289

關聯

死靈之書

出自克蘇魯神話的魔法書

【注1】
西元 1890 年生～西元 1937 年歿。霍華德‧菲利普‧洛夫克拉夫特，美國小說家、詩人。以描寫宇宙恐怖的怪奇小說而聞名，他的克蘇魯神話系列作品深深影響了後世的創作者。

【注2】
以洛夫克拉夫特的小說世界為基底，由其友人作家奧古斯特‧威廉‧德雷斯歸納總結整個架空的神話體系。其世界觀或設定屬於共有世界，許多作家的作品也沿用了克蘇魯神話。

【注3】
標題使用的是阿拉伯語不存在的單字，有怪物遠吠、精靈遠吠之意。

【注4】
在克蘇魯神話中，原本支配地球的神，目前因某些原因，行動遭限制。

《死靈之書》，是洛夫克拉夫特【注1】的作品中的架空魔法書。在克蘇魯神話【注2】中被設定為重要的道具，諸多繼承克蘇魯神話世界觀的各國作品也都出現了死靈神話。

其設定是，原典為西元八世紀左右由阿拉伯語寫成的《阿爾‧阿吉夫》【注3】或也名為《基塔布‧阿爾‧阿吉夫》。作者是阿卜杜拉‧阿爾哈薩德，儘管是阿拉伯人，比起伊斯蘭教或《可蘭經》，他更崇拜舊支配者【注4】。由於常出現脫軌之行徑，故也被稱為「瘋狂阿拉伯人」、「瘋癲詩人」等，他寫完這本書後，就在大馬士革的路上被看不見的怪物吞噬。

本書的內容涉及阿卜杜拉‧阿爾哈薩德體驗的祕術、習自宇宙的知識，與外在世界諸神的連結方式、超越時間與空間的方法、關於魔導或舊支配者們的一切。儘管不易讀懂，卻是了

死靈之書

解舊支配者或魔導的最主要魔法書，因此許多魔法師爭相閱讀。

超越時代且不斷傳承的魔法書

【注5】
西元十六世紀來自英國倫敦的煉金術師、占星術師、數學家。是實際存在的人物，據說他可以與天使交談溝通。

而後，《阿爾·阿吉夫》又出現於君士坦丁堡，由奧多魯斯·弗列塔斯翻譯為希臘語，標以死靈之書的標題。從此之後，該書書名即統一為《死靈之書》。由於是希臘語之造詞，有《死者的法則之書》、《死者之書》之意。

來到西元十一世紀，被正教會視為危險書籍，遭到焚書。不過，煉金術師或魔法師仍祕密保存，並傳於後世。西元十三世紀，由希臘語翻譯為拉丁語，西元十六世紀約翰·迪伊博士【注5】翻譯為英語並出版。然而內容仍被視為褻瀆上帝，不斷遭到焚書或禁止出版的處分，因此完整的版本不易見到，市面上開始流竄不完整的謄寫本或偽本。

另外還有其他死靈之書的版本，例如《邪惡祭儀》、翻譯雜亂通稱為《蘇塞克斯手稿》的謄寫本、米斯卡托尼克大學附屬圖書館收藏的不同書名的《伊斯蘭的琴》。由於偽書或不完整版本不斷增加，已難掌握。據說，現存完整的謄寫本僅有5冊。

有關死靈之書的作品

　　與克蘇魯神話相關的作品，必然會出現《死靈之書》。最有名的是電玩《最終幻想》、《傳奇系列》、輕小說的《魔法禁書目錄》。也因此，如今雖有人未聽過克蘇魯神話，但幾乎人人都知道《死靈之書》這本魔法書。

死靈之書

關聯

一百零八星

~水滸傳的世界~

描寫108條好漢的浩大故事

【注1】
一百零八星的根據地，屬於水澤地。周圍環繞著山巒，形成了難攻不破的要塞。某日火球墜落此地，挖掘後發現一石碑，上面依順序刻著天罡星36人、地煞星72人之姓名。

　　一百零八星是指中國三大奇書之一的《水滸傳》描寫的108條好漢。此書寫於明朝，構思取自十二世紀初實際發生的方臘起義，故事中的108條好漢即代表了天魁星、地魁星等一百零八星。

　　當時，統一中國的宋朝之首都流行傳染病。為了祈禱消災解厄，皇帝派遣洪信前往龍虎山恭請法王嗣漢天師。嗣漢天師乘著雲去到首都，留下洪信獨自一人，他想起龍虎山的伏魔殿祠堂封印著108位惡魔。儘管害怕還是忍不住窺看的洪信，不顧道士們的勸阻打開了祠，驅動了裡面的石碑。頓時烏雲密布，天罡星36柱、地煞星72柱的魔王們幻化光，散落各地。

　　這108柱惡魔轉世的人物們，也就是《水滸傳》登場的一百零八星。他們為著各種緣由去到了梁山泊【注1】，集結為天罡星宋江率領的宋軍，勇赴各戰役贏得戰績，轟動全中國。

■一百零八星一覽表

宿 星		別 名	名 稱	使用的武器或特技	在梁山泊的任務
天罡星	天魁星	呼保義	宋 江	槍棒	梁山泊軍（宋軍）的指揮官
	天罡星	玉麒麟	盧俊義	棍棒	梁山泊的副首領
	天機星	智多星	吳 用	兵法、策略	軍師
	天閒星	入雲龍	公孫勝	棍棒、道術	道士兼軍師
	天勇星	大 刀	關 勝	青龍偃月刀	騎兵軍五虎將
	天雄星	豹子頭	林 沖	槍棒	騎兵軍五虎將
	天猛星	霹靂火	秦 明	狼牙棒	騎兵軍五虎將
	天威星	雙 鞭	呼延灼	雙鞭	騎兵軍五虎將
	天英星	小李廣	花 榮	弓箭	騎兵軍八驃騎兼先鋒使
	天貴星	小旋風	柴 進	槍棒	金錢兼士兵管理的首領
	天富星	撲天鵰	李 應	點鋼槍	金錢兼士兵管理的首領
	天滿星	美髯公	朱 仝	武藝雙全	騎兵軍八驃騎兼先鋒使
	天孤星	花和尚	魯智深	禪杖	步兵軍首領
	天傷星	行 者	武 松	體術	步兵軍首領
	天立星	雙槍將	董 平	槍	騎兵軍五虎將
	天捷星	沒羽箭	張 清	投石	騎兵軍八驃騎兼先鋒使
	天暗星	青面獸	楊 志	刀、槍、弓箭	騎兵軍八驃騎兼先鋒使
	天佑星	金槍手	徐 寧	金槍法（槍）	騎兵軍八驃騎兼先鋒使
	天空星	急先鋒	索 超	大斧、弓箭	騎兵軍八驃騎兼先鋒使
	天速星	神行太保	戴 宗	神行法※	軍情總負責
	天異星	赤髮鬼	劉 唐	槍、朴刀	步兵軍首領
	天殺星	黑旋風	李 逵	板斧	步兵軍首領
	天微星	九紋龍	史 進	武藝雙全	騎兵軍八驃騎兼先鋒使
	天究星	沒遮攔	穆 弘	朴刀	騎兵軍八驃騎兼先鋒使
	天退星	插翅虎	雷 橫	朴刀	步兵軍首領
	天壽星	混江龍	李 俊	游泳、操船術	水軍首領
	天劍星	立地太歲	阮小二	操船術	水軍首領
	天平星	船火兒	張 橫	游泳、操船術	水軍首領
	天罪星	短命二郎	阮小五	操船術	水軍首領
	天損星	浪裡白跳	張 順	游泳、操船術	水軍首領
	天敗星	活閻羅	阮小七	操船術	水軍首領
	天牢星	病關索	楊 雄	斬首刀	步兵軍首領
	天彗星	拼命三郎	石 秀	槍棒	步兵軍首領
	天暴星	兩頭蛇	解 珍	刺叉	步兵軍首領
	天哭星	雙尾蝎	解 寶	刺叉	步兵軍首領
	天巧星	浪 子	燕 青	弓箭、相撲	步兵軍首領

※道術的一種，一日可以步行400km。

一百零八星 ～水滸傳的世界～

宿 星	別 名	名 稱	使用的武器或特技	在梁山泊的任務
地魁星	神機軍師	朱 武	兵法、策略	副軍師
地煞星	鎮三山	黃 信	喪門劍	騎兵軍小彪將兼偵查首領
地勇星	病尉遲	孫 立	弓箭、長槍、鐵鞭	騎兵軍小彪將兼偵查首領
地傑星	醜郡馬	宣 贊	鋼刀	騎兵軍小彪將兼偵查首領
地雄星	井木犴	郝思文	武藝雙全	騎兵軍小彪將兼偵查首領
地威星	百勝將	韓 滔	棗木槊	騎兵軍小彪將兼偵查首領
地英星	天目將	彭 玘	三尖兩刀	騎兵軍小彪將兼偵查首領
地奇星	聖水將	單廷珪	兵法、策略	騎兵軍小彪將兼偵查首領
地猛星	神火將	魏定國	兵法、策略	騎兵軍小彪將兼偵查首領
地文星	聖手書生	蕭 讓	文書編寫	軍隊派遣的管理或文書編輯
地正星	鐵面孔目	斐 宣	事務處理	軍規掌管
地闊星	摩雲金翅	歐 鵬	鐵槍	騎兵軍小彪將兼偵查首領
地闔星	火眼狻猊	鄧 飛	鎖鐮	騎兵軍小彪將兼偵查首領
地強星	錦毛虎	燕 順	朴刀	騎兵軍小彪將兼偵查首領
地暗星	錦豹子	楊 林	槍	騎兵軍小彪將兼偵查首領
地輔星	轟天雷	凌 振	砲術、火砲製造	大小砲的製造
地會星	神算子	蔣 敬	算數、兵法、槍棒	金錢或兵糧出納的管理
地佐星	小溫侯	呂 方	方天戟	騎兵軍驍將（中軍司令部護衛）
地祐星	賽仁貴	郭 盛	方天戟	騎兵軍驍將（中軍司令部護衛）
地靈星	神醫	安道全	醫療（人）	負責疾病治療（內科、外科）的醫師
地獸星	紫髯伯	皇甫端	醫療（獸）	馬匹的治療
地微星	矮腳虎	王 英	槍	騎兵軍首領（三軍內的檢察）
地急星	一丈青	扈三娘	二刀流	騎兵軍首領（三軍內的檢察）
地暴星	喪門神	鮑 旭	劍	步兵軍將校
地然星	混世魔王	樊 端	流星鎚、道術	步兵軍將校
地好星	毛頭星	孔 明	槍棒	騎兵軍驍將（中軍司令部護衛）
地狂星	獨火星	孔 亮	槍棒	騎兵軍驍將（中軍司令部護衛）
地飛星	八臂哪吒	項 充	飛刀、擲槍、盾	步兵軍將校
地走星	飛天大聖	李 袞	刀、擲槍、盾	步兵軍將校
地巧星	玉臂匠	金大堅	印刻	兵符或印章的製作
地明星	鐵笛仙	馬 麟	大滾刀	騎兵軍小彪將兼偵查首領
地進星	出洞蛟	童 威	游泳、操船術	水軍首領
地退星	翻江蜃	童 猛	游泳、操船術	水軍首領
地溝星	玉幡竿	孟 康	大船建造	軍船的建造
地遂星	通臂猿	侯 健	槍棒、裁縫	旗幟或衣服的製造
地周星	跳澗虎	陳 達	點鋼槍	騎兵軍小彪將兼偵查首領

地煞星（左縱列標題）

宿 星	別 名	名 稱	使用的武器或特技	在梁山泊的任務
地隱星	白花蛇	楊 春	大桿刀	騎兵軍小彪將兼偵查首領
地異星	白面郎君	鄭天壽	朴 刀	步兵軍將校
地理星	九尾龜	陶宗旺	鐵 鍬	梁山泊的城壁建造
地俊星	鐵扇子	宋 清	―	宴會的準備
地樂星	鐵叫子	樂 和	歌	步兵軍將校（機密傳令）
地捷星	花項虎	龔 旺	擲 槍	步兵軍將校
地速星	中箭虎	丁得孫	擲刺叉	步兵軍將校
地鎮星	小遮攔	穆 春	朴 刀	步兵軍將校
地稽星	操刀鬼	曹 正	屠 殺	家畜的屠殺
地魔星	雲裡金剛	宋 萬	槍 棒	步兵軍將校
地妖星	摸著天	杜 遷	槍 棒	步兵軍將校
地幽星	病大蟲	薛 永	槍 棒	步兵軍將校
地伏星	金眼彪	施 恩	武藝雙全	步兵軍將校
地僻星	打虎將	李 忠	槍 棒	步兵軍將校
地空星	小霸王	周 通	槍	騎兵軍小彪將兼偵查首領
地孤星	金錢豹子	湯 隆	鍛冶、槍棒	武器或盔甲的製造
地全星	鬼臉兒	杜 興	拳術、棒術	酒店經營（南山酒店※）
地短星	出林龍	鄒 淵	大 斧	步兵軍將校
地角星	獨角龍	鄒 潤	大 斧	步兵軍將校
地囚星	旱地忽律	朱 貴	―	酒店經營（南山酒店）
地藏星	笑面虎	朱 富	槍 棒	酒醋的製造及供應
地平星	鐵臂膊	蔡 福	斬 首	死刑執行者
地損星	一枝花	蔡 慶	斬 首	死刑執行者
地奴星	催命判官	李 立	―	酒店經營（北山酒店）
地察星	青眼虎	李 雲	槍 棒	屋舍的建造或修繕
地惡星	沒面目	焦 挺	相 撲	步兵軍將校
地醜星	石將軍	石 勇	短 棒	步兵軍將校
地數星	小尉遲	孫 新	槍、鞭	酒店經營（東山酒店）
地陰星	母大蟲	顧大嫂	刀、短刀	酒店經營（東山酒店）
地刑星	菜園子	張 青	―	酒店經營（西山酒店）
地壯星	母夜叉	孫二娘	武藝雙全	酒店經營（西山酒店）
地劣星	活閃婆	王定六	俊 才	酒店經營（北山酒店）
地健星	險道神	郁保四	―	執掌元帥旗
地耗星	白日鼠	白 勝	賭博、小偷	步兵軍將校（機密傳令）
地賊星	鼓上皂	時 遷	小 偷	步兵軍將校（機密傳令）
地狗星	金毛犬	段景住	快 走	步兵軍將校（機密傳令）

左側縱排：地煞星

※在梁山泊附近經營的酒店，分為東南西北四處，從顧客口中收集情報。

左側縱排標題：一百零八星 ～水滸傳的世界～

自然、數學

Nature · Mathematics

化學、物理

永動機

關聯

■馬克士威妖
➡ P.335

從開發永動機的失敗中衍生的物理大原則

【注1】
能量守恆的定律，是物理學基本法則之一，也是熱力學第一定律。無論是電源、熱能或光等，都算是能量，彼此可以相換轉換，不過無論如何轉換，能量的總和是不變且固定的。

　　所謂的永動機，就是不需要靠外力施予動能即能持續不斷運作的結構。過去以來，許多科學家們認真投入永動機的研究。若得以成功，即不需要石油或煤炭了。但是，經過反覆的研究，發現永遠不可能做出永動機。在思索為何無法完成時，進而造就能量這個詞彙，也發現能量守恆定律【注1】（熱力學第一定律）。高中的物理課如此定義這個法則，「所有的自然現象之能量轉換，關係間的能量之總和是固定的。」換言之，「能量不會突然湧現，因此永動機是不可能達成的。」換言之，夢想的失敗卻換來了這個永恆定律。

　　永動機分為兩種，一是企圖逆轉能量守恆的「第一種永動機」，也就是不藉外力給予熱源或能量，而是獨自產生能量。科學家們拼命打造這般的夢幻裝置，但如前述，終究失敗，甚至導出了能量守恆定律的法則

　　另一種是「第二種永

你呀…
轉轉
你看永遠在轉動
靜止

動機」，以不破壞能量守恆定律為原則，機器的裝置可以從熱源取出熱能量以驅動機器，企圖達到不斷再利用熱源。不過依舊失敗，也因而導出「熱力是由較高點往低點流」的熵增原理【審註】（熱力學第二定律）。永動機的成功似乎不可得，但隨著不斷的研究研發，卻意外發現物理定律，倒也是頗具意義。

即使如此永動機的開發仍持續不斷

熱力學的兩個法則，已是物理學的常識。西元 1973 年美國的艾德溫‧格雷完成了類似永動機運作的 EMA 馬達，其他的科學家也陸續開發超效率逆變器。不過事實上，結果都是令人質疑的。畢竟永動機仍是一種嚮往，自古以來許多人提出似是而非的科學理論或貌似詐欺的發明。長久以來人們期待新能源的發明出現，但自西元 2011 年核能事故以來，數百年來科學家們不斷實驗的成果彷彿回到原點，所有的一切不是那麼容易取得，僅憑著一知半解的知識反而會帶來災難。

【審註】
一個封閉的系統若能量分布是不均勻的（譬如某些物體處於高熱能某些則是低熱能）我們稱它較為有序性，然而隨時間的演化，能量會趨向平均分配，系統內會達到熱平衡，此時能量分布較為無序，要如何區分有序無序，定義一個函數叫熵，當有序時熵值較低，無序的時候會最大，世界上所有封閉系統的演化都會趨向於熵最大的狀態，也就是熵恆增定理，或叫熱力學第二定律。（譬如一杯熱咖啡放在室溫的環境內，一段時間後咖啡會涼掉變成室溫，此時能量是最低分布，也是熵值最大的時候）。

永動機並無所謂的智慧財產權

現在仍有許多人熱衷永動機的發明。事實上現代的日本認為並無永動機，也不承認違反自然法則的永動機，因此並無所謂的智慧財產權。無論是法國或美國，也禁止永動機的智慧財產權之申請。換言之，即使提出智慧財產權申請，也不會得到認可。

永動機

科學、醫學

乙太

推展出現代的量子力學

【注1】
所謂的狹義相對論是從光速不變原理所導出的理論。過去的學說一直依據笛卡兒的理論，認為地球的轉動會改變光速，但相對論提出光速具固定之速度，等於是否定了笛卡兒的理論。

　　過去人們認為，聲音藉由空氣傳遞，波浪藉由海水傳遞，宇宙也存在著傳遞光的某物質。古希臘的亞里斯多德依據神學的概念，以「乙太」表達空氣上層，且遍布於天際。而該用語使用於物理領域，是在確定量子力學之基礎以前的西元十七世紀。笛卡兒在西元1644年所著的《哲學原理》，主張「宇宙並非真空，乙太毫無間隙密布其中。」牛頓認為光是粒子，克里斯蒂安・惠更斯提倡光之波動說，不過他們都支持笛卡兒的論述。既然是這樣，那麼身處在乙太的地球，應該會吹起乙太的風，然而根據科學家們的實驗證明，並無乙太的風。

　　而後，愛因斯坦在西元1905年發表「狹義相對論」【注1】，電磁波的傳遞不需要媒介，也等於否定了笛卡兒的理論。來到已經挺進宇宙的現在，宇宙空間密布乙太這樣的概念，彷彿已是前時代的舊思想。

　　然而，若將肉眼可視的光解釋為電磁波的一種，那麼幻想著某物質傳遞著光波，就科學的演進上也並非全然是白費功夫。

乙太

■宇宙充滿了乙太的想像圖

過去的科學家認為乙太遍布宇宙，想像如圖示，若近乎真空的狀態，聲音無法傳遞，即使不是乙太，宇宙也必然存在著某種物質。事實上，構成宇宙的物質，目前僅解開了4％，其他依舊成謎。

傳遞光的物質

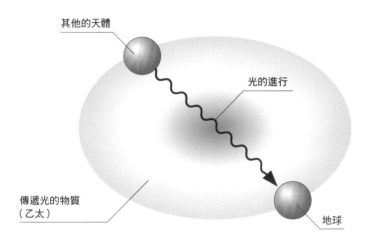

其他的天體

光的進行

傳遞光的物質
（乙太）

地球

乙太的存在究竟哪裡不合邏輯？

一旦理解光波屬於橫波長，乙太理論也就不攻而破。面對波的前進方向，媒介質必須是垂直震動，既然波的傳遞方向屬於橫向，為了達到直角的傳遞，構成媒介質的粒子間必然緊密堅固。氣體或液體等柔軟的物質自然無法傳遞橫波，而必須是固體的媒介。但是，宇宙不可能充滿著僵硬的乙太。這也是不合邏輯的原因之一。馬克士威方程組認為光是電磁波的一種，與觀測者的動向無關，光的速度是固定的。

此理論與伽利略‧伽利萊的相對性原理（相對者之間，對方的移動速度看起來是加上自己的速度的總和，因此與光同方向前進者來說，光的速度較慢，而相對者看起來，光的速度較快）相矛盾。

直到狹義相對論出現以前，種種研究都是為了打破這個矛盾。不過狹義相對論是基於實驗得出的理論，一旦測定結果改變，有一天還是可能遭到推翻。

乙太

數學

黃金比例

看起來美麗的東西其實有固定的比例

【注1】
西元1452年生～西元1519年歿。是文藝復興時期代表性的義大利藝術家。除了《蒙娜麗莎》或《最後的晚餐》等畫作，精通雕刻或建築，甚至是科學領域。

【注2】
西元1792年生～西元1872年歿。德國的數學家。是提出「歐姆定律」的蓋歐格·西蒙·歐姆的弟弟。所謂歐姆定律是導電現象中，抵抗流動的電流而產生的電位差之法則。

　　世界上最安定、最美麗也最理想的形狀是長方形。其縱橫比例稱為「黃金比」，從二次方程式求得的正解是「黃金數」，依此比例完成的長方形即是「黃金矩形」。自古希臘，諸多藝術、美術、建築作品都被認定趨近此比例，但人們有意識追求黃金比例，則是始於文藝復興時代。達文西【注1】的手稿留下了此發現，而黃金比例的用語最初出現於文獻，則是西元1835年德國數學家馬丁·歐姆【注2】的《基本純數學》。

　　具體來說，想要製作出黃金比例的長方形，首先必須先做正方形的abcd，bc邊的中點o為分界線，以od為半徑畫圓。在bc的延長線上取e點，ab與be的比例即是黃金比例。黃金矩形的特徵是，此長方形以abef為四點，除去正方形的部分，acef的長方形也與abef有著同比例的長寬。假設ab邊長為1，bc邊長為x，1：x=x-1：1的比例，

（黃金比的長方形）

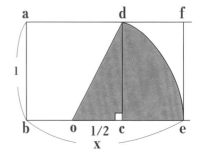

黃金比例

x＝（1+√5）／2。x＝（1+√5）／2就是黃金數，在數學上以 Φ 為標記。這個 Φ 等於 1.61803398787……，小數點以下無限循環，因此多半四捨五入將黃金比例定為 **1：1.618** 或約 **5：8**。

從信用卡、液晶螢幕到數列都隱藏著黃金比例

【注3】
西元1170年生～西元1250年歿。義大利的數學家。西元十三世紀初期出版《計算之書》，將阿拉伯數字有系統地帶入歐洲。關於費氏數列，其實印度的數學家早已發現，不過在西方他是第一個提及，因而以他之名命名。

黃金比律及黃金矩形，在現代處處可見。例如名片或信用卡等的縱橫比例多半採用了黃金比，或是液晶螢幕、A4用紙的縱橫比例也近似黃金比。除了黃金矩形外，也出現了黃金比或黃金數，例如「費氏數列」，這是義大利數學家費波那契【注3】在他的著作《計算之書》提出的問題，「一公一母的兔子被生下後，一個月後每月產下一隻兔子。請這對兔子，一年後變成幾對的兔子？」省略具體的計算方式，第0個月～第12個月的合計數以數列呈現是，「1、1、2、3、5、8、13、21、34、55、89、144、233」，此數列帶有月數、前兩個月的總和之特性。費氏數列的定義是，此數列中與相鄰數字的比，隨著數字的增長慢慢會趨近黃金比例。數字，果然是不可思議的世界。

到處都有黃金比例

無論是偶然或蓄意，其實黃金比例處處可見。若是偶然，像是植物的葉脈、捲貝殼的斷面圖等，都可看到黃金比例。若是蓄意，整形外科追求的是從腳底到肚臍的長，以及肚臍至頭頂長的比例，另外臉部的細部也要符合黃金比例，才稱得上美麗。

黃金比例

數學

混沌理論

在規律性裡為何又充滿了隨機？

【注1】
儘管初期值僅有些許的差異，卻衍生完全不同的結果。混沌的特徵是初期值得敏銳性與奇異吸引子（僅能用來說明非整數次元的吸子或混沌理論之集合體）。

　　數學裡的混沌，與其是說是徹底的混沌，更像是帶有<u>隨機性</u>的複雜現象，因而形成了理論。符合混沌並無必要的條件，不過有主要的特徵，①從單純的算式走向看似隨機的發生。②可以預測短期的未來，卻無法做出長期的預測。③初期值僅有些許的差異，卻引發未來狀態的巨大差異（初期值敏銳性 [注1]）。當出現這些傾向，即可判斷為<u>數字性的「混沌」</u>。

　　具體來說，例如「a×p×（1−p）」的算式（0＜p＜1，0＜a＜4），以表格表現p的推演。總之a=2、p=0.3，代入後2×0.3×（1−0.3）=0.42，將0.42代入p，起初看似不規律，但漸漸呈現規律，最後p來到0.5。

　　若以a=3.9代入，與方才的形狀完全不同，呈現不規律的曲線，換言之<u>無法預測長期的未來</u>。這就是所謂的混沌。

混沌的數值之變動

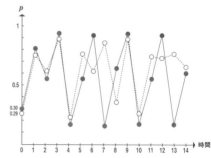

混沌理論

混沌中，最重要的是初期值得敏銳性，2與3.9這樣微小的差距往往會引發混沌。舉例來說，觀測或計測數據，只要執行出乎人為，而且數據掌握在小數點以下，就無法避免出現誤差。

些許誤差卻衍生大落差的混沌

【注2】
西元1917年生～西元2008年歿。美國的氣象學家，在以電腦程式觀察氣象模型時發現了混沌。同時，他也提出了羅倫茲方程式解釋混沌的運作。

【注3】
根據羅倫茲方程式，是變數的集合，是非線型，近似蝴蝶的形狀。

西元1961年美國的氣象學家愛德華・諾頓・羅倫茲【注2】，察覺到數據的混沌。他將氣象數據輸入電腦，由於小數點以下輸入設定之不同，引發誤差，最後竟導致結果的大落差。基於此，他發表了「儘管遵從決定論法則，但依舊無法預測長期的未來」之混沌概念。

西元1975年美國的物理學家們將此複雜概念命名為「混沌」，自此羅倫茲所發表的混沌模型稱為「**羅倫茲混沌**」，而其顯現的圖形為「**羅倫茲吸引子**」【注3】（形狀與蝴蝶極為相似）。從此以後，混沌現象被視為物理運動，並展開更進一步的研究，也顛覆了物理現象流於決定論之既定思維。

何謂蝴蝶效應？

「羅倫茲吸引子」的形狀近似蝴蝶，再加上西元1972年羅倫茲的演講標題是「不可預測～一隻蝴蝶在巴西扇動翅膀會在德州引起龍卷風嗎？」，因而衍生「蝴蝶效應」一詞。以「巴西飛舞的蝴蝶可能大大影響德州的天氣」之極端表現，說明了混沌理論。

混沌理論

宇宙

太空電梯

理論上太空電梯是可以實現的

【注1】
太空軌道的稱呼，也常用於小說或解說書等，英語是「Space elevator」。

　　所謂的太空電梯【注1】，指的是<u>連結地上直到宇宙軌道的電梯</u>。垂直而上，箱子沿著軌道上下移動，與一般的電梯無異。不過，建造的高度達10萬km，如此巨大的建築物恐怕會因自己的重量而崩解，然而<u>理論上仍可建造</u>。

　　地球隨著自轉而具離心力，於是愈偏離地球，重力愈減弱，在赤道上空約3萬6000km的高度剛好是重力與離心力達到平衡。所以，衛星等就放置在這個靜止軌道。再往宇宙前進，離心力更強，因此離心力與重力達到平衡，建築物即能保持其高度不至於崩解。

　　事實上，關於太空電梯的構想，自古以來即存在。最初的記錄是蘇聯科學家康斯坦丁・埃杜阿爾多維奇・齊奧爾科夫斯基，他因看到西元1889年建造完成的艾菲爾鐵塔而起了構想。後來將此構想發揚光大的是蘇聯阿特蘇塔諾夫，他認

成功了！宇宙

為理論上可以建造通往宇宙空間的建築物。然而，如何由地上往上建構，依舊無解，不過西元1960年他又發表了在靜止軌道上建造的方法。如今，太空電梯的構想仍以此方案為基礎。

實現與否攸關著材料的開發

【注2】
所謂裂斷長，是物質呈均一粗的紐狀，當往垂直方向延展時，該物質無法承受自身重量而裂斷時的長度。依隨材質，各強度不同，裂斷長愈長示愈堅固耐重。

太空軌道最大的問題在於，物質的裂斷長【注2】。提到堅固耐用物質，立刻聯想到是的鋼鐵，其裂斷長是50km，強度是鋼鐵4～5倍的克維拉纖維，也不過是200km。欲製造抵達宇宙的電梯，必須採用5000km裂斷長的物質，因此在西元1980年代後期的技術研發尚不能及。

來到西元1991年，碳纖維領域出現奈米碳管的劃時代發現。奈米碳管的比重僅有鋁的一半，而且擁有遠超過鋼鐵的硬度。尤其是沿著纖維延展的強度高過鑽石，理論上裂斷長是1～10萬km。然而終究是理論值，實際與否仍是未知數，但的確可能開發成為太空電梯所需的軌道。研發宇宙相關機器的廠商表示，「只要確保開發預算與研發人員，相信二十年後應該可以完成。」看來不久的將來，太空電梯不再是夢想。

最大的敵人是宇宙垃圾

為完成太空電梯，需解決的課題頗多，例如電梯箱的動力問題、往下減速的方法或如何防止暴露在放射性物質下。現在的科學技術，已經可以解決諸多問題了，但最大的難題卻是宇宙垃圾。現在，地球周圍有3000～5000噸發射到太空的垃圾，以秒速10km的速度環繞飛行。因此，在太空電梯完成前，人類應該做的是清掃這些垃圾。

太空電梯

宇宙

循環宇宙論

關聯

■暗物質
➡ P.314

宇宙最終歸於毀滅⁉

【注1】
為補強宇宙大爆炸理論，初期宇宙的進化型態。量子的不穩定，使得宇宙不斷加乘膨脹，膨脹到最後，甚至超出可觀測的範圍。

【注2】
宇宙膨脹後，隨著真空轉移，來到真空狀態，以釋放膨大的熱量。但這些熱造成宇宙形成超高溫的火球。廣義來說，宇宙膨脹也是大爆炸的一環。

【注3】
大爆炸後歷經一段時間，宇宙進入冷卻狀態。溫度下降，電子的運作緩慢，於是誕生了原子，散亂的光穿越空間，直抵遠方。

　　宇宙誕生約137億年前，根據最有力的推測，是歷經「宇宙膨脹」【注1】→「宇宙大爆炸」【注2】→「宇宙的黎明」【注3】，終於出現銀河或星球。關於宇宙膨脹論，認為是宇宙的膨脹加速，為了冷卻而進入「宇宙大凍結」。

　　關於宇宙的未來，也發展出種種想像的情節。有研究者認為，宇宙是不斷循環的結果，經歷反覆不斷膨脹與收縮的循環，再度大爆炸的宇宙，從之前循環所獲得的能量，會變得比之前更為膨脹。如今的宇宙也是歷經第50次循環後的模樣。

　　自從愛因斯坦的時代，科學家們就開始關注此理論，來到二十一世紀更發現暗物質，也更加確立整合最新的循環宇宙論。不過隨著研究者的不同，此理論也出現了不同的版本。

循環宇宙論

科學、醫學

催眠術

由磁石治療衍生的心理治療法

提到催眠，一般人想到的通常是魔術表演，例如身體無法動彈或聽從指示等。不過這裡介紹的是催眠療法或用於心理暗示的技術。虛構故事裡描述人因被催眠而殺人，其實並不是容易的事，必須經過某特定期間的洗腦【注1】，有些邪教或不正當的占卜師也利用洗腦術。

現在的催眠術，起始於弗朗茨·安東·麥斯麥（西元1733年生～1815年歿），他認為人類體內有動物磁性，藉由操控可以恢復健康。西元十八世紀催眠術大流行，法國國王命令調查，結果發現並無科學根據，因而遭到鎮壓。不過，弗洛依德採用了催眠術，西元十九世紀詹姆斯·布雷德又開發了「凝視法」的催眠術，為精神治療奠下基礎，因此麥斯麥的確為後世帶來莫大的影響。

現在對於催眠術的定義是，誘導人的意識進入潛意識，使得被實驗者處於容易被暗示或被命令的催眠狀態中。

催眠術

■催眠相關的部分

現在的催眠術是利用人的潛意識。佛洛伊德或榮格提出，平時未能覺察的意識就藏在深層的潛意識裡，催眠術即是抵達潛意識的技術。

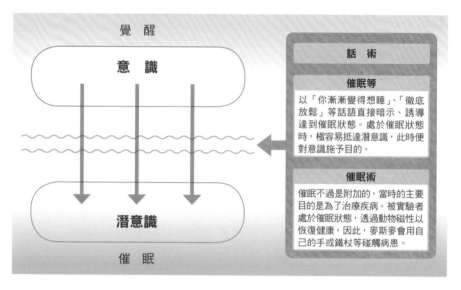

COLUMN

式微、無疾而終的巴黎催眠術

在維也納大學習得醫學的醫師麥斯麥，在為女性患者施予磁石治療時，認為不是磁石擁有的礦物磁性帶來療癒，而是人體內的動物磁性發揮了作用。該觀念頗類似氣功，也就是操作體內的氣。這種透過指壓、凝視或樂器伴奏的催眠術，的確感覺很不科學，反倒像是某種神祕學。西元1778年回到法國巴黎執業的麥斯麥，聲名大噪，引來法國國王路易十六世指派調查委員會進行調查，最後判定並無科學根據也

無功效。失意的麥斯麥於西元1785年離開巴黎，在失去名聲與孤獨下度過餘生。

調查委員會認為即使是成功的治療案例，仍屬偶發事件。也許的確是偶發的結果，但麥斯麥治癒了疾病也是事實。後人利用此技術發展出催眠療法，儘管麥斯麥的發想錯誤導致無法有效治癒某些患者，不過在這頗不科學的醫療中的確潛藏著真正的醫學。

催眠術

化學、物理

薛丁格的貓

關聯

■ 多世界詮釋
〜量子力學的世界〜
➡ P.316

■ 平行世界
➡ P.325

為舉證量子世界的那隻貓

【注1】
研究電子、原子核、基本粒子等現象的物理學理論。量子具有極特異的特徵，無法同時測定粒子的位置與運動量，既具有粒子的特徵，也具有電磁波的特徵，僅能以數學性的方式記述其分布，因此為求理解，也引發了解釋方式的莫大爭論。

【注2】
西元 1887 年生〜西元 1961 年歿。奧地利的物理學家。建構出波動力學，並提出量子力學的基本方程式「薛丁格方程式」。西元 1933 年獲得諾貝爾物理學獎。

接續牛頓力學、狹義相對論，為物理學帶來莫大革命的是「量子力學」【注1】。隨科學技術的進步，研究範圍已擴及物質之最小構成單位，例如分子、電子、量子。經發現，量子的運作並無規律性。在量子力學中，必須具備「相互糾纏」的概念，例如原子有時會往上迴轉或往下迴轉，但這些都是基於觀測者的判斷，如今無論是往上迴轉或往下迴轉都屬於相互糾纏的狀態。

為解釋此狀態，於是出現了「薛丁格的貓」。這是奧地利的物理學家薛丁格【注2】提出的理論實驗，將奈米世界置換為現實世界的狀態。概要如下，①準備可以感應放射性物質即自動釋放氰化氫的計數器，將這些、鐳與貓放入箱子。②如果鐳釋放出放射性物質，計數器啟動毒氣，貓死去。③貓的生死取決於放射性物質釋放與否。④一小時後，觀察箱

放射物質

自動感應計數器

氰化氫

薛丁格的貓

子內的貓活著或死去。由於是理論實驗，所以重點在於物理哲學，也就是「如何看待這隻貓」。薛丁格的重點在於，**貓的生死已被決定**，只有人類不知情罷了，以否定相互糾纏或機率解釋。

貓既顯示50％的死去，也顯示50％的存活

【注3】
源自於丹麥的首都哥本哈根的波耳研究所，為量子力學的解釋之一。試圖解釋無論各種不同的狀態，都是屬於未知的狀態，隨著觀測者實際觀測，收縮波動函數，已決定了物體被觀測的狀態。

【注4】
普林斯頓大學的研究生艾弗萊特提出的理論，也是量子力學的一種解釋。波動函數收縮的制式化，卻不影響實體，以解釋伴隨實體的並不僅限於現存的日常世界，還有其他的世界。

不過之後又認定，「如此處於灰色地帶的貓，終究僅能取決於人類觀察時的結果（波束的收束）」，等於認同相互糾纏狀態，但過去的實驗並未思考到波束收束的原因。此理論，就是所謂的「哥本哈根詮釋」【注3】。舉例來說，釋放放射性物質的機率是50％，貓的生死機率就是1:1。即使不打開箱子，**存活的貓與死去的貓**仍是1:1的相互糾纏狀態。

另外，還有其他各種解釋。例如觀測到存活的貓的觀測者與觀測到死去的貓的觀測者之相互糾纏，也就是所謂的「多世界詮釋」【注4】。或是，外部環境的熱作用之原因，在極短時間內收束波動函數的「量子退相干解釋」等。總之，針對量子的世界，出現了各種不同的理論與意見。

薛丁格的貓

動漫等也出現了這隻貓

作為理論實驗的這隻貓，也出現在科學領域以外的地方。尤其是動漫世界等，經常用來作為思考多元世界的例子。諸如論及究竟「擁有狀態影響力的，是猶如神的觀測者」或「這個世界必然存在另一個死亡的平行世界」時，其實都是起始於薛丁格的貓之發想。

宇宙

關聯

■外星環境地球化
➡ P.320

宇宙殖民地

歐尼爾博士提出的人造宇宙殖民地

【注1】
地球與月球的引力相當
的地點。已確定月球軌
道上有數個這樣的地點。

　　所謂的宇宙殖民地，就是在宇宙空間打造與地球同樣環境的**人造殖民地**。西元1969年美國太空船阿波羅11號，成功地開創人類首度登陸月球的歷史。當時美國普林斯頓大學教授歐尼爾博士在講課中，提出了宇宙殖民地的構想。

　　歐尼爾博士認為，只要在宇宙空間重現地球環境，並建造都市，藉由移民數萬或數十萬的人口，即能解決不斷激增的地球人口問題。該都市命名為宇宙殖民地。此構想於西元1974年發表在《紐約時代》，廣為大眾所知。

　　而後，NASA（美國太空總署）接手研究宇宙殖民地之構想。研究的結果，發現或許能在月球軌道上的拉格朗日點【注1】，設置宇宙殖民地。目前在技術上，已經能達到打造宇宙殖民地的水準，唯一的障礙是資金。打造宇宙殖民地，需要相當於60兆日圓的國家預算金額。欲實現，必須組織超越宗教、文化的世界政府，否則根本難以達成。

宇宙殖民地

宇宙

暗物質

關聯

■ 超弦理論
　　　→ P.318

■ 黑洞
　　　→ P.332

廣大的宇宙中「看不見的某個東西」

【注1】
西元1898年生～西元1974年歿。瑞士籍的天文學家。與沃爾特・巴德（德國的天文學家）共同發表超新星的研究，諸如超新星移向中性子星的過程或超新星是宇宙線的發生源等。

【注2】
西元1928年生～西元2016年歿。美國的女性天文學家。在觀測仙女座星系時，因而有了重大發現。

【注3】
分布圖顯示銀河如何散布在廣大的宇宙。從該地圖可以找到距離現今25億光年的約100萬個銀河。

　　佔據廣大宇宙的物質中，有著「肉眼看不見，卻具質量的某個東西」，又稱為暗物質。事實上，西元1930年代開始，人們就猜測其存在。有學者指出銀河聚集形成的銀河團，若僅是星球等物質的重量未免太輕，必然存在人類看不見的什麼。

　　西元1934年，弗里茨・茲威基【注1】推測銀河實際上存在的質量，比起現技術觀測到的質量多出400倍，也因為如此，銀河相互的牽引而產生重力。隨著技術的進步，西元1970年代薇拉・魯賓【注2】觀測到銀河外側與內側的迴轉速度並無差異，間接地發現暗物質的存在。西元1970年代後期開始製作顯示銀河分布的「宇宙地圖」【注3】，從其觀測理解到若無暗物質的存在則難以說明宇宙。

　　西元2003年執行最新的WMAP衛星觀測，推測暗物質佔據宇宙整體密度的22%。剩餘的

哇啊那裡有暗物質!!

驚

78％之中，由元素組成的物質僅有4％左右，其餘約74％是身分不明的能量、暗能量。另外，西元2007年，日美歐的國際研究組織發現了暗物質的存在，由於光受到曲折，其背後的銀河形狀也呈現歪斜。在調查歪斜狀態時，觀測到暗物質的三次元空間分布。該年NASA又以相同方法透過哈伯太空望遠鏡觀測，確認暗物質的巨大環狀結構。

找尋暗物質的真面目！

但是直到現在，我們依舊不清楚暗物質的真面目。為了突破困境，科學家們朝向天文物理學或基本粒子學等各領域研究。舉例來說，從天文物理學的角度看來，有可能是黑洞、白色矮星、中性子星、MACHO【注4】等，推測都是由亞原子粒子構成。另一方面，從基本粒子學的領域來說，有可能是微中子【注5】、超中性子、電子、質子等超對性粒子，其中又以超中性子最為可能，不過必須先證明超對稱性理論【注6】的正確性，因此目前還未明朗（事實上已發現的僅有微中子）。

【注4】
儘管釋放電磁波，但太幽暗，所以以目前的觀測能力，是尚未能證實的暗物質之一

【注5】
基本粒子中的中性輕子。假設是基本粒子未帶電的階段。過去，其存在仍只是假設，不過經由實驗已證明其存在。

【注6】
理論上，對應費米子或玻色子，推測還存在著超對性粒子。最新的宇宙論，超弦理論是最有名的假設說之一。不過，現階段的實驗仍無法觀測超對稱性粒子的存在。

何謂暗能量？

宇宙存在著近七成的暗能量，而且無法證實其真面目。能了解的是，真空中的這股能量，帶有無物質領域的負壓力。愛因斯坦在思考靜止無膨脹的宇宙時，認為反重力＝宇宙定數，不過有人否定此論證。但是就某層面來說，這個宇宙定數或許就是暗能量。

暗物質

科學、醫學

關聯

■ 薛丁格的貓
➡ P.311

■ 平行世界
➡ P.325

多世界詮釋

～量子力學的世界～

觀測者的行為會影響被觀測對象？

【注1】
量子力學上，在觀測前瀰漫著粒子，不過觀測的瞬間約束於一點。一旦觀測其狀態時即是有所約制的，因此縱使觀測前如何瀰漫，也無從得知。由此說明波動函數的收縮，也就是哥本哈根詮釋，也成為量子力學的主流。

在量子力學中，認為電子不僅一點，而是分布存在，又稱為電子雲。6個碳原子的上方，原子間帶著結合的 π 電子即是電子雲。觀測者在觀測的瞬間，電子約束在某一點的位置上，此現象稱為「波束的收縮」。過去以來根據機率論，也由於那個存在的電子造成現實中觀測的可能性。看見的瞬間確實是存在的，但移開目光時也轉移到他處，總而言之觀測者的行為的確影響著觀測的對象，被約束在一個定點，至於那些脫離日常的特異世界則歸屬於量子力學，此解釋即是哥本哈根詮釋【注1】。

採不同解釋的是「艾弗雷特的多世界詮釋」。艾弗雷特認為，電子並不侷限於觀測者所觀測的一處，觀測者未看見之處，電子存在的可能性無限蔓延。

以薛丁格的貓為例，貓的生死並未約制在某一方，在打開關住貓的箱子之瞬間，無論是生的狀態與死的狀態，兩者的可能性皆持續存在著。而這也就是平行世界採行的理論。

■艾弗雷特的多世界詮釋所造成的世界分歧

艾弗雷特認為，無論觀測者如何觀測，世界都不受到影響。換言之，即使觀測者僅看到一個現實狀態，依舊存在著觀測者所未看見的其他現實狀態。不過，觀測者無法觀測到現在所見的現實以外的狀態，因而那個狀態對觀測者來說也等於不存在。

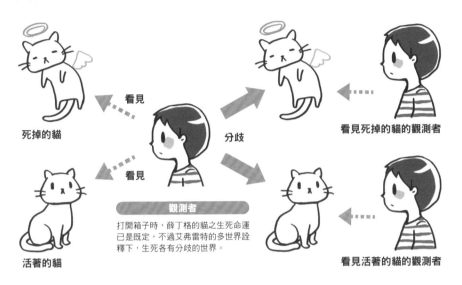

死掉的貓

看見

活著的貓

觀測者

打開箱子時，薛丁格的貓之生死命運已是既定，不過艾弗雷特的多世界詮釋下，生死各有分歧的世界。

分歧

看見死掉的貓的觀測者

看見活著的貓的觀測者

COLUMN

哥本哈根詮釋與艾弗雷特的多世界詮釋，你支持哪一個呢？

再回顧薛丁格的貓，在打開箱子的瞬間，是生或死已約束在一個定點上，這就是哥本哈根詮釋。相對，從打開箱子前直到打開後，無論是生與死兩者皆持續存在，觀測者自己也歸屬兩種狀態，且持續存在，則是艾弗雷特的多世界詮釋。

人僅能認知到貓的一種狀態，基於這樣的事實，哥本哈根詮釋的確較易為一般人們所接受。至於除了所見的結果以外，還並存著其他狀態的艾弗雷特的多世界詮釋，則備受相信平行世界的 SF 迷所接納。雖然死掉的貓終究無法復活，死掉的貓的世界也無法轉移到活著的貓的世界，不過想著活著的貓還存在平行的某個世界，不禁為牠感到慶幸。如此說來，或許比較想相信艾弗雷特的多世界詮釋吧。

多世界詮釋 ～量子力學的世界～

科學、醫學

超弦理論

關聯

■ 暗物質
　　　　➔ P.314

■ 黑洞
　　　　➔ P.332

十次元的世界。最小的基本粒子是弦線

【注1】
利用檢測微小基本粒子的加速器，進行衝突實驗的學問。CERN開發了世界最大的加速器LHC，因而發現了希格斯玻色子或超對稱性粒子，成為重要的研究主題。人們也期待國際直線加速器機構，得開發出足以比擬重現宇宙大爆炸後高能狀的加速器。

　　超弦理論認為，最小基本單位是可以擴展為一次元的極小弦線，且是帶有超對稱性的。這個弦線的大小是10到35公尺。這是基於宇宙大爆炸後能量的統一，依其時間帶的能量換算為距離所得到的結果。過去以來號稱數百種類的基本粒子，不過是弦線的基本粒子展現的各種形態之震動，而這個理論則必須以十次元空間為前提。

　　人類居住的空間是XYZ軸，加上時間就是四次元，隨著演算從五次元來到十次元（包含超弦理論的最新M理論是十一次元），因此根本是不能見的狀態。

　　同時，還存在著幾個待解決的問題。畢竟在物理上，並無任何方法可以論證五次元以上的時空。另外，尚未發現基於弦理論的超對稱性超弦理論中的超對稱性粒子。不過，隨著CERN（歐洲原子核研究機構）的LHC（世界最大的衝突型加速器）之發明，期待可以透過檢測極小黑洞，驗證出五次元以上的時空。這些都屬於高能物理學【注1】的嶄新領域，也象徵著解開宇宙之謎的可能性。

■超弦理論的世界

從五次元到十次元的「多次元」，是被摺疊到極小的尺寸，屬於人類無法感知的狀態。
因此觀測需要極端先進的技術。

〔包含未知次元的十次元〕

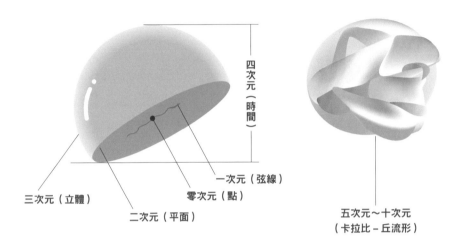

四次元（時間）

三次元（立體）

二次元（平面）

零次元（點）

一次元（弦線）

五次元～十次元
（卡拉比－丘流形）

COLUMN

隨著希格斯玻色子的發現，即能逐漸解開宇宙之謎!?

超弦理論是基於弦理論，而南部陽一郎是提倡弦理論的學者之一。他發現了自發對稱性破缺，因而於西元2008年獲得諾貝爾物理學獎。所謂的自發對稱性破缺，是指在某個機緣下物理系統形成非對稱性。舉例來說，人類本來是左右手皆慣用，但因對稱性破缺，變成慣用右手者為多數。隨著這樣的對稱性破缺，論證出引發能量的小波浪，因而預測宇宙充滿了希格斯玻色子。這些希格斯玻色子相當於其他的基本粒子，也具有衍生質量的任務。只要找到希格斯玻色子，似乎就可以解開宇宙物質具有質量的理由，以及人類存在的理由。

西元2013年3月發現嶄新粒子的新聞震撼了全世界。如果那真的是希格斯玻色子，也等於論證了標準理論。根據標準理論，即得以說明解釋的僅占全宇宙的4%，剩餘的都是未知的黑洞等。因此，超越標準理論的嶄新領域之研究，顯得迫切，也更受一般大眾所矚目。

超弦理論

宇宙

外星環境地球化

關聯

■宇宙殖民地
➡ P.313

不能居住，就打造成可以居住的星球之改造計畫

【注1】
是 NASA 長期火星探查的「火星探測漫遊者計畫」中最初發射的探查機。於西元 2007 年發射，西元 2008 年抵達火星的北極，探查到水與二氧化碳的冰（而後因火星的冬季來臨，機器功能呈現低下冬眠，終於斷訊）。之後 NASA 發射的火星科學實驗室，在西元 2012 年抵達火星，繼續展開範圍更廣的探索與調查。

【注2】
ESA 於西元 2003 年發射的火星探查機，當時小獵犬 2 號也一同發射，但著陸失敗，所以由火星快車號繼續火星探查的任務。

人口持續增加，地球資源也隨之枯竭，且衍生種種的環境問題。在這樣的情況下，人類考量到延續存活之問題，於是出現宇宙殖民或外星環境地球化的計畫。所謂的「地球化」，是採人工的方式改變其他星體的環境，以達到適合人類生活的環境。彷若 SF 情節，不過事實上，論文《行星金星》（西元 1961 年）已論及如何改造金星環境，基於此，科學家們開始認真研究其方法或必要之技術。

現在最火熱的移居行星是火星。根據西元 1970 年代的探查，火星是既無水也無生物的星球，不過此結果也是受限於當時的技術。隨著科技日新月異，透過探查機所收集的數據，NASA 終於在西元 1991 年發布「火星的環境地球化」之構想，並且是實踐性與實效性極高之計畫，也更加展開火星之探查與技術的開發。

根據最新的美國探查機鳳凰號【注1】，或是歐洲探查機火星快車號【注2】之調查，火星的南北兩極地下蘊藏大量的冰，對生物來說是重要的水資源，也為移居外星帶來莫大的希望。

外星環境地球化

■火星的環境地球化案例

〔火星的基本資料〕

- 赤道半徑是地球的一半以下。
- 重力是地球的近40％。
- 表面積是地球的約四分之一，與地球的陸地面積大致相同。
- 自轉週期是24小時又近40分鐘。
- 由於公轉在地球的外側，火星的一年相當於地球的687天（1.881年）。
- 自轉軸傾斜，與地球一樣有著四季。
- 大氣層薄，僅是地球的百分之一以下。95％是二氧化碳，3％是氮氣，1.6％是氬氣。另外，也確認存在甲烷，儘管少量，但存在於大氣本身，因此會出現水蒸氣的雲或大規模沙塵暴。
- 平均溫度-43度，氣溫差高達-135度至0度。
- 地表由玄武岩與安山岩構成，土壤含有豐富鐵質，顏色呈紅色。
- 奧林帕斯火山是比地球的聖母峰還大3倍的巨大火山。
- 南北兩極，存在著覆蓋乾冰與冰的極冠（覆著冰的高緯度地域）。

第1階段　暖化火星

由於氣溫實在過低，首先利用地球暖化的結構，於火星施以氯氟烴或甲烷。接著在火星的地面鋪上黑色的碳原子，並於火星軌道上的空間設置鏡子，反射太陽光，讓火星得以照射到陽光。所需時間是數百年。

第2階段　滿溢二氧化碳

隨著暖化，得以溶解火星兩極的乾冰（二氧化碳的冰）。溶解後，火星會充滿著二氧化碳。讓太陽的能量得以留存在火星的大氣中，更促進氣溫的上升。

第3階段　造出海洋

火星的永久凍土開始融解，於是形成海洋。如此一來，「大氣主要成分的二氧化碳，造就了海洋」，完全趨近太古的地球樣貌，自此也展開地球的形成過程，以人為方式打造出星球環境。

第4階段　促進植物的生息

提到地球的進化，其實需要耐心等待生物的演化，透過植物的生息，光合作用產生有機物與氧氣。若要從地球帶走動植物，等於是中斷了演化的過程。因此，首先是將藻類放進海洋中，隨光合作用產生氧，漸漸促成其他植物的生息。

■發射登陸成功的火星探查機

探查機	國家	解說
水手4號	美國	西元1964年第一次成功飛越火星。
水手6號	美國	西元1969年，自火星行經3550km，傳送74張火星表面照片。
水手7號	美國	西元1969年，自火星行經3550km，傳送126張火星表面照片。
水手9號	美國	西元1971年，世界首度進入火星軌道，翌年拍攝了有70％火星表面的模樣。
海盜1號、2號	美國	西元1976年，1號、2號皆進入火星軌道，登陸機登陸火星，傳送火星地表的清晰照片。
火星全球探勘者號	美國	西元1997年，進入火星軌道，成功製作了火星的詳細地圖。
火星拓荒者號	美國	西元1997年，登陸火星，除了拍攝，也觀測到火星的磁力、氣壓、溫度或風。
2001火星奧德賽號	美國	西元2001年，進入火星軌道。發現火星表層有水的痕跡，並勘察了地表的礦物分布、放射物質。完成基本的探測，而後又作為火星探查機的通訊之用。
火星快車號	歐洲	ESA第一次發射的行星探查機。西元2003年進入火星軌道，登陸機的小獵犬2號登陸失敗，由主機繼續探查中。
火星探測漫遊者	美國	精神號與機會號於西元2004年登陸火星。開始著手勘查火星的水資源，並嘗試找到證據。其中的機會號，不斷更新地球外的行走距離記錄。
火星偵察軌道衛星	美國	西元2006年進入火星軌道。具備高解析度照相機、分光器、雷達等高科技設備，進行地形、地層、礦物、冰的解析。並且打開行星間網路通訊系統的第一步。
鳳凰號	美國	西元2008年，登陸火星的北極，挖掘北極域的地表，直接探測火星的地下水，以調查過去與水相關的資訊。
火星科學實驗室	美國	西元2012年探查機登陸火星，搭載著重量是火星探測漫遊者的5倍與10倍重量的科學探查機器。
MAVEN	美國	為一般研究機構的提案，西元2014年進入火星軌道，主要是調查火星的大氣層。
火星軌道探測器	印度	西元2014年，進入火星軌道，領先日本、中國發射升空，是亞洲首度抵達火星的探查機。

宇宙

奇異點

關聯

■黑洞
➡ P.332

讓物理學家大傷腦筋的宇宙之點

【注1】
稱為事件視界或史瓦西度規。事件視界是區隔黑洞外與內的界線，越過此線就會被黑洞吸入。另外，從奇異點到事件視界之間，則稱為史瓦西半徑。

【注2】
西元1931年生～，英國的宇宙物理學家。提倡事件視界與宇宙審查假說。

　　根據大爆炸理論，宇宙膨脹來到現在的大小，換言之，數十億年前宇宙的起源，所有物質都聚集在一個點上。那就是奇異點，存在著無限大的能量。

　　奇異點存在於黑洞的中心，不過，這個奇異點在「事件視界」【注1】之內側，通常無法觀測到（等於不存在）。但是根據之後的研究顯示，依舊存在著未被事件視界所覆蓋的部分，也就是裸露出的奇異點「裸奇異點」。

　　只要不干涉到世界，奇異點的存在並不成問題，不過可以觀測的場所若存在著奇異點，這件事本身就是個大問題。對於所有現象皆可以藉理論說明的物理世界，等於是存在著不適用於物理法則的謎樣之點，也因此困惑著物理學家們。

　　於是，羅傑・彭羅斯【注2】提倡自然界存在著不允許裸奇異點的某法則，也就是「宇宙審查假說」。感覺上像是，奇異點即將被發現時，就應該阻止那個監看宇宙者。不過在此假說尚未成立前，裸奇異點是否存在依舊是謎。

奇異點

■黑洞的奇異點

　　黑洞依其特性又可分類，奇異點的形狀也因而有所不同。舉例來說，史瓦西黑洞的奇異點是個點狀，而轉動的黑洞的奇異點呈環狀。被後者的黑洞吸入後還有逃脫的可能。

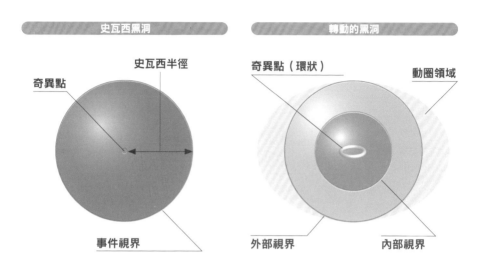

史瓦西黑洞

奇異點
史瓦西半徑
事件視界

轉動的黑洞

奇異點（環狀）
動圈領域
外部視界
內部視界

■被視為不能觀測的奇異點

奇異點存在暗黑天體黑洞的中央。
以現在的科學能力是不能觀測得到，所以究竟為何物，依舊未明。

奇異點

宇宙

先鋒異常

穿越太陽系的探查機，為何會減速？

【注1】
NASA 的行星探查計畫，也是先鋒計畫所開發的行星探查機。先鋒10號於西元1972年發射升空前往木星，探查後往外宇宙前行，如今仍在飛行中（不過，西元2003年失去連繫）。有人預測遭遇了地球外的生命體，該探查機搭載著繪有簡單地球人圖形的金屬板。

【注2】
先鋒10號所搭載的動力源。是藉由放射元素的原子核崩壞所產生的能量發電。電力壽命長，常使用於人造衛星或行星探查機等，目前也使用於繞行地球軌道的太陽能電池板。

　　西元1972年發射升空的先鋒10號【注1】，是史上初次速度得以穿越太陽系的木星探查機。該機在觀測木星後，來到穿越太陽系的軌道，但在西元1980年越過天王星軌道後，脫離了預測的軌道，加速朝向太陽的內側，並往未知方向移動。此現象，稱為「先鋒異常」。

　　追究其原因，當然有諸多可能。現在被視為最可能的是，核電池【注2】或探查機衍生的熱輻射造成了推進力。核電池衍生的熱輻射本應該是均等，也許是不均一或不均等的熱輻射過大，於是起了無法預期的推進力。為了探究原因，實驗模擬重現探查機的溫度數據，發現西元2011年時無法預測的推進力最大，極可能引發事故。儘管如此，仍只能透過模擬實驗解釋現象的30％。

實際

預測

變成這樣！

化學、物理

平行世界

關聯

■ 多世界詮釋
　～量子力學的世界～
　➡ P.316

■ 超弦理論
　➡ P.318

■ 穿越時間
　➡ P.360

If的世界與你的世界並存嗎？

【注1】
西元1942年生～西元2018年歿。英國的理論物理學家，是著名的身障物理學家，提出霍金輻射、黑洞蒸發或奇異點存在的概念。

【注2】
霍金根據對稱性量子論導出現今宇宙之根源，不同於宇宙膨脹論或母親宇宙衍生的孩子宇宙。

　　這個世界並行存在著某世界，即是所謂的平行世界（並行世界）。簡單來說，也就是「如果那樣的話，又會如何？」的If的世界，也是SF作品長久以來探討且推陳出新的題材，近年來更常用於動漫、電玩等。

　　不過，此概念並非僅止於想像，實際上根據物理學的理論，是可能存在的。舉例來說，量子力學認為現象決定機率，因而存在著無數的可能性，依據艾弗雷特的多世界詮釋，這些可能性迥然不同，等於說明並存在著各可能性的世界。英國的理論物理學家史蒂芬・霍金【注1】提出的「嬰兒宇宙」【注2】，也是屬於量子力學，其中包含了多世界詮釋的可能性，同時超弦理論也包含多世界詮釋的範疇。

　　原本以為不合科學的平行世界，如今已完全跟得上科學的腳步了。

何謂時間悖論？

　　時間悖論是指，隨著時間旅行改變過去的現象，將導致因果關係不一致的矛盾。時間悖論也經常用來說明平行世界，由於歷史的改變，時間軸因而出現分歧。在量子力學理論，物理性的相互作用也擴及時間，因此歷史改變，也促成基本粒子再建構世界，以此解釋就不至於產生矛盾了。

平行世界

化學、物理

VR&AR

～虛擬實境＆擴增實境～

融合現實世界與假想世界的革新技術

【注1】
利用VR&AR等的技術，衍生出各式各樣的多媒體，因此將西元2016年訂為VR元年。

【注2】
VR眼鏡或VR頭套等，總之是為了順應VR多媒體的各種配備。

近年，經常聽聞VR＝Virtual Reality（虛擬實境）。是透過電腦營造出空間或物體，經科技技術製造出宛如現實中的覺知感受。VR元年【注1】以來，此技術更充分運用於各個領域，舉例來說，像是家用電玩或智慧型手機等。人們透過專用機器【注2】，得以體驗VR的多媒體不斷推陳出新。另外，電玩為了吸引更多玩家，也加入VR元素，讓玩家可以感受到前所未有的臨場快感。

另一方面，與VR同樣不斷擴增普及的是AR＝Augmented Reality（擴增實境）。是基於現實世界的情報資訊，加入其他的情報資訊，以擴增呈現現實實境的技術。舉例來說，智慧型手機或平板電腦的相機可以拍下現實世界的影像，而實際現場所未能呈現的影像或CG則可透過AR表現。這些AR中，有利用GPS或加速器裝置的「location-based AR」、利用相機讀取事先的裝置標記藉以重疊影像或畫像的「Marker型Vision based AR」。

今後這類的技術將更加普及，未來勢必會出現前所未有、嶄新的多媒體。

VR&AR ～虛擬實境＆擴增實境～

VR或AR之外也有使用於假想世界的技術

除了VR或AR，也有使用於假想世界的技術，那就是MR=Mixed Reality（複合實境）與SR=Substitutional Reality（替代實境）。

首先MR，是融合CG等人工創造的虛擬世界與現實世界的技術。與在現實世界反映虛擬世界的AR相似，不過MR的規模顯然更大。舉例來說，周遭的風景皆是虛擬世界，或是在房間裡配置虛擬的物品。

另一方面，所謂的SR則是利用事先錄好的音樂或影像等，讓人錯覺以為本來不存在此的人物或事件彷彿是存在的。

與VR或AR不同，MR、SR的技術實用化仍屬困難，因此目前尚未能普及，不過蘊含著無限的可能，也是諸多產業注目開發的技術。

■為了使用VR或AR所需的機器

可以使用VR或AR的機器各式各樣，不過最隨手易得、幾乎人人享有的就是智慧型手機或平板電腦。至於搭載AR功能的相機等，僅需要透過簡單的安裝即可使用。因應VR的app，只要準備主機與VR眼鏡（VR頭套）的配備，即能透過網站享受VR的互動娛樂。

智慧型手機&平板電腦

VR頭套

VR&AR ～虛擬實境&擴增實境～

數學

費馬最後定律

謎樣的筆記造成令人費解的難題！

【注1】
該定律是，直角三角形的斜邊長之二次方，是其他兩邊的二次方之和。是依據古希臘數學家畢達哥拉斯之軼事而命名，此定律自古以來即存在。

【注2】
西元1608年生～西元1665年歿。法國的數學家，與帕斯卡共同提出機率論之基礎，並與笛卡兒透過書信創立解析幾何學等，留下諸多的論述。

【注3】
生歿不詳。是古希臘的數學家，有代數之父之稱，著有多達13卷的《算術》。

數學的領域，存在著先設立某假設或假想，再藉由徹底證明，以完成定律。然而在這樣的數學界，仍存在著歷經360年依舊無法證明成功的定律。那就是「費馬最後定律」。概略說明，就是依據著名的畢氏三元數【注1】「$x2+y2=z2$」所提出的，當「$xn+yn=zn$」，「3以上的自然數＝n，並不存在$xn+yn=zn$不是0之自然數解的組合」。

西元十七世紀法國數學家皮埃爾・德・費馬【注2】，閱讀了古希臘數學家丟番圖【注3】的著作《算術》而假想了此定律。由於他習慣在書本的空白處寫筆記，所以《算術》的空白處散落著他的定律證明，有些部分省略是造成解難的最大要因。費馬死後，他兒子薩穆爾將發現的48處隨手筆記放入《算術》，並出版問世。

這些隨手筆記提到，「不可能將一個三次方數寫成兩個三次方數之和。或是，不可能將一個四次方數寫成兩個四次方數之和。一般來說，次方大於2時，這個次方數是不可能寫成兩個次方數之和」。這些隨手筆記似乎是定論，但卻無法證明得證，因而稱為「費馬最後定律」，也引發諸多數學家挑戰證明。

為證明最後定律的漫長道路

　　為了證明此定律，最初是逐步檢視n的數，從西元十八至十九世紀，分別以n=3、4、5、7代入證明（4是費馬所提出的），然而在漫長的歷史中，總是某個人提出證明後，又被其他人指出缺失處。後來透過幾何學，才終於看到些許曙光。西元1955年谷山豐【注4】提出猜想，志村吾郎【注5】定式化谷山－志村猜想，認為「所有的橢圓曲線是模形式【注6】」。

　　西元1993英國數學家安德魯‧懷爾斯【注7】挑戰了谷山－志村猜想，並透過各種方式耗費7年的時間證明費馬最後定律，經逐步修正錯誤，在西元1994發表，但為確保證明無誤，西元1995年再度確認，於是歷經360年無解的數學界大難題終於得以應證。

還有其他數學的超難題

　　除此之外，數學界還有「龐加萊猜想」（單連結封閉三維物體等同三次元球體S3）或「黎曼猜想」（黎曼ζ函數擴展到複數域（S≠1），ζ（S）的所有非平凡零點的實部均存在½直線上）的難題。前者經過百年後終於得以證明，後者自西元1859年發表以來至今尚未解決。

費馬最後定律

化學、物理

雙胞胎悖論

關於雙胞胎年歲增長的變化

【注1】
「真空中光的速度，不受光源運動狀態影響」、「在相互等速運動的慣性系，所有的基本物理法則都以相同形式呈現」，這兩大原理即是物理學之基礎。

【注2】
西元1872年生～西元1946年歿。法國的物理學家，從研究原子的構造到磁性的起源，並開發藉石英振動成功達到超音波。

【注3】
成立慣性法則的座標系。隨著慣性系，在不受外力的情況下，物體的運動狀態採等速直線運動。

　　狹義相對論【注1】是關於運動系的時間較慢之悖論。根據愛因斯坦的時鐘悖論，西元1911年保羅·朗之萬【注2】以雙胞胎為假設，弟弟留在地球，哥哥搭乘近乎光速的火箭去到宇宙盡頭，然後回到地球。就弟弟看來，哥哥處於動態，以狹義相對論來說，哥哥的時間較慢，因此回到地球時，哥哥會比弟弟還年輕。另一方面，就哥哥看來，弟弟處於動態，弟弟的時間較慢，因此弟弟較年輕。結果截然不同，因而起了矛盾。

　　這個問題經常用於指出狹義相對論是錯誤的，不過事實上並無矛盾。因為弟弟在慣性系【注3】的地球，搭乘火箭的哥哥在出發時或轉彎時雖處於加速系，但只是暫時。因此，雙胞胎的運動並不處於相對，因而不需要考慮到哥哥的觀點，的確「哥哥的時間較慢」。

慢走！

弟

兄

噴射

數學

分形

無論是部分或整體皆不可思議之圖形

【注1】
西元1924年生～西元2010年歿。法裔美籍的數學家，他發現金融市場的價格變動不是正規分布，而是安定分布，遂提出分形理論。

【注2】
瑞典數學家尼爾斯・法比安・馮・科赫的發現。3等分線段，以分割的2點為頂點製作出正三角形，如此反覆的結果即能得出分形圖形。

【注3】
波蘭數學家謝爾賓斯基的發現。正三角形的各邊之中心相互連結，即可裁切出正三角形，剩餘的3個正三角形，也依同步驟裁切，如此反覆後所呈現的圖形。

　　法國的數學家本華・曼德博【注1】提倡的幾何學概念，認為圖形的部分與整體都與自己相似。這類分形的近似形，也常見於大自然，例如海岸線的形狀，樹木的枝節、雲朵的形成等。過去的「科赫曲線」【注2】或「謝爾賓斯基三角形」【注3】等，即認為分形的確存在。不過，在證明時仍遭遇計算上的極限。於是，西元1980年本華・曼德博利用電腦展開研究。

　　本華・曼德博首先提出「$X2+c$」的公式，$c=-0.5$，$X=0$時的解答是-0.5，以-0.5代入X計算，得出的解答再又代入X計算……如此反覆，X的值從-0.5、-0.25、-0.5625、-0.18359375，漸漸來到-0.3660（當$c=0.5$之正數時則無限擴大）。因此從$X=0$開始，無限且無法逃脫的c值之集合，則稱為「曼德博集合」。X或c代入二次元的複數參數，即能完成二次元的曼德柏集合，該圖形因應X值看似舞動著，但無論如何擴大，圖形的部分與整體都與自己相似。

分形

宇宙

黑洞

關聯

■奇異點
　　　　➡ P.322

黑洞的誕生

【注1】
構成物質的原子彼此融合，形成較重的原子核。太陽等的恆星之所以會綻放光芒，是因核融合放射出熱的緣故。

【注2】
構成星球的物質往星球的中心陷落之現象。

　　黑洞是比太陽重數倍的星球，其最終的模樣。黑洞的形成，等於是星球誕生原理的延長線，因此必須先說明星球的誕生。

　　宇宙漂浮著無數的物質，這些氣體或微粒子聚集如雲朵，隨著物質間彼此的引力作用，逐漸凝縮。在不斷凝縮的過程，密度升高，然後發熱，開始綻放光芒，這就是星核。星核自我收縮，開始釋放內部的能量，並與收縮的力量達成平衡，最後星球終於穩定下來。

　　如此誕生的星球，一邊製造較重的元素改變較輕的元素以促進核融合【注1】，一邊釋放能量。不過，較輕的元素使用殆盡，僅剩下較重的元素時，反而消耗自我的能量，隨著重力產生了**自我塌陷**【注2】。塌陷造成星球較重的中心開始吸收能量，為抵抗自我塌陷而往地殼擠壓。如此一來，地殼的翻動遂引發**超新星爆發**。

　　超新星爆發後，星球

的芯還留存著，重量較輕者，構成星球的物質為抵抗塌陷，開始停止收縮。此時，隨著星球各自的重量，分別轉變為白色矮星或中性子星。不過，較重的星球的重力強大，構成星球的物質無法再對抗重力，隨著不斷的收縮，在星核之重力作用下，**自己不斷被吸入自己的核心，最後形成了黑洞。**

被吸進去會怎樣呢？

【用語解說】

白洞──廣義相對論提出的假想，為黑洞的相反，白洞可以吐出物質。與黑洞成對的是蟲洞，利用蟲洞的移動方式「曲速」經常出現於SF作品。不過，在數學的領域白洞是成立的，但實際上尚未被證實。掉進黑洞不可能毫髮無傷，因此就算白洞存在，依目前的科技也不可能有效利用。

如此形成的黑洞，由於重力過大，周圍的空間是歪斜的，於是與其他空間之間產生間隔。缺乏物質性的壁障，從外面可以進入裡面，但隨著引力則無法從裡面脫離到外。因此，黑洞等於是宇宙的一個陷阱。

另外，愈接近黑洞的中心，重力也愈大，據說中心點更是**無限強大**。舉例來說，人類若失足掉落黑洞，腳的作用重力強過頭的作用重力，而且愈接近中心部，反差愈強。再加上壓縮力的作用，人體會往縱向延展，而橫向不斷擠壓，最後終於不堪重力，在抵達中心點前死亡。粉碎後的人體在落下時不斷壓縮變小，直到完全消失蹤影。

有將近20個候補黑洞

黑洞的存在，是西元1915年德國天文學家卡爾・史瓦西預測的。不過，黑洞無法反射光源，因此無法直接觀測。那麼該如何尋呢？由於黑洞周圍的氣體或塵埃撞擊時會產生X射線，科學家便觀測這些X射線。藉由此觀測，因而發現「天鵝座X-1」等20個候補的黑洞。

黑洞

數　學

烏鴉悖論

天下的烏鴉一般黑？

【注1】
西元1905年生～西元1997年歿。出身德國的科學哲學家，是邏輯經驗主義代表的哲學家，認為科學性說明的基本形式有兩種，進而發展演繹論證法則的另一說明領域。

【注2】
基於個別且特殊的案例，導向一般普遍法則的推論方法。數學上的歸納法，其實不同於邏輯學的歸納法，又稱為演繹法。

【注3】
研究邏輯成立的論證構成或體系之學問。自古以來原屬哲學的領域，但數學發展後，又衍生數理邏輯學的嶄新領域。

　　德國科學哲學家卡爾·亨普爾【注1】針對歸納法【注2】，於西元1940年代所拋出的問題。概要說來，就是以「天下的烏鴉一般黑」為命題，以反證論法證明之。所謂的反證法，以數學來說就是「A若是B的話」之反證「若不是B也不是A」，如能證明反證，也等於證明了命題。換言之，為了證明「天下的烏鴉一般黑」，只要能證明反證「所有不是黑色的不是烏鴉」，縱使不一一調查每隻烏鴉，也能清楚明白命題屬實與否。

　　但是，這個命題來到日常生活中，突然變得怪異，畢竟這個世間「不是黑色的」事物多如繁星，要一一調查的確是不可能辦到的事。為了證明這不可能的任務，也頗不符合常理，說來也不能令人心服口服。

　　然而，在邏輯學【注3】亨普爾的理論並無錯誤。舉例來說，「在某群烏鴉中」的命題，在常理性範圍內得以詳細調查證明命題之情況下，反證論法是有效可行的。順帶一提，「天下的烏鴉一般黑」這個命題已經得到反證了，因為棲息東南亞等地的烏鴉並非全是黑色。換言之，此反證是錯誤的。

烏鴉悖論

化學、物理

關聯
■永動機
➡ P.298

馬克士威的惡魔

打擊熱力學定律的搗蛋惡魔

【注1】
西元1831年生～西元1879年歿。英國的理論物理學家，確立古典電磁學，堪稱是電磁氣學領域最偉大的學者，推測電磁波的存在。

【注2】
熱能是從較高的物體往低處移動，不可逆行。所謂的熵是衡量無秩序的指標，顯示孤立體系下熵不會減少。

【注3】
從物質的巨觀性質看待處理熱現象，屬於物理學的領域。是利用能量、溫度、熵、體積、壓力等的物理量來記述。

　　蘇格蘭的物理學家詹姆斯·克拉克·馬克士威【注1】提出的理論實驗，概略如下。

　　①準備一個充滿均一溫度的氣體之容器，插入隔板分出A、B空間，隔板上打出小洞孔。②假設，可以看見分子的存在＝惡魔的存在，隨著小洞孔的開合，速度較快的分子移動到A空間，速度較慢的分子則企圖去到B空間。③反覆此動作，即使惡魔不出手搗蛋，A空間的溫度上升，而B空間的溫度下降。

　　但是，依據熵增原理【注2】，與惡魔的作為形成矛盾。馬克士威是為了理論實驗上的假想，才提出這個惡魔論。不過，為了達成永動機，在熱力學【注3】領域卻是認同這個惡魔的作為，科學家們也費盡心力求解開惡魔的所作所為。目前最有力的研究認為，小洞孔的開合在於熱力與分子記憶的消散，整體的熵並未減少。

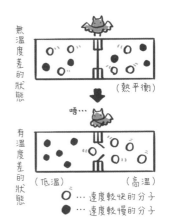

無溫度差的狀態

（熱平衡）

唔…

有溫度差的狀態

（低溫）　（高溫）

○ … 速度較快的分子
● … 速度較慢的分子

馬克士威的惡魔

數學

無限猴子定理

再低的機率，也不至於等於零！

【注1】
西元1564年生～1616年
歿。英國的劇作家、詩
人。是伊莉莎白王朝戲
劇的代表性作家，留下
《奧賽羅》、《李爾王》、
《哈姆雷特》等作品。

【注2】
對於不確定，僅能做出
機率性預言的偶發事件
進行分析，屬於數學領
域，必須兼具集合論、
測度論、微積分等知識。

【注3】
西元1899年生～西元
1986年歿。阿根廷的
作家、詩人。代表作有
《傳記集》、《砂之書》
等，以魔幻短篇小說著
名。無限猴子定理，並
不是他提出的。

【注4】
是以系綜的微物理法則
為基礎，為導出巨大之
性質，運用到統計等的
學問。

　　無限猴子定理，以「縱使猴子敲打鍵盤，只要耗費無限的時間持續敲打，總有一天會打出莎士比亞【注1】的作品」為比喻，是機率論【注2】等經常提到的理論實驗。以機率來說，30個按鍵的鍵盤，要打出「King Lear」（李爾王）這樣具意義的詞彙（共8字），達成目標的機率是 $1/30 \times 1/30 \times 1/30 \times 1/30 \times 1/30 \times 1/30 \times 1/30 \times 1/30 = 1/6561$ 億。當然，愈長的文章，機率也愈遞減，但絕不會歸零。

　　原本這個理論實驗，諸如猴子也能在偶然之下打出猶如文學的文章之概念，其實自古即存在了。但是，阿根廷作家豪爾赫・路易斯・波赫士【注3】在隨筆《完美的圖書館》，論及這個概念的歷史，並從教育領域解說機率，從此變成常用句，也經常運用在其他的領域上。舉例來說，統計力學【注4】認為，「既是實際不可能發生的事，因此打出莎士比亞作品的機率是0」。換言之，即是以無限猴子，說明龐大數量仍導向錯誤結論。順帶一提，由於這個例子實在太有名了，過去的確以猴子進行過無數次的實驗。

化學、物理

電磁砲

藉電磁力發射的電磁砲原理

【注1】
指的是帶有電的粒子，分為正電荷與負電荷，物質皆是由電荷粒子所組成，即使看似與電無關，且無一例外。

【注2】
用兩片金屬板夾住絕緣體，當電流通過時，可以儲蓄電力。

【注3】
發電機等隨著磁力旋轉的中心部分，一般是採鐵芯纏繞電線。當電流流經電線，為對應磁場而產生迴轉運動。

　　電磁砲是利用電磁場的砲。現代的武器或兵器，從手槍到大砲皆使用火藥，藉火藥燃燒產生氣體的壓力，噴射出砲彈。但是，電磁砲是利用電荷粒子【注1】所形成的電磁場，加速並發射砲彈。

　　若說明其基本原理，首先得讓電流流過電容器【注2】，讓原本正負均等的電子產生失衡。接著，中止通往電容器的電流，電容器的兩端連接繞組。之後，集中於電容器某側的電子經過繞組，企圖修正失衡的正負。此時，衍生的磁場在繞組外側形成壓力，若繞組部分是可動的狀態，該部分則會飛彈出去。而電磁砲就是利用那股壓力。

　　具體來說，電磁砲的結構是電容器連接上兩條的導軌，導軌間裝設附著電樞【注3】的砲彈。如前述的繞組流程，來自電容器的電流經過單側的導軌，流經電樞，再去到另一側的導軌。

發射！

衝啊

電磁砲

結果，兩條導軌間產生磁場，衍生壓力，繞組可動的部分即等於是彈飛出附著電樞的砲彈。

電磁砲的課題，以及其技術的運用

【注4】
是指此際留滯電樞的電流，集中在導軌表層之現象。藉由電樞，電力流向兩條導軌，也因此導致導軌的前方與後方出現了未通電的部分。電樞往前行，電流終於流經導軌未通電的部分，不過周圍具導電性，衍生與其對抗的電流。結果，電力漸漸往電樞的表層靠攏，造成電流密度升高。

電磁砲的原理並不難，不過盡是必須解決的課題。因為流經的電流過大，或是電樞移動產生的速度集膚效應【注4】，導致電流密度過高時，構成電磁砲的材質會被燒熔。融化蒸發的金屬會造成電流導向正電荷，電力的通道變多，結果，電磁力無法傳達到電樞，超過固定的速度，無法加速砲彈。電磁砲的作用在於，利用短暫釋放電力所獲得的超速輸出力。因此，必須具備可以積蓄更多電力的電容器與因應高電流密度的構造。過去以來美國海軍即進行電磁砲實驗，西元2016年並展開模型測試，結果卻不得而知。

另外，電磁砲也被試圖運用在武器以外的範疇，像是把貨物發射至宇宙的質量投射器，不過，顯然並不具實用性。

電磁砲

美國的研究

在美國，電磁砲朝向實用化的研究發展。西元2008年，位於維吉尼亞州達爾格倫的對地作戰中心，公開舉行試射，創下動能達10.64兆焦的記錄。西元2010年的試射，又創下33兆焦的新記錄，軍方的最終目標是64。研究逐漸進展，但材質的耐熱管理仍是需克服的課題。

宇宙

洛希極限

過度靠近、過度相互牽引，導致星球崩壞

【注1】
西元1820年生～西元1883年歿。是發表過關於彗星或星雲假說等論文的法國天文力學家。他提出理論認為，土星的衛星是因超越洛希極限而崩壞，最後形成土星環。同時也提出星球與重力相關的用語，例如洛希極限、洛西瓣、洛西球。

所謂的洛希極限，是受重力牽引的星球與星球，處於近乎毀滅的極限距離，是法國天體力學學家愛德華‧洛希【注1】根據理論計算而出。

首先，有重力的星球與星球靠近時會發生什麼事？不妨試著想像地球與月球吧，彼此在重力的相互牽引下，於是有了潮汐力作用。所謂的潮汐力，是加諸在星球的重力不均，於是造成被拉長般的力量。距離愈遠時重力愈小，因此以地球為例，依據接近月球側的地表、地球的中心、遠離月球側的地表，來自月球的重力也不同，以此減去地球本身的重力，即是潮汐力。

然而，較小的星球受到軌道運行等的影響，當靠近其他星球時，愈接近洛希極限，潮汐力也會變形橢圓形，一旦超越洛希極限則再也耐不住潮汐力即崩解毀滅。此現象稱為潮汐分裂，不再能憑靠單純的計算，而必須實際觀測。西元1994年撞擊木星的舒梅克－李維第9號彗星，該彗星就是在接近木星時突破洛希極限，進而崩壞，至少崩解成21個碎片，相繼撞擊木星的大氣上層。不過，當星球本身過小，有時突破洛希極限，並不會引發崩壞。

洛希極限

■洛希極限與潮汐力

不僅限於彗星，各種的軌道運行，皆可能突破洛希極限。當公轉比自轉快，也會走向同樣的命運，例如火星的衛星福波斯（3000萬年後～5000萬年後崩壞）、或是海王星的衛星崔頓（1億6000萬年後～3億6000萬年後崩壞）。

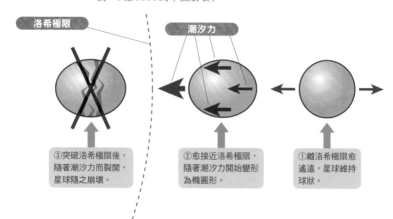

洛希極限

潮汐力

③突破洛希極限後，隨著潮汐力而裂開，星球隨之崩壞。

②愈接近洛希極限，隨著潮汐力開始變形為橢圓形。

①離洛希極限愈遙遠，星球維持球狀。

■著名的彗星

彗星的名稱	解　說
克林肯伯歐索彗星	出現於西元1743～1744年期間，抵達近日點（最靠近太陽的位置）時，白天也能目視觀察，此外會在地平線上綻放扇狀的6條尾巴。
萊克塞爾慧星	西元1770年發現的彗星，是歷史上最接近地球的彗星，據說明亮度達2等級。
泰布特彗星	西元1861年，約3個月期間皆能觀察到的長週期彗星。最接近地球時，夜裡明亮到甚至可以映出影子。此外，有近2天地球被籠罩在該彗星的尾巴中，並可以觀察到氣體或微粒朝向彗星核的模樣。
霍姆斯彗星	西元1892年發現的短週期彗星。西元2014經過近日點。西元2007年該彗星在英仙座附近時，約不到2天的時間突然明亮度暴增。光亮釋放出的微粒擴散為球狀，一時之間直徑甚至超過了太陽。
哈雷彗星	以約76年為週期接近地球的週期彗星。最接近地球是西元1910年，也是初次以相機拍下照片的彗星。另外，由於彗星的尾巴含有氰化物，故傳言哈雷彗星的尾巴通過地球時，生物會因而窒息死亡，地球上的空氣將消失5分鐘。但是事實上，彗星的氣體非常稀薄，與地球的大氣接觸時不會產生任何影響。
池谷關彗星	西元1965年觀測到的彗星，據推測達－1/等級，堪稱過去數千年來最明亮的。由日本的業餘天文專家發現，因而引發話題。也由於這顆彗星，愈來愈多日本人投入觀測天文。
威斯特彗星	西元1976年發現的彗星，是二十世紀最具代表的美麗彗星。在通過近日點前，彗星核分裂，急速變亮，形成一個扇形尾巴的大彗星。
百武彗星	西元1996年發現的彗星，是過去200年來最接近地球的彗星。藉由科學儀器觀測，發現彗星會釋放X射線等。此外，太陽探查機奧德修斯偶然經過百武彗星的尾巴，確認是目前觀測中擁有最長尾巴的彗星。
海爾博普彗星	西元1995年在距離太陽最遠的位置時發現，西元1997年最接近地球時屬於－1等級非常明亮的彗星。自此約18個月期間皆可目視觀測。堪稱是過去以來歷時最久、也最多人看見的彗星。另一方面，也由於這樣，人們開始繪聲繪影外星人將來到地球。
麥克諾特彗星	西元2007年經過近日點的非週期彗星。在經過近日點附近，達到最大－6等級，是繼池谷關彗星以來，白晝時可以目視觀測的明亮彗星。此外，南半球的黃昏也能目視觀測，且能看見彎曲達數十度的大尾巴。
洛弗喬伊彗星	西元2011年發現的彗星，從距離太陽表面約13萬km處通過，儘管相近卻未被蒸發或造成衝突，該彗星依舊存活下來。聖誕時節可在南半球觀測得到。

洛希極限

不可思議、超自然

Mystery · Occult

歷史、超自然

關 聯

■ 歐帕茲
→ P.350

亞特蘭提斯、姆大陸

~超古代文明~

曾經繁華的夢幻大陸，如今沉眠於海底？

【注1】
西元前427年生～西元前347年歿。為後來的西洋哲學帶來莫大的影響，是古希臘的哲學家。他認為存在著肉眼看得見的「現實世界」，以及感官之上完美且不變的「理型」，因而展開理型論。換言之，以心靈之眼才能論及事物的真理。

傳說常提到謎樣的大陸或島嶼，而這些夢幻的故事如今仍流傳著，其中最有名的就是亞特蘭提斯、姆大陸。

先說亞特蘭提斯，其源起於久遠的古代。古希臘哲學家柏拉圖【注1】的對話篇《提邁奧斯》與《克里特阿斯》出現這個地名，並介紹這是個繁華的夢幻島嶼。而後歷經大航海時代，世界地圖逐漸明朗化，人們也開始研究此地究竟位於何處。現在，最有力的一說是，地中海的聖托里尼或大西洋的亞速群島。

至於姆大陸，據說是橫跨復活島至馬里亞納群島的巨大大陸。英國的探險家詹姆斯‧柴吉吾德，在西元1931年發表於著作《失落的姆大陸》，他解析印度的古僧院裡的古老黏土板，而後又去到世界各地解讀檢證碑文或古文書，提出姆大陸的假設論。不過，至今尚未有明確的證據。

傳說各式各樣，不過共通點都是擁有繁華進步的文明，然而一夕之間沉沒，也應證了盛者必衰。或許是對古代的無限想像，而這些傳說依舊深深吸引著現代的人們。

亞特蘭提斯、姆大陸 ~超古代文明~

■失落的大陸之推測地點

亞特蘭提斯
以波賽頓神殿為中心繁榮富裕的王國。隨著巨大地震引起的海嘯，一夕之間沉沒海底。西元1968年發現的比米妮海中遺跡，被視為是其遺跡。

太平洋

大西洋

印度洋

姆大陸
人類史上第一個絢爛的文明，出現在約1萬2千年前的巨大大陸上。但隨著海底火山爆發而沉沒。有人認為復活節島等地太平洋小島群或遺跡群，即是其遺跡。

雷姆利亞大陸
英國動物學家的斯克萊特主張的夢幻大陸之說。由於他發現一種狐猴的分布異常，因而主張此論點。不過，根據之後的研究顯示，狐猴的分布並無異常。

■如今依然成謎的諸多遺跡

相較於毫無根據、人們卻相信其存在的夢幻大陸，其實世界上仍有真實存在卻充滿謎團的遺跡。以下就介紹這些充滿奇幻的古代文明遺跡。

巨石人頭像	墨西灣岸奧爾梅克文明遺跡的巨石人頭像。最大的超過3m以上，不可思議的是外貌像黑人。
復活節島的摩艾	屬於孤島的復活節島上的巨石像。所有的摩艾像背海，製作的目的至今未明。
卡帕多奇亞	建於土耳其岩床，深及150m的地下都市。據說當時居住著眾多基督教徒，不過並未發現人骨。
卡爾奈克	位於法國西北部布列塔尼的巨石遺構，當地橫列了綿延4km的巨石列，理由不明。據說與巨石陣有關。
大辛巴威	陳列石造遺構，足以代表辛巴威的大遺跡，過去被錯誤判斷與所羅門王有關，因此導致研究更加遲緩。
巨石陣	聳立於牧草地帶的英國巨石遺構。據推測是耗費數千年分為三期完成，至於目的依舊成謎。
契琴伊薩	代表墨西哥的馬雅遺跡，印刻著正確無比的馬雅曆的天文台或球場等。另外還有顯示活人獻祭的儀式遺跡。
恰高・占比爾	位於伊朗，是古埃蘭人的古代都市。位於中央吾珥的古茲述建築，屬大規模的遺跡，據說是巴別塔之雛形。
特奧蒂瓦坎	墨西哥的古代宗教都市遺跡。分別設置了太陽的金字塔、月亮的金字塔、死者大道等具有含意的設施。

納斯卡線條	秘魯的乾燥高原地面上描繪的巨大圖案，有動植物或幾何圖形等，製作的目的不明。
莫高窟	位於中國敦煌市近郊的石窟寺院，存有眾多的佛像、壁畫或書籍。由於眾多遺物流落海外，以及數量實在太龐大，如今已不復原貌。
帕倫克遺址	墨西哥的古代都市，馬雅遺跡之典型。有被稱為碑文神殿的金字塔，以及戴有翡翠面具的國王遺體。
佩特拉遺跡	隱藏約旦溪谷，砂岩岩壁上滿是雕刻的遺跡群。有人認為是古納巴特人的商隊都市，不過面積實在太廣闊，研究進展遲緩。
婆羅浮屠	印尼爪哇島的佛教遺跡。屬多層樓建築物，上面羅列諸多佛像、佛塔，堪稱是巨大立體的曼陀羅。
馬丘比丘	位於秘魯的峭壁之頂，是印加帝國的遺跡。神殿主要由石磚構成，但為何位於溪谷頂端，依舊未明。
摩亨卓達羅	位於巴基斯坦，屬於印度河流域文明的都市遺跡，就連地下水道設施皆完善，不過竟未發現任何生活用品。
與那國海底地形	西元1986年發現的海底巨石群，普遍認為是自然地形，不過仍有人認為是人造，屬於遺跡。
拉薩的布達拉宮	位於西藏中心地的宮殿，是達賴喇嘛執行政治事務或宗教儀式的場所，不過其主人目前流亡印度。

亞特蘭提斯、姆大陸～超古代文明～

不可思議、超自然

ESP

～超能力～

關聯

■超常現象
→ P.362

科學家們認真研究的超能力

【注1】
是研究超常現象或超能力，以證明其存在或解開其結構的學問。西元1927年美國的杜克大學設立了超心理學研究所，使得該學問更加專業化。儘管被視為偏門學問，不過仍有人取得了博士學位，堪稱是研究超常現象領域的專家。

經常聽聞「人類僅開發使用了大腦的10％」這類說詞，令人以為彷彿徹底發揮後，即能擁有未知的力量。既然有了這樣的想像，不免來到最常被討論的超能力。所謂的超能力，即是擁有超越既知常識的超人之能力。耳熟能詳的 ESP 是 Extra-sensory Perception 的簡稱，超能力中有所謂的心電感應或透視，泛指利用非尋常手段得知外界情報之能力。另外，穿越或瞬間移動，則是對外界施予某影響的超能力，也稱為念力。

儘管人們終究難以相信人類得以擁有那樣的能力，不過關於 ESP 與念力的事例眾多。因此，也衍生了專門以科學角度調查研究此超常現象的「超心理學」【注1】。西元1927年美國的杜克大學設立了超心理學研究所，正式鑽研此領域。研究範圍涉及心靈現象，不過基本上，研究的方向是不介入靈的存在，不與神祕學混為一談，把此當作嚴肅認真的學問。

藉科學的手段研究超能力直至今日，基本上對於超能力的事例依舊是採取否定的態度，更遑論是超能力開發的問題了。

■主要的超能力種類

在超心理學領域，超能力又區分為 ESP 與念力，其主要能力分類如下。另外，所謂的「未知 psi」經常用於超心理學現象。

〔ESP〕……不使用一般的手段即能獲得外界相關的資訊。具體來說算是一種的心電感應、千里眼或預知等，泛指超感之能力。

心電感應	理解其他個體的思想、情緒或狀態，並受到影響的現象或能力。也稱為心智感應或意念傳達。不僅限於活著的人，能感知到死者也是一種心電感應。
接觸感應	觸摸照片或物體，即能覺知與其相關的事件或人物等。傑拉德・克羅伊賽特等人曾協助警方辦案，是確實的超能力者。與心靈感應或千里眼，其實不易區分。
透視	不仰賴平時的視覺，卻能以影像覺知外界狀況。一般來說，可以看見遮蔽物後的物體或被遮住的牌卡。有時也指預知特定人物的過去或特別事物之能力。
千里眼、遠距離透視	不仰賴尋常的手段，即使相隔遙遠也能覺知。在日本，御船千鶴子或長尾郁子等，是明治時期知名的千里眼。英語的透視或千里眼皆是「clairvoyance」。
預知	不仰賴感官或邏輯推理，即能預先知道未來之能力。從蟲的通報到預知夢，其實預知包含各種形式。不過一般來說，不包含地震的預知或危險的預知。

〔念力〕……不仰賴既有的物理性能量或媒介，即能影響物質之能力。例如透過精神層面影響物質等，皆屬於此範疇。

穿越	可將物體移至他場所或使物體出現的現象、能力。對象不限於無生物體，甚至是動物或人。相反的，使物體消失的稱為「asport」。
瞬間移動	廣義來說，穿越也納入其中，主要是指本人不需經過時間即能移動到另一空間的現象、能力。不過並未有研究事例顯示實際發生。
空中漂浮	人體或物體不需任何支撐即能漂浮空中的現象。根據事例或傳說，此現象世界各地皆發生，尤其是宗教的聖人或修行僧，與其說是超能力，更像是奇蹟。
治療	不使用尋常手段，即能治療疾病或受傷的能力或現象。也有遠距離治療的案例，不過是借用靈之力，因而也稱為「心靈治療」。近似氣功治療，不過是否列入超能力仍有待商榷。
念寫	以念力可以看見對方腦中浮現的事物或透過透視看見，並能將所見映照在相片上的能力或現象。長尾郁子在千里眼事件中即發揮此長才，不過最後被認為是詐欺。

COLUMN

超能力與通靈的不同

簡單來說，可以發揮心靈的力量且擁有這樣的能力稱為超能力。因此，看得見靈體、與靈魂溝通、回溯前世記憶等，都屬於這類的靈性能力。

超心理學的研究對象，也包含了這類靈性能力或心靈現象，不過如前述，前提是不承認靈魂的存在。儘管存在著「超 ESP 假設論」，認為心靈現象也可以透過超能力說明解釋，但只要涉入神祕學領域，就不得稱為超心理學了。

一般人看來，無論是超能力或通靈，其實皆大同小異。以移動物體的隔空移動來說，究竟是透過超能力或靈魂的力量，僅有施術者自己清楚明白。

另外，近來吹起靈性風潮，比起充滿 SF 的超能力，人們更偏好充滿神祕色彩的通靈。過去隨傳播媒體報導引人好奇的超能力，如今已敵不過通靈了。

ESP～超能力～

不可思議、超自然

外星人

存於地球以外的具智慧之生命體

【注1】
西元1979年公開的SF
電影。描寫太空船裡遭
遇異形襲擊的太空人之
恐懼與搏鬥。電影裡的
外星人有著怪物般的樣
貌，並凶殘地殺害太空
人們。可說是SF恐怖電
影的先驅，為後來的SF
電影帶來莫大影響，堪
稱是經典之作。

「alien」，原本是「外國人」之意。但是，自從SF電影《異形》（alien）【注1】及各種創作作品的影響，已從過去的解釋擴大用來稱呼「外星人」或「地球以外的生命體」。

現代科學的世界，表面上尚無人類與地球以外具有智慧之生命體接觸的實例報告。不過，在超常現象或神祕學的領域，每年都有多起人類目擊異種族，或遭遇後被挾持等事件的報告，因而認為的確存在著外星人。這些被目擊的外星人們，大多擁有與人類相異的外觀，並且可區分出幾種類型。他們造訪地球的目的不明，不過根據與外星人相關的報告，他們並不必然是友好的。

在地球以外的行星，居住著擁有高科學技術的智慧型生命體，他們經常造訪地球，此說法的確引來人們的好奇。世界各地的神話或傳說，也留下諸多人們受到人類以外的智者之幫助或傳授文明等傳說。至於科學領域，科學家也努力探索地球以外之處有無生命體。看來無論古今，人們仰望星空時的想像都是相同的。

外星人

■各種樣貌的外星人們

　　截至目前為止，人們目擊的外星人，多半有著與地球人類截然不同的樣貌。有人認為那是他們必須適應重力或氣溫等與地球迥異的環境，因而進化的結果。以下就根據目擊案例，歸類出最主要的類型。

小灰人	有著龐大的頭部，帶有不平衡的人體型外星人。肌膚呈灰色，因而有此名。近年來目擊案例中又以具備小灰人特徵者居多，被認為是最典型的外星人。
火星人	西元十九世紀末天文學家推測，火星表面的線狀物應該是運河，從此人們即認定火星上居住著具智慧的生命體。西元1960～70年代，根據探測機的調查，發現火星表面幾乎無水，因而斷絕了火星人存在的可能性。
外星爬蟲人	帶有尖銳爪子、尾巴、肌膚覆蓋著鱗片等爬蟲類特徵。有人認為他們是由太古時代的爬蟲類進化而來，與人類一樣擁有智慧，曾是地球的生物。擅長變身，許多政府首長或社經地位高者，其實是他們的化身，以此方法隱身在這個世界。
金星人	西元1952年美國人喬治目擊的外星人。外觀與人類無異，可藉由心電感應感知對方的心意，與對方溝通。另外，也有人說他們曾看過火星人或土星人，不過真相難辨。

■與外星人相關的事件

　　西元二十世紀中期開始，造訪地球的外星人引發之事件急速增加。這些案例報告缺乏可信度，不過仍然有幾起，是經過專業的機構詳細調查，並引發話題。下面就列舉出三件與外星人相關的著名事件。

羅斯威爾事件	西元1947年7月8日，在美國新墨西哥州的羅斯威爾，美軍陸軍宣布尋獲墜落的圓盤狀飛行物體。但幾個小時後又更正，說尋獲的物體僅是氣象觀測用的氣球。西元1970年代後期的UFO研究專家們鎖定此事件，徹底檢證事件的經緯。結果得到目擊圓盤飛行物體的碎片或外星人屍體等證詞，甚至發現了解剖外星人的影片。不過之後經過再調查，發現許多證詞可疑，而且已確定影片是偽造。
希爾夫婦綁架事件	西元1961年9月19日，發生於美國新罕布希爾州的事件。當夜駕車行駛在路上的希爾夫妻，僅記得被謎樣的發光物體追逐，之後的兩個半小時完全失去記憶。事件的兩年後經過催眠試圖恢復記憶，發現希爾夫婦遭到來自遙遠星系的外星人綁架，被帶到UFO內身體檢查。該事件後，遭外星人綁架的事件都稱為「abduction」，之後同樣的事件又發生多起。
畜牲被割殺事件	西元1970年代起，頻頻發生於美國各地的事件，這些牲畜皆遭吸乾血液，奪走眼睛或臟器等。由於屍體狀態詭異，附近又有人目擊不明飛行物體，因而研判是外星人所為。不過經調查，牲畜的屍體曝曬在戶外，地面半吸收其血液，至於眼睛或臟器等可能是遭其他動物或蟲等吃掉，因而才會近似被割殺的狀態。

外星人

不可思議、超自然

51區

關聯

■外星人
　　➡ P.346

■UFO
　　➡ P.368

51區裡有美國的祕密基地!?

【注1】
指的是尚未確認的飛行物體。由於泛指所有不明飛行物體，因此若目擊的是氣象觀測用的衛星或雲層的反射光等，在未經確認下都被視為UFO，在此也指那些有智慧生物體所駕駛的太空船。

【注2】
來自地球以外具有智慧之生物體，也就是外星人。有人認為他們是來自其他行星，也有人認為是來自異次元。

【注3】
美國新墨西哥州羅斯威爾附近發生的UFO墜落且尋獲機體之事件。據說其實不是UFO，墜落的是極機密計畫的觀測用熱氣球。

　　51區，是位於美國內華達州南部的美國空軍管理區域。儘管是空軍的基地，卻未見任何部隊配置，僅作為新型機的測試或飛行訓練等。由於該地區不斷出現目擊UFO【注1】的案例，遂成為當地知名的UFO現形景點。相信UFO存在的人們，認為此區的地下有祕密基地，專門保存墜落的UFO或外星人之遺體【注2】，政府的某特殊機構也在此進行地球版UFO的製造。西元1988年，曾在此基地公開舉行了形戰機F-117的試飛。F-117不同於過去的戰鬥機，有人認為其特異的造型猶如UFO。

　　針對51區的各種揣測，真相難辨。不過，根據美國研究UFO的先驅倫納德斯特林的研究發表，美國自從西元1947年的羅斯威爾事件【注3】之後，即頻頻發生UFO墜落事件，部分的空軍基地的確藏有外星人之遺體。

今天還是沒有出現 oh...

51區的確是重要特殊的地區？

【注4】
第二次世界大戰後，美國與蘇聯取得了戰敗國德國的眾多軍事資料，以作為研發新武器之參考。舉例來說，搭載核武器的導航飛彈，就是取自德國的武器之構想。冷戰期間，兩國展開激烈的軍事發展競爭，考慮到當時的時代背景，的確不免懷疑UFO是蘇聯的新武器。

西元1952年7月26日夜晚，美國首府華盛頓上空，出現一批不明的發光飛行物體，飛行盤旋數個小時。當時的杜魯門總統徵詢愛因斯坦的意見，愛因斯坦說：「若是地球以外的智慧生物體，我們絕無勝算。攻擊會遭致地球災難，千萬不可發動攻擊。」若此事屬實，那麼身為科學家的愛因斯坦並不否定具高智慧生物體造訪地球的可能性。不過，當時正值美國與蘇聯的冷戰期，也有人認為該飛行物是蘇聯的新武器【注4】。

基於這些事件，51區屢屢出現於好萊塢電影，被影射為與外星人或超自然現象有關。現在，幾乎無人不知該地區的存在，美國政府或軍方採取的態度是既不承認也不否定。不過謝絕所有採訪，也嚴禁攝影，現場張貼著「非法入侵將遭射擊」的警告告示，處於嚴加戒備狀態。

UFO是虛張聲勢的假象!?

51區藏著什麼重要機密，是無庸置疑的。不過有人認為高層放任UFO的流言，其實是為掩飾真正的機密實驗。既然51區是新型機的實驗場地，此說法也的確具有相當的說服力。但也有人提出反論，既是機密實驗，其實也可以暗自在其他基地進行啊。

51區

歷史、超自然

關聯

■亞特蘭提斯、姆大陸
〜超古代文明〜
➡ P.342

歐帕茲

打破考古學常識的奇異遺物

【注1】
過去的確存在，但隨著文明滅亡或後繼無人等理由，終究無法將技術流傳後世。例如東羅馬帝國的希臘火藥、敘利亞的大馬士革鋼、北宋的青瓷等。

【注2】
四大文明成立以前即存在的奇幻文明。據說擁有超越現代的高度文明。

在考古學世界，不時發現不該屬於那個時代，並採用了高度創意或技術製成的物品或遺跡。英語是 Out of place artifacts，簡稱 ooparts，不過並非正式的考古學用語。

被視為歐帕茲的物體，截至目前為止超過一百件，是根據發現當時的考古學知識，調查發現製造方式不明。依現代考古學判斷，古代的人們也許遠比我們想像擁有更高度的技術或創新發想。這些遺物中，當然不乏為了引來話題或人們的好奇心而故意編造者，或是因詐欺之目的而捏造者。

但是，也許遭歷史埋沒的所謂的失落科技【注1】的確存在，透過該技術製造的歐帕茲於是保存下來，不過以現在的考古學知識也難以分辨製造方法了。若不侷限考古學的主流思考，這些物品也有可能是亞特蘭提斯、姆大陸的超古代文明【注2】留下的遺物。

歐帕茲

■世界的歐帕茲

　以下表格列舉了過去世界各地發現的知名歐帕茲。其中，有些研判以現在科技可以重現當時之技術，當然也包含極可能是捏造品者。不過在此先不論真假，僅單純介紹這些歐帕茲。

名　稱	說　明
不生鏽的鐵柱	位於印度德里的鐵柱。據推測建於西元415年，即使歷經1500年以上，竟未生鏽。有人認為是鐵柱表面覆蓋了某化合物，以防止生鏽。
亞述的水晶鏡片	從西元前七世紀的古亞述遺跡發現的水晶片。長4.2cm，具凸鏡片之功能。有人認為也許僅是一種裝飾，碰巧形狀像似鏡片。
阿比多斯神殿的壁畫	從埃及的古代都市阿比多斯之遺跡發現的壁畫。畫中描繪著類似飛機或直升機等物體。有人認為是刻鑿壁畫文字時，偶然出現的形狀。
帶鋁金屬的腰帶環	從西元四世紀的中國武將周處之墓穴發現的腰帶環。經鑑定也許是近代的盜墓者在竊盜時不小心掉入了鋁製的碎片，其實腰帶環是銀製。
安提基特拉機械	在希臘的安堤基特拉島附近發現了西元前100年左右的機械。有著大小齒輪組合之複雜構造，有人認為是為了計算天體之運行而製作的。
維摩那	出現於印度《吠陀經》、《羅摩衍那》的飛行交通工具。也發現了記述關於機體或操控方的書籍，不過真偽難辨。
伏尼契手稿	西元十四至十六世紀製成，以未知文字記載的古書。多植物的插畫，不過盡是不存在的種類，意圖至今未明。
鮑爾紀念碑27號	於瓜地馬拉的鮑爾遺跡發現的石碑。上面雕刻著頭戴類似頭盔的人物。有人認為是馬雅人打球的樣貌，也有人認為該人物穿著太空衣。
黃金太空梭	從哥倫比亞的遺跡發掘的5cm大小之黃金雕刻，因外型宛如飛機或太空梭而引爆話題，不過根據現今考古學推測，可能是模擬鳥類或魚類之雕刻品。
黃金推土機	巴拿馬出土的黃金雕刻品，美國動物學家伊萬·山德森認為是古代的推土機，但有人認為不過是豹的雕刻品。
褐炭的頭蓋骨	從1500萬年前地層出土的頭蓋骨之工藝品。根據電腦斷層掃描發現，內部帶有樹木的年輪之紋路，研判製作需要高度的加工技術。
卡帕多奇亞※	位於土耳其的安那托利亞高原的岩石遺跡群。羅馬帝國時最初遭迫害的基督教徒們就隱身於此，他們挖掘岩山打造出巨大的地下都市。
伊卡黑石	於秘魯發現的石頭，上面刻畫著恐龍與人類的圖騰。名稱是依擁有者之名命名，由於有人自稱製作該石頭，故捏造品的可能性極高。
寒武紀的金屬罐	於俄羅斯的布良斯克發現的金屬罐。由於埋在15億年以上的石層裡，有人認為是飛碟在遠古時代造訪地球時的部分機骸。
恐龍土偶	在墨西哥阿坎巴羅發現的恐龍造型土偶。就考古學來說，並無人類與恐龍共存的時代，因此究竟基於什麼理由製作，引發熱烈討論。

名　稱	說　明
更新世的彈簧	於俄羅斯的烏拉山脈發現的彈簧狀物體，尺寸為1mm以下～30cm左右，推測製作時間2萬～30萬年前。而後研判是該地過去的工廠廢棄物。
哥斯大黎加的石球	於哥斯大黎加森林發現數百顆玉石，最大直徑2cm左右。發現當初尚不清楚製造方法，如今研判是以原始器具製作。
科索的老式火花塞	加州的科索山脈發現的老式火花塞，埋藏在50萬前年的地層，鑑定結果發現是1920年代美國公司製造的商品。
古代安地斯的頭蓋骨手術	於秘魯發現的西元前三世紀的人類頭蓋骨，留有疑似手術的痕跡，據推測應該埋葬時防腐處理的痕跡。
古埃及的滑翔機	從古埃及墳墓發現的木製陪葬品，由於出現仿似飛機的物品，因而引發話題，但有人類為只是有眼睛與喙的鳥。
聖德太子的地球儀	兵庫縣斑鳩寺的地球儀，上面繪著歐亞大陸、南北美大陸、南極大陸，以及貌似南半球的夢幻大陸姆大陸。
水晶骷髏	水晶製成的人類頭蓋骨之模型。於印加、馬雅、阿茲特克等中南美古代文明遺跡中發現數十個。隨著光線會產生顏色變化等，具特殊鏡片效果。
蘇格蘭的鐵釘	蘇格蘭的採石場在距今3億6000萬年前～4億年前的地層，發現有鐵製的釘子，長約4cm，被岩石掩埋的部分並沒有生鏽。
巨石陣※	英國的索爾茲伯里郊外的巨大石陣，據推測是西元前2500年至西元前2000年豎立的，建設之目的諸說紛紜，不過極可能的是為了星體觀測。
塔布蘢寺的恐龍雕刻	於柬埔寨吳哥古蹟發現的寺院牆壁上的雕刻。動物背上列著數個骨板狀物，貌似劍龍。
中國的衛星攝影地圖	於西元前2100年發現的長沙南部之地圖，異常精密，製作方法成謎，目前收藏於湖南省湖南博物館。
圖坦卡門的短劍	於圖坦卡門的陵墓發現的短劍。當時埃及的加工技術並不能製造純度高達99％以上的鐵。根據最新研究，推測是取自隕石的鐵。
德州的槌子	於美國德州發現貌似槌子的物體。經檢測是1億4000萬年前或4億年前之物，但由於僅檢測表面的物質，精確度仍有待商榷。
多貢族的天文知識	居住於馬利共和國的多貢族，在尚未被發現前，有學者誤判他們的神話裡出現肉眼看不見的天狼伴星（西元1950年左右）。
特林吉特族的搖鈴	美國原住民的特林吉特族製作的搖鈴（一種打擊樂器）。據說是仿效鳥的形體，有人說是傳說中的巨鳥雷鳥。
土耳其的古代火箭	土耳其的遺跡發現的雕像，是長22cm，寬7.5cm的圓錐形，有著類似火箭前端的形狀，中央還坐著看似艦長的人物。
納斯卡線條※	秘魯的納斯卡河流域的高原上描繪的圖騰。繪著鳥、動物、植物等，若非搭乘飛機由上空俯視，則無法看到全貌。
遭某物貫穿的頭蓋骨	於尚比亞發現的古人頭蓋骨。經調查，左側遭到某高速發射的物體貫穿，有人認為是槍彈。

歐帕茲

名　稱	說　明
南馬都爾的遺跡	於密克羅尼亞聯邦的澎貝島發現的巨石建築物。採用五角形或六角形的玄武岩柱，製作出許多海上的人工島。
人類與恐龍的足跡	於美國德州發現的足跡化石，上面似乎並列著人與恐龍的足跡，不過有人認為那個人類的足跡其實是加工自小型恐龍的足跡。
內布拉星象盤	於德國發現的青銅製圓盤，調查結果發現是3600年前製作的星象盤，直至目前，類似的物品，又以這個最為古老。
白亞紀的人類手指化石	於美國德州發現的化石。約5cm左右，已確認是人類指甲的部分，但並無第一關節的部分。
巴格達電池	於伊拉克的巴格達近郊發現的土器。裡面以瀝青固定銅的筒與插入的鐵棒，由於裡面似乎殘留某液體的痕跡，故有人推測是電池。
哈索爾神殿的壁畫	於位於埃及丹達臘的哈索爾神殿發現的壁畫，描繪著類似燈泡的物體，不過之後推測是壺與蛇，燈絲的部分其實是蛇臉。
尼羅河馬賽克	於義大利的帕萊斯特里納發現的馬賽克畫。是西元前一世紀左右的作品，描繪著近似恐龍、劍齒虎、鱷魚或河馬等謎樣生物。
帕倫克的石棺※	墨西哥帕倫克的馬雅文明遺跡發現的國王棺材。雕刻著仿似火箭的交通工具，還有駕駛員，國王則睡在生命樹（P.51）下。
皮瑞雷斯的地圖	鄂圖曼帝國的軍人皮瑞雷斯記錄的航海地圖。完成於西元1531年，不過竟描繪了當時尚未發現的南極大陸的海岸線。
兵馬俑的鍍鉻劍	從秦始皇的陵墓發現的鍍鉻劍，鍍鉻技術是近代才開發出現的，不明白為何西元前的中國已有此製造技術。
有眼睛圖騰的板子	於厄瓜多發現的板子，是高27cm的三角形，上面刻著眼睛圖騰與13道條紋，底下還有獵戶星座，用途不明。
被踩過的三葉蟲化石	美國猶太州發現的三葉蟲化石，有著被拖鞋踩過的痕跡。有人說是像足跡般的巨大三葉蟲化石，也有人認為只是單純的凹陷痕跡。
龐貝遺跡的馬賽克畫	義大利龐貝遺跡發現的馬賽克畫，描繪著矮人族獵殺恐龍等生物的模樣，有人說那只是鱷魚等生物。
馬丘比丘※	秘魯溪谷發現的西元十五世紀的印加帝國遺跡，以毫無間隙的方式堆起石牆，完成一座都市，是需要高度技術的建設。
米老鼠壁畫	在澳洲某教堂發現的壁畫，據推測是700年前所畫的動物，模樣是極近似米老鼠的老鼠。
南非的金屬球	南非以西的礦山發現的金屬球，藏在28億年前形成的葉臘石裡，至於如何形成，不得而知。
摩亨卓達羅※	巴基斯坦的摩亨卓達羅遺跡所發現的高溫熔解後的玻璃材質石磚等，有人推測是火山爆發所致，也有人認為是古代核戰後的遺跡。
與那國海底地形	沖繩國的與那國海底所發現的巨石群，有著通路般的溝渠或階梯似的巨石等，故衍生古代文明遺跡之說。

※也參照P.343的遺跡表。

歐帕茲

宇宙

關聯

■外星人
➡ P.346

主宰

是神或惡魔⁉ 事關人類進化的外星人

【注1】
西元1917年生～2008年歿。英國的SF作家。與羅伯特·安森·海萊恩、以撒·艾西莫夫並列SF界的三大小說家，著名的著作有《童年末日》、《2010太空漫遊》、《銀河帝國的瓦解》、《火星之砂》等。

【注2】
亞瑟·克拉克於西元1953年出版的長篇小說，堪稱是其代表作，其書迷也認為這是他最好的作品。

所謂的主宰是SF世界經常出現的外星人類型，原本是亞瑟·克拉克【注1】的長篇小說《童年末日》【注2】的外星人種族名。他們擁有非常先進的技術，不惜來到地球，試圖正確引導地球人進化到新的階段。

故事內容大致是這樣的，西元二十世紀末外星人主宰駕著太空船來到地球的世界各地，他們既不是要危害人類也不是為了交流，而是貢獻出其先進的技術，只為了幫助人類進化，得以永續存在。在這期間，人類的生活水準不斷提升，地球來到世界和平的狀態。然而50年後他們又再度造訪，終於露出真面目。他們有著類似皮革的強韌羽翼，並帶著短短的角，以及逆刺狀的尾巴，與惡魔形象無異。他們表示受到更高次元的意識體之指示，卻因錯誤的選擇而讓自身的進化陷入僵局。

故事最後，歷經和平與繁榮的時代，終於衍生嶄新進步的人類，舊人類消滅。確定人類走上新階段，主宰又回到他們的星球。結局雖有些草率，不過操控人類歷史的竟是外星人，對當時的讀者來說的確極具震撼，從此諸多SF開始沿用主宰的模式。

主宰

不可思議、超自然

末日預言

～震撼世界的預言～

關聯

■世界末日的
善惡大決戰
➡ P.076

自古以來屢屢不斷預言的世界末日

【注1】
宗教的末日思想，多半建立在神或某擁有絕對力量者可以裁判人類的罪惡上。此時，唯有信仰該宗教的信眾得以豁免（死後也是相同）。

【注2】
西元1503年生～西元1566年歿。十六世紀的法國醫師，著有多本詩集，被後世認為是預言集，因而引發話題。

　　自地球誕生以來，人類逐漸順利地發展出自我的文明，並且累積以編織歷史。不過，人們也思索著這些堆疊完成的歷史終究會崩解，一切回歸到無的日子終將來臨。這類思想稱為「末日思想」【注1】或「末日論」，而預言世界終了之日的則是「末日預言」。

　　末日思想，是自古以來宗教歷史觀中經常提出的思想。除了基督教、伊斯蘭教或猶太教等，佛教也有類似末日思想的思考邏輯。依照這些宗教看來的末日論，認為唯有信者可以在末日得救，藉以督促信眾行善。儘管未明說世界末日的具體時日，但根據《聖經》或《可蘭經》等，自古以來即存在著各式各樣的末日預言。

　　另外，分析古代遺跡或文獻中也與末日預言產生連結，或是某日突然悟道之人物也說起了這類預言。例如從馬雅文明的曆法推測「2012年人類滅亡論」，或是西元二十世紀末期引發話題的「諾斯特拉達姆士【注2】的預言」。不過截至目前為止，這些預言都證明是錯誤的，看來末日預言日後恐怕很難取信大眾了吧。

■主要的末日預言與時日

末日之日	預言者	概　要
1033年	基督教徒	基督死後的 1000 年將面臨的結果。
1186年9月	聖約翰	全部的行星集中在天秤宮，引來大災難。
1524年2月1日	倫敦的占星術師	大洪水的預言，不準後又修正為西元 1624 年。
1524年2月20日	約翰內斯・施特夫勒	大洪水的預言，西元 1528 年的大洪水預言也失效了。
1532年	弗德烈克・諾茲亞	持續的天氣異常而世界末日。
1533年10月3日	米夏埃爾・施蒂費爾	預言世界末日，但不準確，而遭到革職。
1583年4月28日	里查特・赫堡	木星與土星呈直列，因而引發大洪水。
1658年	克里斯多福・哥倫布	著名的探險家，根據聖經算出末日之年。
1665年	索羅蒙・艾克魯斯	同年流行鼠疫病情，因而預言世界滅亡。
1700年	約翰・奈比亞	根據《啟示錄》，預測最後審判的年代。
1719年5月19日	雅各布・白努利	根據彗星接近地球，預言地球將遭毀滅。
1761年4月5日	威廉・貝爾	同年發生兩次大地震，因而預言世界末日。
1843年1月3日	威廉・米拉	根據聖經預言末日，連三次失效，又再度修正時日。
1881年	查爾斯・皮爾茲・史密斯	根據埃及法王的金字塔通路之長度，換算世界末日。
1899年	艾薩克・牛頓	萬有引力的發現者，根據聖經計算出末日的年代。
1910年5月19日	米伊・弗拉馬利翁	提及 SF 小說的內容，卻被民眾誤解為末日預言。
1919年12月17日	阿魯帕多・波塔	因太陽系的行星並列的天文現象，預言世界末日。
1925年2月13日	瑪格麗特・勞文	天使百加列現身向她宣告世界末日。
1944年8月	穆紐斯・費拉達斯	預言彗星襲擊地球，人類滅亡。
1954年6月28日	海格達・冠庫斯	剖析古埃及的《死者之書》，預言末日。
1962年2月2日	印度的占星術師們	因行星並列，預言末日。
1973年	斯契多・馬羅洛普	根據金字塔通路的長度，計算末日的年代。
1980年4月29日	利蘭・延森	依據《啟示錄》與金字塔通路的長度，預言世界大戰爆發。
1982年	史蒂芬・普拉格曼	同年行星並列，預言發生天變地變。
1988年	肯納斯・林格	根據預言者研究的結果，預言同年地球將起大變動。
1997年1月10日	莫里斯・雪特蘭	預言行星並列，地球異變。
1999年	金・狄克森	預言巨大彗星接近地球，引發地軸不穩定，引發大災難。
1999年7月	諾斯特拉達姆士	最有名的末日預言，會從天而降恐怖大王。
2000年	愛德加・凱西	根據阿卡西記錄，預言世界滅亡，或是 2001 年時。
2012年12月21日	馬雅的預言	依據馬雅曆法預言末日，另有一說是同月的 23 日。

歷史、神祕

約翰・提托

在美國引發話題的自稱未來人

【注1】
成立於西元1878年，世界最大規模的複合型企業（簡稱GE）。經營方向擴及電器用品、公共基礎設施、軍事產業、金融產業等各領域。

　　西元2000年11月2日，美國的知名網際網路討論區，出現一名自稱來自西元2036年的時間旅人的留言。他在多個討論區或聊天室，不斷發文證明時間旅行的理論，以及他所存在的未來等。這個謎樣的男子名為約翰・提托。

　　雖然彷似匿名惡作劇者，不過他的說詞充滿神祕，某些程度還頗合情合理，因而引起人們的關切。他說他是搭乘通用電氣公司【注1】製造的「C204時間移動」時光機器來到過去。他證明艾弗萊特的多世界詮釋，移動這些世界線完成了時間旅行。他還說自己回到未來，也不過是回到頗相似的另一個世界。

　　至於人們最在意的未來，以約翰・提托所在的世界線下，2015年會引發核武戰爭，西元2017年有30億人口死亡，最後俄羅斯勝利，西元2036年因核武戰爭核汙染嚴重。由於疲於戰爭，各國處於孤立化狀態，並無熱絡的外交關係。他的發言雖看似無稽荒唐，不過他既能清楚說明多世界詮釋，就算某些未來預言並不準確，卻也無矛盾之處。結果，他惹得人們陷入疑雲重重，在任務完成的西元2001年3月以後，就沒有任何留言了。

約翰・提托

歷史

關聯

■歐帕茲
　　　　⇒ P.350

世界七大不可思議

隨時代變遷而更動的七大不可思議

【注1】
古希臘的菲隆之著作。
菲隆也是旅行家，在書
中歸納了他認為地中海
周邊值得一看的建築
物。一般來説，提到古
代的七大不可思議時，
亞歷山大港的燈塔多半
列入其中，不過該書出
版的時代尚無燈塔這樣
的建物。

　　這個世界存在多個充滿魅力的建築物，深深吸引著各地的旅人。人們從中選出**著名的七大建築物**，並稱「世界七大不可思議」。西元前二世紀的古希臘時代，希臘數學家菲隆所著的《世界七大景觀》【注1】，即提出七大建築物。當時介紹的是胡夫金字塔、巴比倫空中花園、以費索的阿耳忒密斯神殿、奧林帕斯的宙斯神像、哈利卡納素斯的摩索拉斯王陵墓、羅德斯島的巨人像、巴比倫的城壁。而後隨著時代變遷，巴比倫的城壁被排除在外，取而代之的是亞歷山大港的燈塔。至於為何有這樣的改變，已不得而知。

　　古希臘時代的七大不可思議，皆是地中海周邊的建築物，不過來到中世紀，歐洲人們的行動範圍拓展，人們開始主張因應時代的新七大不可思議。來到現代，則由瑞士財團經手世界性的投票，選出了現代版的世界七大不可思議。當然各國觀光團體也出現各國版的七大不可思議或自然界的七大不可思議等主題，可說是來到凡事都可列出七大不可思議的時代。

世界七不思議

■依隨時代變遷更新的世界七大不可思議

時代	名 稱	概 要
古代	以費索的阿耳忒密斯神殿	位於土耳其古代都市以費索的神殿，現在僅存幾柱修復後的柱子。
	奧林帕斯的宙斯神像	建造於西元前435年的宙斯像，推測已遭燒毀。
	胡夫金字塔	建於西元前2500年左右的金字塔，是古代七大不可思議中唯一保存至現在者。
	巴比倫空中花園	古代巴比倫的庭園，呈現高25m且分五階段的建築物。
	巴比倫的城壁	環繞古代都市巴比倫的城牆，高90m，厚24m。
	哈利卡納素斯的摩索拉斯王陵墓	位於土耳其古代都市哈利卡納素斯的陵墓，建於西元前350年。
	羅德斯島的巨人像	建於愛琴海的羅德斯島，是太陽神海利歐斯像，高34m。
中世紀	亞歷山大港的地下墓穴	位於埃及亞歷山大港的地下墓穴。
	伊斯坦堡的聖索菲亞大教堂	建於西元360年的基督教大教堂，曾歷經變成清真寺，如今則是博物館。
	巨石陣	位於英國的巨石陣列。據推測立於西元前2500年左右（參照P.343、P.352）。
	南京的大報恩寺	是建於西元十五世紀、高80m的塔，於太平天國之亂時遭破壞。
	萬里長城	從中國遼寧省蔓延至甘肅省的城壁，是世界最長的建築物。
	比薩斜塔	自西元十二世紀至十四世紀耗時完成的義大利比薩塔。目前傾斜了3.99度。
	羅馬競技場	建於羅馬時代的橢圓形競技場，據說可以容納4萬5000名觀眾。
現代	印度的泰姬瑪哈陵	西元1653年，為了蒙兀兒王朝的王妃所建的陵墓。
	里約熱內盧基督像	位於里約熱內盧、高39.6m的基督像，西元1931年完成。
	契琴伊薩	位於墨西哥的馬雅文明遺跡。有著稱為卡斯地略的金字塔（參照P.343）。
	萬里長城	也是中世紀的七大不可思議。建造時間始於西元前二世紀的秦朝，直到西元十六世紀的明朝。
	馬丘比丘	位於秘魯山岳地帶的印加帝國之遺跡，於西元1911年被發現（參照P.343、P.353）
	約旦的佩特拉	位於約旦的遺跡，是沿著溪谷削岩壁建造，屬於天然的要塞（參照P.343）。
	羅馬競技場	也是中世紀的七大不可思議。正式名稱是弗萊文圓形劇場。

世界七不思議

不可思議、超自然

關聯

■約翰・提托
➡ P. 357

穿越時間

去到過去、未來的時間旅行

【注1】
是從「science」與「fiction」合併的詞彙。SF作品大抵是指基於科學性幻想的虛構故事，不過事實上，範圍極廣，許多類型皆適用。

【注2】
因隨每個詞彙各自有其定義。穿越時間是「只能移動在自己存在的時間內的時間」，跳躍時間則多半設為「因某個事件之故而出現被動式的時間移動」，至於時間旅行較無這些限制，可以較自由地在各時間移動。

【注3】
發表出版於西元1895年，由於書中時光機之構想，令此作品成為穿越時間作品中的超傑作。

SF作品【注1】等經常出現類似去到遙遠未來或過去的「跨越時間」之題材。當然，以現在的科學看來，飛越時間是不可能辦到的。不過，這類跨越時間的行為也多有不同名稱。儘管在此以「穿越時間」命名，其他還有「時間旅行」、「跳躍時間」、「時間扭曲」等用語。這些詞彙都是各創作作品所設定的，而且並無一定之定義【注2】。

至於「時間迴圈」則與前述的情況較不相同。前述用語的設定多是「得以移動到未來或過去」，但時間迴圈則如其名，是「反覆於某特定的時間」。舉例來說，從週一開始歷經一週來到週日，結果無法前進到下週的週一，又回到了同一週的週一。「在某特定日期前不斷重複時間」，也是一種時間迴圈。

既然名稱尚未確定，穿越時間的方法也各自不同。H・G・威爾斯的《時光機器》【注3】或知名電影《回到未來》等，都出現穿越時間的交通工具。其他還有，「利用手錶等的道具」、「超能力或魔法等超自然力量」等方法。當然還有是基於某行動或事件而引發，並非出於自我意願，尤其作品設定為跳躍時間或時間迴圈時。

穿越時間

時間悖論與時間旅人

　　為了顯示穿越時間的不可能，經常舉出的根據之一就是「時間悖論」，意味著穿越時間之際，超越矛盾點或時間可能引發的變化。

　　最具代表的就是悖論——「能回到過去殺掉雙親嗎？」如果穿越時間是可能的，就能回到自己出生以前殺死雙親。如此一來，即出現「既然在過去雙親已死亡，自己也不可能出生。但是，自己若未出生，雙親也不必死亡了」的矛盾。不過許多SF作品也利用此悖論，或是讓故事情節避開這些矛盾。

　　撇開穿越時間是不可能的論點，世界上許多人表白自己「去過未來或過去」，例如約翰・提托號稱來自未來的人物。當然，倘若無十足的證據，終究無法確信。

可以實現的穿越時間？

　　事實上，在某些限定條件下，從科學角度來看，是可能達到穿越時間的。那就是基於相對論，利用「愈是近似光速移動，時間也隨之變得緩慢」的現象。舉例來說，光速的太空梭行駛宇宙，數年後返回地球，但對地球來說已經過了數十年。此現象經常被運用在SF等作品中。

穿越時間

不可思議，超自然

超常現象

關聯

■ ESP ～超能力～
　　　➡ P.344

■ 費城實驗
　　　➡ P.364

世界充滿著謎！

【注1】
位於北大西洋的海域。由於墨西哥灣流、北大西洋海流、加那利海流、大西洋赤道海流的四個海流皆匯集於此，因而形成順時針的大漩渦。此海域多浮游性的馬尾藻，堪稱是世界難得水質清澈的海洋。儘管如此，自古以來傳說許多船隻在此沉沒或行蹤成謎。

　　本書介紹了UFO、超能力或聖人奇蹟等各種不可思議的現象，但只要既知科學無法說明的現象即可列入「超常現象」，例如下頁所舉的案例。在此就介紹其中最有名的分身事件與百慕達三角。

　　同一個人物同時出現在不同地點，稱為分身事件，又以法國教師艾蜜莉・莎爵的事件最為知名。她在任職的學校，同時間被發現出現在校內的不同場所。由於此現象持續超過一年以上，最後在家長的要求下她遭到解雇。另外，研究也發現許多死期將近的人會看到分身。由此，也導致「看見分身者，表示死期將近」的流言四起。

　　另外，百慕達三角是知名的奇異海域。屬於北美洲東部的海域，由於許多船隻或飛機在此失蹤，因而聲名大噪。包含此海域的馬尾藻海【注1】，自古以來多海難，因而被人們視為魔海，避而遠之。來到現代，人們認為那不過是普通的海難事故，無須大驚小怪。但是，飛機來到此處竟也發生莫名消失蹤影的事件，的確令人費解。

超常現象

■主要的超常現象／怪異事件

本書已列舉了諸多不可思議事件，但有些實在難以歸屬於某現象或事件，在此皆列入超常現象。

神隱	人突然消失蹤影的現象，既沒有預兆也沒有任何原因，突然人間蒸發，在日本認為是神鬼的作弄。在國外也發生過瑪麗·賽勒斯特號事件等，諸多不可解的失蹤事件。
共時性	具意義的奇妙偶然，原本是心理學家榮格提出的概念。主要事件如23謎等，也就是帶有厄運的徵兆可以召喚厄運。
人體自燃現象	人不明原由起火燃燒而消失。通常周遭並無高溫物體，而且多半僅有人體燃燒，周圍的物體或房屋並未燒毀。又以西元1951年美國的瑪麗·里澤事件最有名。
跳躍時間	人類突然迷失在別的時代之現象，通常是出於非個人意願。最有名的是，西元1901年凡爾賽宮的兩名英國觀光客，他們被困在瑪麗·安托瓦內特王后時代。
通古斯大爆炸	西元1908年西伯利亞上空發生的不明原因大爆炸，約2150km高的樹木幾乎全倒。被認為是隕石爆炸，不過現場未見隕石殘骸，爆炸原因尚不明朗。
分身事件	同一人物同時出現在不同場所的現象，也包含自己目睹另一個自己（自我幻視）的案例。據說歌德、林肯或芥川龍之介等都看見自己的分身。
百慕達三角	位於北美東部，由佛羅里達半島、百慕達島、波多黎各島所連結的三角地帶。許多船隻或飛機在此失蹤，因而被稱為魔海。又以西元1945年的19號機隊事件最為有名，但大致多是真偽難辨的案例。
怪雨	天空除了會降下雨或雪之外，有時還會出現意想不到的物體。自古以來的世界記錄或報告中，有降下魚、青蛙或石頭等的案例。西元2009年石川縣從天降下許多蝌蚪。
金字塔的能量	金字塔，或具同比例的物體具有神祕之力量，據說可促進冥想或成長。有人認為此傳說是因為，金字塔內可保屍體不腐壞。
希望鑽石	美國國立自然史博物館所藏的藍寶石，是知名的受詛咒寶石，過去以來，擁有它的人幾乎都落得死亡之下場。法老王的詛咒傳說，也是類似這樣的死亡詛咒。

■心靈現象

在超常現象中，若是心靈或超自然相關者通常稱為「心靈現象」，以下列舉幾個最具代表性的案例。

惡魔附身、狐仙附身	靈魂等移附在人體的現象，有惡魔附身也有狐仙附身。這些靈體大多基於某些理由或恨意等，因而依附在當事者或其家人身上，多是為了加害。
EVP	超自然電子異象的簡稱，例如錄音帶等夾雜著死者等的留言或聲音。在日本的確出現偶然錄下靈魂聲音的案例，國外也積極嘗試錄下或研究EVP。
靈質、靈魂出體	是指靈魂以物質化或視覺化的能量體顯現。當靈質排出體外時，會從口或鼻等冒出如煙的白色或半透明物質。不過，非通靈者看不見。
鬼壓床	儘管意識清楚，軀體卻無法自由活動的狀態。例如鬼壓床，當事者多半會看見人影等，因而被認為是鬼魂的作弄。不過，就生理學來說，是腦與身體出現睡眠障礙所引起的。
自動書寫	在當事者毫無意識狀態下，身體自動運作的現象，手部會任意地書寫下文字或繪圖等。而且，多半是當事者未知的內容或語言。此外，在當者無意識下，張口說話的情況稱為自動言語。
靈異照片	指的是拍攝到靈魂或靈異現象的照片。通常拍攝時並無察覺異狀，有些靈異照片被視為弄錯或移花接木。但是，依舊存在著許多科學無法解釋的靈異照片。
桌靈轉	為了召喚靈魂，1人或數人圍著三腳桌而坐，靈魂會藉由桌子的轉動回答問題。許多降靈術或占卜，皆有這樣的儀式。
鬼捉弄	無外力，卻出現食器飛舞，家具或整棟屋子搖晃等的現象。世界各地都有類似的案例發生，有時是水染上顏色或牆壁出現文字等。
鬼聲響	靈魂出現時，會發出類似敲擊或木頭裂開的奇怪聲響。多半僅能聽到聲響，不見形體。另外，有時通靈者也會利用敲打的聲響數等，與靈魂交談溝通。
瀕死經驗	在醫學上被宣布死亡，但僅是瀕死，最後又復活的經驗。許多案例顯示他們在他人眼裡已呈現無意識，但他們的靈魂脫離了軀體，見到亡者或見識到超自然現象等。

超常現象

■超常現象
➡ P.362

歷史、神祕

費城實驗

美國海軍進行的物質透明化實驗

【注1】
位於美國賓夕法尼亞州東南部的工業都市。

【注2】
愛因斯坦於西元1925年～西元1927年完成的理論。以一個科學法則導出一組方程式，以數學的方式企圖說明「電磁波」、「地心引力」、「磁場」的三個基本能量之相互關係，不過需要非常繁複的計算。愛因斯坦擔心人類利用此理論於不當開發，最後自行撤回。據說他認為人類的「人格」尚未到達該領域，所以在他死前數個月燒毀了相關資料。

【注3】
人體突然自燃的現象。除此該實驗外，在美國也發生數起自燃事件。屍體呈現嚴重炭化，是由體內產生強烈高溫而燃燒。

所謂費城實驗，是美國海軍在費城【注1】的海軍工廠進行的驅逐艦透明化實驗。當初是基於《統一場論》【注2】，在船艦的周圍施以強力電磁波，目的在研究如何避開敵方的魚雷監視。而後，研究又朝向「藉由在空中形成同樣的能量場，以製造出光學上看不見的狀態」的方向。

西元1943年10月，以護衛驅逐艦埃爾德里奇號與其船員為對象，展開實驗。在電磁波的照射下，船體周圍形成了能量場，終於產生綠色煙霧，而後船艦連同船員變得朦朧透明化。據說外人看來，海面上僅留下乘載船艦的窪。實驗果然成功，不過實驗時有1～2名的船員消失不見，船艦恢復後壁面留下另1名船員的形體，也消失蹤影。還有3人引發人體自燃【注3】而死亡，其他存活的船員最後幾乎都發瘋。從此以後，即終止了實驗。

費城實驗

歷史、神祕

關聯

■煉金術
➡ P.372

赫爾墨斯文集

謎樣人物撰寫的煉金術師之聖經

【注1】
記述古代神祕思想或煉金術的傳說人物，其筆名結合了希臘神話的赫爾墨斯與埃及神話的托托神，是繼承他們聖光的煉金術師。被視為是《赫爾墨斯文集》與《翠玉錄的作者》，也傳說是唯一握有賢者之石的人物。

【注2】
直到西元十一世紀以前，東羅馬帝國所編輯的《赫爾墨斯文集》。歸納整理了最重要的部分，原本共有18冊，如今少了一冊。

該書據推測，由傳說中的煉金術師赫爾墨斯‧崔斯莫吉斯堤斯【注1】所著，是古代思想的文獻手稿集。赫爾墨斯‧崔斯莫吉斯堤斯，這個名字的意思是3倍偉大的赫爾墨斯，其著作達約6萬冊，內容涵蓋西元前三世紀到西元三世紀的占星術、魔術、宗教、哲學、博物學、歷史、煉金術等。想當然耳，赫爾墨斯並非一人，這些著作中的作者名也有其他人。不過後世對內容的好奇更甚於對作者的好奇，尤其是關於煉金術的記載，是所有煉金術基礎的著作中最古老，因而被煉金術師們視為聖經。

直到西元十一世紀左右東羅馬帝國編輯了17冊的《赫耳墨斯選集》【注2】，文藝復興時期翻譯為拉丁語，傳至西歐世界，自此《赫爾墨斯文集》廣為流傳。也是因為此書，煉金術走向全盛期，其中最受矚目的是《翠玉錄》。是將煉金術的基本思想與奧義記載在翡翠材質的板子上，可惜實物已不存在。不過，從譯文中發現數個可能是文章的斷片，內容充滿著寓意與暗喻，非常撲朔迷離。

赫爾墨斯文集

不可思議、超自然

魔法陣

關聯

■希伯來文字
　　➡ P.278

魔術儀式中經常使用的魔法圓

【注1】
西元十九～二十世紀發展的魔法。與靈魂溝通或供惡魔差遣等，以取得魔法力量為目的。最知名的就是英國的祕密社團黃金黎明協會，專門研究此魔法。

【注2】
除了咒術或占卜外，也具備藥草等各種知識，又稱為巫術。

　　在帶有魔幻或超自然要素的作品，出場人物多半會施以文字或圖案構成的圖騰，藉以行使各種的魔法力量。此際描繪的圖騰，又稱為「魔法陣」。

　　自中世紀至近代的西洋儀式魔法【注1】或魔女術【注2】，在執行儀式時必須準備**特殊的圓**，稱為「魔法圓」。基本的魔法圓有著雙重圓的基盤，搭配上四角形、十字、五芒星、六芒星等象徵的組合，或是添加上希伯來文或拉丁文。而且多半會直接描繪在執行儀式的房間地板上，之後改為鋪上繪有魔法圓的布。施魔法時，施術者會站在魔法圓的中心，不過儀式魔法與魔女術的魔法圓之目的不同。儀式魔法的目的是，為保護自己不受異界召喚來的精靈或惡魔等所干擾，而魔女術的目的是，避免儀式時產生的能量消失。

　　另外，與魔法圓容易混淆的是「魔方陣」，採正方形的方陣，配置著縱、橫、斜等列的合計總數皆相等的數字，與其說是魔術，更像是帶有數學要素的圖形。

■圓與象徵物組合而成的魔法圓

　　下面的圖形是西洋儀式魔法所使用的最基本魔法圓。據說五芒星或六芒星，擁有驅魔的力量。實際的儀式魔法中，召喚惡魔時除了需要魔法圓，還需要幻視惡魔的魔法鏡，或是召喚惡魔的勳章等。

〔魔法圓的例子〕

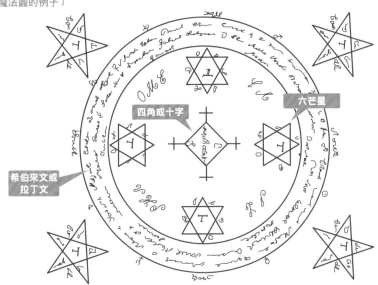

六芒星

四角或十字

希伯來文或
拉丁文

■縱橫斜的合計皆相等的數字魔法方陣

　　下列的圖，是一列各為3格、4格、5格的魔方陣。製作魔方陣需要某程度的數學知識，類似數字拼圖，因此製作過程頗具挑戰與趣味。被視為有魔術的力量，有時甚至被用於魔法的護身符。

3×3

4	9	2
3	5	7
8	1	6

4×4

4	14	15	1
9	7	6	12
5	11	10	8
16	2	3	13

5×5

11	24	7	20	3
4	12	25	8	16
17	5	13	21	9
10	18	1	14	22
23	6	19	2	15

魔法陣

不可思議、超自然

UFO

關聯

■外星人
➡ P.346

■51區
➡ P.348

各地觀測到的謎樣飛行物體

【注1】
指的是未經確認的飛行物體，因肯尼士・阿諾德事件而有此稱呼，此名稱也流傳開來。其實名稱的由來不是「圓盤型的飛行物體」，而是「其動作猶如圓盤在水面跳躍的飛行物體」。因此，即使並非圓盤型的UFO，依舊被視為在空中飛翔的圓盤。

UFO是「Unidentified Fiying Object」的簡稱，意指不明的飛行物體。如其名，就是無法確認究竟為何物的飛行物。原本是假想他國的航空機或導航飛彈等的軍事用語，近年多半用來泛指外星人的交通工具「在空中飛旋的圓盤」【注1】。

自古傳承的神話或傳說都暗示著外星人的存在，人類自古以來始終相信，居住在地球以外的生命體會前來地球。在現代科學，表面上是否定外星人造訪地球的可能，不過就超常現象或超自然領域來說，許多人相信外星人的存在。而支持他們相信的就是外星人的飛行船，換言之也就是目擊UFO的證詞。

目擊UFO的證詞，自第二次世界大戰期間開始增加，尤其是西元1947年肯尼士・阿諾德事件的披露後更是激增，頻頻出現目擊UFO的照片。檢證的結果，確認多數是鳥、氣球等的飛行物體，不過其中也有專家無法辨識，極具可能性者。總之，廣大宇宙的某處存在著具造訪地球的科學能力之生命體，其可能性必非是零。

U
F
O

■ UFO 的各種形狀

名　稱	特　徵
亞當斯基型	喬治・亞當斯基拍攝的照片，因而聞名的形狀，類似圓盤狀。
圓盤型	猶如扁平的盤子形狀，分為圓形與橢圓形，是最普遍的 UFO 形狀。
球型	球形的 UFO。目擊案例最多的形狀，多是集團式的行動。
三角型	三角形的 UFO。目擊報告指出三個頂點會放射光芒。
甜甜圈型	類似圓盤型，不過機體的中央猶如甜甜圈，是中空的。
無人駕駛機型	不屬於任何形狀，算是獨特造型的 UFO。拍攝的畫面鮮明，因而 CG 捏造的可能性也較高。
雪茄型	猶如雪茄的 UFO。多屬於巨大的機體，因此有人認為是母船。
菱型	類似圓盤型的扁型狀，不過機體有 4 個頂點，因而趨近菱形。
金字塔型	三角錐或四角錐形狀的 UFO。是近年目擊案例中最常出現的形狀。
螺旋型	綻放著猶如銀河系漩渦狀光芒的 UFO。

■ 主要的 UFO 目擊案例

事件名	年　代	詳　情
Foo 戰鬥機	1940年～	第二次世界大戰期間，在激戰地區發現的不明飛行物體。
肯尼士 阿諾德事件	1947年	美國的肯尼士・阿諾德於華盛頓州駕駛私人飛機時發現9架不明飛行物體。
羅斯威爾事件	1947年	不明飛行物體墜落在新墨西哥州羅斯威爾近郊，遭軍方拾獲。
曼特爾上尉事件	1948年	曼特爾上尉在肯塔基州發現不明飛行物體，追蹤後卻墜機。
華盛頓事件	1952年	華盛頓的上空突然出現68架不明飛行物體，許多市民都親眼看到。
英航機遭遇 UFO 事件	1954年	從紐約飛往倫敦的民航機，遭遇巨大雪茄型的不明飛行物體。
特林達迪島事件	1958年	在特林達迪島的海軍基地執勤的巴西海軍或當地居民，皆看見了圓盤型的飛行物體。
開洋丸事件	1984、86年	日本的調查船開洋丸，西元1984年與1986年，兩次目擊採不規則飛行的光體。
日航機遭遇 UFO 事件	1986年	日本的貨物航機在阿拉斯加上空遭遇巨大的不明飛行物體。
瓦爾任阿事件	1996年	在巴西有三名少女看見異樣生物，還有數名居民目擊不明飛行物體。

UFO

不可思議、超自然

UMA

不是傳說！而是真實存在的UMA

【注1】
僅存在於沖繩縣西表島森林的哺乳綱食肉目貓科動物。身長60cm，尾長25cm，體重4kg左右。是極原始的山貓，斷定是鮮新世滅亡的化石貓類後貓族之同類。

UMA是「Unidentified Mysterious Animal」的簡稱，意指不明的動物。這個用語是動物研究家兼作家的實吉達郎委託超常現象研究家南山宏，參考根據UFO（Unidentified Fiying Object）而創造的，西元1976年實吉達郎的著作《UMA——謎樣的不明動物》，首先公開使用了該用語。

基本上，UMA指的是「根據目擊或傳聞等情報，無法確認實際存在與否的生物」。最具代表性的就是棲息於英國尼斯湖的水怪，或是出現於美國、加拿大的洛磯山脈一帶的大腳怪、喜馬拉雅的雪男，或是日本各地皆有目擊案例的野槌等。

另外，提到不明生物，許多人以為僅止於傳說，恐怕一次都未曾被發現，但其實的確有些原是UMA，後來被證實存在的案例。其中最有名的是棲息於日本西表島的西表山貓【注1】。自古以來流傳著西表島有像貓的謎樣生物，但始終無法確認，直到西元1967年終於發現西表山貓的存在。與尼斯水怪或野槌一樣，都曾是無法確切的UMA。

U
M
A

■世界知名的 UMA

尼斯水怪	棲息於尼斯湖的水怪。西元1933年在尼斯湖畔經營旅館的夫妻發現，也是公開確認的第一起目擊案例。過去以來人們展開種種搜尋，始終未得其果。
■目擊地：英國 ■體　長：6～15公尺 ■推測樣貌：恐龍的同類、新品種的哺乳類等	

大腳怪	西元1967年被拍攝到其樣貌，因而聲名大噪的獸人。有人認為是影片是捏造，不過此傳說在美國歷久不衰，甚至出現大腳怪的專門獵人。
■目擊地：美國、加拿大 ■體長：2～3公尺 ■推測樣貌：巨猿、穿著布偶裝的捏造等	

雪男	目擊者主要是攀登喜馬拉雅山的登山專家們。西元1951年知名的登山家發現了疑似雪男的足跡，拍照，公開後在歐洲掀起熱門話題。
■目擊地：喜馬拉雅山脈 ■體長：1.5～4公尺 ■推測樣貌：巨猿、新品種的類人猿等	

野槌	日本各地皆傳說貌似蛇的短胴體生物。西元1980年代不斷出現目擊案例，最盛期某些自治團體甚至揚言捕獲者即可領2億日圓的獎金，若是屍體也有1億日圓。
■目擊地：日本 ■體長：30～70公分 ■推測樣貌：青舌蜥蜴、日本蝮的誤認等	

卓柏卡布拉	西元1990年代於波多黎各的中南美各地發現的吸血怪獸。有翅膀，也許可以飛翔，襲擊家畜等，以吸血為食，西元2004年在智利出現兩隻卓柏卡布拉襲擊人類的案例。
■目擊地：中南美 ■體長：90～150公分 ■推測樣貌：外星人、生物武器等	

飛棍	是只見於照相機，肉眼無法清楚辨識的謎樣飛行生物。在世界各地都被拍攝到蹤影，在西元2003年伊拉克戰爭期間，新聞報導轉播巴格達當地現況時被拍攝到，因此蔚為話題。
■目擊地：世界各地 ■體長：數10公分～2公尺 ■推測樣貌：電漿生命體、羽蟲的殘影等	

澤西惡魔	美國自古流傳的「惡魔化身」之魔物，有著馬的模樣，還有翅膀。西元1909年為止，計有千人以上宣稱見過。這些目擊案例持續至今，西元2006年紐澤西又有人宣稱見到。
■目擊地：美國 ■體長：1.2～1.8公尺 ■推測樣貌：惡魔的化身、集團歇斯底里引發的幻覺等	

天蛾人	西元1966～1967年期間，於西維吉尼亞州被發現外觀近似蛾的人形生物。由於天蛾人與UFO經常被同時看到，因而有外星人之傳說。
■目擊地：美國 ■體長：2公尺 ■推測樣貌：外星人、大型的鳥類被誤認等	

魔克拉姆邊貝	棲息於剛果河流域的怪物。自從西元十八世紀即有人宣稱看到，也進行各種搜查，依舊真相不明。西元1988年，日本早稻田大學的探查小組也到當地調查。
■目擊地：剛果 ■體長：8～15公尺 ■推測樣貌：迷惑龍、犀牛的誤認等	

池田湖水怪	據說是棲息於鹿兒島縣池田湖的水怪。西元1978年有近20人目擊水面浮出物體，因而引起騷動，電視台也派出調查小組等，在當時是非常熱門的話題。
■目擊地：日本 ■體長：20～30公尺 ■推測樣貌：大鰻等	

U
M
A

不可思議、超自然

關聯

■赫爾墨斯文集
➡ P.365

煉金術

對科學發展也有貢獻的詭異金屬生成術

【注1】
赫耳墨斯所記述的煉金術之寶典，盛行流傳於文藝復興時代的歐洲。

【注2】
被稱為煉金術之祖的傳奇性人物。耗費了3226年完成3萬6525冊，當然這只是多位作者的統稱。

在奇幻世界等，煉金術可說是與魔法並駕齊驅，同屬神祕學的領域。基本上，是一種利用化學技巧鍛鍊出高價金屬的技術，廣義來說，不僅是金屬也包含練就人類肉體等的永恆存在。

其源起於西元前三～西元三世紀的埃及亞歷山大。當地具備了生產銀或銅的冶金技術，並深受希臘哲學思考的影響，逐漸將這些知識予以學問體制化。記載著煉金術基礎的《赫爾墨斯文集》【注1】（赫爾墨斯‧崔斯莫吉斯堤斯【注2】），也是寫於當時。來到歷經十字軍東征的西元十一世紀以後，源起於阿拉伯地區的煉金術流傳到了歐洲。從此，歐洲的煉金術師們埋首鍛鍊賢者之石。

製造靈丹妙藥、賢者之石或何蒙庫魯茲，都是煉金術的目標，現在看來的確荒唐無稽，也終究未能成功誕生。不過，他們依靠的絕不僅是魔法，他們通曉自然哲學四大元素理論之基礎，並懂得使用自然物質。在反覆實驗的過程中，煉金術的確成功製造出類似硫酸或鹽酸的化學物質，舉凡醫藥品或化學實驗用具也是煉金術技術下的產物。事實上，煉金術的確對現代科學的發展有所貢獻。

煉金術

■四大元素與第五元素

煉金術納入了物質理論，以求煉就黃金。其基礎源於古希臘的四大元素理論與第五元素，彼此的關係如下。

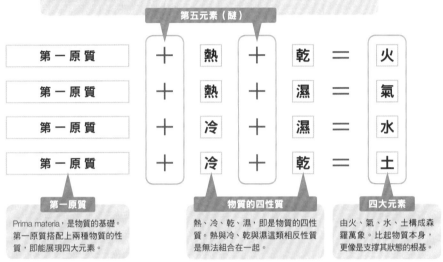

第一原質與四性質的結合。圖中的「＋」，表示因第五元素的力量而相互連結，最後形成四大元素。所謂的第五元素，比起四大元素具更尊貴的本質，而且滿溢於宇宙空間，中世紀的歐洲認為那就是賢者之石。

第五元素（醚）

第一原質	＋	熱	＋	乾	＝	火
第一原質	＋	熱	＋	濕	＝	氣
第一原質	＋	冷	＋	濕	＝	水
第一原質	＋	冷	＋	乾	＝	土

第一原質
Prima materia，是物質的基礎。第一原質搭配上兩種物質的性質，即能展現四大元素。

物質的四性質
熱、冷、乾、濕，即是物質的四性質。熱與冷、乾與濕這類相反性質是無法組合在一起。

四大元素
由火、氣、水、土構成森羅萬象。比起物質本身，更像是支撐其狀態的根基。

■三原質與七金屬

三原質的性質

與四大元素理論並駕齊驅，也是煉金術中的重要理論，意指硫黃、水銀、鹽。阿拉伯時代的煉金術，已知道使用硫黃與水銀，來到歐洲，兩者完全相反的性質，也適用於基督教的三位一體論，因而奠立了三原質的觀念。

水　銀	鹽	硫　黃
女　性	中　性	男　性
被　動	中　性	能　動
揮發性	固體性	不揮發性
昇華性	不可燃性	可燃性
金屬之母	金屬之子	金屬之父
原　質	運　動	形　相
黏　性	灰	脂　肪
靈	肉　體	魂

七金屬

煉金術師們之間的特殊理論。七種金屬是依鐵→銅→鉛→錫→水銀→銀→金的階段完成。鐵器時代的冶金師們以為金屬會長成，搭配上占星術的概念，於是與七行星產生連結，當金屬受到各自的行星影響即能成長。

鐵	……	火　星
銅	……	金　星
鉛	……	土　星
錫	……	木　星
水銀	……	水　星
銀	……	月　亮
金	……	太　陽

煉金術

■煉金術的種種

阿爾・拉吉的靈丹妙藥製造法

所謂的靈丹妙藥，就是服下後可以不老不死的藥方。視同賢者之石。根據西元九世紀伊斯蘭的煉金術師阿爾・拉吉，其製造方法如下，不過最核心的「適切材料」卻不明所以。依此順序完成的靈丹妙藥，據說具有將劣金屬變成貴金屬的能量。

```
適切的材料
蒸餾、煉燒等
      ↓
精 製 物
蠟化
      ↓
可溶性物質
強鹼或氨的溶劑
      ↓
溶 解
凝固、固體化
      ↓
靈丹妙藥
```

何蒙庫魯茲的製造法

所謂的何蒙庫魯茲，是以煉金術創造的人造人。而積極研究企圖將煉金術與醫學結合的是帕拉塞爾斯，其製造方式如下，他認為世界（大宇宙）與人類（小宇宙）是相對應的關係，三原質也可以是硫黃＝靈魂、水銀＝精神、鹽＝肉體的形式，因此煉金術也能提煉出人類。

```
採集男性的精液
      ↓
放入蒸餾器
      ↓
密封40天，使其腐敗
      ↓
誕生人形的生命體
      ↓
每日給予人類的血液
      ↓
保存在等同馬體內的溫度達40週
      ↓
何蒙庫魯茲
```

尼古拉・弗拉梅爾的黃金生成

所謂的賢者之石，即是促成黃金生成的物質，也是煉金術師們一生拼命完成的任務，據說它可達到不老不死或完美靈性之境界。據説，尼古拉・弗拉梅爾曾經成功製造出賢者之石。他的製造方法如下，在當時已達到「最後階段的生產物」。其中的「哲學家之卵」，是實驗器具，也就是現在的燒瓶。

```
準備最後前階段的生成物
      ↓
放入「哲學家之卵」，加熱
      ↓
「石」的顏色產生變化
灰色 → 黑色 → 白色
      ↓
完成白色的賢者之石
      ↓
鉛變成銀
```

```
準備白色的賢者之石
      ↓
放入「哲學家之卵」，加熱
      ↓
「石」的顏色產生變化
白色 → 彩虹 → 黃色 → 橘色 → 紫色 → 紅色
      ↓
完成紅色的賢者之石
      ↓
水銀變成黃金
```

煉金術

■煉金術的記號例

煉金術師們在記載時，會使用特殊的記號。儘管這些記號已具某程度的體系化，不過隨著時代還是有些不同。而且，有些煉金術師們習慣使用自己熟悉的記號代替。因此，下記的案例僅供參考。

四大元素	水	火	地（土）	氣

道　具	曲頸瓶	分解爐	蒸餾器	蒸餾管

物　質	硫　黃	鹽	硫酸	氯化銨
	氯化汞	雞冠石	礬（硫酸鹽）	食　鹽	鹼式鹽
	岩　鹽	銻	蛋	硫酸銅	硝　石

十二工程	煉　燒	凝　固	固　定	溶　解
	溫　浸	蒸　餾	昇　華	分　離	蠟膏化
	發　酵	增　殖	投　入		

煉燒：牡羊座　凝固：金牛座　固定：雙子座
溶解：巨蟹座　溫浸：獅子座　蒸餾：處女座
昇華：天秤座　分離：天蠍座　膏化：射手座
發酵：魔羯座　增殖：水瓶座　投入：雙魚座

煉金術

索引

六劃～十劃

十一 劃～十五 劃

十六劃 以上

参考文獻

アーサー王 （Truth In Fantasy） 佐藤俊之（著）、F.E.A.R.（著）、新紀元社

アイスランド・サガ 谷口幸男（翻訳）、新潮社

悪魔事典(Truth In Fantasy事典シリーズ5) 山北篤（監修）、佐藤俊之（監修）、新紀元社

アジアの仏像と法具がわかる本——チベット密教・ヒンドゥー教の神々～瞑想に使える法具まで ネパール手工芸協会（編）、国際語学社

荒俣宏の20世紀世界ミステリー遺産 荒俣宏（著）、集英社

イラスト図解 仏像(イラスト図解シリーズ) 副島弘道（監修）、日東書院本社

宇宙の秘密がわかる本 宇宙科学研究倶楽部（編集）、学研

宇宙は何でできているのか——素粒子物理学で解く宇宙の謎 村山斉（著）、幻冬舎

宇宙物理学入門——宇宙の誕生と進化の謎を解き明かす 桜井邦朋（著）、講談社

ウロボロス E.R.エディスン（著）、山崎淳（翻訳）、東京創元社

易経読本——入門と実践 河村真光（著）、光村推古書院

易経入門 河村真光（著）、光村推古書院

易と日本人——その歴史と思想 服部龍太郎（著）、雄山閣

干支の漢字学 水上静夫（著）、大修館書店

乙女の日本史 文学編 堀江宏樹（著）、滝乃みわこ（著）、実業之日本社

面白いほどよくわかるキリスト教——イエスの教えから現代に生きるキリスト教文化まで（学校で教えない教科書） 宇都宮輝夫（著）、阿部包（著）、日本文芸社

面白いほどよくわかる 図解 世界の哲学・思想——深遠な「知」の世界を豊富な図版・イラストでスンナリ理解！（学校で教えない教科書）小須田健（著）、日本文芸社

面白いほどよくわかる世界史——流れとポイント重視で世界の歴史をスンナリ理解！（学校で教えない教科書）鈴木晟（監修）、鈴木旭（著）、石川理夫（著）、日本文芸社

面白いほどよくわかる 世界の軍隊と兵器——アメリカの世界支配と各国の勢力図を読む（学校で教えない教科書）神浦元彰（監修）、日本文芸社

面白いほどよくわかる日本史——流れとポイント重視で日本の歴史をスンナリ理解！（学校で教えない教科書）加来耕三（監修）、鈴木旭（著）、日本文芸社

おもしろすぎるアーサー王伝説 小林弘幸（著）、文芸社

陰陽道の本——日本史の闇を貫く祕儀・古術の系譜 (NEW SIGHT MOOK Books Esoterica6) 学研マーケティング

神の世界史 キリスト教 小滝透（著）、河出書房新社

完全定本 易占大全 盧恆立（著）、山道帰一（監修）、島内大乾（翻訳）、河出書房新社

完全版 世界のUFO現象FILE——衝撃UFO写真とエイリアン極祕ファイルのすべて（ムーSPECIAL） 並木伸一郎（著）、学研パブリッシング

騎士団 （Truth In Fantasy） 須田武郎（著）、新紀元社

気象兵器・地震兵器・HAARP・ケムトレイル ジェリー・E・スミス（著）、ベンジャミン・フルフォード（監修、翻訳）、成甲書房

吸血鬼の事典 マシュー・バンソン（著）、松田和也（翻訳）、青土社

巨大ブラックホールと宇宙 谷口義明（著）、和田桂一（著）、丸善出版

ギリシア神話 アポロドロース（著）、高津春繁（翻訳）、岩波書店

ギリシア神話 神々の時代 カール・ケレーニイ（著）、植田兼義（翻訳）、中央公論社

キリスト教 （図解雑学） 挽地茂男（著）、ナツメ社

クトゥルー（暗黒神話体系シリーズ）1～12 Ｈ・Ｐ・ラヴクラフト（著）、オーガスト・ダーレス他（著）、大瀧啓裕（編）、青心社

クトゥルフ神話TRPG マレウス・マンストロルム（ログインテーブルトークRPGシリーズ） スコット・アニオロフスキー（著）立花圭一（翻訳）、坂本雅之（翻訳）、エンターブレイン

警察白書〈平成元年版〉暴力団体策の現状と課題 警察庁（編）、大蔵省印刷局

警察白書〈平成5年版〉暴力団対策法施行後1年を振り返って　警察庁（編）、大蔵省印刷局

ゲームシナリオのためのSF事典 知っておきたい科学技術・宇宙・お約束110　森瀬繚（監修）クロノスケープ（編）、ソフトバンククリエイティブ

月刊 歴史街道　平成27年5月号（刀剣と乱世──時代に挑んだ男たちの愛刀）　PHP研究所

決定版 世界の最強兵器ランキング　おちあい熊一（著）、学研

【決定版】天使と悪魔図鑑　綾波黎（編著）、学習研究社

ケルト神話・伝説事典　ミランダ・J・グリーン（著）、井村君江（翻訳）、大橋篤子（翻訳）、渡辺充子（翻訳）、北川佳奈（翻訳）、東京書籍

ケルトの神話・伝説　フランク ディレイニー（著）、鶴岡真弓（翻訳）、創元社

ケルト神話 女神と英雄と妖精と　井村君江（著）、筑摩書房

現代語で読む歴史文学 南総里見八犬伝〈上〉〈下〉　西沢正史（監修）、鈴木邑（翻訳）、勉誠出版

ここまで分かった！ 世界の七不思議　インフォペディア（編）、光文社

古事記　倉野憲司（校注）、岩波書店

古事記 日本書紀を知る事典　武光誠（著）、東京堂出版

古代マヤ文明　マイケル・D.コウ（著）、加藤泰建（翻訳）、長谷川悦夫（翻訳）、創元社

COMBAT BIBLE アメリカ陸軍教本完全図解マニュアル　上田信（著）、日本出版社

PSY──サイ──人智を超える超能力の世界──サイコメトラー最前線　日本文芸社

サイコパス・インサイド─ある神経科学者の脳の謎への旅　ジェームズ・ファロン（著）、影山任佐（翻訳）、金剛出版

最新 惑星入門　渡部潤一（著）、渡辺好恵（著）、朝日新聞出版

サガ選集　日本アイスランド学会（著）、東海大学出版会

三国志演義大事典　沈伯俊（著）、譚良嘯（著）、潮出版社

三国志人物事典　渡辺精一（著）、講談社

三種の神器──謎めく天皇家の祕宝　稲田智宏（著）、学習研究社

三種の神器〈玉・鏡・剣〉が示す天皇の起源　戸矢学（著）、河出書房新社

CIA 祕録〈上〉〈下〉　ティム・ワイナー（著）、文藝春秋社

知っておきたい 天使・聖獣と悪魔・魔獣　荒木正純（監修）、西東社

四季の星座──見つけ方と楽しみ方　藤井旭（著）、主婦の友インフォス情報社

時空のゆがみとブラックホール　江里口良治（著）、講談社

知ってびっくり！ 世界の神々（雑学3分間ビジュアル図解シリーズ）一条真也（監）、PHP研究所

邪視の話　亀井俊郎（著）、朱鳥社

儒教入門　土田健次郎（著）、東京大学出版会

宿曜占星術──27宿ホロスコープがあなたの運命を教える　小峰有美子（著）、ナユタ出版

旬刊 石油政策 2006年10月25日号　セントラル通信社

詳説 世界史研究　木下康彦（編）、木村靖二（編）、吉田寅（編）、山川出版社

人生に必要な哲学50（知ってる？シリーズ）　ベン・デュプレ（著）、近藤隆文（翻訳）、近代科学社

人生に必要な物理50（知ってる？シリーズ）　ジョアン・ベイカー（著）、和田純夫（翻訳）、西田美緒子（翻訳）、近代科学社

新版 スパイ・ブック　キース・メルトン（著）、伏見威蕃（翻訳）、朝日新聞社

神統記　ヘシオドス（著）、廣川洋一（翻訳）、岩波書店

新訳 ヒトラーとは何か　セバスチャン・ハフナー（著）、瀬野文教（翻訳）、草思社

心霊術の入門書 超能力のすべてがわかる　ハーバート・B・グリーンハウス（著）、雁谷清（翻訳）、ベストセラーズ

水滸伝──108星のプロフィール（Truth In Fantasy）草野巧（著）、新紀元社

図解 クトゥルフ神話（F-FILES No.002）森瀬繚（編著）、新紀元社

図解 西洋占星術（F-FILES No.019）羽仁礼（著）、新紀元社

図解 第三帝国（F-FILES No.015）森瀬繚（著）、司史生（著）、新紀元社

図解 天国と地獄（F-FILES No.009）　草野巧（著）、新紀元社

図説 天使百科事典　ローズマリー・エレン・グィリー（著）、大出健（翻訳）、原書房

図解 北欧神話（F-FILES No.010）池上良太（著）、新紀元社

図解 錬金術（F-FILES No.004）草野巧（著）、新紀元社

図説アーサー王百科　クリストファー・スナイダー（著）、山本史郎（翻訳）、原書房

図説アーサー王物語　アンドレア・ホプキンズ（著）、山本史郎（翻訳）、原書房

図説 あらすじで読む 日本の仏様　速水侑（監修）、青春出版社

図説 オカルト全書　オーエン・S・ラクレフ（著）、荒俣宏（監修）藤田美砂子（翻訳）、原書房

「図説」中国の神々——道教神と仙人の大図鑑（NEW SIGHT MOOK Books Esoterica エソテリ）　学習研究社

住んでみたい宇宙の話　竹内薫（著）、寺西晃（イラスト）、キノブックス

聖剣・魔剣 神話世界の武器大全　ホビージャパン

星空図鑑　藤井旭（著）、ポプラ社

星座の神話——星座史と星名の意味　原恵（著）、恒星社厚生閣

世界遺産・封印されたミステリー——今なお解けない謎に迫る　平川陽一（著）、PHP研究所

世界奇現象ファイル——世にも不思議なミステリーの真実！（Gakken mook- ムー謎シリーズ11）　学研

世界史 怖くて不思議なお話　桐生操（著）、PHP研究所

世界シンボル辞典　J・C・クーパー（著）、岩崎宗治（翻訳）、鈴木繁夫（翻訳）、三省堂

世界シンボル大事典　ジャン・シュヴァリエ（著）、アラン・ゲールブラン（著）、金光仁三郎 ほか（翻訳）、大修館書店

世界超古代文明の謎——大いなる太古の沈黙の遺産を探究する！（知の探究シリーズ）　南山宏（著）、鈴木旭（著）、幸沙代子（著）、高橋良典（著）、日本文芸社

「世界の英雄」がよくわかる本——アレクサンドロス、ハンニバルからチンギス・ハーン、ナポレオンまで　寺沢精哲（監修）、PHP研究所

「世界の神々」がよくわかる本 ゼウス・アポロンからシヴァ、ギルガメシュまで　東ゆみこ（監修）、造事務所（著）、PHP研究所

世界の神々 伝説の戦い　クリエイティブ・スイート（編著）、PHP研究所

「世界の古代文明」がよくわかる本——巨大神殿の謎からファラオの呪いまで　島崎晋（著）、PHP研究所

世界の神話伝説 総解説　自由国民社

「世界の祕密結社」がよくわかる本　桐生操（監）、株式会社レッカ社（編著）、PHP研究所

世界のマフィア——越境犯罪組織の現況と見通し　ティエリ・クルタン（著）、上瀬倫子（翻訳）、緑風出版

世界の未確認生物〈UMA〉ファイル　株式会社レッカ社（編著）、山口敏太郎（監修）、PHP研究所

世界不思議百科　コリン・ウィルソン（著）、ダモン・ウィルソン（著）、関口篤（翻訳）、青土社

世界予言全書　トニー・アラン（著）、真田由美子（翻訳）、原書房

セレンディピティー——思いがけない発見・発明のドラマ　ロイストン・M・ロバーツ（著）、安藤喬志（翻訳）、化学同人

全国「隠し財宝」完全マップ　造事務所（編著）、廣済堂出版

戦国忍者列伝——80人の履歴書　清水昇（著）、河出書房新社

戦闘機A風雲録——第一次・二次世界大戦の撃墜王たち　鈴木五郎（著）、PHP文庫

増補版 世界不思議大全I　泉保也（著）、学研パブリッシング

そこが知りたい！「日本の警察」　株式会社レッカ社（編著）、北芝健（監修）、PHP研究所

タイムトラベルの謎——人類が時間を征服する日は近い!!（Gakken mook- ムー謎シリーズ19）　学研

多重人格者 あの人の二面性は病気か、ただの性格か　岡野憲一郎（監修）、講談社

誰も教えてくれなかった日本神話　出雲井晶（著）、講談社

超常現象大事典——永久保存板　羽仁礼（著）、成甲書房

超ショック！ 世界のミステリー　中岡俊哉（著）、雷韻出版

超図解 刀剣人物伝真打　刀剣人物研究会（著）、カンゼン

超文明オーパーツ大全　並木伸一郎（著）、竹書房

超訳「哲学用語」事典　小川仁志（著）、PHP研究所

天使と悪魔の謎を楽しむ本　グループSKIT（編著）、PHP研究所

道教の本——不老不死をめざす仙道呪術の世界（NEW SIGHT MOOK Books Esoterica 4）　学習研究社

特捜！世界の謎とミステリー——超次元からの伝言 オーパーツとUMA　リイド社

ドラゴン 世界の真龍大全　ホビージャパン

トンパ文字——生きているもう1つの象形文字　王超鷹（著）、マール社

ナショナルジオグラフィック日本版 2016年11月号（火星移住）　日経ナショナルジオグラフィック社

謎の大陸アトランチス（超常世界への挑戦シリーズ）　ロイ・ステマン（著）小野協一（訳）、学習研究社

なんでもわかるキリスト教大事典　八木谷涼子（著）、朝日新聞出版

ニッポン埋蔵金伝説　知的発見！探検隊（著）、イースト・プレス

日本神話120の謎——三種の神器が語る古代世界　安本美典（著）、勉誠出版

日本刀百科大事典 1 ～ 5　福永酔剣（著）、雄山閣

日本の名作 出だしの一文　樋口裕一（著）、日本文芸社

忍者の大常識（これだけは知っておきたい28）　黒井宏光（監修）、ポプラ社

眠りの魔術師 メスマー　ジャン チュイリエ（著）、高橋純（翻訳）、高橋百代（翻訳）、工作舎

パーソナリティ障害 こころの科学セレクション　福島章（編集）、日本評論社

はじめてでもよくわかるタロット占い入門　森村あこ（監修）、実業之日本社

はじめての人のためのらくらくタロット入門　藤森緑（著）、説話社

はじめての「梵字の読み書き」入門　静慈（著）、セルバ出版

早わかりギリシア神話──文化が見える・歴史が読める　木村点（著）、日本実業出版社

ヒエログリフ解読法──古代エジプトの文字を読んでみよう（Newton Science Series）　マーク・コリア（著）、ビル・マンリー（著）、近藤二郎（監修）、坂本真理（翻訳）、ニュートンプレス

ヒエログリフを書いてみよう読んでみよう ──古代エジプト文字への招待　松本弥（著）、白水社

祕密結社──世界を動かす「闇の権力」　桐生操（著）、中央公論新社

ヒンドゥー教 インド三〇〇〇年の生き方・考え方　クシティ・モーハン・セーン（著）、中川正生（翻訳）、講談社

ヒンドゥー神話の神々　立川武蔵（著）、せりか書房

ファンタジー 人外コレクション　レッカ社（著）、カンゼン

仏教 第2版　渡辺照宏（著）、岩波書店

仏教の知識百科　ひろさちや（監修）、主婦と生活社

ブラックホールの科学 片道切符の旅と宇宙　羽馬有紗（著）、ベレ出版

フリーメイソン　吉村正和（著）、講談社

平安貴族と陰陽師──安倍晴明の歴史民俗学　繁田信一（著）、吉川弘文館

ベーオウルフ──中世イギリス英雄叙事詩　忍足欣四郎（翻訳）、岩波書店

防衛白書 平成24年版　防衛省（編著）、佐伯印刷

北欧神話と伝説　ヴィルヘルム・グレンベック（著）、山室静（翻訳）、講談社

北欧神話物語　キーヴィン・クロスリイ・ホランド（著）、山室静（翻訳）、米原まり子（翻訳）、青土社

梵字必携──書写と解読　児玉義隆（著）、朱鷺書房

埋蔵金発見！ 解き明かされた黄金伝説　八重野充弘（著）、新人物往来社

魔導書（グリモワール）ソロモン王の鍵──護符魔術と72人の悪魔召喚術　青狼団（編著）、二見書房

魔法の道具屋　Truth In Fantasy 編集部（著）、新紀元社

マナス 青年編 キルギスの英雄叙事詩　若松寛（翻訳）、平凡社

マヤ文字入門　山瀬暢士（著）、太陽書房

「未知」への事典　コリン・ウィルソン（著）、ジョン・グラント（著）、中村保男（翻訳）、平河出版社

密教入門　西村公朝（著）、新潮社

密教の本──驚くべき祕儀・修法の世界（NEW SIGHT MOOK Books Esoterica 1）　神代康隆（著）、金澤友哉（著）、不二龍彦（著）、豊島泰国（著）、学習研究社

惨くて美しい世界の悪女・妖女事典　世界の悪女研究会（編著）、永岡書店

萌える☆哲学入門 ～古代ギリシア哲学から現代思想まで～　造事務所（編著）、小須田健（監修）、大和書房

萌える！ 日本刀事典　TEAS 事務所（著）、ホビージャパン

八百万の神々──日本の神霊たちのプロフィール（Truth In Fantasy）　戸部民夫（著）、新紀元社

やさしくわかる仏像入門　向吉悠睦（著）、中村佳睦（著）、ナツメ社

UFOと宇宙人の謎（ほんとうにあった！？ 世界の超ミステリー 1）　並木伸一郎（監修）、ポプラ社

妖精学大全　井村君江（著）、東京書籍

ヨーロッパの「王室」がよくわかる本──王朝の興亡、華麗なる系譜から玉座の行方まで　造事務所（著）、川原崎剛雄（監修）、PHP研究所

ラヴクラフト全集 1 ～ 7　H・P・ラヴクラフト（著）、大西尹明（翻訳）、宇野利泰（翻訳）、大瀧啓裕（翻訳）、東京創元社

歴史　ヘロドトス（著）、松平千秋（翻訳）、岩波書店

歴史人 別冊 世界史 三国志虚と実を徹底検証（ベストムックシリーズ 39）　KK ベストセラーズ

歴史を操った魔性の女たち　島崎晋（著）、廣済堂出版

「錬金術」がよくわかる本　クリエイティブ・スイート（編著）、澤井繁雄（監修）、PHP研究所

創作者的異次元宇宙學

出　　　　版／楓樹林出版事業有限公司
地　　　　址／新北市板橋區信義路163巷3號10樓
郵 政 劃 撥／19907596　楓書坊文化出版社
網　　　　址／www.maplebook.com.tw
電　　　　話／02-2957-6096
傳　　　　真／02-2957-6435
編　　　著／株式會社ライブ
翻　　　　譯／陳柏瑤
審　　　　定／鐘穎
企 劃 編 輯／陳依萱
校　　　　對／宋宏錢
內 文 排 版／洪浩剛
港 澳 經 銷／泛華發行代理有限公司
定　　　　價／650元
初 版 日 期／2019年11月
二 版 日 期／2020年1月

國家圖書館出版品預行編目資料

創作者的異次元宇宙學／株式會社ライブ
作；陳柏瑤翻譯. -- 初版. -- 新北市：楓樹
林, 2019.07　面；　公分

ISBN 978-957-9501-24-8（平裝）

1. 次文化　2. 字典　3. 日本

541.37044　　　　　　　108006831